BERNHARD A. GRIMM

Ethik
des
Führens

BERNHARD A. GRIMM

Ethik
des
Führens

Guter Mensch –
schlechter Manager?

Wirtschaftsverlag **EDITION SEMINAR** Langen Müller / Herbig

© 1994 by Wirtschaftsverlag Langen Müller/Herbig in
F. A. Herbig Verlagsbuchhandlung GmbH, München
Alle Rechte vorbehalten
Schutzumschlag: Atelier Adolf Bachmann, Reischach
Satz: Fotosatz Völkl, Puchheim
Druck: Jos. C. Huber KG, Dießen
Binden: Thomas Buchbinderei, Augsburg
Printed in Germany
ISBN 3-7844-7328-8

Dieses Buch widme ich meiner Frau
Kaja Twardzik-Grimm,
ohne deren stetig ermunterndes Drängen
und verständnisvolle Geduld ich weder den Mut
für dieses Werk noch das Durchhaltevermögen
gerade für diese brisante Thematik gehabt hätte.

»Ein *unterentwickeltes Verantwortungsbewußtsein* bei einem Menschen ist ... nicht nur ein ethischer Mangel, sondern eine konstitutionelle Mißbildung wie ein verkrüppelter Arm oder ein tiefgreifender Gehirnschaden, nur viel, viel lebensgefährlicher.«

(Dr. Walter Böckmann, in:
Sinnorientierte Führung als Kunst der Motivation,
Landsberg 1987)

***

»*Ethik* ist ein lebenswichtiger Stoff, der immer knapper wird in unserer Gesellschaft, so knapp wie das Wasser unter der Wüste von Palm Springs.«

(Michael Josephson,
selbsternannter »Spezialist für Ethik« und Herausgeber der
Vierteljahresschrift »Ethics« – Spiegel 31/1993, S. 70–75)

***

Macht kann, muß aber nicht gut sein für den, der sie ausübt. Sie ist dann gut für einen, wenn sie gut für alle ist.

(Sokratische These, so im Platon-Dialog »Gorgias«)

Inhalt

Vorwort

Anläßlich eines Lehrgangs zur Fortbildung von Führungskräften hatte ich im Jahre 1990 an der Bundesakademie für öffentliche Verwaltung im Bundesministerium des Innern vor 40 Referatsleitern aus den obersten Bundesbehörden (Regierungsdirektoren) eine vielstündige Abendveranstaltung übernommen mit dem Thema »Ethik im Führungsprozeß«.

Ich konnte seinerzeit nichts, aber auch wirklich und ohne Schönfärberei absolut nichts bewegen, denn die Thematik und die aus ihr zu ziehenden Konsequenzen für den Führungsalltag wurden negiert und abgeblockt, ich begegnete nur psychischen Sperren und einer Vielfalt von Abwehrmechanismen; Betroffenheit – eine Tugend von zentraler Bedeutung – fand nicht statt, so daß ich ethische Blindheit diagnostizieren mußte: Ein noch so gut ausgebildetes moralisches Gewissen ist abstrakt verfügbar, es fehlt jedoch die Bereitschaft, die Normen dieses Gewissens handlungsleitend zu aktivieren.

Jener Abend hatte für mich den Charakter eines Schlüsselerlebnisses, er gab die Initialzündung, mit einem Buch an die Öffentlichkeit zu gehen, um meinerseits nicht tatenlos zuzusehen, wie Ethik zur Worthülse verkommt und zum inflationären Luxusartikel degradiert wird. In den Bereichen, in denen Einfluß auf Führende auszuüben ich privilegiert war, in Vorträgen, Kolloquien und Seminaren, wollte ich fürderhin nicht zulassen, daß die Ethik die Rolle einer Fahrradbremse am Interkontinentalflugzeug spiele ...

So ist dieses Buch entstanden aus der Aus- und Überarbeitung einer Fülle von Vorlagen, Entwürfen und Manuskripten für Begegnungen mit Führungskräften – es ist insofern ein Werk aus einem Guß, als unübersehbar und durchgehend die Persönlichkeit des Führenden im Mittelpunkt steht, stets in einem Spannungsfeld befindlich von Sachzwängen, fachlicher Kompetenz und ethischer Verantwortung, von Erfolgsdenken, Gewinnmaximierung und Persönlichkeitsfindung.

Ethisch verantwortetes Führen muß in einer reifen Persönlichkeit verankert sein, der Grundtenor des Buches will die Führungsfähigkeit in das Postulat einer kontinuierlichen Persönlichkeitsbildung eingebunden wissen.

Und wenn ich behaupte, daß, wer andere führt, erst gelernt haben muß, sich selbst zu führen, dann will ich mit der Übernahme dieser

These und Grundwahrheit jeglicher Führungsethik die Gelegenheit wahrnehmen, mich meines Freundes und Kollegen Dr. Baldur Kirchner (Ettenbeuren) zu erinnern, der seit 20 Jahren persönlichkeitsbildende Veranstaltungen anbietet und Dialektik und Rhetorik mit Ethik verknüpft und zu einer sittlich verantworteten Kommunikationskultur zu harmonisieren vermag. Ich danke ihm an dieser Stelle für die zahllosen Gespräche und Telephonate, die Impulse gaben und Mut machten. Die Beschäftigung mit seinem Œuvre findet punktuell dankbaren Widerhall im vorliegenden Buch.

Vielfältige Angst, die dem Macht- und Erfolgsstreben, der Profilierungssucht und der Unterdrückungsmentalität im Führungsgeschehen oftmals zugrunde liegt, vergiftet zusehends die Kommunikation der Menschen untereinander und die Begegnung derer »da oben« mit denen »da unten« und minimiert hiermit eklatant Lebensqualität. Menschsein darf sich nicht auf marionettenartiges Funktionieren(müssen) reduzieren, Menschenwürde und die hieraus resultierenden sittlichen Werte sind einem jeden wesentlich eigen. Wir sollten – und dazu mag dieses Buch auch einen Beitrag leisten – die Weisheit und die Mahnung des stoischen Philosophen Seneca (4–65 n. Chr.) ernst nehmen, so wir nicht den Verlust nicht wiederherstellbarer Werte in Kauf nehmen wollen: »Zu spät wird der Geist zum Bestehen der Gefahr erst nach der Gefahr gerüstet.«

Pfaffenhofen an der Ilm, im März 1994   Bernhard A. Grimm

Schrotige Hardliner oder humane Softies?

Wenn man einmal ohne Beweispflicht davon ausgehen darf, daß zahlreiche Führungskräfte in den ober(st)en Etagen des Hierarchiegefüges durchaus einem Machtrausch erliegen (können) und sich ob ihrer faktischen oder wie auch immer usurpierten Machtvollkommenheit als absolutistische Fürsten gebärden, dann mag auf den ersten Blick verständlich erscheinen, daß über solcherart zu Karrierekrüppeln degenerierten »Nieten in Nadelstreifen«[1] schonungs- und erbarmungslos der Kübel des Spotts ausgekippt wurde. Mögen die Beweise für das vernichtende Unfähigkeitsattest der als Verantwortungsträger gehandelten und zur Kaste von Versagern, Anpassern, Duckmäusern, Fachidioten, Blendern, Langweilern und Greisen abqualifizierten Karrieristen fadenscheinig oder gar stichhaltig sein: Cui bono, oder wem nützt diese polemisierende Schelte und Entmystifizierungskampagne? Nur – und damit ist die rein rhetorische Frage bereits über Gebühr beantwortet – dem Verlag und dem Autor, die damit einen Bestseller landen konnten, und der Masse der eigentlich auch Gemeinten, die mit Schadenfreude zur Kenntnis nehmen dürfen, daß der bittere Kelch der Häme aus Spott und Hohn an ihnen vorübergegangen ist.

Vielleicht muß zugegeben werden, daß viel Unfähigkeit und Mittelmäßigkeit vorherrschen dort, wo Fachkompetenz mit und ohne visionären Touch und Anspruch vorausgesetzt werden sollte; jedenfalls ist das Defizit an ethischer, sozialer und interaktiv-kommunikativer Kompetenz nicht minder groß bei Führungskräften jeglicher Couleur und Hierarchiestufe, weshalb sich diesbezüglich ebenfalls eine gnadenlose Kritik anböte unter diffamierender Nennung von Roß und Reiter. Genau dies will ich nicht tun, wiewohl natürlich auch dieses Buch gelesen werden will, freilich nicht als schnell verpuffender Bestseller mit spektakulären Enthüllungen, die morgen schon wieder uninteressant sind, sondern als Bündel von Denkanstößen, das geschnürt wurde als Beitrag eher zu Führungsfähigkeit und Ethikfähigkeit des Führenden auf dem Hintergrund eines reifen Persönlichkeitsprofils als zur Erlernung von Führungstechniken oder zur Abspulung antrainierter Verhaltensmuster.

Freilich nehme auch ich dann kein Blatt vor den Mund, wenn es gilt, durchaus scharf und konturiert ein Führungspersönlichkeitsprofil als fundamental inhuman zu kennzeichnen und zu entmystifizieren, das nahezu ausschließlich fokussiert ist auf Zahlen, auf Gewinn und Erfolg und auf Eigenprofilierung und Macht und das einer Rivalitätskultur huldigt, die jede Arbeitsfreude und Motivation tötet und in welcher der kompromißlose Beißinstinkt des Fighting Spirit vorherrscht, wo es nur Sieger und Besiegte gibt und wie selbstverständlich in Kauf genommen wird, daß oftmals psychische Scherbenhaufen zurückgelassen und Blessuren geschlagen werden, die kaum mehr verheilen.

Ein anthropologisches Urphänomen: des Menschen Hang zu Macht und Grausamkeit. Ethik als Korrektiv der angstschaffenden Omnipotenz

Ob Nieten oder Sieger in Nadelstreifen, ob Führende mit oder ohne ausreichende fachliche oder ethische, soziale und interaktiv-kommunikative Kompetenz – es kann und darf nicht angehen, daß man der Würde des Menschen gezielt und reihum unflatverteilend mit verletzend-ätzendem, menschenverachtendem Zynismus und Sadismus begegnet und öffentliche und private Verunglimpfungen zu ent-persönlichenden und ent-wertenden Aktionen hochstilisiert. Das ist eine Kommunikations-Unkultur, die in ihrem hohen Maß an Aggressivität durch nichts zu rechtfertigen ist.

Weder generell noch speziell im Führungsgeschehen darf der englische Philosoph Thomas Hobbes recht behalten, wenn er vor über 300 Jahren die Losung gab: Homo homini lupus – der Mensch ist dem Menschen ein Wolf. Das braucht so nicht zu sein – bei einem jeden liegt es, den Wolf (in sich) zu zähmen …

Die Erfahrung jedoch, sowohl im Blick auf die Menschheitsgeschichte als auch bei Prüfung der hierarchischen Beziehungen der Vorgesetzten zu den Geführten, zeigt erschreckend deutlich, daß das Homo-homini-lupus-Modell ein wesentliches Strukturelement im mitmenschlichen Kommunikationsgeschehen darstellt – freilich wird es häufig kaschiert, nie offen zugegeben, es trägt verschiedenartige Masken. Und doch

16

bleibt unübersehbar, daß dies nahezu immer vorhanden ist, wo zwei und mehr Menschen miteinander interagieren, nämlich: zu herrschen, zu beherrschen, den anderen kleiner zu machen, ihn klein zu halten, damit die eigene »Größe« besser sichtbar wird, Macht auszuüben, sie zu behalten um jeden Preis, sie nie freiwillig abzugeben.

Es steckt in diesem Macht-haben-Wollen immer ein Funke Destruktivität (Homo homini lupus!), und wer dies leugnet, belügt sich selbst, ist noch nie den langen Weg der Selbstreflexion gegangen und hat gefühlsstumpf noch nicht begriffen, wie sehr Macht Angst gebiert und welchen psychischen Belastungen der Geängstigte, der bewußt oder unbewußt Angstbesetzte ausgesetzt ist.

Menschliche Gruppenbildungen und insbesondere hierarchische Sozialgefüge scheinen eine irgendwie geartete Hackordnung wesentlich einzufordern, weshalb zunächst Macht und Herrschen aus ethischer Sicht nicht unbedingt negative Erscheinungsformen menschlicher Begegnung zu sein brauchen. Dennoch wird schwerlich zu leugnen sein, daß der Macht stets eine Eigendynamik zu einem »Mehr« innewohnt und daß der Mensch sich nicht nur aus Unvermögen, nicht nur aus mangelnder Gegenwehr, sondern vielfach freiwillig und gern in den Strudel dieser Dynamik einbinden läßt. Es muß, so will mir scheinen, endlich das Buch von der »Ethik der Macht« geschrieben werden, damit diesem Phänomen die Maske sittlicher Neutralität abgerissen werde und damit allseits transparent wird und jeder es begreifen kann, daß Ethik notwendigst und wesentlich ein permanentes Korrektiv aller Macht und jeglichen Herrschens sein muß.

Ich bin selbstverständlich nicht so blind zu behaupten, Management und Führung kämen ganz ohne Macht aus. Aber es kommt alles darauf an, das Wie der Machtausübung zu beschreiben und das Maß der Machtbefugnis so zu begrenzen, daß der Geführte angstfrei atmen und in einer trotz sozial-hierarchischer Abhängigkeit vertrauensfördernden Atmosphäre leben und arbeiten kann.

Zweifellos ist hier die reife Persönlichkeit des Führenden eingefordert, und nicht umsonst und zufällig habe ich das Kapitel, in dem ich machiavellistisches Machtstreben – vornehmlich als (Über-)Kompensation frühkindlicher Minderwertigkeitsgefühle gedeutet – behandle, untertitelt mit »Notwendigkeit der Persönlichkeitsbildung für Führende«.

Die Erfahrung lehrt nun einmal, daß nicht jeder, der nach seiner sozial-hierarchischen Einstufung im Unternehmen in der vorder(st)en

Riege steht, also Führungskraft oder Manager ist, auch schon menschlich reif (genug) ist, ein Führender zu sein – Führen meint hier in dem diesem Buch zugrundeliegenden Verständnis immer Menschenführung im Sinne eines bewußten kommunikativen Handelns und eines zielgerichteten Einflußnehmens auf Verhaltensweisen und Vorstellungen, auf Werthorizonte und Normprägungen von einzelnen oder von Gruppen; gemeint ist also hier nie Leiten im Sinne von Strukturieren sachlicher Abläufe. So verstandenes Führen jedoch vermag durchaus die Freiheit des Handelns und Denkens und Fühlens im Geführten zu tangieren, zu begrenzen oder gar zu verhindern.

Spätestens hier, wo oftmals in raffinierter Wortkosmetik Motivieren nichts anderes ist (und sein will) als Manipulation, ist Ethik angesagt, nicht nur als Korrektiv von Machtausübung, sondern als Wahrerin von Würde, von Achtung vor der Persönlichkeit des anderen, dem eine innere Wertigkeit zukommt bereits aufgrund seines Menschseins.

Es gibt subtile Zusammenhänge zwischen Macht, Manager (wörtl. »Macher«, die etwas bewegen und bewirken, von lat. manus = Hand, also: etwas handhaben, Hand anlegen etc.) und Angst, auch das Goldene Kalb des Erfolgs läßt sich sinnvoll in diese Begriffskette eingliedern; wir werden diesem Phänomen mehrfach begegnen, nicht zuletzt in den Kapiteln zu fachlicher und sozialer Kompetenz.

Jedenfalls scheint der Motivator Angst in den Führungsetagen – eigenen Aussagen zufolge – nach wie vor bestens zu funktionieren: Angst – so auf einem Symposium im Frühjahr 1993 propagiert – funktioniere als Führungsinstrument vorzüglich, »besser zumindest als Vertrauen und Lob ... wer vor einem autoritären, Ängste anderer nutzenden Führungsstil keine Skrupel hat, kann ein Unternehmen damit sehr erfolgreich führen«.[2] Bei solchem, im Grunde menschenverachtendem Handeln wird die Priorität unternehmerischen Tuns einseitig auf die Seite der Gewinnmaximierung verlagert zu Lasten des Human Capital, das zum Kleiderhaken degradiert wird, an dem man seine Arbeit aufhängt – und Haken sind auswechselbar.

Der Einsatz von Angst als Instrument unternehmerischer Machtpolitik verweist auf eine Persönlichkeitsstruktur, die von Reife noch weit entfernt ist und die sich oftmals noch nicht einmal einzugestehen vermag, daß es die eigenen Ängste – die Angst vor dem Versagen, vor Ohnmacht, vor Prestige-, Kontroll- und Erfolgsverlust – sind, die dazu führen, Angst zu verbreiten, die anderen zum Kuschen zu zwingen oder sie bewußt und gezielt »unten« und klein zu halten. Man denke

18

hier an ein Wort des antiken christlichen Philosophen und Theologen Augustinus (4./5. Jh. n. Chr.): »Territus terreo« – frei übersetzt: Es sind die Ängstlichen, die Geängstigten, die ihrerseits Angst verbreiten. Vom ethischen Standpunkt aus ist es skandalös, daß man die meisten Unternehmenskulturen bundesdeutscher Firmen als angstbesetzt beschreiben muß (das trifft auch auf soziale, auf Bildungs- und auf religiös-kirchliche Institutionen zu!), ethisch unverantwortbar ist jede Führungsmaxime, die Macht durch Angst garantiert, etwa des Stils: »Oderint dum metuant« – sie dürfen mich ruhig hassen, einzig wichtig ist, daß sie mich fürchten. Das war das Regierungskonzept des tyrannischen Kaisers Caligula (37–41 n. Chr.). Vielleicht trifft es zu, daß jeder Tyrann zunächst zum Tyrannen gemacht wird, weil ihm niemand die Stirn zu bieten wagte. Wenn dem so ist, dann kann die Veränderung initial nur vom Opfer ausgehen, indem es Gegenstrategien entwickelt und, um sich seiner eigenen Haut zu erwehren, selbst zum »Täter« wird, weil es nicht länger der Leidtragende sein will.

Prophylaxe ist hier noch besser analog einem klug-raffinierten Instrument Athens im 5./4. vorchristlichen Jahrhundert: das Scherbengericht, das den Aufstieg von Tyrannen früh- und rechtzeitig stoppen sollte. Allzu ehrgeizige und machtbesessene Männer wurden bereits bei Verdacht auf das Symptom der Pathologie des Strebens nach Macht außer Landes verbannt (für zehn Jahre!). Würde man zugewartet haben, bis sich der Verdacht verifizierte und eine Absicht nachzuweisen wäre, wäre es bereits zu spät gewesen, und der Machtbesessene hätte jeden Widerstand ersticken und unterdrücken können. Principiis obsta – wehre den Anfängen; wer also dem Gemeinwesen gefährlich zu werden schien, hatte – nicht als Strafe, sondern als prophylaktische Maßnahme politischer Zweckmäßigkeit – zu gehen. Viele Gestalten der Geschichte, nicht nur Hitler, wären aus Athen vertrieben worden.

Nun, es ist bedauerlich, daß die Menschheit zu wenig oder rein gar nichts aus der Geschichte zu lernen vermag, gleichermaßen bedauerlich ist, daß dieses Prophylaxe-Modell nicht Eingang finden kann, weder in die Vorstandsetagen noch generell in alle Führungsriegen oder Hierarchieebenen, wo ungebremstes Machtstreben und jeder starre Machterhalt stets nur der Prosperität dienen sollen oder ungeschönt als Führungswille kaschiert zu werden belieben …

Persönlichkeit als Aufgabe

Macht wert(ungs)neutral zu sehen, fällt mir ungemein schwer, sie ist zumindest eine gefährliche Waffe und ein psychisches Mordinstrument überall dort, wo sie von solchen Menschen usurpiert oder einfach besessen wird, die in sich selbst noch keine reife Persönlichkeit entwickelt haben und unfähig sind, verantwortungsbewußt und klug und rücksichtsvoll dosiert damit umzugehen, weil sie noch gar nicht gelernt haben, mit sich selbst konstruktiv umzugehen – sie sind den Weg der Selbsterkenntnis und Selbstakzeptanz noch nicht (weit genug) gegangen, der erst sie zu einem konstruktiven Umgang mit anderen befähigen kann.

Es sind Lernprozesse nötig, um sittliche und soziale, um interaktiv-kommunikative Kompetenz zu erwerben und so zu internalisieren, daß der Führende – bei ethisch verantwortetem Führen – imstande ist, beispielsweise Kommunikationsstörungen zu erkennen, zu beheben oder von vornherein zu vermeiden, in Konfliktsituationen nicht Besiegte und am Boden Zerstörte, keine Psycholeichen auf der Walstatt zurückzulassen, das Gewissensurteil der Geführten zu akzeptieren und des anderen Würde, seine Freiheit und sein Anderssein ohne Ausflüchte und Tricks zu respektieren.

Warum in aller Welt gesteht man nur der fachlichen Kompetenz als Conditio sine qua non für berufliches Weiterkommen und Garanten für Karrieresprünge zu, daß man sie über Jahre hinweg erst mühsam und akribisch sich aneignen mußte, und tut dies nicht gleichermaßen für die ganze Palette an Persönlichkeitsmerkmalen, die unter der ethisch-sozial-kommunikativen Kompetenz zu subsumieren sind und zwingend zum Persönlichkeitsprofil eines Führenden gehören?! Die Gleichung ist zu einfach und sollte nie aufgehen dürfen: Mensch = Person + Fachkompetenz (+ Glück und Strebsamkeit oder + Ellbogen und Protektion) = Führungskraft als Verantwortungsträger mit Weisungsbefugnis, Macht, Einfluß und Moneten.

Ich werde nicht müde werden, im zweiten Kapitel und in Nachwort und Ausklang ein Menschenbild zu zeichnen, das den Menschen nicht als faktisches Wesen (so bin ich halt) stehenläßt, vielmehr ihn als fakultatives Wesen (so kann und will ich werden) konzipiert; dem faktischen So-und-nicht-anders-sein-Müssen steht ein kategorisches Immer-auch-anders-werden-Können gegenüber.

Es muß mit der undifferenzierenden Gleichsetzung von Person und

20

Persönlichkeit aufgeräumt werden, zumal hier wie automatisch assoziiert wird, daß eine Person mit 35 oder 40 Jahren, in höherer Position befindlich, auch schon eine reife Persönlichkeit sei, natürlich fähig, Menschen zu führen. Der Mensch als Person wird nur alt und älter, reif und reifer noch lange nicht, so er nicht selbst durch permanente Mühewaltung an sich arbeitet und bewußt und stetig bemüht ist, aus dem Marmorblock seines Personseins die klar konturierte Skulptur seiner Persönlichkeit zu meißeln.

Mein philosophischer Standpunkt sieht die Person als fundamentale Basisgröße und als den bleibenden und durchgängigen Träger aller Handlungen und jeglichen Erlebens – die Persönlichkeit jedoch ist der Mensch im Werden, sie ist das dynamische Element der Person.

Persönlichkeit in meinem Verständnis ist die besondere Gestalt der Person (Person als solche ist ein jeder in gleicher Weise und unverändert und unvermindert vom Säugling bis zum Greis, der Eingeborene Australiens nicht minder als der Präsident der USA), sie ist die individuelle Art und Weise, Person zu sein. Persönlichkeit – und dies sage ich kategorisch, weil es so wichtig ist – ist keine Vorgegebenheit, sondern eine Aufgabe! Nur wer diese Aussage zuläßt, begreift die Notwendigkeit der Persönlichkeitsbildung und die der vorliegenden Arbeit zugrundeliegende These, daß echte Führungsfähigkeit zwingend auf ein sittliches Persönlichkeitsprofil verweist, das erworben werden kann nur um den Preis einer intensiv-permanenten Persönlichkeitsbildung, die sich an sittlichen Werten orientiert und sie internalisiert. Jetzt mag man auch die andere These zulassen, wonach Ethikfähigkeit als Voraussetzung für Führungsfähigkeit zu gelten hat.

Persönlichkeit meint also einen Prozeß, in den ich mich bewußt involviere, sie ist keine Momentaufnahme. Letztendlich und wesentlich ist Persönlichkeitsentwicklung die Entwicklung eines Werte-Bewußtseins und der Werte-Akzeptanz. Wie eng Wert und Sinn zusammengesehen werden müssen, da sie nur die verschiedenen Seiten der gleichen Medaille sind, wird in einer weiteren Publikation dargestellt werden, die begreiflich macht, daß sich in der Persönlichkeit eines Menschen das ausdrückt, was für diesen Menschen Sinn bedeutet und wofür er sich einsetzt, weil es ein (erstrebenswerter) Wert für ihn ist.

Ich kann daher, auf der Basis meiner begründbaren Prämissen, absolut nicht verstehen, daß ein hochbezahlter Trendguru wie Gerd Gerken – in Fachartikeln nicht selten als teuerster Trendberater und selbsternannter Zukunftsforscher gehänselt und als Hofnarr der Vorstandsetagen verunglimpft – vor 230 Managern auf dem ersten Future Summit in München (Ende 1992) behaupten kann, die Suche nach Sinn und das Festhalten an Werten seien out. »Es gibt keine Werte mehr, nur noch Moden des Glaubens.«[3] Die Suche nach Werten sei das, was den Menschen am häufigsten in die Sackgasse führe, und die Entwertung der Werte sei schließlich die Voraussetzung von Freiheit. Was man bei Friedrich Nietzsche noch ernsthaft diskutieren konnte, gerinnt hier zur Banalität und verbalakrobatischen Worthülse, wenn Gerken den Topmanagern als ihre zentrale Aufgabe das »Entglauben« zuweist als den ständigen Wandel der Glaubensmuster.

Ich gehe davon aus, daß Führende Suchende sind, und ich wünschte, daß ihnen solche Phrasen nicht gefährlich werden könnten, sondern daß sie den Weizen von der Spreu zu trennen imstande sind und ihnen die Provokation auf dem Future Summit stets in den Ohren nachklinge: »Sie glauben doch nicht, daß ich den Unsinn, den ich Ihnen heute erzählte, morgen selbst noch glaube.« Wie verantwortungsvoll man mit Worten umgeht, ist auch wesentlicher Teil einer Führungsethik, und wie eng verknüpft das gesprochene Wort mit der Persönlichkeit des Sprechenden ist, erhellt deutlich aus Baldur Kirchners »Rhetorik für Führende. Rede und Ausdruck der Persönlichkeit«, Wiesbaden 1992.[4]

Personale oder institutionale, rigide oder Kompromiß-Ethik?

Ich darf nochmals an meine traumatische, im Vorwort erwähnte Lehrveranstaltung bei der Bundesakademie für öffentliche Verwaltung im Bundesministerium des Innern erinnern. Spätestens seit dieser Begegnung mit etwa 40 Chefs der obersten Bundesbehörden (Ministerialdirektoren!) lebe ich in der unumstößlichen Gewißheit, daß Ethik als die Lehre vom sittlichen Wollen und Handeln immer und zuerst und ganz wesentlich von der Einzelperson, also vom Individuum, eingebracht und realisiert werden muß. Ich will damit sagen, daß alles wohltönende und blumige Reden über die Vielzahl der Ethiken – sei es Sozial-, Wirtschafts-, Umwelt- oder Unternehmens-, Entwicklungs-, Technikethik, um nur einen Bruchteil des Formenreichtums zu nennen –, daß dieses Labern dann Scheinheiligkeit und Doppelmoral verrät und geschickt auf einen Nebenkriegsschauplatz ablenkt, wenn nicht begriffen werden will, daß Sittlichkeit primär von jeder einzelnen Persönlichkeit gelebt werden muß und daß Ethik die Frage stellt: Was soll *ich* tun?, und nicht: Was darf und muß und kann ich von den anderen erwarten und einfordern, damit beispielsweise die Welt auch noch für Nachfolgegenerationen erhalten bleibt oder damit rüdes und angstverbreitendes Führungsverhalten diskriminiert wird oder ein Kommunikationsfeld geschaffen wird, in dem Freiheit garantiert und allenthalben die Würde eines jeden Menschen respektiert wird?

Ich kenne wohl die komplizierte Beziehung zwischen personaler und institutionaler Ethik, bei der man sich (rein akademisch, so meine ich) die Frage stellt, ob es zum Beispiel jenseits der Verantwortung eines einzelnen Unternehmers oder Managers ethische Anforderungen auch an die Unternehmung als Institution per se gibt. Da ich gegenüber dem Sozialgebilde Institution qua Institution alles andere als eine Vorliebe in mir aufgebaut habe, bin ich der Meinung, daß Ethik – hier im Blick auf die Unternehmensethik – wohl nicht allein und ausschließlich, aber doch wesentlich – wenn Wirkung erzielt werden soll – Sache des einzelnen Menschen, also des Managers und Unternehmers ist, bei der die Institution als solche selbst kaum eine (oder auch keine) Rolle spielt.

Ich halte es weder für gefährlich noch für unfair, nahezu ausschließlich die personenzentrierte, also individuelle Ethik zu betonen, auch wenn nicht zu übersehen ist, daß jeder von uns innerhalb institutioneller Zwänge leben, entscheiden und handeln muß.

Da sattsam viel Unsinn über Ethik verbreitet wird und da Ethik heute Hochkonjunktur hat mit inflationärem Touch, bemühe ich mich in zwei umfangreichen Kapiteln, den Gegenstand und den Aufgabenbereich von Ethik so klar wie möglich herauszuarbeiten, damit verständlich wird, was unter ethischer Kompetenz des Führenden gemeint ist und daß hieraus gleichsam wie selbstverständlich die soziale und interaktiv-kommunikative Kompetenz abzuleiten ist.

Wichtig erscheint mir, eine lebbare Ethik vorzustellen, die auf sturen, nur normenorientierten Rigorismus verzichtet und den Menschen in seiner Brüchigkeit und fundamentalen Kreatürlichkeit dort abholt, wo er steht, und die ernst zu nehmen bereit ist, daß der Mensch ein konfliktträchtiges Wesen ist; dies bedeutet, daß Konflikt nicht etwas Sekundäres, nicht eine mehr oder minder leicht oder gelegentlich auch sehr schwer zu behebende Kalamität ist, sondern daß es sich hier um eine anthropologische Grundstruktur des Menschseins in seiner Weltoffenheit handelt, dergestalt allgemein, wie bereits Heraklit den Konflikt als allgemeines Weltprinzip (pólemos patèr pánton) und Ursprung allen Werdens, Entstehens und Vergehens verstanden wissen wollte. Unter dieser Prämisse kann eine lebbare Ethik nur eine Kompromiß-Ethik sein, die pragmatische Lösungsversuche anbietet, um mit dem ganzen Bündel der Probleme der Motivationskonflikte einigermaßen fertig zu werden.

Immer wieder mag nach einer goldenen Mitte zwischen den Extremen zu suchen sein, wie dies bereits Aristoteles in seiner Mesótes-Lehre[5] als idealen Entwurf vorgelegt hat. Kompromiß ist nicht die Flucht vor der eigentlichen Verantwortung, er ist nicht von vornherein die Wahl des Kleineren (aus Feigheit) vor der Übergestalt des Großen, er darf nicht, wie heute üblich, grundweg negativ besetzt werden; vielmehr bedeutet Kompromiß »den Verzicht auf die unmittelbare Verwirklichung des Letzten im Bereiche des Vorletzten, ohne daß zugleich der Anspruch des Letzten auf das Vorletzte aufgegeben wäre.«[6]

Erfolgsethik und Selbsttranszendenz des Menschen

Trotz oder gerade wegen des oben erwähnten inflationären Touches, der heute der Ethik (und dem Gespräch über sie) anhaftet, gilt es, die Wirklichkeit des Sollens zu verdeutlichen und neu zu beleben. Nicht selten ist die Abwertung und die oftmals zynische Ironisierung von Ethik und sittlicher Verantwortung bei Menschen aller Führungsebenen ein psychischer Abwehrmechanismus, der auf alles andere, nur nicht auf psychische Gesundheit in einer reifen Persönlichkeit hindeutet.

Es mag im Verlauf dieser Abhandlung transparent werden, wie sehr die Maximierung von Macht und Ämtern und Funktionen, wie sehr rücksichtslose Erfolgsstrategien und in welchem Maße auch eine Erfolgsethik, bei der sich der Anspruch des Ethischen nur mehr noch auf das machiavellistische Kalkül des Erfolgs und auf Ausweitung individuellen oder kollektiven Nutzens reduziert, Rückschlüsse zulassen auf Defizite in der Persönlichkeit.

Weil ich eher negativ über die gängige Übergewichtung des Leistungs-Erfolgs-Karussells denke, in das sich die Führungskräfte heute (meist freiwillig und gerne und zum Teil mit Begeisterung) eingebunden wissen und einketten lassen, und weil meiner Meinung nach immens viele Bereiche (häufig die besten und wichtigsten) des Menschseins erstickt werden dort, wo der Erfolg zur exklusiven Handlungsmaxime erhoben wird, wage ich, ein Kapitel lang um ein neues Verständnis von Leistung und Erfolg zu »werben«, und scheue mich nicht, das Goldene Kalb des Erfolgs zu schlachten und die ausschließliche Wertschätzung der fachlichen Kompetenz da erbarmungslos zu attackieren, wo sie die Entwicklung einer sittlichen Persönlichkeit zu verhindern droht.

Nur auf Erfolg um jeden Preis fixierte Menschen begegnen der Mitwelt meistens mit generellem menschenverachtendem Zynismus und wissen sich, oftmals mit der typischen Skrupellosigkeit des Chauvinisten, nur der eigenen Gruppe verpflichtet; damit verbinden sich Opportunismus und Pragmatismus, ersterer mit bedenkenloser Anpassungsbereitschaft um des eigenen Vorteils willen, letzterer als Haltung, die nur die reine Effizienz des Sachlich-Funktionalen gelten läßt. Wenn das Kriterium des Erfolgs zur ausschließlichen, also zur Schlüsselkategorie sittlichen Handelns avanciert, dann ist mir dies über Gebühr nahe am Utilitarismus (»Nützlichkeitsmoral«) gebaut, wo wohl ethische Werte und Ideale nicht generell negiert werden, wo sie jedoch nur insoweit Berücksichtigung finden, als sie dem eigenen Nützlichkeitsdenken dienlich sind.

Wie man solche Verhaltenseinstellungen zu (be)werten geneigt ist, ob positiv oder defizitär, hängt natürlich davon ab, welches Menschenbild man hat: Monade oder wesentlich dia-logisches Wesen, ego-zentrisch orientiert (Selfishness und Me-ism als meiner Meinung nach fast unheilbare, jedoch heute weitest verbreitete psychische Krankheit!) oder über sich selbst hinausgreifend, also selbsttranszendent. In meinem Verständnis jedenfalls ist menschliche Existenz charakterisiert durch Aus-sich-selbst-heraustreten-Können, durch Über-sich-selbst-hinaussein-Können, eben durch die Fähigkeit zur Selbsttranszendenz, auf die ich mehrfach abheben werde und die diametral im Widerspruch steht zu Egoismus und Egozentrik.

Die Frage, ob ein nur dem Erfolg und dem eigenen Nutzen verpflichteter Mensch die Fähigkeit zu führen haben soll, ob er imstande sein soll, altero-zentriert (s. Kapitel 8) auf die Menschen zuzugehen und sie in der Totalität ihres Seins und insbesondere ihres Andersseins[7] anzunehmen, vermag ich nur mit »Nein« zu beantworten. Fragen dieser Art, so meine ich, müssen Karlheinz Binder, Mitglied der Geschäftsführung der Burda GmbH, Offenburg, umgetrieben haben, ehe er seinen kontrovers diskutierten Aufsatz »Brauchen Manager eine neue Ethik?«[8] verfaßte und die fürwahr ungewöhnliche und provozierende These in eine Etage hineinsprach, auf der gewöhnlich der eisige Wind aggressiven Machtstrebens und Erfolgsdenkens pfeift: »Ich behaupte: Wer die anderen Menschen nicht lieben kann, ist unfähig zu führen.« Eine solche These verträgt sich nicht mit der heute vorherrschenden Untugend der »pleonexía«, die wohl bereits die alten Griechen als »Mehrhabenwollen«, »Habsucht« und »Eigennutz« kannten, die man aber heute legitim mit »Daseinsgier« inklusive allen damit verbundenen Strebens nach Gewinn und Macht und Erfolg und Ansehen und Reichtum wiedergeben kann.

Der Gehorsam gegenüber dem Gesollten – Verantwortung

Nur wenn man den Menschen wesentlich dialogisch (mit der Welt, mit der Mit- und Umwelt) konzipiert und den Me-ism (Rückzug auf das Ego!) als Verkrüppelung menschlicher Existenz zu karikieren wagt, wird verständlich, warum der Begriff der Verantwortung – neben dem der Ethik – in der öffentlichen Rede so sehr hat herunterkommen können und warum er allzu oft als Synonym für »Macht« mißbraucht wird. *Verantwort*ung – auf die ich im fünften Kapitel im Rahmen der ethischen Kompetenz näher eingehen muß, weil sie wesentlich zur Ethikfähigkeit des Führenden gehört und eingebettet ist in den tiefen Ernst eines Sollens, und zwar eines Handeln-Sollens – ist nicht etwas Peripheres am Menschen, das ihm gelegentlich zukommt oder auch fehlen kann, Verantwortung ist vielmehr fundamentaler Ausdruck der dialogischen Existenz des Menschen und damit wesenhaft mit dem Menschsein verbunden, das gleichermaßen den Gemeinschafts-Bezug wie den Du-Bezug und den Welt-Bezug integriert. Einfacher und sehr viel schöner drückt dies Erich Fromm aus, wenn er vom Verantwortungsgefühl sagt, es sei »keine Pflicht, die dem Menschen von außen aufgezwungen wird, sondern die Antwort auf etwas, von dem man fühlt, daß es einen angeht. Verantwortung und Antwort haben die gleiche Wurzel: Verantwortlich sein heißt zum Antworten bereit sein«[9] – Antwort setzt aber zwangsläufig ein Gegenüber voraus.
Der Mensch steht stets in einem dialogisch geführten Austausch mit seiner Situationswelt – sie stellt Fragen (Aufgaben und An-Sprüche an ihn), auf die er antworten, die er be-antworten und ver-antworten muß. Wenn Verantwortung mehr ist als nur das Geradestehen für begangene Taten – und sie ist dies fürwahr –, dann ist sie meiner Meinung nach wesentlich »Gehorsam«[10] gegenüber einem zu Tuenden, gegenüber ei-

26

nem Gesollten, einem An-Spruch. In die Situationswelt des Führens übertragen, mag dies dann durchaus bedeuten, daß aus der einmal übernommenen Verantwortung des Führenden gegenüber dem Geführten so einfach sich herausstehlen zu wollen doch mehr ist als eine wertneutrale Bagatelle oder ein Kavaliersdelikt.

Manager müßten wieder mehr Mensch werden, hörte ich einmal Daniel Goeudevert (damals neues Vorstandsmitglied der Volkswagen AG Wolfsburg) vollmundig reden – gut so, aber dieser Mensch, sowohl dem Gebot des Humanismus folgend als auch sich sorgend um ein Gleichgewicht von Verstand und Gefühl[11], muß sich auch der Verpflichtungszumutung der Verantwortung stellen und sie durchhalten. Ethik hat dem Leben zu dienen – eine Führungsethik jedoch, die sich nicht grundsätzlich der Verantwortlichkeit gegenüber dem personalen Leben der Geführten in seinen psychophysischen, rationalen und emotionalen Dimensionen bewußt ist, ist nichts wert. Allerdings muß jede Ethik praktisch werden und darf sich nicht damit begnügen, schöne Ideale aufzustellen und sich in reiner Gesinnungsethik die Pflege selbstgerechter Innerlichkeit angelegen sein zu lassen oder sich an der Erhabenheit der eigenen ethischen Einstellung und moralischen Gesinnung zu erfreuen und zu glauben, hiermit käme die Welt schon in Ordnung. Wer so denkt, ist ein Illusionist und macht es sich unverantwortlich leicht.

Auf dcm Weg zu gelingendem Menschsein – der Führende vor dem Postulat seiner (außerfachlichen) Kompetenzen

Im Zentrum der Philosophie des Sokrates, die wesentlich Ethik ist, steht zweifellos die Frage nach dem, wodurch der Mensch Mensch wird. Dieses Etwas nennt er »Arete«, Tauglichkeit, Gutsein oder Tugend (in der Schleiermacherschen Übersetzung). Tugend sei Wissen, lehrt Sokrates, aber er hat weniger ein Wissen über Gegenstände im Auge als vielmehr die »Charakterbildung« eines neuen Menschen, in dem eine innere Instanz – das Selbst – errichtet wird, die Herrschaft übernimmt und den Menschen instand setzt, frei zu sein von inneren und äußeren Zwängen. Wie aktuell die Sokratische Ethik, die das Wesentliche des Menschseins vom Unwesentlichen trennt, nach wie vor ist, wird transparent werden, wenn in der vorliegenden Arbeit über Gewissen und über die Autonomie in der Persönlichkeit (Kapitel 5) gesprochen und versucht wird, Ethik auch als Tugendlehre auszuweisen (Kapitel 4).

Ob Menschsein gelingen wird, hängt von der Einsicht und den Bemühungen eines jeden einzelnen im Rahmen einer lebenslangen Persönlichkeitsbildung ab. Führen verstehe ich als Menschenführung und nicht als mehr oder minder zweckrationalen Umgang mit dem Produktionsfaktor »Human Capital«. Der Führende freilich ist auch Mensch oder sollte es zunehmend werden, so er ethisch verantwortlich auf die ihm anvertrauten Mitmenschen zugehen will.

Weder dieses Buch noch irgendein Seminar vermögen einen Menschen wesentlich umzukrempeln, und doch rechtfertigt eine gewisse Hoffnung, Denk- und Umdenkungsanstöße zu bewirken, die einen Entwicklungsprozeß in Gang setzen, die gesamte Mühewaltung der Erstellung dieses Kompendiums für Führungsethik. Ein Blick in den Führungsalltag weckt wohl wenig Zuversicht, was die ethisch-sozial-interaktiv-kommunikativen Persönlichkeitsmerkmale der Führenden anbetrifft – gemessen an der Wertschätzung eines gediegenen Wissensfundaments und einer überragenden Fachausbildung[12] –, Fatalismus ist jedoch nicht angebracht, zumal er jegliches Tun(wollen) lähmt und auf die schlechthinnige Degradierung und Enthoffnung, auf Entwertung und Absterben(lassen) jedes eigenen Aktivitätspotentials abzielt. So ist nichts gewonnen, und der Fatalist – nicht übertrieben hart geurteilt – ist eine widerwärtige Spezies menschlicher Existenz, wenn ihm elementar jeder sinnerschließende Wille und ein hieraus sich nährendes Selbstvertrauen und Selbstwertgefühl mangelt.

Was kann dieses Buch bewirken, wenn es den Mut hat, einerseits zum Gelingen menschlicher Existenz beitragen zu wollen – auf seiten der Führenden ebenso wie auf jener der Geführten –, und andererseits Ethik als Managementaufgabe zu propagieren, bei der außer Ehrgeiz und Führungswillen, außer Zielstrebigkeit, Durchsetzungsvermögen, Belastbarkeit und anderen traditionellen oder modischen, sattsam bekannten Führungsqualitäten neue Attribute eine wichtige oder die wesentliche Rolle spielen? Die Frage kann nur jeder einzelne für sich selbst beantworten, wenn er als Führender bereit ist, damit aufzuhören, seinen Selbstwert ausschließlich durch seine *fachliche Kompetenz* zu definieren, was nicht selten von einer total gestörten Selbsteinschätzung und Selbstbeurteilung der eigenen Persönlichkeit zeugt und müßig erscheinen läßt, ein psychisch reifes und stabiles Persönlichkeitsfundament zu erwerben. Es muß gesagt werden dürfen, daß das

Sich-Festkrallen an der Fach-kompetenz oftmals Ausdruck einer psychischen Verdrängungsarbeit ist, es ist jedenfalls insofern fatal gefährlich, als sich hier ethische Kompetenz nicht entwickeln kann, ebensowenig soziale Kompetenz und die Fähigkeit, mit anderen menschlich, also glaubwürdig und vertrauensvoll, bescheiden und angstmindernd, sensibel und mit sozialem Verantwortungsempfinden, mit Respekt vor der Würde des Menschen und ohne Angst vor (emotionaler) Nähe zu interagieren und zu kommunizieren.

Da ich Führungsfähigkeit und Ethikfähigkeit sehr eng aufeinander bezogen sehe – eingebettet in ein reifes Persönlichkeitsprofil –, will ich im Vorgriff auf Kapitel 5 die *ethische Kompetenz* festschreiben als die menschliche Fähigkeit, sich freiwillig und bewußt auf sittliche Normen ausgerichtet zu wissen, deren bindenden Charakter anzuerkennen und mit ihnen sinnvoll und verantwortungsvoll (und situationsgerecht) umgehen zu können. Wichtig ist zu sehen, daß der Mensch das normativ Verpflichtende in seinem personalen Gewissen erfährt, und so wird man sagen dürfen, daß ethische Kompetenz letztendlich das Ergebnis einer konstruktiven, nicht fremdgesteuert-zwanghaften Gewissensbildung zu sein scheint.

Die enge Verflochtenheit mit der Autonomie in der Persönlichkeit und mit dem »Gehorsam gegenüber einem Gesollten«, wie ich oben Verantwortung umschrieben habe, wird sich im weiteren Verlauf der vorliegenden Arbeit unschwer folgern und begründen lassen. Jedenfalls mag hier schon dezidiert gesagt sein dürfen, daß Führen ohne ethische Kompetenz (sehr) leicht zum Verführen, zur Manipulation und damit zur Einschränkung menschlicher Freiheit (und daher auch menschlicher Würde!) entgleist.

Nicht Maximierung von Macht und rücksichtslosen Erfolgsstrategien, von Ämtern und Funktionen ist »angesagt«, not tut vielmehr eine Rückbesinnung auf ein Wertgefüge, das die Menschenwürde achtet und damit den Mitmenschen nicht instrumentalisiert, ihn also nicht zum Objekt und zum Mittel degradiert. Es ist unzureichend, hier auf die schrecklich zerzauste Zauberformel *sozialer Kompetenz* zu rekurrieren und darunter (nur) sozial verträgliche Kommunikation zu verstehen. Für mich ist eine wesentlich anders verstandene soziale Kompetenz, deren Basis die menschliche Grundqualität des Selbstwertgefühls ist, erst der Ermöglichungsgrund für *interaktiv-kommunikative Kompetenz*. Baldur Kirchner[13] nennt das Selbstwertgefühl ein positives Grundgefühl in der menschlichen Persönlichkeit, das aus einer Wertschätzung sich selbst gegenüber resultiert. Ich muß also erst meinem eigenen Wert, und damit meiner Würde, begegnet sein, um ohne Angst vor Selbstprofilierungseinbußen fähig zu sein, zu loben und anzuerkennen und damit die generelle Uninteressiertheit am anderen aufzuheben.

Die für Führende eingeforderte *Toleranzfähigkeit* meint in meinem Verständnis die freiwillige Akzeptanz des anderen in, trotz und gerade wegen seines Andersseins, was jedoch Selbstakzeptanz voraussetzt, die hinwiederum nur möglich ist durch Selbsterkenntnis. Eine solche Toleranzfähigkeit ist Ausdruck einer autonomen Persönlichkeit, wenn sie den anderen in seinem So-Sein gelten läßt. Mangelhafte Annahme seiner selbst und defizitäres Selbstwertgefühl schaffen die fremdgesteuerte, die fremdbestimmte Persönlichkeit – das sind abhängige, egozentrierte, angepaßte Menschen, nur um sich selbst kreisende Narzißten, deren Profilierungsdrang (Wertung von außen!) oftmals nur durch übersteigerte Aktivität und Perfektionismus zu kompensieren ist. Verstellen Mindergefühle den Blick auf den Selbstwert des Menschen, werden Ängste, insbesondere Versagensängste, mächtig und übermächtig, dann wird durch krankhaften Ehrgeiz und ungebremstes Perfektionsstreben und extensive Erfolgs- und Leistungsorientiertheit das an Ehrung und Achtung und Wertschätzung eingebracht werden müssen, was an Eigenwertigkeit nicht oder nur rudimentär vorhanden ist. Solch ein Mensch wird leicht zum angepaßten Ja-Sager, ist leicht zu manipulieren, pfeift auf sein Gewissen, nimmt keine Rücksicht auf andere, ist eigentlich führungsuntauglich.

Wenn Kommunikation im Führungsgeschehen nicht zum »Schmieröl« auf der Beziehungsebene (Stichwort: mitarbeiterorientiertes Management!) verkommen soll, muß ein Persönlichkeitsbildungsprozeß angekurbelt werden, der zumindest einsichtig macht, daß Menschenführung nur aus einer Grundstimmung der Altero-Zentriertheit heraus möglich ist und daß *Interaktions- oder Kommunikationsfähigkeit* erworben werden muß, indem erst mal generell und fundamental die Hinwendung zum Du erlernt und internalisiert wird. Erst dann greifen solch elementare Postulate an das Führungspersönlichkeitsprofil wie: aktives, geduldiges und genaues Zuhören; *Konfliktfähigkeit,* die nicht Sieger und Besiegte zurückzulassen bestrebt ist; *Kritikfähigkeit,* die konstruktiv ist, aber auch passiv, indem sie Feedback nicht nur (als Führender!) zuläßt, sondern geradezu einfordert und indem sie instand setzt, die Diskrepanz zwischen Selbst- und Fremdbild auszuhalten; *emotionale Ausdrucksfähigkeit,* die den Mut hat, Gefühle zu haben, sie zuzulassen und zu respektieren – und nicht der Emotionslosigkeit im Führungsprozeß das Wort redet als klinische Sachlichkeit und Intellektualität, als Kopflastigkeit und Zweckrationalität und emotionale Verödung –, weil begriffen wurde, daß eine Unternehmenskultur auch eine Gefühlskultur braucht mit Herzlichkeit, Freundlichkeit, Vertrauen, Wärme und Konzilianz der (beiderseitigen!) Fehlerhaftigkeit. Distanz zum Du ist defizitär, mag dies auch nicht jeder einsehen.

Der nicht gerade menschenfreundliche Philosoph Arthur Schopenhauer (1788–1860) hat sehr schön als Prinzip der Ethik das indische »tat wam asi« = »Das bist du« dargestellt und auf die »Goldene Regel« abgehoben, wonach ich den anderen ebenso behandeln muß, wie ich mich selbst behandeln würde. Unser Denken, Tun und Fühlen bewegt sich immer schon in intersubjektiven Bahnen: Wir kommunizieren immer.[14] Und daher scheint es ein durchaus legitimer Ansatz, Ethik zu begründen, zu sein, »aus diesem immer schon vorausgesetzten Zugang zu anderen intersubjektiven Wesen das Prinzip der Reziprozität, der Wechselseitigkeit des Respekts, abzuleiten«.[15] Es darf auch im Interaktionsraum zwischen Führenden und Geführten keine Ent-Ethisierung Platz greifen, die nur noch die Maxime zuließe: »Ich bin mir selbst der Nächste.«

An übertrieben viel Egozentrik muß Albert Schweitzer gedacht haben, als er resigniert feststellte: »Die Kessel der Geschichte werden mit anderen Kohlen geheizt als denen der Ethik.«[16] Und doch habe ich den Mut, Ethik für jegliche Führung – ob in den hehren Hallen des Topmanagements oder in den Abteilungen der Unternehmungen jedweden Zuschnitts und überall, wo einer glaubt oder befugt ist, das »Sagen« zu haben – vehement einzufordern und mit diesem Buch unbequem-ungewöhnlichen Inhalts an die Öffentlichkeit zu gehen in der Hoffnung, daß es »etwas« bewirkt.

Ist Hoffnung die Haltung des Zuwartens, daß sich etwas erfüllen möge, so bedarf es beim Mut schon eines aktiven Vertrauensvorschusses, mit welchem dem ganz anders Neuen, der Zukunft nämlich, begegnet wird. Da für mich jedoch letztlich Mut die Zusage zu einem Sinn ist (nicht ein »mut«williges Sich-Hochglauben und Sich-Einreden), es jedoch sehr viel »Sinn macht«, echte Menschlichkeit und/oder Sittlichkeit in das Führungsgeschehen einzubringen, gehe ich gerne das Wagnis dieser Publikation ein.

Es gibt immer noch zu viele Führende, die ihr Handeln zu sehr an der

Verwirklichung von persönlicher Befriedigung und Machtstreben ausrichten und einer verbissenen Rivalitätskultur huldigen – diese mögen einen Funken warmherzig-freundlicher Menschlichkeit in ihr Agieren wenigstens insoweit einbringen, als sie hierzu bereits vom Begriff des Rivalen her aufgefordert sind: »Rivalis« (von lat. riva = die Wasserrinne, der Bach) meint eigentlich den Menschen, der am gleichen Fluß wohnt und vom gleichen Wasser trinkt, es meint somit den Bachnachbarn und den zur Nutzung eines Wasserlaufs Mitberechtigten – das Wasser fließt für jeden, es ist reichlich vorhanden für jedermann.

Sollte da Friedfertigkeit und respektierende Partnerschaft nicht möglich sein (können)?

KAPITEL 1

Zwischen Charisma und Machiavelli

Zur Notwendigkeit der Persönlichkeitsbildung für Führende

Trends sind eine ernstzunehmende und starke Wirklichkeit – und nur in sich gefestigte Persönlichkeiten scheinen sich ihrer erwehren zu können. So unterliegen auch Führungsprinzipien, sogenannte Managementmodelle, und sogar Führungsstile modischen Trends oder dem sozialen Wandel. Kaum zwei Monate vergehen, ohne daß nicht auf Seminaren oder in der Yellow Press des Managements ein neues Management-by-Konzept angepriesen und propagiert wird.

Da verwundert auch nicht, daß seit Anfang letzten Jahres immer wieder aus den Etagen des Middle- oder Top-Managements – wirkungsvoll auf internationalen Symposien – geunkt wird, die »Nouvelle cuisine« des Managements sei passée, das heißt zu Ende sei die (wirtschaftlich ineffektive) »Soft Line« der Ethikwelle, und man müsse rasch die Seminare für mentales Training, Bioenergetik oder systemische Persönlichkeitsentwicklung streichen. Den Personalentwicklern, den Weiterbildungsexperten in den Unternehmen, den Trainern aus der Zen-, Esoterik- und Psychoecke wurde signalisiert (oder suggeriert), immer mehr Führungskräfte würden neuen Appetit entwickeln auf deftigere Hausmannskost, und es würde sie statt nach Persönlichkeitsentfaltung mehr nach prägnanten, Widerspruch ausschließenden und Gehorsam einfordernden Führungsregeln gelüsten.

Ich vermag nicht definitiv zu diagnostizieren, wie allgemein und wie weit verbreitet dieser Trend ist, halte ihn jedenfalls für hochgradig bedenklich. Wie wenig muß man von Ethik verstehen einerseits und wie sehr muß man andererseits Menschsein – das ja doch auch in jeder Führungskraft realisiert sein sollte! – mißverstehen, wenn dem Chef eines in der Schweiz ansässigen Weltunternehmens der Kragen platzt und er sich auf einem Wirtschaftskongreß lauthals darüber ausläßt, es

verginge heute kaum ein Tag, an dem nicht an irgendeiner Universität ein Lehrstuhl für Business Ethics eingerichtet würde – er habe wohl grundsätzlich nichts gegen Kultur und Ethik, aber: »Davon können wir doch nicht leben. Priorität muß auf alle Fälle der Fighting Spirit haben, nicht dieses ethische und soziale Gesäusel, das so modern ist.«[1]
Nun denn, ich kann und will mich nicht anfreunden mit der hinter dieser Aussage stehenden Wirklichkeit, die menschliches Agieren generell und dies speziell im Führungsprozeß auf Kampf reduziert und dabei wie selbstverständlich in Kauf nimmt, daß »Leichen« auf der Walstatt oder Scherbenhaufen in der Psyche des Geführten zurückbleiben.
Apropos Kampf: Es macht doch sehr nachdenklich, daß in einer Zeit, in der man allerorts abzurüsten bestrebt ist, gerade die Wirtschaftssprache überhaupt nicht »entmilitarisiert« zu werden scheint. Ganz im Gegenteil: Sowohl im Sprachschatz des Managements als auch in dem der Verkaufs-»Strategen« herrscht begrifflich ein kaum überbietbares Schlachtgetöse mit Kriegsmetaphern vor, das eigentlich schon nicht mehr oder nur schwerlich hoffen läßt, die Wirklichkeit sei friedvoller.
Entwerfen wir das entsprechende Szenario:
Es darf vorausgesetzt werden, daß, wann immer fusioniert wird, Köpfe rollen und bei jedem Führungswechsel Blut fließt; wird eine Marktoffensive gestartet, ordert der oberste Kriegsherr seine Divisionen oder Verkaufskanonen an die Verkaufsfront, und die rollen stur wie ein Panzer ins Schlachtfeld, fahren schweres Geschütz auf, gerade wenn die Kämpfer der Gegenseite Widerstand leisten, nehmen jedoch gezielt die Gegner aufs Korn und verfügen über die Taktik, mit Biß, Kampfgeist und Killerinstinkt zu kontern, die Gegner/Wettbewerber anzugreifen, einzukreisen, über den Tisch zu ziehen und schlußendlich aufs Kreuz zu legen. Bestens ist man trainiert, mit scharfen Waffen – insgesamt möglichst gut gerüstet – zurückzuschlagen, im Verdrängungsmarkt und Preiskampf nicht die Verteidigungsstellung einzunehmen, sondern jeglichem Kesseltreiben durch strategisches Denken ein Ende zu bereiten, indem der Gegner – auf breiter Front trotz neuer Zielgruppen angegriffen und bombardiert – durch einen vernichtenden Vorstoß aus dem Felde geschlagen wird. Stabsmäßige Planung – hier wie dort schießt man sich ein auf unbequeme Mitstreiter und liefert sie dann ans Messer – garantiert den todsicheren Erfolg.
Mißliebige Störenfriede werden kaltgestellt oder gar abgeschossen; der »General«-Direktor – ihn interessiert die Leiche in seinem Keller nicht, die Neider nur zu gerne ausgraben würden, um dem Boß einen

Strick daraus zu drehen – löhnt die Siegertypen aus der Kriegskasse. Seine eigene Bastion ist ungefährdet, er taktiert raffiniert und läßt die ganze Armee der Headhunter (Kopfjäger!), die wie eine Meute aggressivster Kampfhunde hinter ihm her ist, auflaufen – er kann weder vernichtend attackiert noch weichgeklopft werden. Kraft seines Fighting Spirit geht er mit jedem offensiv in den Clinch, rauft sich knallhart mit den andern zusammen, dividiert sie vielleicht auch auseinander, jedenfalls verläßt er stets und ausnahmslos die Arena mit dem Gefühl, sich optimal geschlagen zu haben.

Wie entlarvend Sprache sein kann mit beängstigenden Gemeinsamkeiten von Management und Kampf und Krieg und Mafia – rein sprachlich! –, braucht hier nicht interpretiert zu werden. Was jedoch in dieser sehr komprimierten Begriffsdichte nach Amüsement und Satire ausschaut, ist die alltägliche Begriffswirklichkeit, die anwidert und weit entfernt ist von all dem, was ich später mit Kommunikationskultur umschreiben will. Jedenfalls mag bedacht werden, daß in der Sprache Denken und damit meist auch eine innere Haltung transparent wird.[2]

Machiavellismus und Mikropolitik

Was sich im Vokabular unseres Fiktiv-Szenarios enthüllt, hat durchaus mit einem offenen oder auch nur verbrämten *Machiavellismus* zu tun, also mit einem durch keine (moralischen) Bedenken gehemmten und gebremsten Machtstreben, mit rigid-autoritärem Anspruch und rücksichtsloser Durchsetzung von Interessen. Im strengen Sinne ist Machiavellismus der Inbegriff einer keine Rücksicht, kein Pardon kennenden und sich über alle Normen und Gesetze von Religion und Moral hinwegsetzenden Staatskunst, demnach also ursprünglich eine Modalität politischer Wirklichkeit – im wesentlichen handelt es sich um eine pragmatische Philosophie mit der Maxime: »Der Zweck heiligt die Mittel.«

Der Grundgedanke Niccolò Machiavellis (1469–1527) ist die Trennung von Politik und Moral beziehungsweise die absolute Subordination der Moral unter die Politik. Ziel des Staatsmannes ist die Steigerung der Staatsmacht, und was diesem Zweck dient und nützt, ist gut. Moral und Religion sind hierbei, gezielt eingesetzt, nur Mittel, um gefügige Bürger zu schaffen. Die Privatinteressen des Fürsten (»Il Principe« – so der Titel seines Hauptwerks) müssen mit denen des Staates zusammenfallen, damit der Herrscher nicht den Staat für seine Privatinteressen aufbraucht. So werden die Staatsinteressen auch zur Richtschnur seines allerpersönlichsten Handelns. Wo sich Staaten gegenüberstehen, gibt es folgerichtig nur Kampf um die Macht.

Wenn man Staat mit Unternehmen, den Fürsten mit dem Boß austauscht, scheint das Buch vom Principe aus dem frühen Anfang des 16. Jahrhunderts sich fürwahr auch zu eignen als eine Bibel für all jene Manager, die sich dezidiert als Ellenbogenkämpfer ausgeben und gerieren und das Unternehmen und den Markt insgesamt als eine Stätte permanenter Machtkämpfe betrachten. Und so wundert nicht, daß im Herbst 1992 just in Florenz, dem einstigen Sitz des Lorenzo de Medici, bei dem sich Machiavelli mit seiner Werbeschrift als politischer Berater einst zu empfehlen suchte, ein Machiavelli-Führungsseminar stattfand und von einem exklusiven Kreis deutscher Manager begeistert aufgenommen wurde. Einer der Wirtschaftsbosse resümierte, Machiavelli mache bewußt, »was wir im Grunde täglich praktizieren«.

Der Machttheorie Machiavellis liegt eine recht pessimistische Auffassung vom Menschen zugrunde, das heißt, die Natur des Menschen besteht nur aus Energie, Handeln und Leidenschaft. Im Kräftespiel der Leidenschaften siegen die stärkeren und oftmals die schlechteren, weshalb es die Aufgabe der Staatsführung ist, die »Korruption«, die von der Animalität des Menschen her droht, aufzuhalten und die Leidenschaften zu regulieren, zu lenken und zu leiten, das heißt manipulativ den einen gegen den anderen auszuspielen. Das ist möglich, weil ein großer Fürst das Kräftespiel der Energien durchschaut.

Ganz nüchtern hatte Machiavelli die gegenseitige Abhängigkeit der menschlichen Leidenschaften, Einrichtungen und Verhältnisse, der Mittel der Klugheit, des Grades der Standhaftigkeit und der Wandelbarkeit, des Machtwillens und des Ehrgeizes, der Fügsamkeit und des Sicherheitsbedürfnisses beobachtet – all diese Faktoren analysierte er und erkannte, wie sie ineinandergreifen und zusammenspielen und daß dies kalkuliert und mit einer gewissen Wahrscheinlichkeit berechnet und also manipulativ eingesetzt werden könne.

Da Machiavelli also den Menschen als berechenbares und abschätzbares Naturwesen verstand, konnte er leicht seine Analysen als Mittel zur Beherrschung und Lenkung der Menschen in der Politik propagieren. Der Mensch ist absolut manipulierbar – davon muß der Fürst ausgehen, und von zwei weiteren Grundsätzen, nämlich daß die Menschen schlecht sind und daß, so der Fürst sich erhalten will, er lernen muß,

36

»schlecht zu sein und davon je nach Bedarf Gebrauch zu machen«
(Principe 15). Er muß mehr gefürchtet als geliebt werden, darf vor
Grausamkeiten nicht zurückschrecken, darf auch Wort- und Vertrags-
bruch begehen, wenn das nur Vorteile bringt. Zwar soll er sich den Anschein von Milde, Treue, Aufrichtigkeit und gar Frömmigkeit geben,
aber nur den Anschein davon – solche Tugenden zu besitzen und davon Gebrauch zu machen, könnte schädlich sein. Wichtig ist vielmehr,
»einen Geist zu besitzen, der sich nach dem Winde und nach dem
Wechsel des Schicksals drehen kann und der, falls es möglich ist, nicht
vom Wege des Guten abweicht, aber in Zwangslagen auch das Böse zu
tun versteht« (Principe 18).
Löwe und Fuchs zugleich muß der Fürst sein und einen dritten Grundsatz beachten, wonach es das Schlimmste sei, halbe Maßnahmen
zu treffen und zu schwanken zwischen Gut und Böse, zwischen Recht
und Gewalt. Machiavelli will eine Mechanik des Kräftespiels menschlicher Leidenschaften vorstellen: Gegen eine bestimmte Kraft muß
mindestens eine ebenso große stehen, wenn man sie halten will, und es
bedarf einer noch größeren, wenn man sie überwinden will. Machiavelli hat in aller Form dem praktischen politischen Handeln unmoralische Mittel und unmoralische Zwecke anempfohlen, die politische Uti-
lität hat Priorität – die Trennung von Politik und Moral wird nachhaltig suggeriert. Und wenn er behauptet, einen Staat und ein Volk behandle man anders als einen Privatmann, dann läßt dies zumindest die
Allgemeingültigkeit der Moral vermissen.
Wenn der Machiavellismus also Erwerb und Sicherung von Macht zum
obersten Ziel politischen Tuns erhebt unter Rechtfertigung von Ver-
stößen gegen moralische Normen zu diesem Zwecke und abseits kommunikativer Rücksichten, wenn er auch die Instrumentalisierung von
Moral in Form von Heuchelei und So-tun-als-Ob empfiehlt, wenn es
darum geht, summa summarum Machterwerb, Machterhalt und
Machtmaximierung um jeden Preis zu erlernen und hoffähig zu machen, dann erscheint ein Machiavelli-Führungsseminar nicht nur als
äußerst bedenklich, sondern geradezu als verurteilungswürdig. Egal,
ob andere zu degradieren oder wegzukomplimentieren sind, es soll
sich stets nur um die Frage drehen dürfen: Ich bin oben auf dem Stuhl
– was muß ich anstellen, damit mich keiner herunterkegelt? In einem
solchen Umfeld gedeihen nur Angst, Duckmäuserei, Intrige und Heuchelei, jedenfalls kann in einer dergestalten Atmosphäre ein Geführter
eigentlich nur fliehen oder ersticken.

Ein Chef, so läßt sich Machiavelli für Führungskräfte des ausgehenden 20. Jahrhunderts interpretieren, soll beispielsweise seine Mitarbeiter nur deshalb loben oder tadeln, um sie auf diese Weise besser kontrollieren zu können. Fazit aus dem »Principe«: Man kann und muß den Menschen ködern und manipulieren, man soll ihm entweder mit Freundlichkeit begegnen, wenn man so besser ans Ziel kommt, oder ihn unschädlich machen – mit beiden Verhaltensweisen jedenfalls ist Machterhalt und Machtmaximierung am sichersten garantiert.

Dieter Speck hat in seinem Buch »Erfolgreiche Problemlösung« (Düsseldorf 1990) eine Chef-Typologie vorgestellt, bei der (neben dem Unentbehrlichen, dem Überforderten und dem Partner) gerade der »Herrscher« wie eine moderne Illustration zum »Principe« anmutet: »Der Herrscher herrscht. Er duldet keine Diskussion und erst recht keinen Widerspruch. ›Partizipation‹ ist für ihn ein Fremdwort … Sein Schreibtisch ist gerne überdimensional, dabei aber fast leer. Sein Büro ist groß und mit langem Anmarsch zum Schreibtisch, damit jeder, der davor Platz zu nehmen hat, unterwegs immer kleiner wird. Der ›Herrscher‹ delegiert nicht, er weist an. Jeder hat das zu tun, was er sagt. Widerspruch wird als Untergrabung seiner Autorität gesehen, die er in Wahrheit nicht besitzt. Deshalb verhält er sich autoritär. Unbewußt ahnt er, daß er nicht anerkannt wird. So erzwingt er seine Anerkennung. Seine Herrschaft beruht auf Druck und Angst. Kaum verläßt er das Haus, beginnen seine Untergebenen aufzuatmen. Ihm gegenüber verhalten sie sich unterwürfig, weil sie Angst um ihre Stellung haben. Doch in Wahrheit verachten sie ihn.«[3]

Ein solches Führungsverhalten ist pathologisch statt partnerschaftlich, und eine Autorität, die nur hierarchisch ist, sich also nur vom sozialen System und von der hier wahrgenommenen höheren Positionierung her versteht und sonst auf keinerlei persönlichkeitsinternen Eigenschaften beruht, ist aus ethischer Sicht nichts wert und sollte in einer demokratischen Wirtschaft nicht Platz greifen dürfen – solche Autorität degradiert die Mitmenschen/Mitarbeiter zu schieren Untertanen.[4]

Zu bloßer Macht entartete Autorität, die nicht (beispielsweise) auf Alter, Erfahrung, Intelligenz, Überzeugungskraft, Bildung, Fachwissen oder Titel basiert und sich dadurch legitimiert und der Zustimmung von unten sicher sein kann, wird zum Selbstzweck und erfüllt nicht die ihr zukommende Aufgabe, zum Nutzen der von ihr geordneten Menschen dazusein. Sie kann sich gegen die Interessen der anderen richten, und an die Stelle solidarischen Verhaltens und Agierens tritt Manipulation, nicht selten als Motivation kaschiert, die jedoch die Interessen der so Motivierten entweder außer acht läßt oder bewußt und gezielt verletzt. Solche Autorität legitimiert sich nur noch durch ihr bloßes Funktionieren; Führung diesen Stils ist genuin autoritär, sie gefriert zur Macht, die der Zustimmung von unten nicht bedarf.

Es will mir scheinen, als fänden sich zumindest latent machiavellistische Strukturen und Verhaltensweisen allüberall dort, wo zwei und mehr Personen zusammen sind und interagieren, wo sich Gruppen konstituieren, also wohl auch in jedem Unternehmen. Inwieweit sich jedwede Gruppe gegenüber einem »Gegner« bildet, ja der »Gegner« und dessen Bekämpfung der Anlaß der Gruppenbildung ist, kann in unserem Zusammenhang nicht weiter verfolgt werden; jedenfalls scheinen sich auch in Unternehmen gerne Alpha-Omega-Reihen in Analogie zur Hackordnung auf dem Hühnerhof zu bilden.

Hier mag die *Mikropolitik* des Lehrstuhlinhabers für Psychologie an der Universität Augsburg, Professor O. Neuberger, angesiedelt werden dürfen. Unter *mikropolitischem Handeln*[5] sind verschleierte Techniken zu verstehen, mit denen im Unternehmen Macht aufgebaut wird, um einerseits die eigenen Handlungsspielräume zu erweitern und andererseits sich fremder Kontrolle zu entziehen. Ziel solchen Agierens ist, die eigenen Interessen unter Umgehung oder Mißachtung und Verletzung von Normen von Fairneß, Offenheit, Redlichkeit, Partnerschaftlichkeit, Kameradschaft und Kollegialität durchzusetzen – die Palette der hierfür nötigen und effizienten Techniken ist umfangreich: Schönfärberei, Koalitionsbildung, Informationsfilterung, Beziehungspflege, Intrige, Schikane und Selbstinszenierung, Obstruktion (also Verzögerungstaktiken durch [zu] langes Reden, Fernbleiben von Sitzungen etc.), Personenkult, Bluff oder Fait accompli (vor vollendete Tatsachen stellen), Gerüchteküche, Klatsch und Falschmeldung, Verleumdung, Betrug, Lüge, Informationsfärbung oder -rückbehalt, Dehnen von Regeln und Normen, Vernichtung von Unterlagen.

Solches Verhalten zu tolerieren oder gar gutzuheißen, bedeutet doch, endgültig Abschied zu nehmen von einer die Menschlichkeit fördernden und die Würde des Menschen respektierenden Kommunikationskultur, weit entfernt von dem normativen, heute jedoch vielfach als museumsreif deklarierten: »Edel sei der Mensch, hilfreich und gut!« Ich will es anders sagen: Für mich sind die vorgenannten Verhaltensmuster allesamt ethisch äußerst bedenkliche, eigentlich ethisch unverantwortbare, also unmoralische Techniken, die menschliches Zusammensein im Berufsleben nicht nur erheblich erschweren, sondern nachgerade unmöglich machen, um Herrschaftsfunktionen und Rang- und Hackordnungen aufrechtzuerhalten und zu erweitern.

Ist das Böse für das Funktionieren des Unternehmens lebensnotwendig? Ich frage deshalb so provokativ, weil ich nicht begreifen kann, warum im Verständnis von O. Neuberger solche Mikropolitik einen »unverzichtbaren Beitrag zur Stabilisierung des Systems ›Unternehmen‹« zu leisten habe nach dem Motto »Makrostabilität durch Mikroinstabilität« – andererseits plädiert er für eine verbindliche Wertordnung und fordert als Korrektiv zur Mikropolitik eine Unternehmensethik ein, die das Spannungsverhältnis zwischen Sachrationalität und Mikropolitik – die er jedoch für das wichtigste Gegenmittel gegen die Verkalkung im Unternehmen hält[6] – mildern soll. Dieses Spannungsverhältnis müsse ausgeglichen werden durch Schaffung von Ethik-Kommissionen, durch Erstellung einer Moralbilanz und durch die Entwicklung einer »kommunikativen« Ethik.

Solche praktischen Strategien zur Durchsetzung moralischen Handelns im Unternehmen einzufordern, ist durchaus begrüßenswert, aber ich kann nicht verstehen, warum gleichzeitig für wichtig und unverzichtbar erklärt wird, mikropolitisches Handeln systematisch trainieren zu sollen, wie es bereits zu geschehen pflegt in Kommunikations-, Beurteilungs- und Gruppendynamik-Trainings.

Mit den vorgenannten Ethik-Maßnahmen wird von außen ein Instrumentarium an das Unternehmen herangetragen und über dieses gestülpt, gleichsam den Mitgliedern aufoktroyiert; dabei wird verkannt, daß *ethisches Handeln immer ein Handeln-Sollen des einzelnen* in Eigenverantwortung einfordert und, wie wir noch sehen werden (in Kapitel 5), die Einbindung in den ganz persönlichen Gewissensentscheid voraussetzt.

Nach meinem Dafürhalten ist Ethik absolut kein beiläufiges Akzidenz, dessen man sich nach Bedarf bedient, um ein besseres und reibungsärmeres Funktionieren des Human Capital zu garantieren, sie ist auch kein Akzidenz zu angeblich bereits vorhandenen Führungsqualitäten – gerade dies wird eine der Aufgaben dieser Abhandlung sein, nämlich zu zeigen, daß die Ethikfähigkeit eines Führenden eine zu ihm gehörende »zwangs«notwendige Wesenskomponente darstellt und eigentlich nur und erst von der reifen Persönlichkeit eingebracht werden kann.

Ich halte auch die Definition von Ethik als dem dritten Pol zwischen

40

(ökonomischer) Sachrationalität und (intriganter) Mikropolitik aus der Sicht von Neuberger für unzureichend, wenn er sie versteht »als die Regulierung menschlichen Handelns durch Prinzipien, die die Zustimmung aller finden könnten, weil sie deren reflektierte Vorstellungen über ein (sittlich) gutes (Zusammen-)Leben verwirklichen helfen«.[7] Dies ist die seit einigen Jahrzehnten gängige Diskurs/Konsens-Ethik, die mir das Ethische, das sittlich Gesollte, zu nahe an das Modell demokratischer Entscheidungsprozesse und Entscheidungsfindungen rückt.[8]

Vom Ansatz her versucht die Konsensethik, die Verbindlichkeit moralischer Prinzipien auf die notwendige Zustimmung aller Betroffenen zu gründen. Das Verfahren, um einen Konsens unter den Betroffenen herbeizuführen, ist dialogisch-argumentativ, weshalb man auch von Diskursethik spricht. Da ich auf diese Ethik im weiteren Verlauf meiner Ausführungen nicht mehr eingehe, sei an dieser Stelle aus Gründen der Illustration das sogenannte Konsensprinzip genannt: »Ein Handlungsprinzip P ist verbindlich in dem Sinn, daß es moralisch zu billigen oder legitim ist, nach P zu handeln, und illegitim oder verboten, P zu verletzen, immer und nur dann, wenn P die Zustimmung eines jeden finden kann, der von der Befolgung von P betroffen sein kann.«[9]

Macht und Charisma

Wenn vorher von machiavellistischen und mikropolitischen Machterhalts- und Machtmaximierungstaktiken die Rede war, dann müssen in diesem Zusammenhang ergänzend auch Herrschaftsstrategien genannt werden, die den anderen, den Mitarbeiter und Untergebenen, zweckrational benutzen, ihn also zum Mittel (für bestimmte Ziele und Zwecke und Erfolge) machen oder ihn hierzu degradieren, nicht zuletzt im Rahmen raffinierter, als Motivationsmodelle kaschierter Manipulationstechniken von Gehaltserhöhungsversprechungen bis zu den abenteuerlichsten Incentive-Maßnahmen.[10] Ein solches Instrumentalisieren des Menschen ist eindeutig unsittlich, weil es den Menschen seiner Würde beraubt – der Mensch ist stets Ziel, nicht Mittel und Weg und Instrument für ein anderes Ziel. Darauf wird immer wieder zurückzukommen sein.

Jedenfalls sind alle Motivationsstrategien, die den Schaden des Motivierten in Kauf nehmen oder nicht bedenken, ethisch fragwürdig ebenso wie das Ausnützen psychischer Störungen bei den zur Führung anvertrauten Mitarbeitern, so etwa deren starke Erfolgsabhängigkeit aufgrund gravierender Ich-Schwäche oder massiver Minderwertigkeitsgefühle oder auch kompensatorischen Aktivismus. In der Regel schätzen sich die Betriebe glücklich, in den unteren oder mittleren Rängen solche Erfolgsverwiesene, von Minderwertigkeitsgefühlen geplagte Menschen zu beschäftigen, denn sie suchen den Erfolg und damit die Anerkennung[11] um jeden Preis und sind nicht selten bereit, alles (Privatleben, Glück und Gesundheit) zu opfern und aufs Spiel zu setzen – oftmals verlieren sie dabei alles. Jedenfalls sind sie leicht zu manipulieren und in das machiavellistische Kalkül des Erfolgs und der Maximierung des Unternehmensnutzens einzubinden.

Max Weber hat *Macht* einmal definiert als »die Chance, innerhalb einer sozialen Beziehung den eigenen Willen auch gegen Widerstreben durchzusetzen, gleichviel, worauf diese Chance beruht«.[12] Damit ist deutlich gesagt, daß Macht weder an mittelbare noch an unmittelbare Zustimmung von unten sich gebunden weiß und Verhältnisse von Über- und Unterordnung zwischen Personen oder Gruppierungen konstituiert, die von der Anerkennung der Betroffenen unabhängig sind, ganz im Unterschied zu funktionaler Autorität, bei der sich der Autoritätsträger selbst, durch bestimmte Fähigkeiten etwa – auch durch Sittlichkeit[13] –, legitimiert. Macht scheint ein ubiquitäres Phänomen zu sein, und dies nicht nur generell auf das Menschsein als solches bezogen, sondern sie ist auch speziell überall dort reichlich und im Übermaß als Streben vorhanden, wo einer sich zum anderen gesellt und einer dem anderen übergeordnet ist oder dies sein zu dürfen vorgibt.

Bereits von der Individualpsychologie Alfred Adlers (1870–1937) her wissen wir, daß das Macht- und Geltungsstreben allgemein menschlich ist, der menschlichen Art als solcher anhaftet und phylogenetisch mit der stiefmütterlichen Ausstattung des »Mängelwesens Mensch«[14] zusammenhängen dürfte, freilich quantitativ in je verschiedenem Stärkegrad. Alfred Adler verlängert nun diesen – abseits von Nietzsche! – »Willen zur Macht« zurück in einen Haupttrieb der menschlichen Psyche, und dies bedeutet: Dem Menschen ist ureigen ein Gefühl der Minderwertigkeit, da er als biologisches Mängelwesen von Geburt an auf die Hilfe anderer zur Existenzsicherung angewiesen ist und die Gemeinschaft der primären Bezugspersonen, der Eltern beispielsweise, zur (psycho-)physischen Sicherung seines Lebens braucht. Aus diesem elementaren Gefühl der Minderwertigkeit als frühkindlicher Grunderfahrung erwachsen der Drang und das Bedürfnis, die Spannung des Schwachseins, der Minderwertigkeit (und später der Kleinkariertheit oder sozialen und/oder geistigen Unterlegenheit) zu kompensieren, auszubalancieren und einer optimalen Plus-Marke zuzupendeln und Homöostase, also Gleichgewicht und Spannungslosigkeit, zu erreichen, indem es gelingt, der Erste oder wenigstens »oben« zu sein beziehungsweise Macht, Anerkennung, Geltung, Prestige und Überlegenheit zu erringen.

In seiner übersteigerten Form ist das Streben nach Macht und Überlegenheit also eine Form von »Ausgleich«, eine Art »Kompensation« des elementaren Minderwertigkeitsgefühls. »Ist das Minderwertigkeitsgefühl besonders drückend, dann besteht die Gefahr, daß das Kind in seiner Angst, für sein Leben zu kurz zu kommen, sich mit dem bloßen Ausgleich nicht zufriedengibt und zu weit greift (Überkompensation). Das Streben nach Macht und Überlegenheit wird überspitzt und ins Krankhafte gesteigert.«[15] Hier geht es dann nicht mehr um eine Forderung der Gerechtigkeit, also darum, mit den anderen auf einer Stufe zu leben, vielmehr scheint es notwendig geworden zu sein, sich am anderen zu beweisen, daß man nicht minderwertig ist.

Im Machtstreben steckt somit etwas Aggressiv-Feindliches: Der andere als der eventuell Überlegenere wird als »tödliche« Gefahr erlebt, und die Angst vor seiner Überlegenheit kann nur abgewehrt werden durch »ein Streben nach Überwältigung des anderen um jeden Preis«.[16] Nach dem Motto »Wenn ich mächtig bin, kann mir keiner etwas antun« ist der Wille zur Durchsetzung der eigenen Person also durchaus durchsetzt und verbunden mit der Tendenz, hierfür die anderen anzugreifen, sie klein(er) zu machen oder gar niederzuwerfen. Als Hintergrund dieser psychischen Notwendigkeit, »oben« sein zu wollen, sieht Adler zu Recht eine tiefe Angst[17], die dazu zwingt, sich durch Überlegenheit zu sichern und drohende Gefahren der Unterlegenheit durch reaktiv übersteigerte Überlegenheit zu bekämpfen. Aber wer außer dem Psychoanalytiker sagt dem sich so mächtig und tatkräftig und selbstbewußt-kraftstrotzend Gebärdenden, daß er im Grunde und zutiefst ein ängstlicher, ein angstbesetzter Mensch ist mit latent vorhandenen, nicht eingestandenen Minderwertigkeitsgefühlen?! Für solche Menschen ist die Fiktion der eigenen Größe absolut und läßt sie hinsichtlich ihrer sozialen und hierarchischen Positionierung nur insofern »flexibel« sein, als sie sie zu dem Leitspruch Cäsars zu zwingen scheint: »Lieber im Dorfe der Erste als in Rom der Zweite.«

Da diese tiefenpsychologischen Zusammenhänge im Kern und grundsätzlich weder zu leugnen noch zu ignorieren sind, bin ich natürlich nicht so naiv zu glauben, Führung käme ohne jegliche Macht – so gefährlich sie auch ist! – aus, wobei ich jedoch dezidiert der Meinung bin, daß die stärkste Kraft beim Führen, die eigentliche »potestas/potentia« = Macht, die Persönlichkeit des Führenden selbst sei.

Es ist selbstverständlich und unbestritten, daß ein Führender, um (s)einen Führungswillen durchsetzen zu können, einer irgendwie gearteten »Macht« bedarf, und ein Teil dieser »Macht« kann, vielmehr möge von seiner Persönlichkeit ausgehen. Diese Form von Macht oder Stärke oder Autorität oder Strahlkraft oder Ausstrahlung will ich *Charisma* nennen.[18]

Der Ausdruck stammt aus dem Griechischen (urspr. cháris) und bedeutet eigentlich und seinem Ursprung nach *Gnade*(ngabe, Gnadengeschenk). Dahinter mag wohl die Vorstellung stehen, daß dem »begnadeten« Führer eine ganz besondere Kraft eigen sei, die nicht aus ihm selbst, sondern die von der Gottheit stammt. Macht, vielleicht gerade deshalb, weil sie so schnell und so sehr entarten kann, hat man in der abendländischen Geschichte schon sehr früh in Verbindung mit dem Göttlichen gebracht, woraus verstehbar wird, daß Alexander der Große, in seiner Nachfolge die hellenistischen Diadochen und später die römischen Kaiser wie selbstverständlich in die Nähe der Gottheit rückten, sogar undiskutiert und unwidersprochen selbst zu Göttern avancierten, woraus zumindest ein Großteil der absoluten Gefolgschaftstreue ihrer Untergebenen resultierte.[19]

Auch bei den Germanen finden wir diesen Glauben, und hier verbindet er sich mit dem Begriff des Heils. Der Führer im Kampf mußte vor allem Kampfheil besitzen oder gar Siegheil, so wie man von den erfolgreichen Anführern bei der Jagd Jagdheil zu erwarten sich berechtigt glaubte.

Wenn wir uns im Blick auf die Geschichte, von den Pharaonen Ägyptens über Augustus und Napoleon bis in unsere Gegenwart hinein, fragen, wie es so mancher Führer geschafft hat, ohne nachweisliche politische, militärische oder wirtschaftliche Druckmittel Tausende und Hunderttausende auf seine Seite zu bringen, sie zu einem Verband zusammenzuschweißen und zu einer großen Sache zu motivieren, dann wird wohl die Antwort nur im »Heil« liegen, das man ihnen zugestand. Man denke an die Schlacht der Cherusker im Teutoburger Wald (9. n. Chr.) gegen die Übermacht der Römer unter Führung des erst 25jährigen Arminius – weniger bekannt dürfte sein die Auswanderung der Markomannen aus dem Maingebiet nach Böhmen kurz zuvor unter der Leitung des knapp 16jährigen Marbod.

Es ließe sich unschwer eine Vielzahl ähnlich erstaunlicher Ereignisse aus der Völkerwanderungszeit anfügen, die allesamt ohne den Glauben an das Führungsheil dieser Führer undenkbar wären. Selbst wenn man ungern oder nicht ausdrücklich vom Siegheil spricht, so weisen doch die Historiker einigen großen militärischen Führungsgestalten der letzten Jahrhunderte einen entsprechenden, rational nicht erklärbaren Nimbus zu: Solcherart führungsbegnadet waren zweifellos Prinz Eugen oder Friedrich der Große und auch Napoleon.

Abseits dieses ursprünglich religiös begründeten und verursachten Führungsheils und Charismas wird nun auch in unserer Zeit hinsichtlich Verantwortungsträgern aus Industrie und Wirtschaft (und Politik) vom *Charisma als einem begnadeten Führungstalent* gesprochen – solche »Gnadengabe« überragenden und unangreifbaren Führertums ist vielleicht die wohl edelste und begehrteste, jedoch auch seltenste aller möglichen Tugenden des Managers oder Führenden. Was den meisten in vielen Fällen nur mit Mühe und ebenso häufig erst gar nicht gelingt, dies gerät dem charismatischen Führer zum gleichsam spielerischen Unterfangen: Er kann Menschen motivieren und begeistern, ohne zu manipulieren, er vermag härteste Probleme zu meistern und dennoch gelassen zu sein, er schafft Identifikation mit dem Unternehmen, ohne den Respekt vor der Würde und den individuellen Werten eines jeden Mitarbeiters zu verlieren, er bringt die Flauen und Mittelmäßigen (wieder) in Schwung, bleibt Gewinner in allen Verhandlungen und überdies unangefochten in seiner Führungsrolle, indes neben ihm die Köpfe rollen. Wiewohl reichlich mit Geistesgaben ausgestattet, ist und wirkt er nicht rein verkopft und superintellektuell. Er glaubt an sich selbst (Selbstvertrauen), er verfolgt unbeirrt sein Ziel (Eigenbestimmung), er kennt seine Mitarbeiter und weiß nicht nur, was sie auf dem Herzen haben, sondern auch, wo ihre Fähigkeiten, aber auch ihre Grenzen liegen (Menschenkenntnis), er liebt seine Mitarbeiter und sie ihn (Freundschaftssinn), und er ist mit sich selbst im Reinen (Konfliktlosigkeit). Was mehr?

Ich habe hier sicherlich ein idealtypisches Portrait gezeichnet, und es sei dahingestellt, ob die immer häufiger in der Fachpresse artikulierte Forderung überzogen, weil in einer einzigen Person nicht lebbar, erscheint, vom Manager Charisma, zumindest jedoch Ausstrahlung und wie auch immer zu verstehende Persönlichkeitsstärke zu verlangen – jedenfalls halte ich die Schlußfolgerung Neubergers[20] für (beleidigend) übertrieben, wenn er resümiert: Wer Charisma habe, entziehe sich der Kritik der Alltäglichen und geriere sich als der überlegene einzelne, dem die vielen anderen zu folgen haben – dies sei Faschismus. Seine Unterstellung, Charisma sei eine überaus bequeme Art der Herrschaftsausübung, darf so auch nicht stehenbleiben. Wer so denkt, psychologisiert und läßt Charisma eine Frage der Wahrnehmung und der Projektion sein: Der Führende erhalte Charisma kraft »Idealisierung von unten«, was einschließt, es müsse ihr in Wirklichkeit, also in der Persönlichkeit des Führenden, nichts entsprechen.

In Konsequenz und Klartext heißt dies doch: Wer sich selbst – gemeint ist jeder Subalterne, und irgendwie subaltern ist nahezu jeder! –, wer also sich selbst in seiner persönlichen Entwicklung (und in seiner fachlichen Kompetenz) als defizitär ansieht, sich verkrampft vorkommt und mannigfache Minderwertigkeitsgefühle hat, neigt leicht zur Projektion des idealen Gegenbildes von der allseits grandios entfalteten Persönlichkeit mit entsprechender Ausstrahlung auf andere. Wenn dem so wäre, dann müßte es, mit Verlaub gesagt, massenhaft Charismatiker geben! Das Gegenteil ist jedoch wahr, denn nach guten Schätzungen besitzen überhaupt nur drei oder vier Prozent aller Menschen im deutschsprachigen Raum so etwas wie Ausstrahlung (im Sinne eines wenigstens approximativen Charismas), und der Anteil unter den Managern – da sie zumeist einseitig ihren Intellekt zu Lasten ihres Gefühlslebens pflegen – dürfte noch geringer sein.[21]

Wenn ich Ausstrahlung einmal fassen darf als Ausdruck der ganzheitlichen Persönlichkeit, von der noch mehrfach wird die Rede sein müssen, dann halte ich sie hinsichtlich des Führenden für unentbehrlich, da sie Emotionalität und Menschlichkeit in die Führung einbringt und gerade dadurch die Mitarbeiter zur Identifikation mit ihrer Arbeit, ihrer Firma und deren Produkten zu stimulieren imstande ist.

Wenn man sich in den Unternehmen umsieht, dann finden sich nur einige wenige Einzelerscheinungen in Führungspositionen, die kraft ihrer vitalen und unverfälschten Persönlichkeit tatsächlich Ausstrahlung besitzen. Betrachtet man sie näher, dann wird man gewahr, daß dies gerade solche Menschen sind, die sich eigentlich nie ernst- oder krampfhaft um die Politur, um ihr Image und um Personality Styling gekümmert haben; sie haben so gar nicht das, was man Karriereorientierung nennt, vielmehr scheint ihnen primär und wesentlich Aufgabenorientierung eigen zu sein.

Nach Christo Quiske[22] vom Institut für angewandte Kreativität sind dies Menschen, die hundertprozentig zu dem stehen, was sie tun, die nicht taktieren und kalkulieren, wie sie irgendwo ankommen, und die »eins sind mit dem, was sie denken, fühlen und tun«. Ich darf ergänzen, daß dies Persönlichkeiten sind, die keine Zeit aufwenden für die an Status, Funktionen oder Rollen geknüpften Images, die sich nicht hinter Masken verstecken, weil sie keine haben, und die, wie der Psychologe Rudolf Affemann[23] sagt, über eine große »Spannweite« der Persönlichkeit verfügen. Hierzu gehört zweifellos – und wir kommen später in Kapitel 8 noch ausführlich darauf zurück –, daß mit dem Tabu gebrochen wird, es hätten Gefühle im Management, beim Führenden selbst und im Führungsprozeß nichts zu suchen; gerade die Fähigkeit zum emotionalen Ausdruck ist eine der wichtigsten Komponenten nicht nur für persönliche Ausstrahlung, sondern auch für Kommunikation, weil sie dem Geführten eine fundamentale Orientierung gibt, die Vertrauen zuläßt oder darauf basiert.

Bis hierher mag deutlich geworden sein, daß Management und Führung ganz ohne Macht nicht auskommen. Man kann solche Macht Autorität nennen, beruhend auf Alter, Intelligenz, Erfahrung, Überzeugungskraft, Fachwissen und Bildung oder aber aufgesetzt und gehandhabt nur aufgrund der Positionierung im Hierarchiegefüge – aber gerade hier ist erfahrungsgemäß die Gefahr groß, daß so praktizierte Autorität leicht in machiavellistisch-mikropolitische Taktiken und Strategien ausartet und zu den im Management nicht unüblichen Machtspielchen und Manipulationsmätzchen verkommt.

Man kann aber Macht auch begründet sein lassen im Charisma, in der Ausstrahlungskraft der reifen, ganzheitlichen Persönlichkeit, und da wiederhole ich mein schon genanntes *Credo, die stärkste Kraft beim Führen sei die Persönlichkeit des Führenden selbst.* Nicht nur jene Menschen, deren Selbstwertgefühl defizitär ist, erliegen oftmals der Lust auf Macht und damit leicht dem Machtmißbrauch, um damit die Gefühle der Unzulänglichkeit und der Minderwertigkeit zu (über)kompensieren; generell ist Macht und der Umgang mit ihr ein Phänomen, das gefährlich ist, nicht in jedermanns Hand liegen darf und zur persönlichen Selbstreflexion – ob man damit verantwortlich umgehen kann – geradezu zwingt; sie muß in eine ethische Grundausrichtung eingebettet sein, die dem anderen seine personale Freiheit und seine Würde beläßt und ihn nicht in Angst und Depression treibt. Solch ernste Worte zur Machtausübung sind durchaus angebracht, weil wir uns von der Tiefenpsychologie sagen lassen müssen, daß einerseits die Angst ein wesentliches Strukturelement der menschlichen Psyche ist und daß andererseits viele Menschen in ihrem gesamten Denk- und Emotionssystem von einem elementaren Angsterleben bestimmt sind – und eine gar nicht so seltene Art der Angstabwehr ist das permanente Streben nach Machtgewinn und Herrschaft: Man sieht oder fühlt die riesige Kluft zwischen Anspruch und Wirklichkeit und erhöht in meisterhafter Rationalisierung seine Erbärmlichkeit und Schwäche, mit der man nicht leben kann/will, zu Überlegenheit und Größe.

Wesen und Notwendigkeit der Persönlichkeitsbildung

Die Erfahrung lehrt, daß vielfach Menschen, die nach ihrer sozial-hierarchischen Einstufung Führungskräfte sind, selbst noch stark der Führung bedürfen oder zumindest jener Selbstreflexion, die sie zur Einsicht zu bringen vermag, daß fachliche Kompetenz noch lange nicht »alles« ist und sie keineswegs wie automatisch und selbstverständlich zur Menschenführung befähigt. Anders gesagt: Nicht ein jeder, der im Unternehmen in der vorder(st)en Riege steht, ist auch schon menschlich reif (genug), ein Führender zu sein; die branchenspezifische Qualifikation, also die fachliche Kompetenz, der ein ganzes Kapitel vorbehalten sein muß, ist vielfach nicht eingebunden in ein Persönlichkeitsprofil, das sich durch interaktiv-kommunikative, durch soziale und ethische Kompetenz auszeichnet. Lapidar und als Merksatz formuliert dies in seinen Büchern und Seminaren zu Fragen der Ethik, Rhetorik und Dialektik, insbesondere der Persönlichkeitsbildung, der in Ettenbeuren wirkende Baldur Kirchner[24]:
»*Wer Menschen führen will, möge gelernt haben, sich selbst zu führen.*«
So wie ich hier von Führung spreche, ist sie immer – und dies im gesamten Verlauf der Abhandlung – Menschenführung, also nicht Leiten im Sinne von Strukturieren sachlicher Abläufe. Solches Führen ist nach Kirchner[25] ein bewußtes kommunikatives Handeln, näherhin ein beabsichtigtes, gewolltes, zielgerichtetes Einflußnehmen auf einen einzelnen Menschen oder auf eine Gruppe von Menschen. Bewußtes

Führen nimmt Einfluß, indem es psychische und/oder soziale Einstellungen, Meinungen und Haltungen des Geführten, seine Wertungen und Wertvorstellungen, seine Verhaltensweisen oder seine wirtschaftlichen, politischen oder religiösen Normen tangiert, ändert oder verstärkt oder negiert – oder auch unberührt beläßt.

So gesehen kann also Führen von vornherein die Freiheit des Handelns, Denkens und Fühlens im Geführten begrenzen, demnach manipulativ sein – und jegliche Art von Manipulation ist ethisch eine eindeutig negativ besetzte Wirklichkeit. Schon hier wird ein sehr enger Zusammenhang zwischen Führung, Macht und Ethik transparent. Ich habe bereits gesagt, daß manch einer aus verschiedensten Gründen der diabolischen Versuchung erlegen ist, über Geführte oder »Abhängige« ein Macht- und Herrschaftsgebilde auszubreiten, in welchem (nur) Angst vorherrscht und nicht mehr in Freiheit geatmet werden kann.

Wenn nach dem diesem Buch zugrundeliegenden Verständnis von Führung Führen voraussetzt, daß man sich selbst zu führen imstande ist, was wiederum voraussetzt, daß man sich in akribischer und permanenter Selbstreflexion kennenzulernen gewagt hat und an seinen Schwächen in nie endender Mühewaltung zu arbeiten bemüht ist, dann kann verantwortet führen nur der, welcher sich tagtäglich und stündlich und stets der Anstrengungsfron unterzieht, aus dem Marmorblock seines Personseins die Skulptur einer reifen und in sich zentrierten, aber wesentlich dialogisch orientierten Persönlichkeit zu meißeln. Solches Tun, bei dem man sich durchaus etwas abringen muß und das echtes Leisten[26] bedeutet, ist *Persönlichkeitsbildung* und weit entfernt von der reinen Worthülse Persönlichkeit, wie sie uns permanent im Alltag begegnet.

Ich weiß sehr wohl um die Schwierigkeit, heute von Persönlichkeitsbildung und deren *Notwendigkeit* zu sprechen, zumal immer noch eine babylonische Sprachverwirrung vorherrscht hinsichtlich einer Differenzierung von Menschsein und Charakter und Typ, insbesondere von Person und Persönlichkeit. In der gegenwärtigen gesellschaftlichen Struktur eine ganzheitliche Persönlichkeitsbetrachtung zu propagieren und diese als notwendig für eine Führungskraft einzufordern, heißt oftmals, Ressentiments und Blockaden zu begegnen, da doch das »Persönlichkeits«-Profil, ehrlicher: das Anforderungsprofil der Führenden, vielfach eingeengt erscheint auf (Zweck-)Rationalität und vor allem Intellektualität, die in der Regel zum wichtigsten Nachweis für beruflichen Erfolg geworden sind.

Noch vor einem knappen Jahr wollte mir ein renommierter Seminarveranstalter den Untertitel kappen, in dem der Begriff »Persönlichkeit« vorkam – ich hatte angekündigt: »Ethik als Managementaufgabe. Aspekte einer Wegsuche zu mehr Persönlichkeit im Führungsprozeß.« (Meinen Arbeitstitel »Die amputierte Persönlichkeit im Leistungs-Erfolgs-Karussell« hatte ich mir ohnedies für das Programmheft verkniffen!) Mein Titel sei, so wurde mir von dem jungen diplomierten Betriebswirtschaftler entgegengehalten, unangebracht und diffamierend, da sich doch die Teilnehmer aus langjährigen und erfahrenen Managern rekrutierten, also aus (so wörtlich) »gestandenen Persönlichkeiten«. Auch dieser Aussage liegt das gravierende, jedoch weitverbreitete Mißverständnis zugrunde, die begriffliche und inhaltliche Verschiedenheit von Person und Persönlichkeit beliebig verwischen zu dürfen.

Das Personsein ist bereits gegeben mit dem Menschsein, es ist dem Menschsein als geistbegabtem Sein ursprünglich und daher schon im embryonalen Zustand vorhanden – auch der Säugling und das Kind sind Personen, nicht mehr und nicht weniger als jeder von uns, und das Kind ist auch nicht anders Person als im hohen Alter. Es gibt keine Veredelung des Personseins – der eine Mensch ist nicht mehr Person als der andere! Daraus lassen sich viele Schlüsse ziehen hinsichtlich der Rechtsgleichheit der Menschen, der Achtung menschlichen Lebens im vorgeburtlichen Stadium, bei Mißbildungen der Körpergestalt, bei Kasernierung in psychiatrischen Anstalten und im hohen Alter – wiewohl sehr wichtig, so können wir doch diese Konsequenzen, die sich aus dem Menschsein und Personsein und dessen Geistbegabtheit (gemeint ist hier nicht Verstand oder Vernunft!) ergeben, hier nicht weiter verfolgen.

Halten wir das Personsein als generelle und fundamentale Basisgröße menschlichen Seins fest und ziehen wir berechtigt den Schluß, daß diese Basis, dieser Wurzelgrund als geistbegabtes Sein, mit all seinem Streben und Wollen und seinen Entscheidungsmächtigkeiten Entfaltung und Entwicklung wenn nicht unbedingt fordert, so doch zumindest in freier Wahl zuläßt. Der Mensch ist nicht nur biologisch ein Mängelwesen, er ist es auch in seiner menschlichen Anlage als Geistwesen, als Person – diese Anlage ist lediglich das Material, das er zu gestalten imstande und verpflichtet ist, um »human« leben zu können in freier Entscheidung und Verantwortlichkeit im Gegensatz zum Tier, das durch den Instinkt geprägt und mehr oder minder eindeutig festgelegt ist.

50

Person ist also seinsmäßig etwas Unwandelbares und Bleibendes, die Person *wird* nicht, sie *ist,* und sie ist im ganzen Leben seinsmäßig dieselbe. Was sich ändert und wandelt, das ist die Persönlichkeit, die nicht nur von Mensch zu Mensch, von Person zu Person verschieden ist, sie kann (und sollte) sich sogar im selben Menschen im Laufe seines Lebens ändern und wandeln und entwickeln, peripher am Rande oder wesentlich bis in Tiefenstrukturen seines Selbst hinein. Wobei wir bei Persönlichkeitsbildung sind und die Bezeichnung Persönlichkeit eigentlich legitimerweise solchen Menschen vorbehalten, die durch eigene Leistung sich vervollkommnet haben und im Laufe ihres Lebens in täglicher Überwindung »ausgereift« sind – doch hiervon weiter unten. Augenblicklich sei resümierend festgehalten: *Person ist man, Persönlichkeit wird man* – Persönlichkeit ist die besondere Gestalt der Person, sie ist die besondere individuelle Art und Weise, Person zu sein. Etwas imperativisch formuliert: *Persönlichkeit ist keine Vorgegebenheit, sondern eine Aufgabe.*

Nach diesen Ausführungen mag man verstehen, daß ich entschieden die These vertrete, das Wesen menschlicher Existenz bestehe nicht darin, daß es sich beim Menschen um ein faktisches Sein handle – von der Art: So bin ich mal, und so bleibe ich und werde niemals ein anderer; das wäre Menschsein auf der Ebene des Personseins! –, sondern um ein fakultatives, und dies bedeutet: Der Mensch ist nicht etwas Unabänderliches im Sinne von Nun-einmal-so-und-nicht-anders-sein-Müssen, vielmehr ist menschliches Sein wesentlich ein Immer-auch-anders-werden-Können. Dies gibt der menschlichen Existenz einen dynamischen Charakter, die Möglichkeit (und Verpflichtung) zur Veränderung und damit zu Wachstum und Entwicklung und Reife.

Und wie geschieht dies? Indem der Mensch sich entscheidet. Und was entscheidet er? Was er im nächsten Augenblick wird.

Menschliches Wachstum im Sinne zunehmender Reife setzt die freie Entscheidungsmächtigkeit des Menschen voraus – mehr noch: Solches Reife-Wachstum vollzieht sich in Stufen zur Persönlichkeitswerdung beziehungsweise ist ein stufenweises bewußtes Fortschreiten von der reinen Perzeption – also der Wahrnehmung seiner selbst – zur personalen Dezision – also der Entscheidung, wer man sein und werden will. Verdeutlicht heißt das: Zuerst nehme ich mich selbst wahr in meinem individuellen So-Sein (Selbsterkenntnis) und erkenne gleichzeitig bei kritischer Analyse und nüchterner Beurteilung meine Wandlungsfähigkeit (Selbstbesinnung) – ich bestimme dann, wer dieser Mensch ist, der ich sein möchte (Selbstbestimmung als meine wesentliche und mir individuell eigene Freiheit zum Anderswerden), und entwickle mich bewußt und als Eigenleistung inklusive der damit verbundenen Imponderabilien und Anstrengungen auf diesen Menschen zu: Das ist die Entscheidung zum Anderswerden.

Daß solches möglich ist, liegt in der Dynamik der menschlichen Existenz, und das Stehenbleiben auf der unteren Stufe – »So bin ich halt!« – bremst den menschlichen Wachstums- und Reifeprozeß zu mehr Persönlichkeit, auch zu größerer Sinnerfüllung durch intensivere Werteverwirklichung.

Wenn wir später (Kapitel 4) Ethik u. a. auch als Tugendlehre konzipieren und in diesem Verständnis wenigstens kurz vorstellen, dann wird gesagt werden dürfen, daß der Mensch nicht nur handelt gemäß dem, was er nun mal seiner psychosozialen Disposition nach ist, sondern daß er auch »wird«, wie er handelt – dies heißt verdeutlicht: Wird oft in derselben Art und Weise gehandelt, was voraussetzt, daß oft in derselben Art und Weise entschieden worden ist, so entsteht eine bestimmte Haltung, ein Habitus, eine Handlungsdisposition bei diesem Menschen. Eine Kurzformel bringt dies auf den Punkt: Aus Handlung wird Haltung (ex actu fit habitus). Haltung repräsentiert gleichsam die Fülle bereits getroffener Vorentscheidungen.

Diesen Ausführungen liegt ein Verständnis von Tugend zugrunde, das sich ursprünglich an Sokrates und Aristoteles insofern orientiert, als hier Tugend zunächst gefaßt wird als eine Tauglichkeit zu werthaftem Verhalten, eine Fertigkeit und ein Vermögen, die durch Übung den Menschen instand setzen, eine bestimmte Leistung (zum Beispiel Tapferkeit, Gerechtigkeit, Wahrhaftigkeit) zu vollbringen, die als werthaltig gilt und in deren Verwirklichung die Wesenserfüllung des Menschen, die Vervollkommnung des handelnden Subjekts liegt. An dieser Stelle hier genügt zu sagen, bei Tugend handle es sich um eine durch Einzelhandlungen erworbene Eigenschaft des Menschen, seines Charakters und seiner Gesinnung, seines ganzen, und zwar geistigen Habitus, der final auf die Realisierung von Werten gerichtet ist.

Wenn zum Persönlichkeitsprofil eines Führenden beispielsweise wesentlich Altero-Zentriertheit oder Altero-Orientierung gehört als Zurückstellung eigener Vorstellungen, Wünsche und Erwartungen und Ausgerichtetsein auf den anderen (lat.: alter – der andere) und wenn dies bei Ihnen als einer Führungskraft Haltung geworden ist (gewissermaßen »Selbstverständlichkeit«), dann wird von Ihnen nicht jedesmal neu entschieden werden müssen, ob Sie loben und anerkennen, ob Sie den anderen freundlich grüßen und ihn in der Art, wie Sie ihn respektieren, spüren lassen, daß er als ganzer Mensch, nicht nur als Arbeitskraft, sich akzeptiert wissen darf.

Tugend und Haltung fixieren und determinieren nicht: Obwohl aus Handlung Haltung wird, muß aus Haltung nicht (stereotyp und zwangsnotwendig) Handlung resultieren; aus jeder Haltung heraus ist eine neue Handlung möglich, aus dem Gewordensein eines Menschen sind stets neue Entscheidungen des Augenblicks möglich, so dieser Mensch beispielsweise hic et nunc aufgrund einer situativen Wertpriorität glaubt, anders handeln zu sollen, als ihm sonst eigen ist. Und gerade dies erscheint mir als das Wunder jeden (bewußten und gewollten) Wachstums, daß nämlich ein noch so fehlentwickelter und noch so festgefahrener und haltungsmäßig eingefrorener Mensch über das Treffen neuer Augenblicksentscheidungen zu einer neuen Stufe des Menschseins vordringen kann, daß er sich ändern kann, so er nur will und Entscheidungen trifft, die allerdings immer ein Wofür, einen Grund, einen Sinn brauchen.

Ich glaube doch, daß bis hierher begriffen werden konnte, daß weder hinreichendes Alter noch eine Spitzenstelle im Hierarchiegefüge eines Unternehmens, daß ebensowenig stures Festhalten an Prinzipien der Gesellschaft, einer modisch geprägten »Moral« oder institutionalisierten Konfession auch nur entfernt Kriterien sind für eine reife Persönlichkeit, wenn darüber hinaus nicht tagtäglich, stündlich und jeden Augenblick eine Offenheit und Öffnung, eine Selbst-Überschreitungs- oder Sich-Infragestellungs-Bereitschaft des Ego zu neuen Werten und Sinnmöglichkeiten (als Einsichten oder Aktivitäten) und damit zu Entscheidungen gelebt wird. Die Differenzierung zu Person und Charakter und Persönlichkeit läßt sich formelhaft so komprimieren:

Der Mensch *ist* eine Person,

er *hat* einen Charakter, und

er *wird* eine Persönlichkeit.

Indem sich die *Person,* die *ist,* mit dem *Charakter,* den sie *hat,* auseinandersetzt, indem sie zu ihm Stellung nimmt, gestaltet sie ihn und sich immer wieder um und *wird* zur Persönlichkeit. Modelle der Charakterologie zu diskutieren, würde hier zu weit führen – auch die psychologischen Schulen sind in dieser Sache kontrovers und finden keinen eindeutigen Konsens, schon gar nicht in der Frage, ob Charakter genetisch bedingt oder ein Ergebnis aus Umwelt und Erziehung ist. Es mag aber gesagt werden dürfen, daß Charakter die individuelle Eigenart der Person ist, und als solches Gesamtgefüge der besonderen Eigenschaften des Menschen, die seine individuelle Besonderheit ausmachen, ist er form- und prägbar und der Veränderung zugänglich – ich nenne ihn deshalb die Gestaltungsbasis für die Persönlichkeitsbildung.

Wenn Persönlichkeit also der Mensch im Werden ist und damit das dynamische Element der Person, dann wird keiner behaupten wollen, er sei in diesem Entwicklungsprozeß bereits an ein Ende gekommen, er sei fertig. Auch und gerade ein Führender ist nicht fertig, wobei wir wieder bei der Notwendigkeit der Persönlichkeitsbildung für Führende angelangt sind, die schon deshalb geboten erscheint, weil bewußtes (und auch unbewußtes) Führen (zu verantwortendes!) Einflußnehmen auf einzelne und Gruppen ist, wie wir bereits gehört haben.[27] Und gerade dies, das Einflußnehmen, ist heute zu einem bedeutenden immateriellen Statussymbol geworden; damit verknüpfen zahlreiche Führende ihr Ansehen vor sich selbst (ihre Selbstakzeptanz) und die Beachtung ihrer Persönlichkeit durch ihre Mitmenschen. Indem einem Führenden grundsätzlich Macht eignet und er sie auch ausübt, kann Einflußnehmen durchaus zu einem besonderen Lustgewinn gesteigert werden, bei dem der andere gezielt klein und mickrig gehalten wird, um selbst um so größer zu erscheinen und/oder sich so zu erleben – solcher »Rausch« vermag einen Führenden selbst zu einem von der Machtlust Verführten werden lassen, aus deren Klammer man sich nur schwer befreien kann; auf seiten der Geführten wird Intrige geweckt und zur Rebellion verlockt – im Dialogischen des Kommunikationsgeschehens wuchert das Unkraut der Manipulation, der Suggestion und Überredung, statt Überzeugung, und oftmals der geplanten Täuschung.

Wer Einfluß nehmen darf, muß gelernt haben, sich selbst führen und sich (in seiner Wichtigkeit) zurücknehmen zu können, er muß sich in der Hand haben – das ist ein mühsamer Lernprozeß, das ist viel Arbeit an sich selbst, einerseits, es muß aber andererseits erst auch mal die Einsicht in die Notwendigkeit solcher »asketischer« Übung vorhanden sein, es muß ein Grund gegeben sein, so zu handeln und gegebenenfalls destruktive Kommunikationsmuster in sich abzubauen. Daher meine ich, daß Führen und damit Beeinflussen sozialer und psychischer Einstellungen und Werte auf seiten der Geführten ein sittliches Fundament in der Persönlichkeit des Führenden voraussetzt, wovon noch die Rede sein muß in einem späteren Kapitel, in dem wir die ethische Kompetenz des Führenden abzuhandeln uns bemühen werden.

Die Notwendigkeit der Persönlichkeitsbildung scheint auch deshalb für Führende geboten zu sein, weil eine Führungskraft heute – weit über ihre rein fachliche Kompetenz hinaus – Überzeugungskraft erworben haben muß oder erwerben sollte. Jemanden zu überzeugen – nicht mit noch so versteckten manipulativ-dialektischen Methoden und Strategien zu überreden – heißt, von einem Partner dessen freiwillige Zustimmung »zu einem Informations- oder Identifikationsangebot«[28] zu erhalten.

Im Prozeß des Überzeugens sollte es nicht Sieger und Besiegte geben – der »normale« Kommunikationsalltag ist jedoch meist so, daß einer dominiert und im Bewußtsein, die besseren Karten gespielt und die schlagkräftigeren Argumente eingebracht zu haben, den Schauplatz des Gesprächs verläßt – er meint, überzeugend gewesen zu sein. Der nach meinem Verständnis echte Überzeugungsvorgang ist jedoch für beide Partner ein ausschließlich positives emotionales Erlebnis – positiv, weil die Zustimmung freiwillig erfolgte, emotional, weil sie gern gegeben wurde und zum Ausdruck brachte, daß man sich zu einem Akt des Vertrauens hat einladen lassen, was nur möglich war, weil einem im anderen Glaubwürdigkeit begegnete.

Beim Überreden, vielmehr beim Überredetwerden hingegen bleibt stets ein emotional negativer Rest, überrumpelt und dominiert worden zu sein – jedenfalls war man der Schwächere. Die nicht freiwillige, sondern nur widerwillig gegebene Zustimmung, dieses oder jenes zu tun oder zu unterlassen, also das Gefühl, überredet worden zu sein ohne die innere (emotionale, nicht rein verkopfte) Bejahung, führt oftmals zu psychischen aufbegehrenden Reklamationen, zu Aggressionen und zu Widerständen im Umgang mit den Menschen.

Die Überzeugungsfähigkeit eines Menschen, die von zwei Stützen getragen wird, nämlich mit großer Wahrscheinlichkeit zu 25 bis 30 Prozent von Überzeugungstechnik und zu 70 bis 75 Prozent von persönlicher Überzeugungskraft[29] – als einer inneren Qualität des Menschen! –, verweist wesentlich auf eine reife Persönlichkeit, in der emotionale Ausdrucksfähigkeit (s. Kapitel 8) ebenso entwickelt ist wie Kommunikationsfähigkeit (s. ebd.) und persönliche Zentriertheit[30], bei der gelungen ist, Bewußtes und Unbewußtes zu harmonisieren.

Eine zentrierte Persönlichkeit hat eine »Mitte« und handelt aus dieser Mitte heraus, sie ist mit sich identisch; solcherart zentriert zu sein, setzt viel Arbeit an sich selbst voraus, was schon unschwer deutlich wird dann, wenn ich ein paar defizitäre Symptome herausgreife, die, wiewohl häufig vorfindbar, doch so gar nichts mit einer zentrierten Persönlichkeit und der Beheimatung des Menschen in seiner Wesensmitte zu tun haben – nicht selten sind sie mehrfach gebündelt und kombiniert in ein und derselben Person vorhanden, nämlich:

- übersteigerte Aktivität (Aktivismus, Workaholism): nicht selten verstehbar als angstbesetzte Flucht oder erklärbar als Kompensation charakterlicher Defizite (Kompensation von Minderwertigkeitsgefühlen, Kompensation im Bereich von Anerkennung, Achtung, Liebe, Kompensation von Frustrationen im Triebbereich);
- häufige Gereiztheit und seelische Verletzbarkeit mit oft unangemessenen Überreaktionen und kommunikativer Hilflosigkeit;
- Resignation mit totaler Antriebs- und Orientierungslosigkeit und mit der Tendenz zu Lebenssinn leugnender Depression;
- ferner: Angstgefühle (Versagens- und Profilierungsängste), Fremdsteuerung und maskenhafte Kommunikation, wovon andernorts noch die Rede sein wird.

Aus noch einem weiteren Grund ist Persönlichkeitsbildung bei Führungskräften notwendig: Führende sind *Identifikationsgestalten* – nicht ohne daraus resultierenden Verantwortungsradius für die psychische Befindlichkeit oder Deformation der Geführten. Ich meine hier allerdings nicht jene selbsternannten Vorbilder, die sich oftmals aus persönlichkeitsdefizitären Gründen einer menschenverachtenden Selbstdisziplin unterwerfen, die sie auch von den anderen verlangen, und permanent ein Rollenverhalten zu leben bemüht sind, bei dem das Wichtigste zu sein scheint, sich ständig an die Kandare nehmen und beispielhaft wirken zu müssen, vor allem keine Schwächen zeigen zu dürfen. Meist klaffen hier Sein und Bewußtsein, rollenhaftes Vorbildsein und die eigene charakterliche Wirklichkeit auseinander, das Führungsverhalten gerät zu einer Selbstinszenierung, die am wenigsten den anderen meint und ihn nicht dort abholt, wo er ist, sondern dorthin zerren will, wo man vermeintlich selbst steht und den anderen postiert haben will. Dieses nahezu schizoide Verhalten hält kein Führender lange aus; es bewirkt auch nicht, was es intendiert, nämlich intensiver zu motivieren und zu größerer Leistung und Identifizierung mit Arbeit und Unternehmen zu führen.

Ich hatte vorher bewußtes Führen in einer vorläufigen Beschreibung mit lenkendem, kommunikativem und einflußnehmendem Handeln im Zwischenmenschlichen umrissen und dort auch auf die Überzeugungsfähigkeit des Führenden abgehoben als einer aktiv wirkenden inneren Kraft, die Glaubwürdigkeit ausstrahlt und zu Vertrauen (ohne Netz und Boden) einlädt. Es gibt aber auch ein unbewußtes Führen, das ganz auf der Inaktivität des Führenden beruht, wobei die Persönlichkeit des Führenden zum Modell und Vorbild, zur Identifikationsgestalt für den Geführten wird. Das bedeutet: Leben und Handeln, Reden und Tun des Führenden sind – ob er will oder nicht – ständige Identifikationsangebote, die der Geführte empfängt, gegebenenfalls ablehnt oder aber akzeptiert, wenn der Führende Glaubwürdigkeit ausstrahlt als Identität zwischen dem, was er verkündet, und dem, was er tut.[31]

Identifikation und Imitation sind unbestritten wesentliche Faktoren für den Entwicklungs- und Lernprozeß nicht nur der Kinder und Heranwachsenden, sondern begleiten auch den Erwachsenen als elementare Orientierung und Lebenshilfe.

Jeder von uns lebt in einem Beziehungsgefüge, ein jeder von uns bewegt sich in einem Gefüge von mehr oder minder stark prägenden, korrektiven, abstoßenden, aufbauenden oder wie auch immer beeinflussenden Bezugspersonen. Davon kann sich keiner frei machen, er muß es einfach zulassen – oftmals weiß er hiervon gar nichts. Auch der Geführte lebt ständig zwischen Identifikation und Ablehnung, er begegnet in seiner gedanklichen und emotionalen Vorstellungswelt dem Führenden mit dem Bedürfnis nach Nähe oder Distanz. Und es wird so sein, daß nicht die fachliche Kompetenz, sondern gerade das kommunikative und sittliche Erscheinungsbild des Führenden mit einiger Sicherheit dabei ganz elementar den Grad der Annäherung oder die innere Distanzierung für den Geführten bestimmt.

Nicht nur als Chef aufzutrumpfen, nicht nur durch Qualifizierung zu glänzen und konkurrenzlos auf dem Sockel der fachlichen Professionalität zu brillieren, charakterisiert eine Führungskraft, wenn mit Führen Menschenführung gemeint ist, sondern wichtiges und wesentliches Merkmal des Führenden scheint zu sein, Identifikationsgestalt zu sein und sich damit aber in seinem kommunikativen und sittlichen Handeln der permanenten Beobachtung seitens der Geführten nicht entziehen zu können – mehr noch: Es ist ein Zeichen seiner Reife, nicht nur darum zu wissen, sondern dies zuzulassen.

Es ist nicht ungewöhnlich, daß ein Geführter bei seiner unbewußten Kontaktsuche »nach oben« auch eine emotionale Erwartungshaltung gegenüber dem Führenden mitbringt oder aufbaut, und dann meint Reife, (auch) Gefühle zuzulassen, den Gesprächscharakter des Persönlichen, des Menschlichen, vielleicht auch des Privaten (im weitesten Sinne) walten zu lassen und sich gleichsam herzugeben (Identifikation bedeutet ein Hereinnehmen des anderen) im Öffnen, das heißt, wenn ich es negativ formulieren darf, nicht in einer ständigen und bewußt aufgebauten und stets gewahrten Distanz zum Geführten zu leben, um (was für eine?) Autorität zu retten; zahlreiche Führende glauben, ihre (hierarchiebedingte) Autorität nur durch Distanz wahren zu können, und hier wird der stumme Schatten kommunikativer Isolation immer länger – in dieser Atmosphäre gedeiht kein Vertrauen, sie schafft allenthalben nur Angstgefühle.

Dieses erste Kapitel wollte mehr sein als ein lockerndes Warming-up für die nachfolgenden Ausführungen; es mag sich schon im Ansatz gezeigt haben, daß es mir gar nicht um Führungstechniken, -strategien und -stile zu tun ist, nicht um Aufstiegswege und Ermutigungen für innovative und kreative Talente, die informationshungrig und risikobereit, hierarchieunabhängig und belastbar sind und willens, Karriere zu machen um jeden Preis, wobei die Mittel zum Machterwerb und zu Machtmaximierung, zu Leistung und Erfolg keiner »sittlichen Qualitätsprüfung« zu unterliegen haben (»Auch der Mensch ist Mittel.Punkt«). Es mögen andere Autoren Megaentwürfe universellen Sinn stiftender Visionen vorlegen, hier geht es um mehr, nämlich um den Menschen, wie er werden und wachsen und sich entwickeln und entfalten kann in einem lebenslangen Prozeß der Persönlichkeitsbildung und wie er sein soll nach Maßgabe seines Gewissens, das sich an sittlichen Werten und objektiven Normen freiwillig und autonom orientiert.

Der Grobaufriß für die Strukturierung dieser Abhandlung ist durch die Thematisierung durchaus, aber nicht hinreichend vorgegeben, wenn man nur die beiden Eckpfeiler der Ethik einerseits und des Führens andererseits in Betracht zieht beziehungsweise den Problemkomplex »Führungsethik« quasi ausschließlich zweiblöckig abhandelt. Wir werden sehen, daß es nach meinem Verständnis der Ethik – egal, ob als Gesinnungs- oder Verantwortungsethik, als Tugendlehre oder normative Disziplin, als Wert-, Nützlichkeits- oder Situationsethik – stets und ausschließlich um den Menschen geht, daß sie mit der Erforschung und Beurteilung menschlichen Handelns zu tun hat und sich mit der Gestaltung individuellen (!) Lebens in Familie, Beruf, Politik und Gesellschaft befaßt. Auch die Schlüsselbegriffe wie Gewissen,

Freiheit und Verantwortung verweisen auf den Menschen. Bei jeder Ethik – und darauf will ich an dieser Stelle hinaus – ist ein bestimmtes Menschenbild als geltend vorausgesetzt (s. Kapitel 2), und daraus vorwiegend werden Normen und Verhaltensimperative abgeleitet, die ihre Geltung eben aus der des Menschenbildes beziehen. So auch, wenn man Ethik als Motivationslehre menschlichen Handelns zu definieren sich berechtigt glaubt.

Auch Führen, unabhängig von all dem, was Sie als Leser bereits über Führungsstile, Führungseigenschaften und Motivationspsychologie gehört haben, meint den Menschen, das heißt – und ich wiederhole mich hier gerne: Führen ist Menschenführung, und wenn hierbei eine beabsichtigte und zielgerichtete Einflußnahme auf das Verhalten, Denken und Fühlen anderer Menschen impliziert ist, dann kommt auch hier und eigentlich alles darauf an, welches Menschenbild der Führende von sich selbst hat und auf seine Mitmenschen, sprich: auf die Geführten, appliziert. Denn es ist doch fürwahr ein Unterschied, ob man das freie und autonome und sittlich verantwortete Personsein des Menschen in den Mittelpunkt stellt mit einer wesentlichen Sinn- und Wert(e)-Orientierung und mit der Betonung der Dreidimensionalität des Menschen (Körper, Seeele/Psyche, Geist) als einem in Freiheit entscheidenden Verantwortlich-Sein oder ob man den Menschen von einem mechanistischen Ansatz her als mehr oder minder biologische Maschine konzipiert, ihn von einem triebdynamischen Ansatz her auf das Lust-Unlust-Prinzip reduziert und ihn von einem übertriebenen lerntheoretischen/behavioristischen Ansatz her zu einer S-R-Maschine, also zu einem Stimulus-Response-, zu einem Reiz-Reaktions-Modell degradiert.

Zum Führungsprozeß gehört zweifellos Motivieren, jedoch über Motivation zu diskutieren heißt geradezu, Menschenbilder zu diskutieren. Und wenn nach dem Verstandnis des Common sense Motivation Fremdsteuerung ist, dann wird mit Manipulation ein Begriff eingeführt, der ethisch eindeutig negativ besetzt ist und mit der freien Persönlichkeit und ihrer Würde eigentlich nicht kompatibel, so man Motivation nicht auch anders verstehen kann, wie ich es zumindest versuchen will.

Jedenfalls mag sich durch diese wenigen Vorbemerkungen legitimerweise eine gedankliche Trias abzeichnen, die ineinander verwoben, aber durchgehend transparent uns stets fragen läßt: Was ist der Mensch, was ist Ethik, oder was *sollen* wir tun, wie kann ethisch verantwortet geführt werden, was sind wohl die ethisch relevanten Persönlichkeitsmerkmale des Führenden?

Wir sind eingangs der Macht begegnet und haben erkannt, daß ihr oftmals eine tiefe Angst und ein elementares Gefühl der Minderwertigkeit zugrunde liegen, einerseits, daß andererseits jedoch Führung auch der Macht bedarf, die freilich auch in machiavellistischer Manier dem Menschen, dem Führenden entraten kann, so daß der englische Philosoph Thomas Hobbes doch vielfach recht behält, der vor etwa 300 Jahren gesagt hat: Homo homini lupus – der Mensch ist dem Menschen ein Wolf! Dies braucht nicht zu sein, dies darf nicht sein – und jeder von uns hat es in der Hand, den Wolf (in sich) zu zähmen ...

KAPITEL 2

Geist braucht Sinn

Aspekte zu einem ganzheitlichen Menschenbild

Aus blumigen Sonntagsreden kennt man zur Genüge jene Betrachtungsweise, die sich empört dagegen verwahrt, den arbeitenden Menschen nur als Kostenfaktor zu sehen – man müsse ihn vielmehr als Leistungsträger und damit als Potentialfaktor deklarieren. Es liegt jedoch auch diesen Begriffen eine Ver-Objektivierung des Menschen zugrunde, auch wenn man – verbal beschönigend – innerbetrieblich von Personal spricht und hiermit rein sprachlich die Nähe zu Person und Persönlichkeit suggeriert.

Die Wirklichkeit aber ist wohl anders, und hier meint Personal nicht Individuen und Einzelpersönlichkeiten, sondern ist nach O. Neuberger[1] ein Sammelbegriff und Summenbegriff, ein Kollektivsingular und ein Neutrum – und damit eigentlich doch wieder Objekt und Sache. Das Kollektivmerkmal – die Menschen also ohne Ansehen der Person – kommt am besten zum Ausdruck, wenn man Personal durch andere Bezeichnungen ersetzt, wie z. B. der menschliche Faktor, die personelle Kapazität, die Belegschaft, der Arbeitskörper, die Mannschaft, das Sozialpotential, der Produktionsfaktor Arbeit, die Human Resources oder gar das Human Capital.

Man kann Neubergers Thesen zum Personalwesen kontrovers diskutieren – und sie blieben in der Folgezeit auch nicht unwidersprochen –, aber der Augsburger Psychologe hat durchaus richtig als dumm, unbedacht, leerformelhaft und falsch jenen Spruch demaskiert, der den Menschen als Mittelpunkt (des Unternehmens oder des Personalwesens) sehen will. Im Mittelpunkt steht das Geld. Der Mensch ist Mittel. Punkt.

Den Menschen jedoch Mittel sein zu lassen, ihn hierfür zu ge- oder zu mißbrauchen, heißt, ihn zu instrumentalisieren, zu objektivieren, und dies bedeutet nach Immanuel Kant, ihn seiner Würde zu berauben.

Dies scheint häufig verkannt zu werden, wenn Personal wie eine Ware, wie ein Objekt behandelt wird, was sich bereits in den Einzelbereichen des Personalwesens widerspiegelt: Da ist die Rede von Personalplanung und -beschaffung, von Personaleinsatz und -entwicklung, von Personalinformation, Personalanpassung und -controlling. »Die Analogie zu anderen betrieblichen Funktionen wird deutlich, wenn man Personal durch ›Material‹ oder ›Kapital‹ ersetzt.« (Neuberger) Demzufolge erscheint Personal also als ein ganz gewöhnlicher Produktionsfaktor, der sich rechnen läßt, sich rechnen lassen muß, wobei Rentabilitätsgründe maßgeblicher sind als die Utopie der frei entfalteten Persönlichkeit, die nicht so sehr passungsfähig und manipulierbar, auch nicht so schnell und risikolos austauschbar ist. In dieser Sicht ist also Personal doch mehr oder minder ein Aggregatbegriff und ein geformtes System, nicht so sehr eine Versammlung individueller Persönlichkeiten.

Aber gerade weil das so ist oder vielmehr, weil es nicht selten so sein mag, muß der Frage nachgegangen werden, was der Mensch sei, was er auch im Arbeitsleben bleiben dürfen soll. Dies ist gleich wichtig für eine humane oder ethisch verantwortete Kommunikationskultur, wie es nötig ist für ein Führen, das – abseits von Motivationsstrategien als verkappte Manipulationstechniken – den Menschen als frei entscheidendes Wesen ernst nimmt und ihm nicht Zuckerbrot und Peitsche, Lob und Tadel als Motivations- und Kontrollkalkül gibt, sondern ihm Aufgaben stellt und Sinnangebote unterbreitet.

Vorbemerkung: Was ist der Mensch?
Zu Animalität, Reduktionismus, Determinismus und Freiheit

Millionen Antworten wurden im Laufe der langen Menschheitsgeschichte auf die Frage »Was ist der Mensch?« gegeben, und oftmals wurde auch just eine Konzeption mitgeliefert, wie der Mensch sein soll und wie menschliche Existenz zu bewältigen sei. Eine allgemeingültige Zauberformel hierfür konnte bislang weder die Philosophie noch die Theologie basteln, noch vermögen dies Soziologie oder die vielfältigen und sich widerstreitenden Psychologiesysteme zu leisten.

So wird auch mein Versuch, ein wohl idealtypisches, jedoch am wirklichen Leben orientiertes Menschenbild zu zeichnen, nicht den Anspruch erheben wollen, Endgültiges und für jedermann absolut Gültiges vorzulegen. Aber dennoch wage ich, mit tiefem Ernst und gebührendem Verantwortungsgefühl, menschliche Existenz transparent zu machen und ein der Würde und dem Adel des Menschen kongruentes anthropologisches Modell zu erarbeiten, zumal uns gerade heute im Blick auf die Zeitgeschichte und auf die unmittelbare und auch entferntere Um- und Mitwelt, wie sie uns die Medien direkt ins Wohnzimmer liefern, ein widerwärtiges Zerrbild und die dämonische Fratze des Menschen begegnen.

Man wird hier schnell an Friedrich Nietzsche erinnert, der Zarathustra so sprechen läßt: »Wahrlich, ein schmutziger Strom ist der Mensch. Man muß schon ein Meer sein, um einen schmutzigen Strom aufnehmen zu können, ohne unrein zu werden. Seht, ich lehre euch den Übermenschen: der ist das Meer, in ihm kann eure große Verachtung untergehen. Den Übermenschen lehre ich euch. Der Mensch ist etwas, das überwunden werden soll.«

So zynisch-verächtlich spricht heutzutage niemand offen vom Menschen, aber man traut sich durchaus, ihn nach wie vor als Krone der Schöpfung und damit als Sachwalter und Zerstörer der belebten und unbelebten Natur zu sehen, man schickt sich gar an, den Menschen selbst zum absoluten Macher, zum Schöpfer seiner selbst aus der Retorte hochzustilisieren, ihn aber auch zu dem verkommen zu lassen, der fähig ist, bereits mittelfristig eigenhändig den Ast abzusägen, auf dem er derzeit noch satt und selbstzufrieden sitzt. Nietzsches Pathos gibt schon zu denken, aber da uns am Menschen gelegen ist, kann hier der Übermensch in seiner mannigfaltigen Ausformung nicht tiefergehend thematisiert werden; ich glaube, man kann gültig stehen lassen, was Theodor Fontane (1819–1898) in seinem letzten Roman den alten Stechlin sagen läßt: »Jetzt hat man statt des wirklichen Menschen den sogenannten Übermenschen etabliert; eigentlich gibt es aber bloß noch Untermenschen, und mitunter sind es gerade die, die man durchaus zu einem ›Über‹ machen will. Ich habe von solchen Leuten gelesen und auch welche gesehn. Ein Glück, daß es, nach meiner Wahrnehmung, immer entschieden komische Figuren sind, sonst könnte man verzweifeln.«

Wahrscheinlich hat bereits der griechische Sophist Protagoras im 5. vorchristlichen Jahrhundert (ca. 485–415) mit seinem Homo-mensura-Satz (= der Mensch ist das Maß, der Maßstab, die Meßlatte aller Dinge, der seienden, daß sie sind, der nicht seienden, daß sie nicht sind) das Motto angeschlagen, das zu einer Überschätzung des Menschen führte und zu einer Anthropozentrik[2], die vom Christentum aufgenommen und über die Christologie (vereinfachter Tenor: der Mensch sogar »Gefäß« und Basis göttlicher Personalität) unüberbietbar verabsolutiert wurde. Die mittelalterliche Philosophie der Scholastik hat den Menschen als geistige Person an die Spitze in der Welt, in der Natur und der Schöpfung gerückt und von ihm gesagt, er sei »quodamodo omnia« = gewissermaßen alles. Das Höchste, so argumentierte man, das Höchste innerhalb der absoluten Relativität, also innerhalb des erschaffenen Seins, sei doch zweifellos das, was alles andere voraussetzt, außer sich selbst – und das sei nun mal der Mensch. Das klingt verblüffend und faszinierend zugleich, jedoch vermißt man den Gedanken der Verantwortung, der Menschsein auch und gerade als Verpflichtung sieht, freilich nicht nur hinsichtlich des durch Tugendsamkeit (sicher) zu erreichenden Jenseits, sondern rein innerweltlich im Blick auf Mit- und Umwelt.

Rückbesinnung auf den Menschen tut not als auf ein Wesen, das die Kriege und die Gaskammern erfunden hat, aber zugleich auch in die Gaskammern gegangen ist – aufrecht und mit einem Gebet auf den Lippen (Viktor E. Frankl[3]). Ein kritischer Blick tut auch not auf das Wesen, das nach reduktionistischem Verständnis vieler philosophisch-psychologischer Systeme nichts anderes sei als ein höher entwickeltes Tier, eine elektrochemische Substanz, durchwirkt mit psychischen Funktionsmustern, eine biologische Maschine oder ein Reaktionsautomat und ein von Trieben und Bedürfnissen gesteuerter oder steuerbarer Mechanismus.

Eine Korrektur des Menschenbildes tut fürwahr not, und ich will an einen Menschen glauben, der sich nicht nur ab-re-agiert, der auch nicht nur blind und automatenhaft re-agiert, sondern der in freier Entscheidungsmächtigkeit und wesenhafter Orientierung auf Sinn und auf Wert(e) hin agiert, und dies zu verantworten hat. Die ungefragte und angstbesetzte Geworfenheit ins Dasein braucht dann nicht zu nihilistischer Verzweiflung und Resignation zu geraten, sondern kann vielmehr und muß zu einer humanistischen Verwirklichung einer Lebensaufgabe werden, und dies auch in unserer sogenannten Leistungsgesellschaft beziehungsweise in einer – richtiger formuliert – zum Erfolg verurteilten Gesellschaft.[4]

Ich gehe aus von einem Menschenbild, das trotz vielfältiger Determinismen reichlich Platz bietet für freie verantwortete Entscheidungs-

64

mächtigkeit, ohne die nie zu einer reifen, an Werten sich orientierenden Persönlichkeit – wie sie ein Führender repräsentieren soll – zu gelangen ist, und in diesem Buch wird immer spürbar sein, daß der Autor nicht bereit ist, den Menschen zu degradieren und ihn verkommen zu lassen zum bloßen und hilflos ausgelieferten Opfer der Umstände, des Erbgutes, seiner Triebpotentiale, einer verkorksten Kindheit und Jugend und des sozialen Milieus, auch jenes im Arbeitsprozeß.

Was ist der Mensch?

Um diese Frage nach unserem Selbstverständnis haben seit Jahrtausenden in allen Kulturen Philosophen und Denker intensiv gerungen, und ihre Interpretationen und Entwürfe sind ein unvollständiges, aber nicht minder interessantes Mosaik geblieben. Und wenn die philosophische Anthropologie (wörtlich: Menschenkunde) den Wesensbau des Menschen erforscht und darzulegen versucht, wie im Menschen alles Sein transparent wird, das heißt aufleuchtet, oder wie im Menschen die gesamte Wirklichkeit (Makrokosmos) sich mikrokosmisch sammelt, dann sagt sie sehr wohl, daß der Mensch durchaus ein Erdenwesen sei wie alle irdischen Dinge, wie Steine, Pflanzen und Tiere, sie weiß aber auch zu belegen, daß er weit über sie emporragt und in eine andere Welt, in eine andere Dimension hineinreicht.[5] Jedenfalls bleibt der Mensch das fragwürdigste Wesen der Welt – ein Wesen, das am meisten zu fragen aufgibt, bei dem aber auch das Fragen am meisten lohnt. Dieses Fragen enthüllt stets von neuem seine unvergleichliche Größe, von der schon das Chorlied aus der »Antigone« des Sophokles singt: »Viel Gewaltiges lebt, aber nichts ist gewaltiger als der Mensch.«

Wenn, wie gesagt, seit Jahrtausenden in verschiedensten Interpretationen und Denkmodellen darum gerungen wurde zu ergründen, was Menschsein heißt, und wenngleich dies stets kontrovers geschah, so ist doch ein durchgehender Gedanke greifbar, nämlich dem Menschen einen Leib und eine Seele zuzuschreiben, wiewohl deren beider Verknüpfung in geheimnisvollem Dunkel verblieb und bis heute Fragen offenläßt. Strittig war nie, daß der menschliche Leib die Dimension der Erdgebundenheit darstelle, die der Mensch durch seine evolutionäre Abstammung mit der Tierwelt teilt. Aber Seele? Das Dilemma fängt schon beim Begriff an: Der Psychotherapeut und der Psychologe kümmern sich um die »Psyche« des Menschen – der Pfarrer und der Pastor bemühen sich um dessen »Seele«, weshalb man sie (fast euphemistisch) Seelsorger nennt; nahezu peinlich mutet an, daß ja »Psyche« die getreue Übersetzung des Wortes »Seele« ins Griechische ist. Schon das Abstecken der Kompetenzfelder doch sehr verschiedener Berufe verrät also die Schwierigkeit, das, was gemeint ist, klar und definitiv eindeutig zu bestimmen.

Manch einer hängt der guten alten abendländischen Tradition immer noch nach, der zufolge die Seele das war, was Gott dem Menschen eingehaucht hatte – sie war der Odem, der Atem Gottes gewissermaßen, und schon von diesem Ursprung her erhielt sie allenthalben einen höheren und über die übrige Natur hinausreichenden Stellenwert. Dieser mehr oder minder brav-naive Seelenbegriff hat sich jedoch schlagartig geändert mit der Entwicklung der modernen Psychologie als Wissenschaft am Anfang unseres Jahrhunderts, und es kam zu einem radikalen Bedeutungswandel: Aus dem Odem und Ebenbild Gottes wurde ein nüchtern-entmythologisiertes Ebenbild des Menschen, die Psyche – und die nun wurde ganz in ein naturalistisches Konzept eingepaßt. Was das bedeutet? Ich sage es übertrieben: Die Seele schrumpfte zusammen zum Sammelbecken psychischer Funktionen, die da sind: Begierden, Bedürfnisse, Triebe, Aggressionen, Frustrationen, Hoffnungen, Sehnsüchte, Ängste, Zwänge, Komplexe und Neurosen, Selbstwert- oder Minderwertigkeitsgefühle. Wiederum etwas forciert ausgedrückt, heißt das: Aus dem Odem Gottes wurde mehr oder weniger das Stimmungsbarometer eines höher entwickelten Tieres. Ich greife die vorher angesprochene Einpassung in das naturalistische Konzept hier nochmals auf: Wie der menschliche Leib eine Weiterentwicklung tierischer Organismen ist, so sei nun auch – in wissenschaftlicher Betrachtungsweise – die Psyche eine Fortsetzung und strukturelle Verfeinerung tierischer Triebe und Emotionen sowie subintelligenter Problemlösefähigkeiten.

Ganz habe ich es eigentlich nie begriffen, warum seit Jahrzehnten die Frage nach dem Menschsein nahezu ausschließlich von der Psychologie her zu beantworten versucht wird, ganz abgesehen von einigen pseudophilosophischen Gurus mit psychologisierendem Anstrich und den pflegeleichten Anwendungsrezepten zum garantierten Erfolg erfüllten Menschseins.

Die Betonung der Psychosomatik ist sicherlich nötig und therapeutisch wichtig, aber als Erklärungsmodell menschlicher Existenz unzureichend, da hier menschliches Leben und Erleben zu sehr eingeengt erscheinen auf leibliche und seelische Vorgänge sowie auf ihre gegenseitige Abhängigkeit – und eben dies scheint mir zu der weitverbreiteten

Vereinfachung vieler Erklärungsversuche zu führen, die eine Herabstufung des Menschen auf die Ebene animalischen Reagierens und tierexperimentell ermittelter Verhaltensregeln beinhalten.

Wo bleibt das spezifisch Menschliche, das eigentliche Humanum, das den Menschen wesentlich zum Menschen macht – wo bleiben die Potenzen des Schöpferischen und der Menschlichkeit, die Regulative der Vernunft und der Verantwortung? Bleiben sie ausgeklammert, als gäbe es diese Faktoren als Erfahrungstatsachen und zugleich als Garanten menschlicher Würde und persönlicher Freiheit nicht? Gibt es eine Instanz, die den Menschen zwischen dem Göttlichen und dem Animalischen ansiedelt?

Noch verbietet es sich zu antworten, aber ich meine doch, daß beispielsweise die Gesamtheit der Emotionen allein den Menschen wohl nicht ausmacht, denn auch bei Tieren höheren Entwicklungsgrades gibt es so etwas wie Wut, Furcht, Schmerz und Lust und auch Träume, und wiewohl wissenschaftlich unbestritten ist, daß die Denkfähigkeit des Menschen weit über die der höchst entwickelten Tiere hinausreicht, so gibt es doch auch in der Welt des Tieres Wahrnehmungs- und Gedächtnisleistungen, Anpassungs- und Lernprozesse bis hin zum Verstehen und Erwidern von Signalen oder sonstigen Informationseinheiten.

Genau an diesem Punkt nun ließe sich der Unterschied zwischen Mensch und Tier definieren als ein bloß gradueller, was hieße, der Mensch habe eigentlich nur (etwas) *mehr* von dem, was das Tier zumindest in Ansätzen auch hat. Viele argumentieren so, und dieses Denken scheint unausrottbar zu sein und geistert nicht nur in den Köpfen mancher Tierliebhaber und Tierschützer, sondern immer noch in naturwissenschaftlichen Hörsälen herum. Wer jedoch so argumentiert, sagt doch, daß der Mensch letztlich doch nur Tier ist, freilich ein von der Evolution extrem begünstigtes und ein den Artgenossen unvergleichlich überlegenes aufgrund kompliziertester Ausformung seiner Großhirnrinde.

Wogegen man sich hier wehren zu müssen glaubt, ist die Redeweise des »nichts anderes als« – diese Rückführung auf den einfachsten gemeinsamen Nenner, diese Vereinfachung und Verkürzung nennt man Reduktionismus, und bereits Julian Huxley hat diese denkfaule Simplifizierung vergeblich als »Nothing-else-buttery«, als »Nichts-anderes-Alserei« karikiert und verspottet.[6]

Für mein Credo jedenfalls bedeutet das Fragen nach dem Menschsein, beharrlich jene Dimension oder jenes Prinzip zu finden, das den Menschen über das Tier hinaus auf eine nicht nur graduell-quantitativ, sondern auch essentiell-qualitativ, das heißt dem Wesen nach neuartige Ebene des Seins hebt. Letztendlich geht es um die Anwesenheit von Geist im Menschen.

Ehe wir jedoch den Raum geistig-personaler Existenz aufzusperren versuchen, verbleiben wir noch beim Psychophysikum und müssen sagen, daß der Mensch zweifellos die biologische und die psychologische Dimension mit dem Tier teilt. Mag des Menschen »Tiersein« auch noch so sehr von seinem Menschsein her dimensional überhöht und geprägt sein, irgendwie hört der Mensch nie auf, auch Tier zu sein, genausowenig wie ein Flugzeug aufhört, dies zu sein, auch wenn es wie ein Auto auf dem Flughafengelände herumfährt. Es wird sich aber erst als wirkliches Flugzeug erweisen, wenn es sich in den dreidimensionalen Raum der weiten Lüfte erhebt.

Genauso ist der Mensch auch ein Tier, aber er ist doch (unendlich) mehr als ein Tier, und zwar um nicht weniger als eine ganze Dimension, nämlich um die Dimension der *Freiheit*, die in seinem Wesen als Geist-Person gründet, wie noch zu sehen sein wird.

Es wird zuviel Unsinn verbreitet hinsichtlich des Freiseins des Menschen – die Skala reicht von radikaler Ungebundenheit bis zur absoluten Bestimmtheit (Pan-Determinismus). Des Menschen Freiheit ist selbstverständlich nicht eine Freiheit von allen biologischen, psychologischen oder soziologischen Bedingungen, eigentlich ist sie überhaupt nicht eine Freiheit *von* etwas oder jemandem, sondern eine Freiheit *zu* etwas: die Freiheit zu einer Stellungnahme zu all den oftmals lästigen und belastenden Bedingungen und frühkindlichen oder sozialen Konditionierungen. Ich glaube, man kann das Thema Tier – Mensch nicht gültig mit dem Gegensatzpaar unfrei – frei abklären.

Dem Menschen eignet unbestritten ein unfreier Anteil, wie er sich in Gefühlsregungen, Wünschen, Begierden und Trieben, in Träumen und Sehnsüchten, aber auch in Ängsten und Zwängen und vielfachen Automatismen niederschlägt – all dies wird, bei jedem je verschieden stark, ohne willentliches Zutun wirksam und drängt sich uns bewußt oder unbewußt auf, führt uns und verführt, leitet und verleitet.

Aber dennoch und gleichermaßen wird man menschlicher Existenz einen freien Anteil nicht absprechen dürfen, der ausschließlich auf bewußtem Denken und Wollen beruht, zu Außen- und Mitwelt ebenso wie zum eigenen Ich Stellung bezieht, der gezielt wahrnimmt, was des persönlichen Einsatzes des Lebens wert und würdig ist, der individuelle Ziele und Werte festsetzt und sie zu erreichen sich bemüht, der schöpferische Ideen produziert und schlußendlich als personales Gewissen[7] letzte Entscheidungen trifft, sich schuldig wissen kann und ohne Unterlaß auf der Suche nach Sinn ist. Freilich gibt es »intelligentere« Tiere als Gänse und Bienen, aber es dürfte klar sein, was ich etwas provokativ sagen will: Doch wohl nicht eine der so schlauen Graugänse von Konrad Lorenz hat nach dem Sinn ihrer Existenz gefragt, ihn in Frage gestellt oder mußte hart und permanent darum ringen, und auch keine der Bienen des anderen Nobelpreisträgers, nämlich Karl von Frisch, ist je mit einem schlechten Gewissen herumgeflogen, weil sie schuldig geworden ist.

Über die Leibgestalt zur Geistigkeit

Ein ganzheitliches Menschenbild zu zeichnen, ist Ziel dieses Kapitels, und es scheint hierfür notwendig zu sein, einerseits die Rückbindung des Menschen ins rein Animalische zu lockern und andererseits die Klammer des Psychophysikums – wonach Menschsein nur aus Psyche und Körper »bestünde« – zu lösen und zu vermuten, daß noch ein weiteres konstituierendes Prinzip zur menschlichen Existenz gehöre. Am Ende müßte begreifbar sein, daß nur eine Dreidimensionalität, bestehend aus somatisch-körperlichem, psychisch-seelischem und geistigem Sein, der ganzen menschlichen Wirklichkeit entspricht und auch gerecht wird. Noch sind wir auf dem Wege zu dieser Erkenntnis.
Um die Notwendigkeit eines höheren Prinzips im Menschen nachzuweisen, sei zunächst ausgegangen vom menschlichen Leib und der Symbolik der Leibgestalt und des Leibverhaltens. Zwei Begriffe sind im Vorfeld zu klären, der des Leibes und der des Symbols.
Früher hat man bereits umgangssprachlich einen Unterschied gemacht zwischen *Leib* und Körper. Die Parallele dazu heißt: beseelt – unbeseelt, lebendig – tot. Der Leib ist in der Richtung des Beseelten zu finden, der Körper unter der Kategorie leblos, tot. Leib besagt den lebendigen Körper, so wie wir ihn erfahren, während Körper die Bezeichnung ist für den Leib als eine Sache, als einen Gegenstand.
Uns interessiert nur der Leib als das aktive Zentrum, das wir sind und dem wir doch auch wieder gegenüberstehen: Wir sind Leib und wir haben einen Leib. Dies erfahren wir im inneren und äußeren Leibbe-

wußtsein oder Leiberlebnis, also in allen Empfindungen und Daseins-zuständen unseres Leibes, wie Hunger, Durst oder Schmerz einerseits, und in der Wahrnehmung des Leibes durch die äußeren Sinne ande-rerseits, also in allen optischen, taktischen oder sonstigen äußeren Sin-neswahrnehmungen, wobei in unser Leibbewußtsein auch andere Kör-per einbezogen werden, das heißt: Wir sind unseres eigenen Leibes habhaft, ähnlich wie wir andere Körper erfassen und besitzen können. Der Leib ist das ganzheitliche Fundament der Wahrnehmungen und Empfindungen – alle inneren und äußeren Wahrnehmungen setzen den Leib als zugrundeliegende Einheit voraus. Der lebendige Leib, un-ser Leib, ist nicht rückführbar auf etwas Psychisches, aber auch nicht auf etwas Physisches, er ist eine Wirklichkeit von eigener Art und Na-tur und als lebendiges Zentrum unserem Leben ursprünglich vorgege-ben. Man kann lernen, was zusammengehört, so etwa Magen und Ma-genweh, aber *daß* wir einen Leib haben, ist Voraussetzung aller Vor-stellungskombinationen. Der Leib, von innen erlebt, ist nämlich ein Urphänomen, und ohne Leib kann es kein Welterleben geben. Der Ausdrucksgehalt dieses Urphänomens ist die Symbolik des Leibes, der Leibgestalt ebenso wie des Leibverhaltens.

Symbol nennen wir ein sinnfälliges Zeichen einer nicht sinnfälligen Wirklichkeit, das aber von Natur aus geeignet ist, die nicht sinnliche Wirklichkeit darzustellen, und das in der menschlichen Gemeinschaft unmittelbar verstanden wird. Der Symbolik eigen ist also die Möglich-keit, eine dem Gegenstand anhaftende Symbolhaftigkeit auf eine größere und höhere Wirklichkeit zu bringen.

So besitzt auch der menschliche Leib, wie wir sehen werden, eine Sym-bolik, die auf eine höhere Wirklichkeit hinweist. Das Kind beispiels-weise erlebt im Lächeln der Mutter unmittelbar ihre freundliche Ge-sinnung, und die Schamröte ist Sinnbild eines seelischen Erlebnisses und doch mehr als nur ein Blutstrom.

Der Leib hat eine Aussagekraft, die in eine Wirklichkeit hineinreicht, die mehr ist als der Leib – das leibvolle oder leib-haftige menschliche Dasein erscheint als symbolhaltig, was deutlich wird an der *aufrechten Haltung* des Menschen. Sie ist Ausdruck des Dranges nach oben, die Abhebung von der Erde, die Befreiung von der Einbindung in das Nur-Biologische und die Hinwendung zum Höheren. Damit bezeigt der Mensch seinen Sinn für das »Oben«, was nicht wertneutral gefaßt wer-den sollte, vielmehr ist »oben« Ausdruck für eine Wertwelt. Jedenfalls zeigt sich das werthafte Oben und Unten der Leibgestalt auch in der

Sehkraft der Augen und der Handlungskraft der Hände – und mancher Philosoph sprach früher einmal vom Primat des Schauens (Homo sapiens) vor dem Handeln (Homo faber), was jedoch in Vergessenheit geraten ist; heute findet man sich ab mit der Entthronung des platonischen Schauens zugunsten des faustischen Tuns.

Die aufrechte Gestalt und sein Blick nach oben bestimmen auch das Tun des Menschen: Eben diese Gestalt und die Erhebung des Kopfes bewirken eine Wandlung des Blickes, wodurch der Mensch nicht mehr nur erdverhaftet ist, sondern sich staunend der Welt hingeben kann. Durch das Schauen nimmt der Mensch Welt in sich auf, und es wird ihm jene Welt eröffnet, in der er dann handeln kann. Das Anschauen der Welt bestimmt auch die *Eigenart der menschlichen Bewegung.* Die dem Menschen gemäße Bewegung ist das Vorwärtsschreiten, in Richtung des freien triebenthobenen Blicks. Auch hier mag sich Enthobenheit von Niederem ausdrücken, indem es ein Schreiten ist auf ein selbstgesetztes Ziel hin, abseits der vitalen Sphäre oder der biologischen Existenzsicherung – es ist ein zweckfreies Zugehen auf die Welt.

Unser Leib ist ganz in die Welt eingelassen, so zwar, daß die Leibgestalt und die Leibdynamik nur schwer anzuzeigen imstande sind, wo eigentlich der Leib und wo die Welt beginnt. Schon in dieser Schwierigkeit kommt zum Ausdruck, daß der Mensch auf die Welt zugeordnet ist. Ein stehender Fuß auf der Erde ohne Stand auf ihr ist sinnlos, denn er wäre ja bodenlos. Auch die Luft gehört wesentlich zum Wirkorganismus des Menschen, der so sehr in die Welt eingefaltet und gegründet ist, daß er von ihr nicht einmal gedanklich ablösbar ist. Ich nenne dies eine *lebendige Einheit von Leib und Welt* und sage wohl zu Recht, daß das leibhafte Selbst des Menschen nicht abgrenzbar ist gegen die Natur, es ist ein Stück Natur – wäre solches Denken allseits internalisiert, bedürfte es heute nicht so dringend einer planetarischen Ethik der Solidarität, die alles daranzusetzen sich bemüht, die Welt und die Erde und die Natur zu erhalten, und dies für alle nachgeborenen Generationen.[8] Der Mensch in seiner Leiblichkeit hat eine unaufhebbare Gemeinsamkeit mit Materie, Natur und Welt als sie ermöglichenden Urgrund. Die Materie ist nur eine, und die Erde und die sichtbare Welt sind deshalb dem Menschen auch nicht fremd, nicht etwas ihm Äußerliches, sondern Urheimat, in der er wie auch jedes andere Lebewesen verwurzelt ist. So steht der Mensch auf der Erde wie auf seinem tragenden Grund. Eine ökologische Ethik muß solches Denken zwingend berücksichtigen.

Unser Leib bildet auch eine *lebendige Einheit mit Raum und Zeit,* was noch kurz angedeutet sein darf. Der Leib steht in einer aktiven Kommunikation mit der ausgedehnten Welt, mit Raum, und wenn ich sage, dieses Buch sei neben mir, dann ist das Ich, auf das ich mich hier beziehe, nicht Geist, sondern es ist das verleiblichte menschliche Ich: Der Mensch tritt in die Ortsbestimmung ein und wird Bezugsgröße für Entfernung, für Raum. Die Struktur des menschlichen Leibes selbst ist es, die strukturierend wirkt, der Leib läßt für uns Raum entstehen. Die räumliche Welt ist vorgegeben, ja, aber das räumliche Strukturieren wie rechts und links oder oben und unten oder vorne und hinten verweist auf meine Leibgestalt und ist erst durch sie möglich. Der Leib ist für uns also Raumentwurf, er konstituiert unseren Erlebnisraum.

Die Wechselzustände des Leibes wie Hunger und Durst, Müdigkeit und Frische oder Schlaf bringen uns das Erlebnis der Dauer als eine regelmäßige Abfolge der Leibesbewegungen, zu denen z. B. auch die Rhythmik der Atmung gehört, die uns regelmäßige Dauer erlebnishaft erfahren läßt. Alles Leben entfaltet sich in Bewegungen, die irgendwie Zeit einschließen. Diese Zeit wird nicht von außen an mich herangetragen, diese Erlebniszeit entfaltet sich von innen heraus, ist aber nicht mit meinem Lebensbewußtsein identisch. Der Mensch erlebt die Zeit ganz verschieden, und obwohl sie kontinuierlich dahinfließt, variiert sie mit dem Rhythmus meines Leibes, so daß verständlich wird, warum der junge Mensch, leiblich und seelisch auf die Zukunft eingestellt und ausgerichtet, endlos Zeit vertrödeln kann, da sein vitales Empfinden ihm sehr viel Zeit vorgibt.

Der Existentialismus hat den Menschen sogar als »Zeitlichkeit« definiert. Zeit – Edmund Husserl (1859–1938) spricht von »Erlebniszeit« – erfahre ich als gelebten Zusammenhang, und dies heißt: Mit der Vergangenheit habe ich auch schon die Gegenwart und mit ihr die Zukunft als Horizont in mir – die Zeit fließt dahin, und *ein* Abschnitt geht aus dem anderen hervor, lautlos und nahtlos.

Nach dem bisher Gesagten ist der Leib also ontologisch Teil der Welt, er wurzelt im Empfängnisgrund der Materie. Welt und Leib sind korrelativ, der Leib ist hineingenommen in den Zusammenhang der Materie und lebt daher auch diese Einheit mit der Welt in Raum und Veränderung, das heißt Zeit. Leib und Welt, so könnte ich sagen, sind in einer unentwirrbaren Konfusion miteinander verschmolzen.

Den menschlichen Leib deskriptiv in den Griff zu bekommen und ihm eine Funktion, einen Charakter zuzuordnen, der über das reine Körpersein auf eine andere Wirklichkeit, auf eine andere Ordnung und Dimension, in ein anderes Prinzip (vielleicht geistiger Art?) verweist, bin ich immer noch bemüht und muß noch ein paar Worte zu den *Akten des beseelten Leibes* verlieren.

Zunächst zum urtümlichsten aller Sinne, dem *Tastsinn,* der als Grundsinn uns der Dinge habhaft sein läßt und uns die Dinge in ihrer materiellen Realität offenbart. Wird die real existierende Welt gewissermaßen abgetastet, so heißt Berühren doch auch, mit dem inneren Wesen der Welt in Kontakt zu treten – zur Verdeutlichung verweise ich auf die Akte der Zärtlichkeit, wo der Tast- und Berührungssinn nicht nur das Habhaftwerden signalisiert, sondern ganzheitlich auf eine Wirklichkeit schließen läßt, die nicht mehr nur Leib, Körper, Materie ist, sondern einen geistigen Horizont aufblitzen läßt, der der Liebe zuzuordnen ist. Auch der Hautkontakt des Säuglings mit der Mutter verweist auf eine Wertwelt, die hinsichtlich ihrer Wichtigkeit für gesundes Werden menschlicher Existenz von Entwicklungspsychologen hoch veranschlagt wird und äußerst relevant ist für die Entstehung eines hinreichenden Selbstwertgefühls[9], das fundamental ist für die Entwicklung zu einer reifen Persönlichkeit – diesbezügliche Defizite und daraus resultierende Fehlverhaltensmuster registrieren wir bei nicht wenigen Führungskräften.[10]

Dem Künstler wird beim Modellieren die tastende Hand zum schöpferischen Instrument, und die Finger des Violinvirtuosen offenbaren unsichtbare Möglichkeiten und Wirklichkeiten, die wir als vollendete Kunst wahrnehmen können. Jedenfalls – potentiell – reicht der tastende Leib des Menschen hinein in die höchsten Sphären (kulturellen Schaffens), wie wir dies dem Geist zuzuschreiben uns berechtigt glauben.

Während beim Tier Sehen und Handeln auf das engste zusammenhängen, Wahrnehmung und Trieb nicht weit auseinanderliegen und Pole und Wendepunkte einer einzigen Beziehung zur Welt sind (Wahrnehmung bedeutet Affekt), kann der Mensch *sehen und schauen,* ohne daß dabei auch gleich triebhafte Impulse ausgelöst werden. Das optische Sich-Einlassen auf die Welt ist abkuppelbar vom Trieb, das heißt, wir haben bei der menschlichen Urbegabung des Schauens eine Ablösung der Eindrucksempfindung vom Bewegungsantrieb, mit dem das Sehen im tierischen Bereich automatisch gekoppelt ist. Weil das menschliche Sehen unabhängig ist von den Trieben (auf der Leibebene), kann es alles bestaunen, bewundern, in sich aufnehmen, das Auge besitzt somit

Welt – und da die Welt dem Menschen schauend grenzenlos offen ist, weitet sich das Selbstbewußtsein zum Weltbewußtsein.

Dieser Weltbesitz ist im triebunabhängigen Schauen begründet, in dem die Vielfalt der Bilder und Farben und des Raumes nicht nur aufgenommen, sondern auch gedeutet werden kann. Das Auge erfaßt nicht nur die einzelnen Dinge, sondern diese in geschlossener Einheit mit der Natur. Und so ist die Welt des Blinden um eine ganze Dimension reduziert ebenso wie die Welt des Tauben, der weder das Säuseln des Windes noch das Krachen des Donners, noch die erschütternde Kraft einer Mahler-Symphonie als sonoren Besitz, als Lautwelt in sich trägt. Man ahnt hier zumindest, daß in der Leiblichkeit, in den Vorgängen menschlicher Sinneswahrnehmung, sich eine höhere Wirklichkeit und Kraft offenbart.

Den *Bildsinn der Leibgestalt, des Leibverhaltens und des inneren Erlebens* zusammenfassend, wird man sagen dürfen: Die aufrechte Haltung des Menschen scheint uns durchaus einen geistigen Bildsinn nahezulegen, und das instinkt- und triebenthobene Schauen zeigt den Leib als welterschließendes Medium im Austausch mit der farblichen und räumlichen und zeitlichen Welt. Auch die Besonderheiten des Tastens und des Berührens – abseits reiner Zweckorientiertheit von Affengreifhand und Löwenpranke – lassen den menschlichen Leib wenigstens erahnen als einen Ausdruck eines Prinzips, das in Richtung Geist verweist, und gerade das Auge vermag durchaus Spiegel der Geist-Seele zu sein, es drückt eine Wirklichkeit aus und keine Metapher: Wenn ich den seelischen Zustand meines Gegenübers in seinen Augen erfassen kann, dann heißt das doch: Im Leib selbst erscheint Geist! Verallgemeinert gesagt: Der Leib verhüllt Geist und Seele, er enthüllt sie aber auch wieder, und oftmals ist der Leib Zugang zur Wirklichkeit von Seele und Geist – wäre dem nicht so, so würden alle irren, die die Körpersprache auszudeuten bestrebt sind.

Ein (geistiger?) Bildsinn ist auch vom inneren Erleben her erschließbar. Der Mensch identifiziert sich mit seinem Leib, so zwar, daß die Aussagen »Ich bin müde« und »Ich denke« unterschiedslos nebeneinander stehen. Sehen und Hören sind meine Akte, Schlaffheit ist meine Müdigkeit. Hier besteht eine echte Identität zwischen dem Ich und dem Leib. Ich bin müde, mein Leib ist müde – dieses »mein Leib« drückt ein Besitzverhältnis aus. Ich selbst *bin* zwar der Leib, der Leib ist aber doch auch wieder mein Besitz. Dieses Verhältnis von »sein« und »haben« ist ganz einmalig beim Menschen im *Verhältnis von Ich*

74

und Leib – dieses Verhältnis ist *Identität in der Differenz,* und daher ist es auch von allen anderen Besitzverhältnissen grundverschieden. Der Bildsinn des Leibes weist in die Richtung des »Ich«, was man beispielsweise nachvollziehen kann in der Aussagekette: Ich habe Ohren, ich höre, ich bin ganz Ohr.

Das Ich kann sich vom Leib absetzen und ihn vergegenständlichen, weil ich wohl mit meinem Leib identisch bin und doch auch von ihm verschieden. Da das Ich dem Leib gegenübersteht, kann es sich von ihm distanzieren und ihn wie einen Gegenstand unter anderen betrachten, was heißt, daß das »Ich« trotz aller Leibhaftigkeit doch die Leibsphäre übersteigt.

Die eben genannte Identität in der Differenz, nämlich: daß ich Leib bin und habe, daß Leib Ausdrucksform von Seele/Geist ist, die ihrerseits aufs innigste im Leib gegenwärtig sind in wahrer Identität, dies nenne ich die *substantielle Einheit des Menschen,* die aber eine innere Polarität einschließt. Leib – das bin schon ich, aber dieses Ich erfährt auch Grenze und Widerstand durch den Leib, insofern er mal müde, krank, gebrechlich ist. Hier trotzdem »können zu können«, weil ich will, verweist bereits auf etwas, was später die »Trotzmacht des Geistes« genannt wird.[11] (Als Selbst-Distanzierungs-Fähigkeit könnte man vereinfacht formulieren: Ich brauche mir von mir selbst nicht alles gefallen zu lassen!)

Aus dem bisher Gesagten kann man resümierend sicherlich von einer Sonderstellung menschlicher Existenz sprechen. Der Mensch ragt aus seiner Umwelt in die Welt und in den Kosmos hinein und zwingt die Natur, wiewohl selbst Natur, in seinen Dienst. Er verhält sich nicht zur Umwelt, sondern zur Welt, zum Sein, jedenfalls übersteigt er weit das Biologische und nimmt die Spitze der unbelebten und belebten Welt ein. Wer außer dem Menschen selbst hat sich über die eigene Stellung in der Natur besonnen? Nur der Mensch, selbst Natur und Welt, hebt sich von Welt und Natur und von der von ihm selbst geschaffenen Kultur ab, nur er fragt nach deren aller Wert- und Sinnhaftigkeit. Abstrakt formuliert, ist er ein »Über-hinaus-Sein«.

Die Begründung seiner Sonderstellung jedoch kann nicht außerhalb des Menschen selbst gesucht werden, der Grund muß im Menschen selbst liegen. Überlegen ist er allen Wesen, weil sein Seinsgrund, der Grund seiner Existenz, ein anderer ist – die Sonderstellung des Menschen weist auf ein neues Verhältnis von Subjekt und Welt hin und zwänge uns an dieser Stelle, noch weiter über den Quellgrund seiner Weltüberlegenheit nachzusinnen und die Wege nachzuzeichnen, wie sich die Geistigkeit des Menschen beispielsweise aus der kulturellen Tätigkeit des Menschen und aus der menschlichen Sprache erschließen läßt – an entsprechend markanten Stellen dieser Arbeit sei dies nachgetragen.

Jedenfalls wird nunmehr immer mehr verständlich, warum ich mich vehement gegen jede Art von reduktionistischer Vereinfachung, Verkürzung und Einschrumpfung des Menschen zu verwahren entschlossen bin, sei es, daß man den Menschen nur ein Gebilde sein läßt, dem es in letzter Instanz nur um die Erhaltung seiner selbst geht, oder daß man propagiert, der Mensch sei nichts anderes als das Produkt aus zwei Faktoren und Kräften, nämlich aus Vererbung/Anlage einerseits und aus Umwelt/Erziehung andererseits, in seinem Verhalten demnach eine Resultante eines Kräfteparallelogramms mit diesen eben genannten Komponenten.

So wird der Mensch nicht nur in der strengen Orthodoxie der Triebdynamik und des Behaviorismus/der Verhaltenspsychologie gesehen, so wird er auch von der Mehrzahl der Trainer taxiert, die in Führungsseminaren die Leute in wenigen Tagen auf neue Verhaltensweisen konditionieren wollen. Dahinter steht die Annahme, der Mensch sei nichts anderes als ein Stimulus-Response-, als ein Reiz-Antwort/Reaktions-Mechanismus, in seinem Verhalten nichts anderes als das Produkt von psychodynamischen, sozioökonomischen oder biochemischen Vorgängen und Prozessen. All das spielt zweifellos im menschlichen Verhalten eine Rolle, aber das Gefährliche beim Reduktionismus ist die pauschalierende Vereinfachung des »nichts anderes als«.

Auftretende Störungen im Menschen sind für den Behavioristen Fehlprogrammierungen, die auf unglücklich konditionierte Assoziationsketten zurückgehen – hier liegt man schon recht nahe an einem Computer-Menschenbild, an einem Automaten, der jeweils diejenigen Reaktionen ausspuckt, die erst in Form zufälliger oder geplanter Lernmechanismen in ihn hineinprojiziert worden sind. Was für die Psychoanalyse das Unbewußte ist, nämlich die Möglichkeit, Traumata und verdrängte Triebregungen zu konservieren, das ist für die Verhaltenstherapie der Lernspeicher konditionierter Reflexe, aus dem gelernte Verhaltensreaktionen immer wieder neu entspringen. Und wie die Psychoanalyse das Zauberwort der Verdrängung hat, so operiert die Verhaltenstherapie mit der sogenannten Verstärkung – der gezielte Einsatz von Lob und Anerkennung bei einer bestimmten Handlung mag dann zu einer entsprechenden Verhaltenshäufigkeit führen und daraus resultierend zu dem beispielsweise vom Vorgesetzten gewünschten neuen Verhalten. Ich halte dies für manipulativ, und Manipulation ist ein ethisch eindeutig negativ besetzter Begriff.

Im Zusammenhang mit Triebpotential und Verhaltensprogrammierung ist der Begriff der *Homöostase*[12] noch zu klären, der Ausgleich, Gleichgewicht und Spannungslosigkeit bedeutet. Das Homöostaseprinzip besagt, daß die im Menschen vorhandenen Wünsche, Triebe und Bedürfnisse mannigfachster Art immer auf Befriedigung abzielen, womit sie zugleich auch schon ihr Ende finden (Hunger – Essen – Sattheit; Sexualdrang – Ejakulation – »Ende«). Im Klartext heißt dies: Das innere Gleichgewicht/die Homöostase ist gänzlich von der Befriedigung dieser Bedürfnisse abhängig, der Trieb »brennt« sozusagen aus mit der Erreichung seines Triebobjekts – ein Bedürfnis ist gestillt, wenn keiner seiner inhaltlichen Wünsche mehr offen ist. Es geht hier also um das Entladensein von Spannungen, um das Ausgeglichensein von Bedürfnis und Befriedigung, von Triebregung und Abreaktion. Die »Sättigung« ist zugleich der höchstmögliche Glückszustand der Psyche, und zum Handeln ist nunmehr, zunächst wenigstens, keine Motivation mehr gegeben. Passivität und Verlust der Initiative dauern so lange an, bis ein neuerliches Aufflammen eines Triebes oder Wunschgebildes oder Bedürfnisses neue Kräfte aktiviert. Etwas forciert und vereinfacht gesagt: Psychisches Leben wird in Gang gehalten durch ein stetes Auf- und Abwogen meist autonom, selbständig, automatisch entstehender Bedürfnisse und der Suche nach Befriedigungsmöglichkeiten. In negativer Formulierung: Werden nun Bedürfnisse nicht befriedigt, kommt es zu einer Störung des inneren Gleichgewichts/der Homöostase und im Zuge dessen zu psychischen Krankheitsbildern und Abnormitäten, zu mannigfachen Neurosen.
Solche Persönlichkeitstheorien degradieren – wenn sie orthodox auftreten – den Menschen zu einem reparaturbedürftigen Apparat, der immer nur darauf aus ist, das eigene Wohlbefinden homöostatisch auszubalancieren, also möglichst immer eine Homöostase als einen Zustand der Entspannung zu erzeugen, indem alle wichtigen Bedürfnisse weitestgehend gestillt, seine Impulse und Triebe abreagiert und dann zusätzlich wieder soviel Lusterlebnisse wie möglich gewonnen werden. Das allein *ist* der Mensch nicht, meine ich dezidiert, und man darf ihn

nicht – auch nicht von der Theorie her – verkommen lassen zum hilflosen Opfer seiner Kindheitseindrücke und Triebpotentiale. Liest man gerichtspsychologische Gutachten, dann begegnet einem erschreckend häufig diese gefährlich verabsolutierende Simplifizierung des Menschenbildes, nämlich bestehend nahezu ausschließlich aus seinem Triebschicksal, seinem neurotischen Charakter, den genitalen Fixierungen aus der Kindheit, den mannigfachen Fehlkonditionierungen aus der Lernvergangenheit und der Unabänderlichkeit von psychischer Krankheit, von Abnormität und grundgelegter Suizidaltendenz. Die all dem zugrundeliegende Denkweise ist ein absoluter *Determinismus,* der den Menschen ein für allemal, aus welchen Ursachen heraus auch immer, fixiert, bestimmt und unveränderbar festgelegt sein läßt – durch innere oder äußere, genetische oder umwelt-erzieherische, zielgerichtete oder zufällige Faktoren. Wo bleibt da Freiheit, wo ist Verantwortung, wo kann da noch Schuld angesiedelt werden, wenn in pandeterministischer, psychologistisch-reduktionistischer Sicht menschliches Verhalten letztlich nur der Automatie eines wie auch immer anfälligen psychischen Apparates zuzuschreiben ist? Ein solches Erklärungsmodell läßt die Liebe der Eltern zu ihren Kindern nur Ausdruck ihres eigenen Narzißmus sein, indem sie an ihren Kindern ihren Elterntrieb befriedigen – Entwicklungshelfer befriedigen mit ihrer Arbeit ihre Reiselust, Umweltschützer mit ihren Aktionen ihren heimlichen und uneingestandenen Geltungsdrang. So gesehen hätte sich ein Pater Kolbe nur aus reiner Wichtigtuerei für seinen Mithäftling geopfert.

Wenn man dem Menschen keine wahre Entscheidungsfreiheit zugesteht, dann ist der nächste Deduktionsschritt logisch zwingend, und der ist gefährlich und macht Angst; dann trägt nämlich der Mensch auch keine Verantwortung für sein Verhalten und hat nur *eine* »Freiheit«: Er ist in jedem Falle frei von Schuld. So verstandener Determinismus liefert dem Menschen stets entschuldigende und rechtfertigende Alibis und läßt ihn bestimmt sein von den übermächtigen Schicksalsfaktoren wie Erbgut, Milieu, frühkindlichen Erlebnissen, Lernerfahrung, körperlicher Konstitution und soziologischen Modelleinflüssen – nimmt man noch eine Brise Astralideologie hinzu, hat man die Marionette, an deren Schnüren Fatum oder Fortuna ziehen.

Dimensionalontologie des Menschen:
Leib – Seele – Geist

Was ist der Mensch?
Von dieser Frage waren wir ausgegangen und haben bislang verschiedene Facetten des Menschseins angeleuchtet. Zum Begriff beziehungsweise zur Wirklichkeit eines ganzheitlichen Menschenbildes jedoch fehlt noch eine wesentliche Facette, eine ganze *Dimension,* die ich die *noetische* (= *geistige;* von griech. nus, noós = der Geist) nenne. Diese geistige Dimension weist den Menschen nicht nur als höherwertig aus gegenüber allen Lebewesen, sondern sie läßt ihn auch gelten als »geistige« und damit freie Person, in der Wahrnehmungs- und Erkenntnisvorgänge, in der ein Streben nach Zielen und ein Bewußtsein von Verantwortlichkeiten und Schuld existieren. Gegenüber einem ichbezogenen, trieb- und umweltabhängigen, automatenhaft programmierten und programmierbaren, mechanistisch-animalistischen Menschenbild möge eines postuliert werden dürfen, das neben allen (unbestrittenen) psychophysischen und psychosozialen Wechselspielen und Abhängigkeiten noch Platz läßt für eine Ebene des Menschseins, innerhalb deren der Mensch sich Aufgaben setzen kann um ihrer selbst willen und nicht, um seine inneren Spannungen zu lösen – er kann diese Aufgaben erfüllen, weil er sie für wichtig und richtig erachtet, und nicht, weil er damit seine heimlichen Wünsche und Triebpotentiale befriedigen und den Druck seines sozialen Anspruchsniveaus verringern kann. Auf dieser Ebene kann er wohlwollend (und liebend) auf die Mitmenschen (und einen Partner) bezogen sein um deren eigener Wertigkeit willen und nicht, um sie als Mittel zum Zweck, als Werkzeug zu benutzen, um Spannungen oder aggressive Potentiale loszuwerden.
Über alle Triebbefriedigung hinaus kann die noetische Dimension nach Sinn und Werten im Leben ausgreifen und den wohl unleugbaren, aber nicht radikal determinierenden biologischen, psychologischen, soziologischen und historisch-biographischen Gegebenheiten gegenüber- und auch entgegentreten – eigentlich macht sie erst den Menschen zum Menschen, indem sie ihm Freiheit und Entscheidungsmächtigkeit zuweist und Willenskraft einschließlich der Fähigkeit, sich zu ändern und dem Schicksal zu trotzen. Sie erst erlaubt, den Menschen nicht nur als hilfloses Opfer der Zu- und Umstände und der Verhältnisse zu sehen, sondern von ihm zu erwarten, daß er kraftvoller und

tatkräftiger Mit- und Umgestalter der Verhältnisse und Lebensumstände sei: Nur so und hiermit kann er wesentlich zum Gelingen seines Lebens beitragen.

Wenn ich im folgenden eine *Dimensionalontologie*[13] zu skizzieren versuche, dann orientiert sie sich an Viktor E. Frankl, dem Begründer der Logotherapie beziehungsweise Existenzanalyse und der »Dritten Wiener Schule« der Psychotherapie (neben Sigmund Freud und Alfred Adler), und befaßt sich mit verschiedenen Seinsschichten des Menschen. Es darf die Rede sein von einem *dreidimensionalen Menschenbild,* womit ausgedrückt werden will, daß das Menschsein in drei Ebenen zerfällt oder drei Ebenen umfaßt, die natürlich durchlässig sind und einander gleichsam osmotisch durchdringen.

Ich nehme den Menschen nur methodisch quasi als Arbeitskonzept »auseinander«, weshalb die drei verschiedenen Seinsschichten im Menschen nicht so mißzuverstehen sind, als würden sie einfach nebeneinander oder übereinander und dies gesondert voneinander existieren. Es handelt sich demnach nicht um eine Drei-Schichten-Theorie, vielmehr ist es so, daß die drei Dimensionen einander vollkommen durchdringen, und zwar ähnlich den drei geometrischen Dimensionen, die Raum konstituieren, nämlich der der Länge, der Breite und der Höhe. Die drei Dimensionen sind die *somatische, die psychische und die noetische* – ich kann nun, ehe ich die einzelnen Schichten verdeutlichend umschreibe, das Zusammenwirken der drei Ebenen so erklären:

Wenn wir von unserer Raumerfahrung ausgehen, dann besteht sie doch aus Grundfläche (Länge × Breite) und Höhe. Wird dies nun auf die menschliche Existenz, auf das Menschenbild angewandt, dann setzt sich die Grundfläche – analog zu den beiden Vektoren der Länge und der Breite – aus der physiologisch-biologischen, also der somatischen Dimension einerseits und aus der psychologisch-emotional-soziologischen Dimension andererseits zusammen – man nennt dies das Psychophysikum oder (geläufiger) das Psychosomatikum –, indes nun die Höhe die von der Grundfläche abgehobene geistige oder noetische Dimension oder Ebene symbolisiert.

Eine weitere Verdeutlichung[14], die stärker darauf abhebt, daß das Leiblich-Somatische, das Seelisch-Psychische und das spezifisch Humane, also das Geistig-Noetische, im Menschen zwar eine untrennbare Einheit, aber dennoch verschiedene Seinsschichten bilden, zeichnet den Großbuchstaben *E,* wobei die drei Dimensionen – die drei Horizontalstriche – wohl unterschiedliche Ebenen darstellen, jedoch am Hauptstamm – dem Vertikalstrich – miteinander verbunden bleiben: erst dadurch werden sie zur kompletten Gestalt.

Beim Verhältnis von Ich und Leib hatten wir von Identität in der Differenz gesprochen, jetzt – mit dem Modell des dreidimensionalen Menschen – können wir den Menschen definieren als eine *Einheit trotz Mannigfaltigkeit* (= unitas multiplex), wobei die jeweils höhere Dimension – und zwar höher im Sinne von phylogenetisch weiter entwickelt – jede niedrigere Dimension einschließt. Das bedeutet, daß Lebewesen mit einer psychischen Dimension wie Tiere und Menschen zwangsläufig auch eine physiologisch-somatische Dimension besitzen und daß Lebewesen mit einer noetischen Dimension wie der Mensch wiederum zwangsläufig auch eine psychologische und physiologische Dimension haben – jedoch nicht in umgekehrter Folge! Man darf es auch so formulieren: Von einer Stufe zur anderen (zum Beispiel von der physiologischen Körperstruktur zur emotionalen Verfaßtheit des Menschen inklusive des Totums psychischer Lebensäußerungen) besteht ein Verlust, eine Abnahme von Gesetzmäßigkeiten, und eine Zunahme von »freiem« Spielraum taucht auf.

Der am einfachsten zu definierenden *somatischen Dimension* (= der leiblichen, physiologisch-biologischen Dimension, das ist unser Körper) sind alle leiblichen Phänomene des Menschen zuzuordnen, umfassend die organische Zellgrundlage des Menschen ebenso wie seine physiologische Lebensstruktur inklusive der dazugehörigen chemischen und physikalischen Prozesse. In diesem Bereich verfügt der Mensch auch über homöostatische Systeme, so etwa die Aufrechterhaltung der Körpertemperatur oder des Blutzuckerspiegels.

Die *psychische Dimension* (auch emotionale, psychologisch-soziologische Ebene genannt) umgreift die ganze Sphäre der emotionalen Befindlichkeit des Menschen, näherhin seine Gestimmtheit, seine Triebpotentiale und -gefühle, seine »Instinkte«, seine Hoffnungen und Sehnsüchte und Begierden, wozu sich auch noch die intellektuellen Begabungen des Menschen ebenso gesellen wie seine erworbenen Verhaltensmuster und sozialen Prägungen.

Mit der *noetischen Dimension* spreche ich die spezifisch humane Ebene an, womit ich »Geist« meine, jedoch nicht in dem Sinne, wie es die Bezeichnungen Geisteskrankheit, Geistesschwäche oder geistige Behinderung anklingen lassen, denn bei diesen und ähnlichen Ausdrücken und Wortverbindungen mit Geist ist von nichts anderem als von Verstand oder Intellekt des Menschen die Rede. In einer vorläufigen Bestimmung stellt sich mir Geist vor als ein Wirkungszentrum des Schöpferischen im Menschen, als der Sinn für einen Werthorizont des menschlichen Lebens und als Merkmal der eigentlichen Bestimmung des Menschen – nur weil der Mensch solcherart Geist hat, ist er Person und hat er Würde, andernfalls wir neu darüber nachdenken müßten, wie pränatal-fötales, infantiles, seniles oder wie auch immer »behindertes« menschliches Leben zu beurteilen und wie mit ihm umzugehen sei.

Innerhalb der noetischen Dimension ist die freie Stellungnahme zur Leiblichkeit und zu seelischen Befindlichkeiten zu »lokalisieren«, die Fähigkeit des Menschen zur Selbstdistanzierung also, die so wichtigen Phänomenen wie Einstellungsmodulation (Umstellung seiner Einstellung!) und Humor zugrunde liegt. Hier in dieser Dimension gibt es eigenständige Willensentscheidungen und Zielgerichtetheit (Intentionalität), hier sind sachlich-wissenschaftliche und künstlerisch-schöpferische Interessen beheimatet und ebenso Denken und Religiosität, aber auch ethisches Empfinden (Stichwort: Gewissen, s. Kapitel 5), hier gibt es Wertverständnis und -orientierung und Verantwortungsbewußtsein.

Homöostase, Noo-Dynamik und die Trotzmacht des Geistes

Im Blick auf die geistig-noetische Dimension des Menschen muß noch einmal auf »Gleichgewicht und Entspannung« im Sinne von Homöostase zurückgekommen und gefragt werden, ob dies in diesem Bereich ein erstrebenswerter Zustand oder nicht doch ein massiver Gefahrenindikator für existentielle Frustration und lähmende Demotivation und Resignation sei. Homöostase im geistigen Bereich wäre doch eigentlich nichts anderes als vollkommene Zufriedenheit, und dies wäre Ziellosigkeit, da doch ein Ziel nur dann gesetzt wird, wenn der gegenwärtige Zustand eben nicht ganz und absolut zufriedenstellend ist, so daß eine Änderung oder auch eine Steigerung erforderlich zu sein scheint. Wenn jedoch partout keinerlei Notwendigkeit besteht, etwas zu ändern, zu schaffen, zu vollenden, neu zu beginnen oder zu erleben, dann könnte auch die Notwendigkeit eines Weiterlebens in Frage gestellt sein.

Spannung wie Entspannung, sowohl Streß als auch Muße sind wichtige Pole menschlicher Aktivitätsformen. Forcierter gesagt: Statt Homöostase braucht der Mensch ein wohldosiertes Maß gesunder *Noo-Dynamik*[15], das heißt ein Spannungsfeld von Sein und Sollen, das die geistigen Lebensvorgänge in Fluß hält und dem bloßen Mit-sich-selbst-und-der-Welt-im-Gleichgewicht-Sein entgegensteht und den Menschen nie ganz zur Ruhe kommen läßt. Ein Stillstand nämlich von Spannungslosigkeit, Langeweile, Apathie, Passivität und Lethargie und resignativem Sich-Treibenlassen wäre der geistige Tod, nicht selten auch der leibliche, denn die eben genannten Befindlichkeiten – ohne einen verpflichtenden Sinn- und Soll-Horizont – führen leicht ins existentielle Vakuum, an dessen Ende vielfach das Wegwerfen des Lebens, der Schritt zum Suizid steht. Nicht wie beim Trieb ist das Ziel einer geistigen Spannung also, sie zu vermeiden oder uns an die neue Situation anzupassen, sondern die Spannung zu nützen, um durch sie zu wachsen, wobei ich hier an eine Spannung denke beispielsweise zwischen dem, was ich bin und was ich sein möchte (als meine Hoffnung), zwischen dem, was ich bin und sein könnte (als meine Möglichkeit) und zwischen meinem begrenzten Ich und anderen Personen und Dingen, die mir wichtig sind und denen ich mich, über mich hinausreichend, gar hinauswachsend, zuwende.

Dieser Spannung zwischen Faktizität (so bin ich) und Fakultativität (so kann ich, will ich werden) menschlichen Seins sind wir bereits bei der Differenzierung zwischen Person-Sein und Persönlichkeit begegnet, und sie ist nicht nur die eigentliche Mitte des logotheoretischen Welt- und Menschenbildes, sie ist auch wesentlich für jegliches persönlichkeitsbildende Bemühen, besonders auch dann, wenn man verantwortetes Führen zurückverlängert wissen will in eine reife Persönlichkeit.

Blind ist, wer heutzutage verkennt, daß nicht das, was der Mensch für seine psychische Gesundheit unabdingbar braucht, die Möglichkeit sei, alle seine Wünsche befriedigen zu können, sondern daß gerade das Gegenteil richtig ist: Es muß durchaus eine Reihe von Wünschen offenbleiben, und zwar in Form erstrebenswerter Lebensinhalte und persönlicher Ziele in der Um- und Mitwelt, in Beruf und Familie, die es noch zu verwirklichen gilt. Das Engagement für eine Idee, für andere Menschen, für eine Sache baut menschliche Existenz auf und erfüllt sie.

Das solcherart Gefordertwerden läßt an die seit Jahren propagierte Popularisierung der *Streßtheorien* denken, die nur und einseitig die Gefahrenmomente körperlicher und seelischer Erkrankung sehen zu müssen suggerieren. Man will jedoch nicht wahrhaben, was der Begründer dieser Theorien, Hans Selye, *auch* noch gesagt hat, daß es nämlich auch einen *Eu-Streß,* einen guten Streß gäbe – er nennt diesen Streß »the salt and the spice of the life«, das Salz und die Würze des Lebens. Alle Welt wettert gegen Streß – und manch einer sollte um Streß als einer inneren Unruhe, die ihn umtreibt in und außerhalb der Arbeitswelt, beten, um der Gefahr zu entgehen, in der Freizeit sich zu Tode zu langweilen, zu Tode zu saufen oder zu Tode zu fixen.

Eine ehrliche Psychologie weiß heute gegenüber allen Streßalibis zuzugeben, daß auch das andere Extrem, nämlich Schonung und Unterforderung, äußerst ungesunde Verhaltensweisen zu erzeugen imstande ist. So ist es eine medizinische Binsenweisheit, daß unterforderte Organe oder Muskeln zu Atrophie neigen, ähnlich gefährlich ist eine geistige oder psychische Unterforderung.

Sowohl bei Überbelastung als auch bei Überentlastung geht es um eine ungesunde Unausgewogenheit persönlichen Gefordertseins – in der Mitte läge auch hier, frei nach Aristoteles, die Tugend! Im geistigen Bereich, so meine ich, darf der Mittelpunkt ruhig etwas nach oben versetzt werden, denn im Grunde will der Mensch doch wissen, wozu und wofür er lebt und arbeitet, und wenn er eigentlich immer auf der Suche nach Orientierungspunkten ist, die seiner Zukunft Sinn und Inhalt geben, dann nimmt er sogar durchaus eine gewisse Zeit lang Streß und hohe Anforderungen in Kauf, vorausgesetzt, es wird um ein sinnvolles Ziel gewußt, das sich nur auf diesem Wege erreichen läßt.

Viktor E. Frankl nennt einmal Menschsein das »In-der-Spannung-Stehen zwischen Sein und Sollen, unaufhebbar und unabdingbar«.[16] Das ist optimal gesagt, denn der Mensch als geistiges Wesen bedarf wenigstens der Spannung zwischen der Wirklichkeit und einer Möglichkeit, deren Verwirklichung auf ihn wartet. Im allgemeinen wird – im geistigen Erleben – übermäßige Entlastung und Schonung und der Umstand, überhaupt nicht gefordert zu werden, als sinnlos registriert, als Leerlauf des Lebens wahrgenommen, und solcher Leerlauf produziert ein Phänomen, über dessen Entstehung die heutige Hirnforschung bereits gut Bescheid weiß, nämlich so etwas wie Halluzination des Fehlenden mit optischen Ersatzvisionen im visuellen Bereich und Problemvisionen im psychischen Bereich, die lebensuntüchtig machen. Aus Forschungsergebnissen weiß man heute, daß nichts tödlicher ist für das Hirn des Menschen, als wenn nichts passiert. Homöostase also als innere Leere, als Spannungslosigkeit, Perspektivenlosigkeit, Ziellosigkeit, als tödliche Langeweile und totale Unterforderung ist zumindest hoch gefährlich, jedenfalls nicht erstrebenswert.

Wir sind der Antwort auf die Frage, was der Mensch sei und was Menschsein heiße, schon recht nahe gerückt, indem wir dem Menschen eine noetische Dimension zuwiesen, von der aus er (wenigstens) Stellung beziehen kann zu seiner leiblichen und seelischen Verfaßtheit. Die Logotherapie nennt dies die *Trotzmacht des Geistes* als die grundsätzliche Fähigkeit des Menschen, generell und auch noch – natürlich innerhalb des Menschenmöglichen – den widrigsten Bedingungen und Umständen, den äußeren Gegebenheiten ebenso wie den inneren Zuständen, zu trotzen, das heißt, sich stärker zu erweisen als diese. Eine »handliche« Definition wäre: Man braucht sich nicht alles von sich selbst gefallen zu lassen!

Ich habe bereits angemerkt, Geist nicht zu verwechseln mit Ratio, mit dem Verstand als einer Funktion der Großhirnrinde, also einem Element der organismischen Steuerung. Geist als Trotzmacht kann auch eine freie Einstellung zur eigenen Bedürfnisskala einbringen, er kann sogar »nein« sagen zu einer Bedürfnisbefriedigung, wenn er dies will und für richtig hält. Dies bedeutet, daß menschliche Motivation einem anderen, einem höherwertigen Kriterium unterliegt als, wie lange und zumeist geglaubt, dem Bedürfnisdruck.

Es ist nicht so, wie Sigmund Freud einmal behauptet hat: Man solle, so sagte er, versuchen, eine Gruppe höchst differenzierter Menschen gleichmäßig dem Hunger auszusetzen. Und was passiert? Je mehr das Nahrungsbedürfnis zunähme, desto mehr würden sich alle Unterschiede verwischen, und an deren Stelle würde schlußendlich nur noch der einheitliche Nahrungstrieb sichtbar werden.

Nun weiß aber Viktor E. Frankl, der Überlebende von vier Konzentrationslagern, aus seinen Erlebnissen zu berichten, daß nicht ein jeder dort durch den Hunger »vertiert«, zur reinen Kreatur und Bestie verkommen ist, vielmehr habe es Männer gegeben, die durch die Lagerbaracken und über die Appellplätze gewankt seien und hier ein gutes Wort und dort das letzte Stück Brot übrig gehabt hätten für einen Kameraden.

Das Brechtsche »Erst das Fressen, dann die Moral« mag punktuell auf die zutreffen, die – aus welchen Gründen auch immer – diese Argumentation für ihre Verhaltens- und Handlungsweisen brauchen, generell gilt es nicht.

Ich habe daher auch große Schwierigkeiten mit der sattsam bekannten

Maslowschen Bedürfnishierarchie-Pyramide als Erklärungsmodell für Motivation, wonach Bedürfnisse auf den »niedrigen« Stufen – beispielsweise physiologische Bedürfnisse wie Essen und Trinken und reine Sexualität – so lange vorherrschend sind, wie sie unbefriedigt bleiben, werden sie angemessen befriedigt, dann nehmen die »höheren« Bedürfnisse wie Sicherheit, Liebe und Zugehörigkeit, Wertschätzung, Selbstverwirklichung und Transzendenz die Aufmerksamkeit und die Bemühungen des Individuums in Anspruch. Der Grad der Grundbedürfnisbefriedigung korreliert positiv mit dem Grad psychologischer Gesundheit – vollständige Befriedigung der Grundbedürfnisse und ideale Gesundheit fallen dabei annähernd zusammen.

Man kann diese Art von Tiefenpsychologie auch deuten als Weg zur Selbstverwirklichung, die Maslow sieht als Schlußglied einer Bedürfniskette. Wie dem auch sei, gerade mit Blick auf Maslow, dessen programmatische Artikulationen von Einschränkungen, Relativierungen, Erweiterungen und Widersprüchen strotzen und der terminologische Klarheit und Deutlichkeit im Übermaß vermissen läßt – weshalb auch viele Managementmodelle à la Maslow gefertigt werden konnten –, bevorzuge ich eine Art »Höhenpsychologie«[17], die das Phänomen Geist ernst nimmt.

Geist sucht nicht nach Befriedigung – siehe das zur Noo-Dynamik Ausgeführte – wie die psychischen Potentiale im Verständnis des Homöostaseprinzips, sondern *Geist braucht Sinn*. So kann man sagen, wenn man als Ur- und Primärmotivation menschlichen Tuns nicht den Willen zur Lust (Freud), auch nicht den Willen zur Macht (Adler), sondern den *Willen zum Sinn* annimmt, bei dem es zu keinem »Ausbrennen« nach der Zielerreichung kommt, denn die Fülle der Sinnhaftigkeit des Lebens in der Ausschöpfung von kreativ-schöpferischen Werten in der Arbeit, von Erlebniswerten in der Natur oder in der Liebe oder von Einstellungswerten gegenüber unabänderlichen Schicksalsgegebenheiten bei Krankheit, Schuld und Tod, ist so unauslotbar, daß sie niemals – und schon gar nicht von einer Individualperson – als Ganzes erfaßt und begriffen werden kann. Dies zeigt sich deutlichst bei einem Blick in die Kulturgeschichte der Menschheit, denn jegliche Kultur ist letztendlich die Ausformung von Sinnsuche und Sinnfindung im menschlichen Leben.

Menschliche Existenz und Selbsttranszendenz[18]

Unser Fragen nach dem Menschen war bislang mehr eine Frage nach innen, nach der Vieldimensionalität des Menschseins, und muß noch ergänzt werden hinsichtlich des Stehens des Menschen zur Welt, zum Dasein, zur Natur, zur Mit- und Umwelt, zum Mitmenschen, überhaupt zum Leben, denn *der Mensch ist keine Monade* (von griech. mónos = allein, einzig, einzeln, vereinzelt). Auf den Menschen bezogen, meint Monade ein einsames, in sich geschlossenes, in seine Empfindungen und Probleme eingeschlossenes, selbstgenügsames Einzelwesen ohne Beziehung zu all dem, was nicht wieder es selbst ist – und genau das ist der Mensch nicht. Er ist keine Monade ohne Tür und Fenster nach draußen, sondern wesentlich *ein dialogisches Wesen,* worauf später noch näher wird einzugehen sein.[19]

Tagtäglich benützen wir das Wort *Existenz* und behaupten, dieses oder jenes existiere, nicht zuletzt auch wir selbst. Was nun so unreflektiert und ohne es zu hinterfragen mehr oder minder gedankenlos von Dingen, Pflanzen, Tieren, Menschen, Situationen, Gedanken und Ideen und auch von Gott einfach so dahingesagt wird, bedarf gerade in unserem Zusammenhang, der Frage nach dem Menschsein, einer Klärung und Deutung, und ich verweise da auf die Philosophie der letzten 60 Jahre, die den Begriff »Existenz« mit gutem Grund nur für das Menschsein verwendet.

Das lateinische Wort »ex-sistere« läßt sich übersetzen mit »heraustreten«, »hervortreten«, dann aber auch mit »entstehen«, »erscheinen« oder »sich zeigen«. In allen Übersetzungsmöglichkeiten ist ein dynamisches Element enthalten: Es »wird« oder »entsteht« oder »geschieht« etwas.

Existenz kann man somit bezeichnen als Hinaustreten, als Hinausgreifen in und auf etwas anderes.

Diese Richtungsorientierung weg von sich selbst und auf ein anderes hin nennt man Intentionalität als Bezug, als Bezogenheit, als Offenheit oder Öffnung zur Welt, zur Umwelt, zur Mitwelt, zum Mitmenschen hin. Jedenfalls meint Existenz schon in diesem Erstverständnis nichts Statisches, nichts In-sich-Abgeschlossenes, rundum Fertiges, es meint vor allem nicht inhaltlich leeres, unerfülltes Vergehenlassen und Vertreiben von Zeit, was ich eher mit »vegetieren« als der Seinsart des Animalischen bezeichnen würde. Die Bestimmung des Menschen scheint mir – im Gegensatz zum Tier, das nichts mit sich selbst zu schaffen hat – zu sein, aus der Ebene des bloßen Vegetierens herauszusteigen, nicht nur zu »sein«, sondern *da-zu-sein*, und das bedeutet: Der Mensch ist nach A. Längle[20] »ganz Mensch im Ent-*gegen*-Gehen und *Gegen*-über-Treten, in der Be-*gegnung*. Sein Menschsein ist dann *gegen*-wärtig, wenn er *bei* den *Gegen*-Ständen der Welt ist.« Durch diese Fähigkeit des Bei-Seins, das heißt geistig bei anderen Menschen oder Dingen zu sein, kommt er zur Selbstentfaltung, was alles erst im Bei-einander-Sein seine tiefste existentielle Erfüllung erhält, nämlich in der Liebe.

Der Mensch ist nicht bedingungslos an die Reize aus der Umwelt und der Innenwelt gekettet, die gesetzmäßig festlegen könnten, was er zu tun hat. Als Mensch, sprich geistige Person, bestimmt er selbst, was er aus dem Rohmaterial seiner Wahrnehmung macht – er ist, ich behaupte es erneut, nicht darauf beschränkt zu reagieren – außer auf der Reflexebene –, seine »Reaktionen« sind vielmehr Aktionen, in denen sich seine geistige Kraft, sein Ja zur Welt mit der Spannung des Lebens paart. Beim menschlichen Da-Sein, bei der Existenz, gibt kein Automatismus und kein Instinkt, wie beim Tier, vor, was zu tun ist, vielmehr heißt so verstandenes Dasein, sich selbst für etwas entschieden zu haben.

Menschsein beinhaltet also eine Stellungnahme mit Haut und Haaren, und es bedeutet, ganzheitlich Position zu beziehen und sich in die Wahl einzulassen, das heißt *die Entscheidung zu verantworten.* Man möge rekapitulieren, was ich bereits oben zur Person und Persönlichkeit gesagt habe, und bedenke in diesem Zusammenhang das so sehr gültige Diktum Karl Jaspers': »Der Mensch ist das ent-scheidende Wesen.«

Da keine Monade, begreifen wir den Menschen also als wesentlich dialogisches Wesen, woraus gefolgert werden darf, daß menschliche Existenz über sich hinausgeht, über sich hinausreicht, innerlich bei etwas oder bei jemandem ist oder sein kann, bei einer Aufgabe, bei einem Menschen, jedenfalls: daß menschliche Existenz wesensgemäß hinauslangt nach etwas, was sie nicht wiederum selbst ist. Hierfür steht der Begriff der *Selbsttranszendenz,* auf den immer wieder zurückgegriffen werden muß, denn Selbsttranszendenz ist wohl die ethisch und sozial wertvollste Fähigkeit des Menschen überhaupt und steht diametral in Widerspruch zur unheilbarsten und leider am weitesten verbreiteten psychischen Krankheit, nämlich zu Egoismus und Egozentrierung.

Egozentriertheit ist das Nur-sich-selbst-Sehen, während alles andere ringsum verblaßt, sie ist die Überbeschäftigung mit dem Selbst, die jedes mitmenschliche Du und die gesamte Vielfalt der Umwelt in den Schatten stellt und dort unbeachtet stehenläßt, wobei klar außer acht gelassen wird, daß der Mensch kein in sich genügendes, in sich geschlossenes Sein, keine Monade ist. Nach meinem Verständnis jedenfalls ist menschliche Existenz charakterisiert durch Aus-sich-selbst-heraustreten-Können, durch Über-sich-selbst-hinaus-sein-Können, also durch die Fähigkeit zur Selbsttranszendenz.

Wenn der Mensch als dialogisches Wesen verstanden wird, läßt sich fragen, mit wem dieser Dialog besteht. Die Frage beantwortet sich nach dem Gesagten eigentlich von selbst, wenn wir *Menschsein als existentielles Sein* definieren, als ein Hinaustreten, als Öffnung zur Welt hin.

Und dieses »Draußen« der Welt ist näherhin Umwelt und Mitwelt, dieses »Draußen« sind die 100 000 und mehr Situationen, in und vor denen ich mich befinde. Sie warten darauf, daß ich mich auf sie einlasse, und das bedeutet: Da sie mir gegenüberstehen und mich etwas angehen, mich gleichsam ansprechen oder nachgerade anspringen, will ich und muß ich und soll ich in freier Entscheidung darauf eingehen, darauf antworten oder auch nicht, was natürlich auch eine Antwort, auch eine Entscheidung ist. Schon die Begründer der Gestaltpsychologie, K. Lewin und M. Wertheimer, haben von einem *Aufforderungscharakter* gesprochen, wie er jeder einzelnen Situation zukommt, mit der uns die Wirklichkeit konfrontiert. Wenn wir nun Leben als eine unendliche Folge verschiedenster Situationsgegebenheiten sehen, dann verstehen wir, daß das Leben selbst es ist, das uns unentwegt mit Fragen konfrontiert, die wir zu beantworten haben. Der Mensch vor den Situationen, der Mensch angesichts seines Lebens ist also der Antwortende, eigentlich der Antworten-Sollende – er antwortet nicht in Worten, sondern im Tun oder Unterlassen. Der Mensch ist der Befragte, und jede Lebenssituation ist eine Frage.

Viktor E. Frankl sagt dies prägnant und gleicherweise wunderschön: »Holen wir zu einer Rückbesinnung auf die ursprüngliche Struktur des Welterlebens aus, dann müssen wir der Frage nach dem Sinn des Lebens eine kopernikanische Wende geben: Das Leben selbst ist es, das dem Menschen Fragen stellt. Er hat nicht zu fragen, er ist vielmehr der vom Leben her Befragte, der dem Leben zu antworten hat – das Leben zu ver-antworten hat. Die Antworten aber, die der Mensch gibt, können nur konkrete Antworten auf konkrete ›Lebensfragen‹ sein. In der Verantwortung des Daseins erfolgt ihre Beantwortung, in der Existenz selbst ›vollzieht‹ der Mensch das Beantworten ihrer eigenen Fragen.«[21] *Menschliche Existenz*, so können wir jetzt sagen, ist *ein dialogisch geführter Austausch des Menschen mit seiner Situationswelt*, so nämlich, daß der Mensch als der von der Welt und den Situationen Befragte und Angesprochene stets antworten muß, so daß ich formelhaft sagen darf: *Menschsein heißt In-Frage-Stehen – und Leben heißt Antworten.* Diese existentielle Grundhaltung, sich nämlich von der Welt und ihren Situationen und Schicksalsdeterminanten oder Zufälligkeiten befragen zu lassen, anstatt permanent und fordernd mit Wünschen und Projektionen auf sie zuzugehen, bedeutet grundsätzliche Offenheit gegenüber allen Möglichkeiten, für die ich mich entscheiden kann oder soll. *Meine* Wahl, *meine* Entscheidung ist Antwort auf die Situation, ist Beantwortung der Forderung, die der Augenblick an mich stellt. Und diese Wahl ist nur von mir zu ver-antworten. Diese Denkweise wirft bereits wichtige Schlaglichter auf die Autonomie des Gewissens ‚ebenso wie sie eine Situationsethik verständlich und zum Teil notwendig macht, die – wie eigentlich jede Ethik, so sie lebbar ist, und das sollte sie – eine Kompromißethik ist.

Es ist ein abenteuerlich dynamisches Menschenbild, das menschliche Existenz einspannt in ein In-Frage-Stehen und Antworten, das menschliches Dasein stets vor Wahlmöglichkeiten stellt, in denen ich Entscheidungen treffen muß und diese zu verantworten habe, ein Modell, das den ganz bestimmten Aufforderungscharakter jeder Situation gleichermaßen ernst nimmt wie insgesamt den *Aufgabencharakter des Lebens*[22], dem stets ein Antworten, Entscheiden, Handeln einerseits und ein Ver-antworten andererseits entsprechen muß.

Die zum Wesen des Menschen gehörende Öffnung zur Welt hin, die sich ausschließlich in der noetisch-geistigen Dimension finden läßt, wo der Mensch weit über die eigene Bedürfnisskala des Psychophysikums, also der mehr oder minder homöostatisch geregelten leibseelischen Innenwelt, hinauszugreifen imstande ist – der er sogar trotzen kann! –, diese Öffnung zur Welt hin kann der Mensch natürlich auch verweigern – auch dies muß er allerdings verantworten. Ich halte jedoch dafür: Je mehr sich der Mensch für das Da-Sein in der Welt entscheidet, desto mehr lebt er wirklich – in die Welt hineinwirkend. Gerade heute mag man die große Gefahr des Menschen darin liegen sehen, daß er sich nur halbherzig und zögernd in diese Aufgaben einläßt – freilich um den Preis, sein Leben in der Fülle von Vordergründigkeiten zu verschlampen. Manch einer entscheidet sich nicht gänzlich für die

Welt, für die (außerfamiliären und außerberuflichen) Aufgaben, für die Menschen insgesamt, sondern läßt sich vom Druck des Alltäglichen drängen und hauptsächlich vom Angebot der Stunde lenken. Solche Menschen leben eine Kümmerform der Existenz, der es an Intensität und an Entschiedenheit mangelt – sie haben (wahrscheinlich) nur beiläufig gelebt, und dies wäre verdammt wenig.

KAPITEL 3

Entlang der Menschenwürde

Überlegungen zur Wirklichkeit und zum Begriff von Ethik

Ganz taufrisch ist jene Anekdote nicht mehr, wonach Manager eines Großkonzerns von einem Wochenseminar über Wirtschafts- und Unternehmensethik zurückkehren und recht schnell erkennen lassen, daß sich in ihrem gesamten Verhaltensmuster und an ihren Entscheidungen, die nach wie vor von Sachzwängen und wirtschaftlichen Notwendigkeiten diktiert werden, eigentlich nichts geändert hat. Ihre Gefühlsverfassung indes hat eine – wenigstens vorläufige, jedoch sie unlieb irritierende – Veränderung erfahren: Sie haben jetzt bei manchem Tun und Entscheiden ein etwas schlechteres Gewissen!

Vorbemerkung: Ethik-Boom und allgemeiner Moralverfall

Die Geschichte ist einigermaßen symptomatisch für den nahezu inflationären Trend, im Soge des Vielfalts-Angebots an Weiterbildungsseminaren und sogenannten Persönlichkeitstrainings innerhalb aller Wirtschaftszweige und Berufsbranchen nunmehr auch »Praktische Philosophie«, also Ethik, anzubieten und sie als Schmuck und Zierde der Unternehmenskultur, als Aushängeschild, Alibi und moralisches Feigenblatt zu benutzen oder zu mißbrauchen – für zwei oder drei oder gar sechs Tage wird ein Refugium für den inneren Menschen eröffnet, das oftmals weder einen existentiellen Bezug zur rauhen Wirklichkeit hat noch rigoros einfordert, daß sich erst der Mensch in seiner ganzen Persönlichkeitsstruktur geändert haben muß, ehe er seinerseits verändernd auf Mit- und Umwelt einwirken kann.
In der Regel scheitert ein Manager heute nicht an seinem mangelnden Wissen, sondern eher – falls man dem Berufsstand der Personalentwickler glauben darf – an den Kanten und Klippen in seinem Verhal-

ten oder aber – wie ich glaube – an der Unterentwicklung seiner Persönlichkeit. Und doch sind Verhaltensdrill und kompakte Verhaltenserweiterungsprogramme ebenso bedenklich wie das unmöglich einlösbare Versprechen »In einer Woche zum neuen Ich«. Solche Zielformulierungen und die neue Lust an sektiererisch-dilettantischen Fünf-Tages-Therapien sind reine Worthülsen und betrügerisch gefährlich und verkennen die immense Anstrengung, die der einzelne tagtäglich und dies ein Leben lang aufwenden muß, um aus sich eine reife Persönlichkeit zu gestalten.

Es ist schon lange kein Geheimnis mehr, daß sich auf dem Markt der Seminarangebote auch und nicht wenige Scharlatane, höchstbezahlte Besserwisser und Trendgurus tummeln, die als Verhaltenstrainer angeblich in einer knappen Woche bewerkstelligen wollen, wofür ein Psychoanalytiker bis zu fünf Jahre braucht, und die – damit der Kurs sich auch »rechnet« – garantieren, daß die Teilnehmer nunmehr gesteigerte Leistung erbringen, innere Stärke mobilisieren, im Team sehr viel besser funktionieren, hoch motiviert und streßresistent und kommunikations- und konfliktfähig sind und bleiben; sie vermögen nunmehr Berge zu versetzen, und sie werden Gewinner sein, reichlich und verdientermaßen vom Leben belohnt. Hier wird geblendet, oftmals »heilsversprechend« gelogen und lediglich versucht, die (meist labile) Persönlichkeit mit etwas psychologisierendem Make-up oberflächlich zu stylen, ungeachtet der psychischen Schäden, die entstehen können, wenn man per Schnellkurs Selbstfindungsprozesse anleitet, möglicherweise Identitätskrisen provoziert – indem man aus grauen Mäusen Visionäre, aus verklemmten Typen Moderatoren zu formen beabsichtigt – und die Leute dann mit sich und ihrer Biographie und Umwelt alleine läßt, alleine mit ihren Ängsten und ihren die Mindergefühle zum Schweigen bringenden Kompensationsverrenkungen.

An die eingangs erzählte Anekdote anknüpfend, muß gesagt werden, daß Veränderung generell, und mehr noch, daß tiefgehende Veränderung und daraus resultierend auch das Verhalten neu strukturierende Veränderung als Weg zu mehr Persönlichkeit mitunter sehr weh tut und eine echte menschliche Leistung ist, die man sich mühsam abringen muß, und dies über weite Strecken des Lebens hinweg; zu solcher Leistung[1] scheinen jene Führungskräfte offensichtlich noch lange nicht fähig zu sein, die vorgeben, sich beispielsweise dahingehend verändert zu haben, daß sie nunmehr bereit seien, Verantwortung zu delegieren und hiermit die Realisation von Teilzielen auf andere zu übertragen.

Wiewohl es unbestritten lobenswert ist, daß nunmehr Kollegen oder subalterne Mitarbeiter neue Kompetenzen, Handlungs- und Entscheidungsspielräume innerhalb ihres Rahmens bekommen, so ist eine solche Quasi-Veränderung des Führenden bedenklich zumindest dann, wenn er de facto am Führungsprinzip eines Management-by-Torero festhält, welches besagt: den wütenden Stier – sprich: Arbeit, Problem, Verantwortung – durch eine geschickte und kaum zu bemerkende Hüftdrehung passieren zu lassen – möglichst dem ahnungslos dahinterstehenden Kollegen mitten ins Gesicht beziehungsweise auf den Schreibtisch.

Anläßlich einer Lehrveranstaltung bei der Bundesakademie für öffentliche Verwaltung im Bundesministerium des Inneren war ich vor zwei Jahren mit ca. 40 Ministerialdirektoren konfrontiert, die mir eindrucksvoll demonstrierten, was unter Verhärtung und Verkrustung der Psyche, unter verbeamteter Charakterstruktur und systemagentenhaftem Gewissen[2] zu verstehen sei. Spätestens seit dieser Begegnung weiß ich nicht nur, sondern verkündige ich es entschieden und mit Vehemenz, daß – über eine allgemeine Veränderungsbereitschaft (!!) hinaus – auch und gerade sittliches Wollen und Handeln immer und zuerst und wesentlich vom Individuum selbst eingebracht werden muß.

Nicht nur die Exkulpierungsversuche in Form von Verantwortungsverschiebung auf andere, sondern auch jegliches Labern über Wirtschafts- und Sozialethik, über Unternehmens- und Umweltethik, über Entwicklungs- und Technikethik verrät nur eine morbid-faule Doppelmoral, solange man sich nicht selbst betroffen machen lassen und begreifen will, daß Sittlichkeit generell und auch speziell – sowohl im Gesamt der Wirtschaft als auch im Einzelunternehmen – primär von jeder einzelnen Persönlichkeit realisiert, gelebt werden muß.

Ich betone entschieden eine personenzentrierte und individuelle Ethik, wiewohl ich weiß, daß jeder Führende innerhalb institutioneller Zwänge atmen, leben, handeln oder entscheiden muß – freilich gibt es ethische Postulate an ein Unternehmen als Institution per se, aber wer löst sie ein? Doch wiederum der einzelne – die Institution als solche erfüllt nur selten ethische Anforderungen, sie dient aber nur zu oft als Alibi für die, welche sich hinter ihr verstecken und aus ihrer Verantwortung stehlen.

Daher stellt, nach meinem Dafürhalten, Ethik vornehmlich die Frage: »Was soll *ich* tun?« und nicht: »Was muß ich, darf ich von den anderen erwarten oder einfordern?«, damit sich etwas ändert, damit die Welt heil wird, damit unser Planet auch für die Nachfolgegenerationen noch bewohnbar bleibt, damit rüdes Führungsverhalten diskriminiert und eliminiert wird und damit auf breitester Ebene ein Kommunikationsfeld entsteht, in dem Rücksichtnahme und Respektierung der Würde des Mitmenschen undiskutierte Selbstverständlichkeiten werden.

Der Begriff Ethik hat heute leider einen inflationären Touch erhalten, wobei ich hier Inflation als Überangebot definiere. Es ist in der Tat so, daß Ethik heute »in« ist, daß sie wohl Hochkonjunktur hat und daß der Begriff Ethik beziehungsweise die modischen Ethikdiskussionen zu einer Wachstumsbranche geworden besser: verkommen sind – die Lehrstühle für Wirtschafts-, Umwelt- und Technikethik gehen gewissermaßen in Serienproduktion, und der Ruf nach mehr Ethik erschallt nicht nur in der Wirtschaft, in Gesellschaft und Politik unüberhörbar laut, sondern just auch allüberall dort, wo mehr als zwei Personen interagieren.

Die gleichen geradezu inflationären Tendenzen hat auch das lockere Reden von der oder über die Verantwortung angenommen, ein Begriff und eine Wirklichkeit[3], die wesentlich in den Bereich und sogar zum Kern jeglichen Ethikgesprächs gehören. Es ist jedoch nachgerade modisch geworden, allenthalben von Verantwortungsträgern zu sprechen, Verantwortung zu übertragen oder sie zu übernehmen – das geschieht meist oder oft ohne faktische Konsequenzen, so einfach ganz pauschal, ohne irgendeine Differenzierung.

Da übernehmen etwa Politiker oder leitende Wissenschaftler und Ingenieure »die« Verantwortung und scheinen diese auch (deshalb) leicht zu tragen, da oftmals oder so lange nichts passiert. Tritt jedoch der Fall der Fälle ein, dann sind die Strukturen und die systemhaften Verflechtungen so komplex, daß es nahezu unmöglich erscheint, hierfür einen einzelnen alleine zur Verantwortung zu ziehen. Im Wissen darum gerät das abundante Reden über Verantwortlichkeiten und Verantwortungszuschreibungen zur billigen Farce.

Das »Prinzip Verantwortung« freilich, mustergültig und unüberbietbar eindrucksvoll und eindringlich von Hans Jonas[4] in die postmoderne Ethikdiskussion eingebracht, sollte nicht zur reinen Worthülse verkommen dürfen, ebensowenig Jonas' ökologisch-kategorischer Imperativ: »Handle so, daß die Wirkungen deiner Handlung verträglich sind mit der Permanenz echten menschlichen Lebens auf Erden.«[5]

Zweifellos ist die Diskussion über Ethik legitim und gerade heute absolut zwingend notwendig, sie ist jedoch nur dann fruchtbar, wenn es gelingt, dem Reden über ethisches Verhalten de facto auch ethisches Handeln folgen zu lassen.

Man braucht heute wirklich nicht übersensibel und überwach durch die gesellschaftliche, politische, wirtschaftliche und berufliche Szene zu gehen, um schnell festzustellen, daß hinsichtlich des sittlichen Profils eine kaum überbietbar eklatante Diskrepanz vorherrscht zwischen Ethik-Boom einerseits und allgemeinem Moralverfall andererseits. Wohl gibt es, wie bereits erwähnt, Lehrstühle für Wirtschaftsethik – allerdings dürfen nach dem Eichstätter Professor Homann Ethik und Wissenschaftslehre einander nicht beherrschen; dementsprechend darf es auch keine Dominanz der Ethik über die Wirtschaft geben. Wird Ethik als handlungsorientierende Maxime der Wirtschaft vorgeordnet, dann ergeben sich für die Wirtschaft solch tiefgreifende Sollensimperative, daß zahlreiche Produkte und Produktionsverfahren vor dieser Ethik nicht zu rechtfertigen wären – die konsequente Anwendung ethischer Postulate auf die Wirtschaft führte zugleich zum Tod ganzer Branchen.[6]

Wohl bemüht man vielerorts Ethikkommissionen als Beratungs- und Problemlösungsgremien, die mittels tiefschürfender Diskurse konkrete ethische Probleme wie Abtreibung und Sterbehilfe, Tierversuche und Genmanipulation, Kernkraft und Naturschutz zu bewältigen trachten oder doch zumindest Lösungsversuche hierfür auszuarbeiten redlich bemüht sind. Doch – wie sieht die Wirklichkeit rings um uns herum tatsächlich aus?

Da durchbrechen die rhetorisch und dialektisch bestens geschulten modernen Gladiatoren auf den Fernsehschirmen rücksichtslos die Tabuzonen hilfloser Interviewpartner, und nicht minder brutal geschieht dies bei der schreibenden Zunft mit prekären, auch rein fingierten Enthüllungsserien; da herrscht im Wirtschaftsleben nach wie vor und unvermindert das Faustrecht des Erfolgreicheren – es werden leichtfertig »Verluste« in Kauf genommen, wie beispielsweise das Hinterlassen psychischer Scherbenhaufen, weil das Prinzip einer ungebremsten Leistungs- und Erfolgsorientierung und eines narzißtischen Konkurrenzdenkens[7] dies nicht ausschließen zu können scheint; da werden die »neuen« Tugenden der Gesprächsbereitschaft, der Fachkompetenz und der Teamarbeit propagiert, jedoch in ethischer Hinsicht pervertiert, wenn die Gesprächsbereitschaft zu verbotenen Preisabsprachen, die Fachkompetenz zu illegalem Waffenhandel mißbraucht wird und die bestens funktionierende Teamarbeit weder Seveso noch Sandoz oder Tschernobyl verhindern kann. Es werden vollmundig vorgetragene Friedenszusagen durch nachfolgende Bombardements Lügen gestraft, und politische Wahlkämpfer verunglimpfen sich mit zweifelhafter Legitimation.[8]

Die kommunikative Qualität des Zwischenmenschlichen ist heute generell geprägt von Verletzendem, Entpersönlichendem und Entwertendem, und der Umgang mit dem Mitmenschen ist zu einem kollektiv sadistischen und zynischen Spektakulum geworden. Man ist nicht unbedingt »wer«, weil man gut oder hochqualifiziert ist, sondern weil man auf dem entsprechenden Stuhl sitzt, von dem man allerdings vorher den anderen herunterbugsieren mußte – Rivalität ersetzt Partnerschaft, und überzogen doktrinäres zentralistisches Machtgehabe macht auch nicht halt vor der Besetzung von Bischöfsstühlen oder der Vergabe oder dem Entzug von Lehrbefugnissen.

Hinter einer ethisch garnierten Fassade mit so wohlklingend-anspruchsvollen Etiketten wie Managementethik, Führungsethik, Gesellschaftsethik, Konsens- und Kommunikationsethik oder xy-Ethik wird oftmals recht schnell sichtbar die Maske und Fratze, die den blanken Egoismus und unverkennbar Konkurrenzprinzip, Profitprinzip und Leistungs-Erfolgs-Prinzip herzeigt im Sinne permanenter und kontinuierlich eskalierender Gewinn-, Erfolgs- und insbesondere Machtmaximierung, und dies in der Regel deutlich zu Lasten des intellektuell, emotional, sozial oder sonstwie Schwächeren.

Dies alles ist keine übertrieben apokalyptische Schau der Dinge, denn wohin auch immer man schaut, es herrscht viel zuviel Angst vor, es wird viel zuviel und stets Schuld verteilt, nicht übernommen oder verziehen, es vergiften Haß und Neid die zwischenmenschlichen Beziehungen auch und gerade im Arbeitsleben: Verhaltensweisen wie Intrigen, Pseudofreundlichkeit, Schwinden von Teamgeist und Solidarität, Ellenbogenmentalität und das leichtfertige Überschreiten der Scheidelinie zwischen integer und intrigant schaffen – als die bereits in Kapitel 1 abgehandelten mikropolitischen Einsatzmittel – allenthalben aggressive und depressive Grundstimmungen. Und eben diese beeinträchtigen gravierend das Lebensgefühl, minimieren es auf Dauer und setzen oftmals schon bei geringfügigen Anlässen Demotivationsprozesse in Gang, die rasch eine innere Kündigung nach sich ziehen.

Trotz meiner nüchtern-pessimistischen Situationsbilanz unserer Zeit in ethischer Hinsicht teile ich nicht die gängigen Ressentiments und pauschalierenden Vorurteile gegenüber allen Verantwortungsträgern und speziell gegenüber Managern und Führungskräften, als seien sie insgesamt in toto und ausschließlich skrupellos, unsozial, gefühlskalt, unehrlich und unmoralisch, auf der mittleren Führungsebene zudem noch konfliktscheu und übertrieben harmoniesüchtig. Eine Managerbeurteilung in der Öffentlichkeit jedoch – aus der Sicht der Consultants – macht sehr nachdenklich, wenn man erfährt, Führungskräfte würden sich doch durch emotionale Härte, maßlosen Ehrgeiz und rücksichtsloses Machtstreben, das sie sprichwörtlich über Leichen gehen läßt, auszeichnen.

Wie dem auch sei, solange freilich der einzelne Führende und jeder in der Verantwortung Stehende nicht bereit ist, sittliche Werte und Normen, moralische Grundsätze und Überzeugungen in sein tagtägliches Agieren, Entscheiden und Verhalten einzubringen, solange er hinter dem Imperativ der »Goldenen Regel« stets und mit Vorsatz zurückbleibt, nämlich seine Mitarbeiter und Kollegen so zu behandeln, wie er selbst behandelt werden möchte, solange dies so ist, halte ich absolut nichts von noch so wohlklingenden Unternehmens- und Führungsgrundsätzen, die mitunter und eben dann nicht einmal das Papier wert sind, auf das sie gedruckt wurden.

Von ausnahmslos jedem muß sittliches Handeln eingefordert werden dürfen, und wer als Nur-Einzelner die Verantwortung für das Ganze spürt, der ist überfordert und muß sich hüten, daß er nicht größenwahnsinnig, depressiv oder zum Kohlhaas wird. Wenn und was global gilt, nämlich: »Mit der Rettung der Welt ist der einzelne überfordert«, dann trifft dies auch hier im beruflichen und wirtschaftlichen Leben zu, was bedeutet, daß ein jeder in seinem Umfeld gehalten ist, ein (Betriebs-)Klima zu schaffen, das von der gegenseitigen Achtung aller Beteiligten, von kritischem Zukunftsvertrauen und von globaler menschlicher Verantwortlichkeit geprägt ist, wobei äußerst wichtig ist, daß diese Werte von allen akzeptiert und getragen werden.

Wie eng gerade der Führungsprozeß mit der je eigenen (sittlichen) Persönlichkeit zusammenhängt, erhellt aus dem bereits zitierten Merksatz Baldur Kirchners[9], wonach, wer Menschen führen will, gelernt haben möge, sich selbst zu führen. Denn da bewußtes und unbewußtes Führen interaktiv Einfluß nimmt auf Individuen und Gruppen, muß – um nicht manipulativ die Freiheit des Menschen zu beeinträchtigen und seine Würde zu touchieren – ein sittliches Fundament in der Persönlichkeit des Führenden vorausgesetzt sein. Dies bedeutet – womit ich mich nunmehr doch schon detaillierter dem Komplex Ethik zu-

wende –, *daß wahre Führungsfähigkeit zwingend an sittliche Persönlichkeit gebunden ist.*[10]
Genau zu wissen, was Ethik ist und einfordert, und dieses Wissen um sittliches Wollen und Handeln zu internalisieren, das heißt handlungsleitend und eigentlich wesenhaft in die Persönlichkeit zu integrieren, ist nach meinem Verständnis ein unabdingbares Soll und Muß jeglichen Führungsgeschehens, so es ethisch verantwortet gehandhabt wird.

Was aber ist Ethik, seinem Begriff und seiner Wirklichkeit nach?

Der Frage muß behutsam und systematisierend nachgegangen werden, nicht zuletzt deshalb, weil gar soviel Unsinn darüber im Umlauf ist – der Trend zum Interdisziplinären läßt plötzlich Ingenieure und Ökonomen und Politiker zu Ethikern, sprich: Moralphilosophen, avancieren!

Notwendigkeit von und Unverzichtbarkeit auf Ethik

Auf das hinzuführen, was Ethik nun denn wirklich sei, ist schon deshalb schwierig, weil es *die* Ethik nicht gibt, es gibt vielmehr eine Vielzahl von (stark divergierenden) Entwürfen, eine große Differenzierung von Fragestellungen und Lösungsversuchen und eine Problemspezialisierung, die mit den unzähligen Schulrichtungen seit den Tagen der Sophisten und des Sokrates im Athen des 5. vorchristlichen Jahrhunderts bis heute zusammenhängt.
Verbrachte Sokrates sein ganzes Leben damit, die Leute auf dem Markt in Gespräche darüber zu verwickeln, was wohl Tugend, was das Gute und Schöne und was Gerechtigkeit sei, suchte er eine Moralität für den engeren häuslichen Umkreis einer grundsätzlich überschaubaren antiken Polis – erst seine Schüler Antisthenes und Diogenes von Sinope (jener Kauz, der in der Tonne hauste!) vertraten eine kosmopolitische Ethik der Brüderschaft aller Menschen und der Freundschaft aller Weisen (so die Philosophenschule der Stoa) –, war für ihn also eine ethica domestica »ausreichend«, so ist die Situation heute eine grundlegend andere: Der Glaube an die problemlösende Kraft des technischen Fortschritts ist ebenso erschüttert wie der Traum von der immerwährenden wirtschaftlichen Wachstumsprosperität ausgeträumt, und angesichts der daraus resultierenden und stetig zunehmenden Unsicherheiten wird der Ruf laut nach einer Weltethik (ethica mundana),

denn »noch nie zuvor war das Bedürfnis nach einer universalen, d. h. für die menschliche Gesellschaft insgesamt verbindlichen Ethik so dringend wie in unserem Zeitalter einer durch die technologischen Konsequenzen der Wissenschaft hergestellten planetarischen Einheitszivilisation«.[11]

Das Schicksal und das Überleben der Menschheit stehen auf dem Spiel, und die »Zukunftsverantwortung« der heute Lebenden erstreckt sich, so Apel, auf fernste Menschengenerationen. Die gesellschafts-, zivilisations- und (um)weltpolitische Konstellation, in die unsere so tüchtige moderne Welt geschlittert ist, verlangt eine neue Ethik und hat eine intensive Neubelebung des Interesses an Ethik bewirkt – einen wichtigen Entwurf hat zweifellos Hans Jonas eingebracht mit dem »Prinzip Verantwortung«, dem Versuch einer Ethik für die technologische Zivilisation.

Eine solche neue Ethik[12] ist in dem weitreichenden Sinne universell, daß sie sich verpflichtet weiß, eine sittlich-normative Verbindlichkeit für die ins Planetarische ausgeweitete Industriezivilisation und für die gesamte heutige Menschheit zu etablieren. Über die Ost-West- und die Nord-Süd-Polarität hinweg ist die Menschheit selbst Thema des ethischen Programms, aber auch die Beziehung der Menschheit zur Natur ist angesichts der ökologischen Gefahrensignale von einzigartiger ethischer Aktualität – »es geht nicht mehr um die Bedingungen ›guten Lebens‹, sondern um die des schlichten Überlebens«.[13]

Wiewohl meine ganze Sympathie dieser neuen planetar-ökonomischen Ethik gilt und wiewohl es triftige Gründe gibt für die ethische Wende, zumal sie nicht zuletzt eine Vertiefung der Problemsicht schafft, die Frage bleibt, welchen Zugang man wohl als einzelner und mit welcher Effizienz zu dieser ethischen Ebene haben kann. Ist es vielleicht nicht so, daß wir heute nicht einer neuen Ethik, sondern vielmehr einer neuen ethisch dimensionierten Politik bedürfen?! Jedenfalls mag das »Ethisch«-Werden des öffentlichen Bewußtseins in Richtung von Erhaltung von Leben, Natur und Welt nicht nur eine moralisch-normative Richtlinie evozieren, sondern sie der Politik und über sie der Wirtschaft als Handlungsmöglichkeit, an der verantwortlich nicht vorbeizugehen ist, nahelegen und ihnen unabdingbar verpflichtend aufdrängen.

Die Unversehrtheit der Idee des Menschen steht auf dem Spiel, und so variiert Jonas zu Recht den guten alten Kantschen kategorischen Imperativ: »Schließe in deine gegenwärtige Wahl die zukünftige Integrität des Menschen als Mit-Gegenstand deines Wollens ein.«[14]

W. Ch. Zimmerli[15] fügt vier wichtige Spezifikationen hinzu:

1. Unterlasse alles, von dem du aufgrund deiner Folgenabschätzung nicht sicher sein kannst, ob du die erwarteten Folgen wollen kannst oder nicht!
2. Unterlasse alles, von dem du aufgrund deiner Folgenabschätzung annehmen kannst, daß es zu einer Intensivierung des technologischen Fortschritts, des Wettrüstens o. ä. führen würde!
3. Unterlasse alles, was der Verantwortung zukünftigen Generationen gegenüber nicht entspricht!
4. Unterlasse alles, was deiner Verantwortung gegenüber der außermenschlichen Natur nicht entspricht!

Inwieweit freilich die Pflicht, das menschliche Leben auf unserem Planeten zu erhalten, sich auf die Rechte der kommenden Generationen gründen läßt, wird in Philosophenkreisen kontrovers diskutiert.[16] Man wird aber von einer Pflicht unmittelbar gegenüber dem Sittengesetz ausgehen dürfen, welches die Erhaltung von Wesen, die fähig sind, das Sittengesetz zu erfassen, kategorisch gebietet; wenn es so ist, daß die Hervorbringung von Vernunftwesen das Ziel der Natur darstellt, die erst und nur in ihr zu sich selbst kommt und darin kulminiert, dann kann es fürwahr nicht erlaubtes Ziel der menschlichen Geschichte sein, daß sich die Menschen selbst vernichten.

Einer Ethik der gemeinsamen solidarischen Verantwortung der Menschheit, einer globalen Ethik auch der Unversehrtheit der »Idee des Menschen«, einer solchen »Großraum-Ethik mit Hochdruck-Normativität«[17] mag wirklich in unserem eigensten Interesse, jedoch auch im Blick auf spätere Generationen Erfolg beschieden sein; aber es darf skeptisch bedacht werden, inwieweit die »Heuristik der Furcht«[18], die Hans Jonas als Hebel für eine moralische Mobilmachung der Menschen gegen heraufziehende Zukunftsgefahren vorschlägt, tatsächlich greift. Wenn schon die Tugend dem einzelnen nicht lehrbar ist, wie sollen dann solche großräumigen Ethos-Projekte weltweit wirksam werden? Nur auf den einzelnen, aber auf jeden einzelnen kommt es an, das heißt, vorrangig muß uns an einer je und je personalen Ethik gelegen sein, die weniger die Frage nach dem Gelingen menschlichen Lebens stellt als nach der Rechtfertigung unserer Handlungen, Entscheidungen oder Unterlassungen in der Kontrollinstanz unseres Gewissens.[19]

Schon über 2000 Jahre begleitet Ethik als philosophische Disziplin die Menschheit. Mit der Problematik, daß überall dort, wo überkommene

Lebensweisen und Institutionen ihre Selbstverständlichkeit verlieren, gültige und normativ-verbindliche Aussagen über das Gute und Gerechte und Wahre gemacht werden müssen, haben sich seit Sokrates, Platon und Aristoteles viele große Denker auseinandergesetzt. Den Alltag menschlichen Handelns hat dies jedoch ebensoviel oder ebensowenig verändert und geprägt wie die Bergpredigt Jesu, die Texte der christlichen Mystiker, Kants Grundlegung zur Metaphysik der Sitten oder dessen imperative und kategorisch-rigide Aussagen seiner Pflichtenlehre, der achtgliedrige Pfad des Buddha oder die vornehmlich an die Politiker gerichteten Gedanken Max Webers oder neuerlich die verantwortungsethischen Appelle an die ökologische Vernunft durch Hans Jonas.

Und dennoch wird man sagen müssen, daß wir nichtsdestotrotz in jeder Epoche der Menschheit und gerade heute gültige Verhaltensregeln brauchen, die menschliches Handeln und Nicht-Handeln, also intermissives Handeln als Unterlassen (!), dem zufälligen und willkürlichen Urteil der anderen entziehen. Solche Verhaltensregeln müssen Maßstäbe für das Handeln setzen, die auch unter ökonomischem und zeitlichem Druck Geltung behalten und die auch interkulturell verständlich und nachvollziehbar sind. Wenn es nicht gelingt, klar darzulegen, welche Normen im konkreten Falle zur Anwendung kommen müssen, besteht die Gefahr, daß Appelle an das Gute und Gerechte zu reinen Phrasen verkommen, denn dann kann jeder für sich beliebig festlegen, was darunter zu verstehen sei. Manch einer wird dann bei Werturteilen über Menschen und deren Leben nicht mehr zu differenzieren imstande sein, ob sie moralischer oder außermoralischer Natur sind.

Was damit gemeint ist, läßt sich rasch an dem Wörtchen »gut« demonstrieren.[20] Man kann beispielsweise Franz Beckenbauer als einen ehedem guten Fußballspieler bezeichnen, womit ein rein instrumentales Urteil gefällt wird, in dem ein Mensch auf eine ganz bestimmte Funktion hin – auch am je verschieden gearteten Arbeitsplatz – bewertet wird. Nicht anders wird man etwa ein gutes = scharfes Küchenmesser oder ein gutes = schnelles Rennpferd beurteilen. Wenn einer jedoch sagt, Franz Beckenbauer oder der oder jener in der Buchhaltung, in der Produktion, im Marketing oder im Vorstand sei ein guter Mensch, dann ist dies ein rein moralisches Urteil und läßt sich unschwer auf ein normatives Handlungsurteil zurückführen, etwa von der Art: »Er bemüht sich im allgemeinen, moralisch richtig zu handeln.«

Bereits an diesem simplen Beispiel ist zu ersehen, wie sorgfältig und bedacht man mit Urteilen und insbesondere mit qualifizierenden Adjektiven umgehen muß, und dies gerade mit dem oftmals völlig unreflektiert benützten Allerweltswort »gut«.

Eine weitere Überlegung macht Ethik unverzichtbar. Ich definiere menschliches Sein (mit Karl Jaspers) als ent-scheidendes Sein, und zwar in dem Sinne, daß der Mensch permanent und dies täglich und stündlich und sekündlich entscheiden muß, was er tut oder nicht tut, was er wird. Das menschliche Leben besteht insgesamt aus einer ununterbrochenen Abfolge von Entscheidungen, in denen wir zwischen verschiedenen Möglichkeiten des Verhaltens oder Handelns oder Unterlassens wählen. Dies ist ein unausweichliches Faktum der Condition humaine. Wir können wohl immer zwischen verschiedenen möglichen Handlungen oder Verhaltensweisen wählen, aber wir können nicht wählen, ob wir überhaupt wählen sollen. Unterläßt einer eine Handlung, auch dann hat er eine Entscheidung getroffen; glaubt da ein anderer, in einer bestimmten Angelegenheit keine Entscheidung zu fällen, dann hat er doch (wenigstens) die Entscheidung getroffen, eben in dieser Sache nichts zu unternehmen und den Dingen ihren Lauf zu lassen.

Die Frage muß nun sein, ob es jeweils in unser Belieben gestellt ist, wie wir uns entscheiden, oder ob es nicht doch objektive und allgemeingültige Gesichtspunkte (Normen, Werte, Ziele, Orientierungen etc.) gibt, die bei unseren Entscheidungen zu berücksichtigen sind. In einem noch recht *vorläufigen Verständnis* fragt die Ethik nach der richtigen Entscheidung oder dem richtigen Handeln beziehungsweise Unterlassen, und eine richtige Entscheidung ist eine Entscheidung, die gerechtfertigt oder verantwortet werden kann, wobei hier freilich noch offenbleibt, *vor* welcher »Instanz« diese Rechtfertigung oder Verantwortung stattfindet.

Diese »Offenheit« verwundert auch nicht, wenn wir Ethik legitimerweise einmal als *Motivationslehre menschlichen Handelns* fassen wollen[21], was von vorneherein eine Fülle von Varianten der Handlungsbegründung zuläßt. Denn mein Handeln kann sehr wohl begründet sein in einem religiös-transzendenten Seinszusammenhang als Gehorsam gegenüber den Weisungen und Geboten eines Gottes (Moraltheologie), es kann aber auch verstanden werden als Ausfluß der praktischen Vernunft, des sittlichen Gefühls, des freien Willens oder der Unterwerfung unter ein Reich der Werte – jedenfalls können berechtigterweise sowohl persönliche oder soziale als auch historische oder institutionelle Faktoren eine Rolle spielen bei der für mich gültigen und ausreichenden Begründung meines Handelns, und wer mag es wagen und sich erfrechen, einer der möglichen Begründungen den eindeutigen Vorzug als für mich verpflichtend zu geben oder meiner »richtigen« Entscheidung die »Richtigkeit« abzusprechen?!

Ein Pluralismus der Möglichkeiten richtigen Verhaltens muß schon angenommen werden dürfen, wenngleich hier ein gewisser ethischer Relativismus durchs Fenster schielt, der jedoch häufig – so in der neueren Existenzphilosophie – das Gewissen als das Entscheidungsorgan verstanden wissen will, das aber in diesem Verständnis im Gegensatz zu allgemeingültigen Normen oder ohne deren Berücksichtigung fungiert.

Ich werde auf Gewissensbildung und auf das Gewissen als eine Wertinstanz noch näher eingehen müssen[22], will jedoch schon hier einem absoluten Dezisionismus (= nur die Kategorie der Entscheidung als solcher ist ausschlaggebend) eine Absage erteilen ebenso wie einer *Situationsethik,* die generell die Bestimmung guten und richtigen Handelns beziehungsweise überhaupt des Guten ausschließlich von der jeweiligen Situation abhängig macht unter Leugnung allgemeingültiger Werte und Normen. Ich verkenne freilich nicht, daß der Mensch sich immer entscheiden muß, das heißt, daß »der handelnde Mensch nicht in der Zuschauerrolle des nur Betrachtenden verharren kann, sondern im Lebensvollzug wählen, entscheiden muß«[23] und »daß es Situationen gibt, in denen eine letzte Gewißheit über die Richtigkeit der ethischen Entscheidung nicht erreicht werden kann«[24], aber solche Situationen sind nicht der Normalfall, wenngleich auch nicht anzusiedeln in dem, was Karl Jaspers philosophisch mit »Grenzsituationen« umschreibt.

Die Rede vom »guten Leben«.
Ethik und Legalismus

Ehe ich eine Begriffsbestimmung von Ethik wagen kann, muß ich nochmals auf das Allerweltswort »gut« zurückkommen und kurz die *Redeweise vom »guten Leben«* untersuchen.

Man kann – im moralischen Sinne – vom guten Leben sprechen, das einer führt, oder – im außermoralischen Verständnis – jenes gute Leben meinen, das jemand hat oder genießt. Und wer ein gutes Leben führt, das heißt ein moralisch guter Mensch ist, muß nicht auch schon ein gutes Leben haben – und umgekehrt. Das außermoralisch gute Leben ist also keineswegs identisch mit einem Leben, das auf moralisch richtiges Leben ausgerichtet ist.

Noch schwieriger in der Differenzierung wird es, wenn es gilt, Kriterien festzulegen, wann ein Leben, das man führt, im moralischen Sinne als gut bezeichnet werden darf.

So machte Erich Fromm[25] das »Wohl des Menschen« zum einzigen Kriterium für ein ethisches Werturteil und definierte:»Gut ist, was für den Menschen gut ist, böse ist das, was ihm schadet.«

Für Albert Schweitzer[26] war das Wesen des Guten:»Leben erhalten, Leben fördern, Leben auf seinen höchsten Wert bringen. Das Wesen des Bösen ist«, sagte er,»Leben schädigen, Leben in seiner Entwicklung hemmen.« Gerade heute ist Schweitzer aktueller denn je, wenn für ihn Ethik dadurch entsteht,»daß ich die Weltbejahung, die mit der Lebensbejahung in meinem Willen zum Leben natürlich gegeben ist, zu Ende denke und zu verwirklichen versuche«.[27] So ist für ihn Ethik »die ins Grenzenlose erweiterte Verantwortung gegen alles, was lebt«[28] und »die Ehrfurcht vor dem Willen zum Leben in mir und außer mir«.[29]

Wir müssen die abstrakte Leerheit beziehungsweise die pluralistische Offenheit des Begriffes »gut« andernorts noch weiter thematisieren, auch in Richtung seiner Negation, die nicht bedenkenlos wahlweise ad libitum mit »schlecht« oder »böse« wiedergegeben werden kann. Eine nähere Differenzierung ist schon deshalb nötig, um die gängige Alternative als Illusion zu entlarven: Entweder ist eine Führungskraft oder ein Manager ein guter Manager, dann ist er ein schlechter Mensch, oder er ist ein guter Mensch, dann aber ein schlechter Manager.

Die bisherigen Ausführungen zum Komplex Ethik sollten generell sensibilisieren für die Problematik ethischer Frage- und Aufgabenstellung. Bevor wir intensiver darauf eingehen, darf vorab ein Zweifaches festgeschrieben werden:

1. Zumindest Teilziel einer jeden Ethik muß sein die »Hinführung zu der Einsicht, daß moralisches Handeln nicht etwas Beliebiges, Willkürliches ist, das man nach Gutdünken tun oder unterlassen kann, sondern [daß es] Ausdruck ist einer für das Sein als Mensch unverzichtbaren Qualität, nämlich der Humanität«.[30]

2. *Ethik* darf nicht mit *Legalität* verwechselt oder gar damit identifiziert werden. Bekanntermaßen geriert sich der Gesetzgeber als Treuhänder auch ethischer Werte, und rein definitorisch ist Recht der Inbegriff von normativen Verbindlichkeiten, die zu einer bestimmten Zeit und für eine konkrete politische Gemeinschaft gültig das Zusam-

menleben formell regeln. Wer etwas zu tun, zu lassen und zu fordern hat, dies regelt das Recht, und es enthält auch moralische Begriffe wie »Treu und Glauben«, »gute Sitten« oder »Arglist« – das Recht legt durch Gebote, Verbote und Verfahrensregeln den Bedingungsrahmen für das Zusammenleben in einer Gemeinschaft fest. Das ist durchaus gut so, zumal im Menschen ein elementares Bedürfnis steckt nach Ordnung, Sicherheit, Klarheit und Eindeutigkeit. Ubi non est ordo, ibi est confusio – wo es keine Ordnung gibt, da herrscht die Verwirrung, das Chaos. Man wird daher sagen dürfen, daß gesetzliche Bestimmungen für den Menschen Entlastung bedeuten, ihn vielfach von der Schwierigkeit und Plage immer neuer Entscheidungsfindungen oder Entscheidungszumutungen befreien.

Freilich reduziert sich hier die individuelle Gewissenskompetenz, indem man sich ausschließlich auf das vom Gesetz Geforderte einläßt, was unschwer zu permanenter Rechtfertigung und Entschuldung führen kann, also freie Übernahme für Handeln und Unterlassen ausläßt. Andererseits regelt das Recht Allgemeines und kann daher weder individuelle noch situative Ansprüche berücksichtigen.

Mag auch der Gesetzgeber – und dies erhellt deutlich aus der Lektüre der Eingangsparagraphen unseres Grundgesetzes – zum Treuhänder ethischer Werte wie beispielsweise Würde, Leben, Recht, Freiheit und Religionsausübung u. ä. avancieren, in vielen konkreten Fällen wird gelten müssen: Nicht alles, was legal ist, ist auch legitim im Sinne von sittlich verantwortbar.

Das Recht, dies mag als Regel so gesagt werden dürfen, das Recht stellt lediglich das ethische Minimum dar und kann für die Umsetzung der Vielfalt ethischen Verhaltens nicht hinreichend sein. Andererseits verrät das Sich-Einlassen auf eine *Gesetzesethik*[31], auf einen puren *Legalismus,* eine Persönlichkeitsstruktur, die die Tiefenpsychologie beim rein Zwanghaften, bei der Neurose ansiedelt. Solche Menschen mißtrauen einerseits ihrer eigenen Entscheidungskraft, entbehren normaler Risikobereitschaft aufgrund eines überdimensionierten Sicherungsbedürfnisses, andererseits neigen sie gefährlich zu Härte und Fanatismus, zu Gewissens- und Skrupellosigkeit (»Wie das Gesetz es befahl!«) und verzementieren sich die Chance, sich bewußt und verantwortet zu einer reifen Persönlichkeit zu entwickeln.

Ethik als Lehre vom Ethos. Begriffsbestimmung

Eine *Begriffsbestimmung von Ethik* ist heute angesichts einer Schwemme von ethischen Einzeldisziplinen und Etikettierungen wie Werteethik, Güterethik, Zweckethik, Gesinnungsethik, Verantwortungsethik, Normenethik, Konsens- und Kommunikationsethik nicht gerade einfach, sie wird aber von dem aus dem Griechischen stammenden und erstmals bei Aristoteles definierten Wort *éthos* ausgehen müssen, und das bedeutet zunächst die *geltende Lebensordnung* oder die *herrschende Sitte innerhalb einer menschlichen Gruppe.*

Wenn nun Aristoteles in seiner Schrift der »Nikomachischen Ethik« zwischen drei Arten von Tugenden unterscheidet, nämlich den Verstandestugenden, die aus der Belehrung erwachsen, und den ethischen Tugenden, die sich aus der Gewohnheit ergeben, dann verwendet er zwei Begriffe, die sich im Griechischen nur durch einen Buchstaben unterscheiden, aber sachverwandt sind, nämlich das bereits erwähnte éthos und nunmehr das *äthos:* Hiermit, also mit dem Gehäuse, dem Gehege, der Wohnung, dem Aufenthalt oder dem bewohnten Ort des Lebens (= äthos) hängt eng zusammen die Sitte, der Brauch, das Herkommen (= éthos). Sieht man nun beide Wortwurzeln zusammen als eine Sinneinheit, dann ergibt sich, daß das »Ethos die Situation des Menschen meint, der im herkömmlichen Brauchtum seinen Standort im Dasein hat, seine Bestimmung durch das Gewohnte, Althergebrachte, die Sitte. Indem der Mensch sich in sie einstellt und sie übt, wird er im Sein heimisch«[32], das heißt: »Menschliche Geschichtlichkeit verwirklicht sich in der Einhausung in der geschichtlichen Sitte. Sitte und Sittlichkeit haben also von der Wortwurzel her ursprünglich miteinander zu tun ... [und] verweisen sowohl auf die Geschichtlichkeit wie auch auf die Sozialität, worin sich Menschsein ereignet.«[33]

Ethos läßt sich demnach umfassend definieren als *das sittengemäße Verhalten, das sich nach dem richtet, was im eigenen Wohn- und Lebensbereich durch Gewohnheit, Tradition und Konvention zur Norm oder zum Gesetz geworden ist.*

Dem Begriff »éthos/äthos« entspricht im Lateinischen das Wort *mos,* im Plural: *mores,* was ebenfalls Sitte bedeutet, Herkommen, Gewohnheit, Gebrauch, Mode, ferner auch: Betragen, Benehmen, Lebensart, Lebenswandel, Temperament, Charakter, weiterhin auch: Gesetz, Vorschrift und Regel. Die aus dieser Begriffsaufreihung sich zeigende Bedeutungsähnlichkeit, gar Bedeutungsidentität mit »éthos/äthos« ist unbestritten, weshalb in einer vorwissenschaftlichen Interpretation zunächst kein Unterschied zwischen Moral und Ethos und Sittlichkeit gemacht zu werden braucht – insofern haben wir bislang moralisch/sittlich/ethisch als austauschbare Synonyma verwendet, und man kann den Inhalt der Ethosdefinition auch als *gängige Moral* festschreiben, als die Gesamtheit der moralischen Werturteile, Ideale, Tugenden und Institutionen.

Wichtig ist indes, deutlich eine Unterscheidung zwischen Ethos und Ethik vorzunehmen.

Als philosophische Disziplin geht *Ethik* als die *Lehre vom Ethos* auf Aristoteles zurück, der jedoch durchaus auf ältere Ansätze zurückgreift, so auf die aufklärerischen und querulantischen Sophisten im 5. Jahrhundert v. Chr. in Griechenland, auf Sokrates und Platon. Schon die Sophisten kritisierten und stellten provokant in Frage den ganzen »Wust« der konventionellen Moral (das Ethos) und der traditionsgeheiligten Gesellschaftsordnung, indem sie sich auf das von Natur aus Richtige beriefen, also eine Unterscheidung vornahmen zwischen einem Ordnungsgefüge, das nur auf menschliche Setzung oder Konvention zurückgeht und auf Gesetzen beruht, und einer Ordnung, die von Natur aus richtig oder gerecht ist.

Der eigentliche Begründer freilich einer Moralphilosophie oder Ethik ist Sokrates, von dem wir jedoch (leider) kein einziges geschriebenes Wort haben und der aller Wahrscheinlichkeit nach auch niemals selbst geschrieben hat. Und doch war seine Wirkung enorm, wenn wir die Berichte über ihn bei Platon, Xenophon, Aristophanes und Aristoteles analysieren.

Karl Jaspers hat den Begriff der Achsenzeit in die Philosophiegeschichte eingebracht und bezeichnet damit die Zeitspanne von 800 bis 300 v. Chr., eine Phase, in der rudimentäre Philosophie neben Religion und Poesie und Magie und Mythologie steht[34], in der jedoch die Menschheit bereits aufhört, nur noch überkommenen Institutionen zu folgen und tradierte und angelernte Sitten und Gebräuche zu realisieren. Die Konventionen und Autoritäten werden kritisch geprüft, man befolgt nicht mehr blindlings das Ethos als die etablierten Verhaltensregeln, sondern fragt nach den Gründen für und nach der Rechtfertigbarkeit dieser Regeln. Hinsichtlich unserer Unterscheidung zwischen Ethos und Ethik können wir nunmehr sagen:

Dort, wo überkommene Lebensweisen und Institutionen ihre selbstverständliche Geltung verlieren, versucht die philosophische Ethik =

108

Praktische Philosophie oder Moralphilosophie, von der Idee eines sinnvollen menschlichen Lebens geleitet, auf methodischem Wege allgemeingültige Aussagen über das gute und gerechte Handeln zu machen. Ethik will also Ethos nicht einfach ersetzen, sondern es prüfen und begründen – allerdings eliminiert sie ein Ethos als bloße Institutionenmoral, die blind und stur und fanatisch dem folgt, was »man« eben tut oder erwartet.

Eines ist Ethik nicht, nämlich Wegweisung durch die Autorität eines erleuchteten Lehrers.[35] Buddha war ein solcher Wegweiser, Konfuzius auch, nicht minder Moses und Mohammed und nicht zuletzt der, der sich selbst »Weg« nannte, Jesus Christus. All diese Lehrer haben nicht rationalisiert und argumentiert, sondern einen Weg aufgezeigt und eine Jüngerschaft auf diesem Weg gesammelt. Das Kriterium der Wahrheit der Wegweisung war nicht ein theoretisches, nicht ein rational-kritisches Kalkül, sondern ein praktisches: das Gelingen des Lebens desjenigen, der der Weisung folgt. So sagt Jesus: »Wenn ihr tut, was ich euch sage, dann werdet ihr erkennen, daß ich die Wahrheit rede.«

Philosophische Ethik ist etwas anderes, und an ihrem Anfang, wie wir bereits gesagt haben, steht eigentlich die Gestalt des Sokrates, der im Unterschied zu allen Moralisten aller Zeiten niemandem sagt, was er tun oder lassen solle, sondern der die Leute in Diskussionen über ihre hergebrachten moralischen Ansichten verwickelt und das Wahre herausfinden will. Und seither haben die Philosophen jeglicher Couleur und Epoche versucht, ein kontinuierliches, kritisches und nachdenkliches Gespräch über vorgefundene Meinungen zu menschlichem Handeln, zu Verantwortung und Gewissen, zu Freiheit und Sittlichkeit, zu Gerechtigkeit und Humanität in Gang zu bringen, und eben dieses Gespräch ist es eigentlich, was wir Philosophie oder speziell philosophische Ethik nennen.

Wir können uns dem Problemkomplex auch nähern über die *Grundfrage der Ethik,* die nach Kant lautet: *Was sollen wir tun?*

Wenn es bei Ethik, wie wir bisher sehen konnten, um das menschliche Tun geht, dann können wir bereits hier eine vorläufige Definition wagen, nämlich: *Ethik ist eine Lehre vom menschlichen Handeln.* Um menschliches Tun und Wollen und Unterlassen geht es also, aber *insofern es weder zwangsläufig noch beliebig geschieht, sondern durch ein Sollen gekennzeichnet ist,* das dem menschlichen Tun zwar die Freiheit beläßt, aber die Beliebigkeit nimmt und es dadurch zur Verpflichtung kommen läßt. Die Ethik fragt allerdings nicht nur nach dem gesollten und verpflichtenden Tun, Wollen und Verhalten so ganz im allgemeinen, vielmehr fragt sie im besonderen danach, was jeweils im einzelnen getan und unterlassen werden soll und darf.

In einer etwas umgreifenderen Definition können wir jetzt Ethik fassen als das *kritische Nachdenken über das Ethos* und damit die *theoretische Reflexion der sittengemäßen Praxis*. Sie befaßt sich, um die Definition zu verdeutlichen, mit dem menschlichen Handeln unter dem Sinn und Anspruch, uns zu zeigen, wie *wir selbst* handeln sollen, nicht einfach, wie Menschen im allgemeinen handeln oder gehandelt haben (deskriptive Ethik im Unterschied zur normativen!). Hier sieht man unschwer, daß exakt an diesem Punkt die Trennlinie verläuft zwischen Ethik (im normativen Sinne) einerseits und Soziologie, Ethologie, Psychologie und Geschichtswissenschaft andererseits.

Ein paar Bemerkungen müssen an dieser Stelle noch nachgereicht werden zum *Gegenstand der Ethik*.

Gegenstand der Ethik: der Mensch. Vom gelingenden Leben

Die Ethik *hat* nicht nur einen Gegenstand, der zu ihr gehört und mit dem sie sich befaßt, sie *dient* vielmehr selbst wiederum gerade diesem Gegenstand, nämlich dem Menschen, also letztlich uns selbst.

Man wird kaum ernsthaft bestreiten wollen, daß überall auf der Welt und in allen Kulturen seit jeher Mut und Großzügigkeit, Gerechtigkeit, Wahrheit und Dankbarkeit, Aufrichtigkeit und Güte mehr oder minder ausschließlich Zustimmung und Bewunderung erweckten und noch erwecken – so fundamental divergierend sind also die Sitten und Traditionen gar nicht, und wenn die Ethik solche Werte zu begründen sucht und reflektiert und handlungsleitend normiert, dann kommt dies letztlich und zweifellos dem Menschen zugute.

Es ist weiterhin wohl unbestritten, daß ebenso ubiquitär Verrat und Mord, Feigheit und Tücke, sexuelle Zügellosigkeit und Willkürherrschaft, Grausamkeit und Geiz als verächtlich und böse betrachtet wurden und immer noch werden. Wenn Ethik dem Leben zu dienen hat (vielleicht nicht unbedingt in der Rigorosität und Ausschließlichkeit eines Albert Schweitzer) und wenn sie bei dieser Aufgabenstellung die Unterlassung solcher Handlungen und Verhaltensweisen fordert und solches Tun ahndet, verurteilt und als unmoralisch deklariert, dann ist auch dies im Dienste und zum Nutzen des Menschen in seiner sozial-interaktiven Dimension.

Die Art und Weise, wie Aristoteles nach dem sittlichen Handeln fragt, ist nicht nur für die gesamte antike Ethik typisch, sie ist auch für uns noch grundlegend: Worum es uns in der Ethik bei allen praxisorientierten Fragen nach dem Menschsein und nach uns selbst letztlich geht, ist doch dies, nämlich ein gutes und glückliches, ein gelungenes Leben. Die *Frage nach dem Gelingen menschlichen Lebens* ist die Frage nach der *eudaimonia,* wobei freilich diese Aristotelische »eudaimonia« – in der Regel und mißverständlich verkürzt mit »Glück« übersetzt – nicht einen bloßen Bewußtseinszustand meint, beispielsweise dahingehend, daß jemand sein Glück darin sieht, andere Menschen zu quälen oder »Mikropolitik« im Unternehmen zu seinem erklärten Hobby machen zu müssen.

Glück, Gutes, (dem Menschen) Zuträgliches sind objektive Größen, über die eben die Erforschung des Gegenstandes der Ethik die richtige Erkenntnis bringen muß – und ich sagte bereits, der Gegenstand der Ethik sei der Mensch. Dann heißt das in diesem Zusammenhang: *Ein wahrhaft glückliches Leben* muß dort gegeben sein, *wo Menschsein vollkommen verwirklicht wird.*[36]

Es ist die These der Philosophen Spinoza, Scheler und Wittgenstein, daß Gutsein und Glücklichsein identisch sind, daß nur der Glückliche gut sein kann, weil es ohne Sinnerfahrung kein Gutsein gibt. Sinnerfahrung aber heißt Glück.

Man sieht also, die Frage nach dem Glücken, nach dem Gelingen menschlichen Daseins ist von der ethischen Frage nicht zu trennen, weil der Mensch über sein faktisches So-Sein hinaus sich selbst aufgegeben ist, das heißt, er muß sein Leben führen, er muß sich entwerfen, auf eine Stimmigkeit hin, die in einem ganzen Ensemble sittlicher Werte gründet.

Ich habe nicht wenig Sympathie für eine auf vorgenannten Kriterien basierende *eudämonistische Ethik*[37], und ich will diese Haltung, weil es um eine lebbare Ethik geht, noch verdeutlichen:

Ethik – so ist bislang deutlich geworden – hat es mit dem Verhalten des Menschen zu tun, sofern dieses ein werthaltiges Verhalten ist, worin Ethik sich von Psychologie, Soziologie und Ethologie unterscheidet (Stichwort: deskriptiv!), deren Aufgabe es u. a. ist, die menschlichen Handlungsweisen zu erfassen und empirisch zu untersuchen mit dem Ziel, sie zu einer empirisch orientierten Analyse menschlichen Verhaltens zusammenzufügen.

Der Mensch als Entwurf – das ist aus der Existenzphilosophie, vornehmlich aus der Denkwerkstatt von Sartre, bekannt, weshalb nun folgender Gedankengang durchaus nachvollziehbar sein dürfte: Menschliches Verhalten strebt ein Gut an, das nicht identisch ist mit dem gegebenen Zustand der Existenz, sondern als objektives Ziel vor dieser steht und ihr aufgegeben ist (»Werde, der du bist«).

Wenn ich dieses Verhalten mit dieser Zielorientierung als Wesensvollendung bezeichne, dann läßt sich sagen: Aus dem Heideggerschen Geworfensein als dem bloßen Vorhandensein in der Welt soll ein geglücktes, ein gelungenes Dasein werden. Für den Begriff des Glücks und des Gelingens menschlichen Seins haben wir vorher den griechischen Terminus der »eudaimonia« kennengelernt, welcher sich durch die ganze Philosophie- und auch Theologiegeschichte des Abendlandes zieht:

Die Verähnlichung mit Gott – darin kulminiert bei Platon und in den platonischen Schulen die Wesensvollendung des Menschen und damit sein höchstes Glück.

Die höchste Annäherung an die göttliche Glückseligkeit erreicht bei Aristoteles der Mensch in der intellektuellen Anschauung, im reinen Erkennen.

Die Stoa radikalisiert den Gedanken der Autarkie, der Selbstbehauptung, und läßt den Weisen deshalb immer glücklich sein, weil er – frei von Leidenschaften – sich selbst genügt und weil alle irdischen Güter, die ihm das Fatum oder Fortuna gibt oder auch nimmt, ihm völlig gleichgültig sind. Seneca sagt einmal, daß nicht einmal die Götter dem etwas anhaben können, der von vorneherein all dem, was so und nicht anders sein kann, als es ist, zustimmt. Also Einstimmung in die Schicksalsfügung und die dadurch erreichte innere Ruhe und Freiheit von allen Unbilden des Lebens, das wäre Glück im stoischen Verständnis. Hier geht es nicht um Erfüllung, sondern um Zufriedenheit auch ohne Erfüllung.

Gerade dieses Moment der Erfüllung ist jedoch radikalisiert in der Idee der christlichen Seligkeit: »Kein Auge hat es gesehen, kein Ohr hat es gehört, in keines Menschen Herz ist es gedrungen, was Gott denen bereitet hat, die ihn lieben.« Autarkie-Ideal kontra Erfüllungsideal, oder anders gesagt: Glück oder Seligkeit im Sinne der Erfüllung ist christlicherseits gerade nicht die Selbstbehauptung (autarkia), sondern Selbstvergessenheit, Liebe: »Wenn ich meinen Leib zum Verbrennen hingäbe, hätte aber die Liebe nicht, so nützte dies mir gar nichts«, so

Paulus.[38] Der Glücksgedanke wird auch sonst im Neuen Testament greifbar, so in der Glückszusage der Seligpreisungen Mt. 5, 3–12 und im Zusammenhang mit dem Anbruch des künftigen Heils, das heißt mit dem Reich Gottes als dem Zustand des vollendeten Glücks. Der Gedanke der »eudaimonia«, latinisiert: »beatitudo«, wird weitergesponnen bei Augustinus und Thomas von Aquin bis Spinoza und Schopenhauer, begegnet auch bei Friedrich Schiller als Harmonie-Ideal und ästhetische Erziehung des Menschengeschlechts und bei Goethes »tiefem und ruhigem Anschauen der Natur« und erfährt dann seit der Aufklärung einen Abbau der Verjenseitigung und verbindet sich mit der wachsenden Gewißheit, der Mensch müsse sein Dasein selbst und hier und jetzt zu einem geglückten Dasein gestalten, wobei auch Bedingungen dieses Glücks genannt werden, nämlich Zufriedenheit, Selbstgenügsamkeit, Bewußtsein erfüllter Pflicht, Zuversicht und Lebensfreude.

Bei Leibniz kommt dann noch das Moment der Sozialisierung hinzu, woraus sich dann über die englischen Ethiker Bentham (1748–1832) und Mill (1806–1873) das herauskristallisiert, was wir *Sozialeudämonismus* nennen mit der klassisch gewordenen Formel: *»Es ist oberstes Ziel des sittlichen Menschen, das größte Glück der größten Zahl zu befördern (the greatest happiness of the greatest number).«* Die Grundsätze des Sozialeudämonismus sind zur den modernen Wohlfahrtsstaat tragenden Ideologie geworden.

Eudämonismus im dargelegten Verständnis grenzt sich selbstredend ab vom *Hedonismus,* wonach Glück (negativ:) in der Vermeidung von Unlust und Schmerz beziehungsweise (positiv:) in möglichst großem Lustgewinn besteht.

Eine Abgrenzung scheint uns auch angebracht zu sein gegenüber dem *Utilitarismus,* dem zufolge das Ziel menschlichen Handelns im Nutzen und Vorteil des einzelnen liegt oder im Gesamtwohl der Gesellschaft (beim sozialen Utilitarismus). Diese Ethik, die als Kriterium der sittlichen Verbindlichkeit das Nützlichkeitsprinzip formuliert, hat sehr stark auf die Wirtschaftslehre eingewirkt (bis heute) und lugt fast überall da hervor, wo von Wirtschaftstheoretikern der Versuch unternommen wird, in Systemen von Wirtschafts- und Unternehmensethiken unter dem »Dachverband Wirtschaft und Ethik« die Bedeutung oder die Notwendigkeit oder den Unfug ethischer Reflexionen im wirtschaftlichen Entscheidungsprozeß zu thematisieren – ich komme andernorts darauf zurück und will an dieser Stelle den utilitaristischen

Standpunkt mit einem Zitat verdeutlichen: Unter Nützlichkeitsprinzip ist »jenes Prinzip zu verstehen, das schlechthin jede Handlung in dem Maße billigt oder mißbilligt, wie ihr die Tendenz innezuwohnen scheint, das Glück der Gruppe, deren Interesse in Frage steht, zu vermehren oder zu vermindern, oder – das gleiche mit anderen Worten gesagt – dieses Glück zu befördern oder zu verhindern« (Bentham).

Jedenfalls, um wieder auf den Gegenstand der Ethik (den Menschen!) zurückzukommen: Der Eudämonismus nimmt den Menschen sehr ernst, insofern es um erfülltes Dasein geht, das Lust nicht ausschließt, aber auch nicht moralische Imperative, zumal das Individuum wesensgemäß immer schon seine Grenzen erfährt in der Sozialität, in seiner Einbindung in die Gemeinschaft. Genau dies ist wichtig zu beachten, nämlich daß es ein Verhältnis von Glück und Verantwortung gibt insofern, als ein Außenaspekt des Glücks wohl darin liegt, daß unser Glücksstreben oftmals auch Folgen für die anderen hat, welches Glück auch immer wir meinen. Der römische Gelehrte und Dichter M. Terentius Varro zählt bereits im 1. vorchristlichen Jahrhundert 288 Ansichten oder philosophische Theorien auf, worin das Glück wohl bestünde. Jedenfalls muß sich einem jeden die Frage stellen, ob und inwieweit es sinnvoll ist und verantwortbar, um den Preis des Unglücks anderer ein »glückliches« Leben zu führen oder führen zu wollen. Andererseits – im Blick auf das oben zur global-planetarischen Ethik Gesagte – wird sich heute ein Glücksstreben genötigt sehen müssen, stets »von den Grenzen des Planeten her zu denken«[39] unter Ausschluß einer weiterhin verantwortungslosen Plünderung der Erde. Nicht nur hinsichtlich des Strebens nach Glück oder nach einem guten Leben wird man nicht vergessen dürfen, daß zum menschlichen Leben nicht allein seine Erhaltung gehört, sondern wesentlich das Streben danach zu ermöglichen, daß das wahrhaft Menschliche im Leben verwirklicht werde.
Bei unserem Ausflug in die Gefilde von Glück und »eudaimonia« mochte durchaus herauszuhören sein, daß Ethik zwar nicht beanspruchen kann, jeden Einzelfall für gelingendes Leben exakt lösen zu können, aber Ethik ist doch nur sinnvoll, wenn es objektive Ansprüche an den Handelnden gibt, über die man sich rational verständigen kann. Darauf ist noch zurückzukommen; im Augenblick gilt es, ehe eine gültigere Definition von Ethik möglich ist, noch einzugehen auf die *Aufgaben der Ethik*.

Die Aufgaben der Ethik – kritische, konstruktive, kreativ-prospektive Lehre vom Ethos

Die Ethik hat zunächst die Aufgabe, *kritische Lehre des Ethos* zu sein, und sie hat – wie bereits oben erwähnt – eigentlich damit begonnen, daß Sokrates die Sitten und Gebräuche, die Ideologien und Konventionen, die Zwänge und Konformismen, hiermit also das Ethos der athenischen Polis und seiner Zeitgenossen im 5. vorchristlichen Jahrhundert methodisch und gezielt und überdies unnachgiebig in Frage stellte.

Der Lehrer Platons[40] verbrachte sein ganzes Leben damit, auf dem Markt (Agora) zu Athen die Leute in Gespräche darüber zu verwickeln, was wohl die Tugend, die Tapferkeit und Gerechtigkeit, was das Gute und Schöne und Rechtschaffene seien. Wiewohl er im einzelnen Recht und Gesetze scharf kritisierte, so zeigt allein schon der Umstand, die ihm nach der Verurteilung zum Tod durch den Schierlingsbecher angebotene Fluchtchance ausgeschlagen zu haben, daß er generell die Rechtsordnung der Polis auch im moralischen Sinne als unbedingt verbindlich ansah. Mit der Berufung auf eine quasi göttliche innere Stimme – er nannte sie »daimónion« – hatte er vor Gericht erklärt, er würde eher sterben, als das öffentliche Philosophieren, also sein impertinentes Fragen und Infragestellen, einzustellen, denn in dieser Sache müsse er dem »Gotte« mehr gehorchen als den Menschen. Hier hat Sokrates ein Prinzip der Moral eingeführt, das über alle konventionellen Bräuche, Sitten und Festsetzungen hinausreicht und absoluten Gehorsam einfordert, nämlich die *Instanz des persönlichen Gewissens.*

Indem sich Sokrates auf die Stimme des »daimónion« berief, hat er den Gedanken der Autonomie des Gewissens (wohl nicht expressis verbis formuliert, jedoch) in der Tat voweggenommen – gegenüber allen äußeren Autoritäten fungierte diese Stimme für ihn als letzte Entscheidungsinstanz. Wir müssen uns andernorts[41] noch intensiver mit dem Gewissen als der letzten moralischen Instanz im Individuum auseinandersetzen, hier an dieser Stelle scheint mir jedoch, gerade mit nochmaligem Verweis auf die »göttliche« innere Stimme, als sehr bedeutsam festgehalten werden zu müssen, daß das Gewissen nur Urteile in der ersten Person fällen kann, sich also nur und ausschließlich auf meine eigenen Handlungen und Unterlassungen bezieht und nur mir allein sagt, was ich tun soll, und nur für mich beurteilt, was ich getan habe – es ist die praktische Vernunft, insofern es für meine eigenen Taten und Untaten zuständig ist und als *mein* Gewissen nicht darüber urteilen kann, was ein anderer tun soll.

Sokrates hat auch den kritischen Dialog eingeführt als Überprüfung und Rechtfertigung aller uns überkommenen Normen durch rationale Argumente – selbst die erklärten Vertreter der Diskurs- und Konsensethik räumen ein, daß diese »Stechfliege« aus Athen »zumindest Elemente einer Ethik der kommunikativen Konsensbildung über Normen vorweggenommen hat«.[42] Sokrates »praktizierte« als intellektueller Geburtshelfer, was heißt: Er, der (nur) zu wissen vorgab, daß er nichts wisse, befruchtete und befrachtete seine Gesprächspartner nicht mit lehrstoffartigem Wissen, vielmehr setzte er bei ihnen ein Wissen, wenn auch im embryonalen Zustand, bereits voraus und – damit es aus ihnen heraus- und ihnen zum Bewußtsein kam – setzte so lange die Zange seiner penetranten Fragerei an, bis es heraus war.

Er war ein Sonderling fürwahr, aber er schlug zu seiner Zeit alle und alles in Bann, was mit ihm zu tun bekam, und im Grunde geht von ihm bis heute eine Wirkung aus, die man ähnlich vielleicht nur noch *Jesus von Nazareth* zuschreiben möchte, den man gewissermaßen durchaus in die Reihe der »Sokratesse« stellen kann, wenn auch er als Sozialrevolutionär (jenseits des Christus des Dogmas!) das herrschende Ethos seiner jüdischen Umwelt geißelte und in Frage stellte. Der beweisenden Zitate gäbe es viele, nur eines sei angeführt: »Ihr habt gehört, daß gesagt wurde: Du sollst deinen Nächsten lieben und deinen Feind hassen. Ich aber sage euch: Liebet eure Feinde, tut Gutes denen, die euch hassen, und betet für die, die euch verfolgen und verleumden.« (Mt 5, 43) Allerdings vernehmen wir mit Erstaunen bereits im Platonischen Dialog Kriton, daß Sokrates die moralische Norm vertreten habe, anderen niemals Übel zuzufügen, ja sogar eher Unrecht zu erdulden, als Unrecht zu tun …

Ethik ist freilich nicht nur kritische Lehre des Ethos, ihr zweiter Aufgabenbereich ist, auch eine *konstruktive Lehre des Ethos* zu sein, denn sie darf sich nicht in der reinen Kritik erschöpfen und den Menschen desillusioniert und vielleicht haltlos im Regen stehen lassen, sie muß und will vielmehr Wege aufzuzeigen imstande sein, wie man das herrschende Ethos ändern und verbessern könne. Man könnte mit anderen Worten auch so sagen: Die Kritik der Ethik oder die Kritik am Ethos hat eine konstruktive Kritik zu sein!

Und eben deshalb bemühen sich die Philosophen heute, beispielsweise in enger Zusammenarbeit mit den Sozialwissenschaftlern, intensiv darum, den vielzitierten *Wertewandel* oder *Werteschwund* aufzuhalten oder wenigstens aufzufangen durch glaubhafte, sinnvoll lebbare Alternativen – dahin geht auch mein eigenes Bemühen in Seminaren und Kolloquien über die Sinnfrage des Menschen, indem ich den Wertewandlungsschub interpretiere als einen Ruck von den allseits bekannten Pflicht- und Akzeptanzwerten zu den sogenannten Selbstentfaltungswerten, also deutlich in Richtung Individualismus.

Auf der einen Seite haben wir die – auch im Unternehmen und auf jeder Führungsebene nicht mehr heimischen – Werte oder Tugenden wie Treue, Fleiß und Bescheidenheit, Pünktlichkeit, Disziplin, Pflichterfüllung und Ordnung, Enthaltsamkeit, Sparsamkeit und Demut, Ehrsamkeit und Wahrhaftigkeit, Liebenswürdigkeit, Friedfertigkeit und Verläßlichkeit, Aufrichtigkeit, Folgsamkeit und Ehrfurcht; ihnen allen ist gemeinsam eine zentrifugale Bewegung weg vom Ego, weg von Ich und Selbst und hin auf etwas (anderes) oder jemand (anderen). Wenn man diese Werte – manch einem mag die Aufreihung wie eine Kette von Fremdwörtern erscheinen – auf sich wirken läßt und ihren sittlichen Anforderungscharakter ernst zu nehmen bereit ist, versteht man, daß alle Ethik letztlich auf Selbstdisziplin, und damit dem Gegenzug gegen den Egoismus in mir selbst, beruht.

Auf der anderen Seite finden wir Emanzipation, Gleichheitsdenken, Autonomiestreben, Genuß und Spannung, Abwechslung, Ausleben emotionaler Bedürfnisse und Selbstverwirklichung(stendenzen oder Selbstverwirklichungswahn), Recht auf Spontaneität, Ungebundenheit und Eigenständigkeit. Wenn man nun beide Gruppen miteinander vergleicht, dann fällt schnell und unschwer auf, daß letztere kein Tugend- oder Wert(e)katalog ist – nichts also, was da einem Menschen abverlangt wird, sondern daß sie ein Forderungskatalog an die Umwelt und Mitwelt ist, von der ein Mensch etwas für sich verlangt. So gesehen, wandelt demnach – in meinem Verständnis – der Wertewandlungsschub Ansprüche an das Selbst um in Ansprüche an die an anderen.

Solche Zusammenhänge klarzumachen, das ist auch Kritik am Ethos, und konstruktiv ist sie, wenn ich versuche, den Menschen wieder zur Einsicht zu bringen, daß zum Wesen des Menschseins unabdingbar gehört die Selbsttranszendenz[43] als die Fähigkeit, über sich selbst hinauslangen zu können auf etwas oder jemanden, das oder der nicht wiederum man selbst ist und auf einen jeden wartet. Im Berufsleben wäre

dies beispielsweise die Aufgabenorientierung abseits extremer und ausschließlicher Machtmaximierung und Karrieresucht.
Ethik will und muß konstruktive Lehre des Ethos sein. Darum geht es nicht zuletzt auch einer ökologisch orientierten Umweltethik, die u. a. wegführen will von einer rein utilitaristischen und marxistischen, freilich auch – nicht zuletzt zutiefst – christlichen, jedoch äußerst zerstörerischen Naturbeherrschungsideologie hin zu einer Respektierung der außermenschlichen Natur als eines Wesens eigenen Rechts und hin nicht zuletzt zu einer Wiedergewinnung »religiöser« Haltungen und Verhaltensweisen gegenüber dem Naturgeschehen – aus Ehrfurcht und Dankbarkeit.

Das anthropozentrische Weltbild – eine Ideologie, die sich aus griechisch-römischem Erbe der Mißachtung der Natur speist, die im jüdischen Denken gleichsam göttlichen Ursprungs ist mit dem Jahwe-Gebot, sich die Erde untertan zu machen, und die im christlichen Denken voll übernommen und durch die Menschwerdung Christi geradezu radikalisiert wurde –, dieses Weltbild, dem zugrunde liegt, daß nur die »Krone der Schöpfung«, der Mensch, sich selbst krönt, und das nicht fragt, ob nicht denn auch die natürliche Mitwelt um ihrer selbst willen als krönenswert erachtet werden müsse, ist falsch – so lapidar muß das gesagt werden dürfen – und hat bis heute unrichtiges, unrechtes, verantwortungsloses Verhalten begründet.

Es müßte endlich begriffen werden, daß wir es bei der außermenschlichen Welt mit einer natürlichen »Mitwelt« zu tun haben, die für sich etwas Eigenes ist und nicht nur etwas oder ein Wert in bezug auf den Menschen. Frieden mit der Natur schließen, dafür plädieren die ökologisch orientierten Verantwortungsethiker, und sie wollen auch die ungebremste, ja eigentlich nach wie vor eskalierende Gewalttätigkeit menschlichen Herrschaftsanspruchs gegenüber dem Tierleben eindämmen und auf eine neue Entscheidungsgrundlage eines wohlwollend-rücksichtsvollen Umgangs mit anderen Lebewesen stellen.

Jedes Leben ist ein schützenswertes Gut, und wer die mannigfache Versündigung des Menschen an den Tieren in der fabrikmäßigen Nutztierhaltung unter artwidrigen Bedingungen des Dahinvegetierens, in der Brutalität im Umkreis des Schlachtbetriebes und in der extensiven Praxis humanmedizinischer oder pharmakosmetischer Tierversuche für moralisch vertretbar hält, der möge die Frage und die bündige Antwort des Philosophen R. Spaemann reflektieren: »Sind wir wirklich bereit, jeden Preis für unsere Gesundheit zu zahlen, auch den unserer

Menschenwürde? Sterben müssen wir schließlich alle, und wer um jeden Preis« – gemeint ist das quälende Leiden der Tiere – »zu leben wünscht, gerade dessen Leben ist nicht jeden Preis wert.«[44]
Ethik, so sehen wir, mischt sich ein, und sie will nicht einfach die Augen verschließen, wenn es um herrschendes Ethos oder gängige Moral geht und wenn darunter subsumiert wird: Vergnügen und Lust zu Lasten anderer, Bequemlichkeit, Gier und Macht, Interesselosigkeit und mangelnde Sensibilität gegenüber der Natur, gegenüber ungeborenem und geborenem Leben, Rücksichtslosigkeit und rüdes Erfolgs- und Karrieredenken im Arbeitsprozeß, Tabuverletzungen über die Medien und im mitmenschlichen Umgang miteinander. Der Weg freilich, konstruktiv zu kritisieren und neue Werte einzubringen und die alten eventuell zu reanimieren oder auch neue Werteinsichtigkeiten bewußt zu machen, ist unendlich schwer und mühsam – auch dieses Buch mit Reflexionen zur Führungsethik bemüht sich darum. Offensichtlich muß sich heute die philosophische Ethik solcher Aufgaben annehmen unter Zuhilfenahme und Integration einzelwissenschaftlicher Forschungsergebnisse aus Soziologie, Pädagogik und Tiefenpsychologie, zumal die ehedem hierfür für privilegiert gehaltenen institutionalisierten Wertezulieferer wie Kirche und Konfessionen nur mehr sehr beschränkt, wenn nicht überhaupt nicht mehr, weil kaum oder nicht glaubwürdig genug, in Frage kommen.

Aufgabe der Ethik, nachdem ich sie als konstruktive Kritik am Ethos auszuweisen versucht habe, ist drittens, eine *kreative Lehre des Ethos* zu sein, was bedeutet: Ethik kann und darf sich nicht damit begnügen, nur diejenigen Fragen aufzugreifen, die schon in der Gegenwart gestellt sind. Sie muß vielmehr vorausschauen und legitimerweise auch fragen, welche Aufgaben auf uns zukommen werden, was die Menschheit der fernen Zukunft wird bewältigen müssen. In diesem Sinne darf Ethik nicht bloß reaktiv, sondern muß aktiv, ja eigentlich *prospektiv* sein im Verständnis der bereits oben skizzierten »ethica mundana« als einer Ethik der solidarischen Verantwortung in der ökologischen Krise der technisch-wissenschaftlichen Zivilisation und einer Verantwortungsethik, die gerade den Erfolg unserer Handlungen und das Risiko der Wirkungen und Nebenwirkungen unserer technisch-industriellen Aktivitäten im planetarischen Maßstab berücksichtigt.

K. O. Apel[45] fordert deutlich eine Ethik der gemeinsamen solidarischen Verantwortung der Menschheit im Sinne einer kommunikativen Interessenvermittlung und Situationsberatung, die den individuell-persönlichen Problemhorizont wohl nicht (ganz) ausklammern will, ihn jedoch zu relativieren imstande sein muß angesichts der Lösung des Problems Nummer eins: des Problems der Rettung der Bio- und Ökosphäre, das angesichts der Überbevölkerung, der Grenzen der Energievorräte und der Belastbarkeit oder mutwilligen Zerstörung unserer natürlichen Um- und Mitwelt sich stellt.

Wenn ernstzunehmende Zukunftsforscher es für durchaus möglich halten, daß die Menschheit sich im nächsten Jahrhundert zugrunde gerichtet haben wird, dann muß die Ethik als praktische Philosophie diesen Gedanken zu Ende denken, mit unbeirrbarem Mut, und sie muß ihn furchtlos ins Auge fassen, wie dies der greise Hans Jonas bis zuletzt getan hat. Es ist für den Ethiker durchaus nicht unwichtig, einerseits zu verstehen, warum der Mensch – ob er in der Tradition zu Recht oder zu Unrecht als Krone der Schöpfung galt, mag dahingestellt sein, diese Selbsteinschätzung war jedenfalls zweifellos verhängnisvoll! –, warum der Mensch also diese Fähigkeit besitzt, eventuell seinen ganzen Planeten als seinen Lebensraum in den Abgrund zu reißen und bereits mittelfristig den Ast »eigenhändig« abzusägen, auf dem er noch satt und fett und selbstzufrieden sitzt, ohne daß es ihm mit wirksamen Konsequenzen einfiele, aus prospektiver, das heißt aus vorausschauend zukunftsorientierter Verantwortung heraus so zu handeln, daß auch noch spätere Generationen ihr angestammtes Recht erhalten, zu leben und menschenwürdig diesen Planeten in all seiner Schönheit und Geheimnisträchtigkeit bewohnen zu können.

Andererseits – und ich halte es nicht mit Friedrich Nietzsche (trotz meiner starken Vorbehalte gegenüber extensiver Anthropozentrik), für den der Mensch etwas ist, das überwunden werden muß –, andererseits ist für den Ethiker düsterer Pessimismus nicht angesagt, der nur lähmt und nichts bewegt; aber die anstehenden Probleme zu lösen zu versuchen, heißt auch, *global* und im weitreichendsten Sinne universell eine Bewußtseinsänderung anzusteuern, und dies bei jedem einzelnen und insbesondere bei den Verantwortungsträgern der großen Politik, und eine planetarische Ethik, eine Ethik solidarischer Verantwortung zu leben.

Die großen Zukunftsfragen lassen sich nicht mit den Mitteln der persönlichen Moral einzelner Individuen beantworten, wiewohl es letztlich doch immer auf die persönliche Verantwortung, auf die individuelle Existenz und die persönliche Wahl und Entscheidung ankommt – es geht ebenso um eine soziale und politische Ethik, um eine normative Gesellschafts- und Rechts- und Staatsphilosophie, nicht zuletzt um eine Ethik aller Natur- und Humanwissenschaften, die u. a. einschneidende Verzichtsleistungen zu erbringen imstande sein müssen; die geforderte Grundtugend heißt »Frugalität«, von Weizsäcker spricht von »technischer Askese«, und andernorts lautet das notwendige Desiderat »neue Bescheidenheit«. Ob es gelingen wird? Jedenfalls muß versucht werden, jenseits der kulturellen Verschiedenheiten, auch jenseits der Verschiedenheiten der Traditionen, Sprachen, Lebensformen und Nationen einen gemeinsamen Nenner zu finden aus der gemeinsamen Sorge um eine die ganze Menschheit gemeinsam angehende Zukunft und den Wert und das *Prinzip Verantwortung* so zu forcieren, daß es als ökologisches Verantwortungsbewußtsein allenthalben und allseits von *jedermann* internalisiert wird.

In solcher wie der dargestellten kritischen, konstruktiven und kreativ-prospektiven Funktion bietet die Ethik als Lehrsystem durchaus wichtige Entscheidungshilfen, womit sie jedoch den persönlichen Gewissensentscheid nicht ersetzt – sie setzt ihn vielmehr voraus und bietet ihm Orientierungshilfen an. In diesem Sinne nimmt so verstandene Ethik den Menschen, der ihr Gegenstand ist, in seiner Individualität sehr ernst und redet als Lehre vom Ethos – ganz anders als das kirchliche Dogma oder andere ähnlich verpflichtende indoktrinierende Verlautbarungen – dem Menschen nicht (dauernd) drein, sondern höchstenfalls ins Gewissen, damit er, so er sich entscheiden muß – und er muß dies permanent –, sich entscheiden kann »en connaissance de cause«, also rational begründet und bewußt verantwortet.

Diesen grundsätzlichen Ausführungen zum Begriff, zum Gegenstand und zu den Aufgaben der Ethik sind im weiteren Verlauf unserer Untersuchung noch andere wichtige Phänomene hinzuzufügen mit direkterem Bezug zu ethisch verantwortetem Verhalten im Fuhrungsprozeß. Die erarbeiteten Gedanken lassen nun aber die Formulierung einer allgemeinen und trotz der Länge eigentlich handlichen *Definition von Ethik* zu:
Ethik ist die als Hilfe zum persönlichen Gewissensentscheid gedachte kritische, konstruktiv-kreative Lehre vom Ethos und damit die Lehre von den Spielregeln, die es dem Menschen ermöglichen, im verantwortetem Umgang mit sich selbst, mit den Mitmenschen und mit den zwischenmenschlichen Institutionen, ebenso mit Umwelt und Natur das Spiel personalen Lebens in Freiheit, Friede und Würde zu spielen.

KAPITEL 4

Die Wahl des kleineren Übels
(Minus malum)

Gedanken zu einer lebbaren Ethik (Kompromiß-Ethik)

Bei einem namhaften Verlag mit Schwerpunkt Management und Unternehmensführung erwartete man von mir im Rahmen einer Seminarverpflichtung mit dem Thema »Ethik als Führungsaufgabe« Seminar-Plandaten für den Ankündigungsprospekt. Neben der Zusicherung zu erzielender Benefits wurden auch Kernaussagen abgefragt, die ich seinerzeit wie folgt formulierte:

»Das Seminar stellt die reife Persönlichkeit des Führenden in den Mittelpunkt und geht das Thema ›Führen‹ als Menschen-Führung fundamental von der Persönlichkeitsstruktur des Führenden an, wobei verantwortetes soziales Handeln als Ethik des Führens – über die fachliche Kompetenz hinaus – vor allem interaktive, soziale und ethische Kompetenz einfordert und die Fähigkeit voraussetzt, mit sich selbst und mit anderen konstruktiv umgehen zu können. Führungsverhalten und ethisches Verhalten müssen eine Einheit bilden in der Person des Führenden, dessen Wertverständnis prägend und motivierend auf die von ihm Geführten wirkt.«

Zumindest zwei meiner Grundgedanken lassen sich aus diesem komprimierten Kurztext herauslesen und geradezu als Merksatz so formulieren:

Persönlichkeitsbildung liefert die Basis für Führungsfähigkeit, die wiederum die Ethikfähigkeit des Führenden zwingend voraussetzt.

Vorbemerkung: Zum Eignungskatalog des Führenden

Es liegt mir wirklich nicht daran, ein rundum exaktes Anforderungsprofil, ein mustergültiges Eignungsprofil des Führenden zu zeichnen – das haben vor mir schon herausragende Persönlichkeiten der Wirtschaft, nicht zuletzt der unvergessene Alfred Herrhausen, getan. Ich will aber doch einige Eigenschaften – die Reihenfolge ist nicht wertend! – aufzählen, damit deutlich wird, daß jene Charakteristika, die beispielsweise Herrhausen als zum Psychogramm des Managers unbedingt hinzugehörend bezeichnete, nur in einer reifen Persönlichkeit beheimatet sein können.

Nun zum Eignungskatalog: Fleiß, analytisches Denkvermögen, Phantasie, Robustheit ebenso wie Sensitivität, eine gute Gesundheit, Entscheidungs- und Risikofreude, Bereitschaft, ständig zu lernen, ferner schöpferische Gestaltungsfähigkeit, Urteilskraft, Selbstvertrauen, vielseitiges Wissen, Zähigkeit, kritische Distanz zur eigenen Person.

Dies seien, so Herrhausen einmal in Stuttgart bei einem Vortrag der IHK, die Anforderungen, die man spontan mit der Rolle des Managers verbinde – »sie stellen selbstverständliche Voraussetzungen für diesen Beruf dar, aber sie machen ihn nicht aus«.[1]

Respekt – da bleibt einem fürwahr die Luft weg, und Leser wie Autor mögen hier mit aufkeimenden Minderwertigkeitsgefühlen zu kämpfen haben, zumal einschlägige Fachjournale noch weitere Eigenschaften aufzählen, die den guten Manager auszeichnen: ganzheitlich denkend, kooperativ, kompromißbereit, einfühlsam, verhandlungsstark, belastbar, kommunikativ, umweltverantwortlich, wertewandelorientiert, innovativ, organisationstalentiert, sachlich – schlußendlich noch: charismatisch, sozial verantwortlich und sinnorientiert.[2]

Bei solchen Anforderungskatalogen für Topmanager wird man unwillkürlich an Nietzsches Übermenschen erinnert. Doch wird es sich hier – so nehme ich einschränkend an – um idealtypische Vorstellungen handeln, die freilich irgendwie notwendig sind, damit man weiß, wonach man strebt oder zu streben hat. Der Idealfall ist nie Realität, aber er bleibt als Aufgabe! So werden meine Ausführungen zur Persönlichkeit und zur Ethikfähigkeit des Führenden auch idealtypisch zu verstehen sein müssen und zielen auf einen Menschen, der aufgrund seiner geistigen Dimension und als fakultatives Sein – also zu jeder Möglichkeit hin und zu Veränderung, Entwicklung, Wachstum und Reife prinzipiell offen – das realisieren kann, was wesenhaft in ihm angelegt ist.

Schon Goethe und Nietzsche sprechen dies in ihren Appellen an: »Werde, der du bist«; so auch Abraham Maslow: »Was ein Mensch sein kann, muß er sein.« Der griechische Odendichter Pindar hat es bereits im 5. vorchristlichen Jahrhundert gefordert: »Der Mensch soll werden, was er immer schon ist.« Für das, was ich mit dieser Idealtypik meine, läßt sich mit Viktor E. Frankl[3] ein schönes Bild wählen: »Angenommen, ich will nach Osten fliegen, während ein Seitenwind von Norden kommt, dann würde ich nach Südosten abgetrieben werden. Steuere ich hingegen die Maschine nach Nordosten, dann fliege ich tatsächlich nach Osten und lande dort, wo ich landen will.« Mit den Menschen mag es uns ebenso ergehen: »Nehmen wir ihn einfach so, wie er ist, dann machen wir ihn schlechter; nehmen wir ihn hingegen so, wie er sein soll, dann machen wir ihn zu dem, der er werden kann.«[4] Und auf diesem lohnenden Wege befindet sich ein jeder, so er sich konfrontieren läßt mit einem Persönlichkeitsprofil, aus dem heraus ethisch verantwortetes Führen möglich wird.

Moralphilosophie und Praxisnähe, Ethikanspruch und Lebensvollzug

Auf den Teppich einer beängstigenden Realität kommt man jedoch rasch, wenn man einer Studie der Standard Elektrik Lorenz AG (SEL) glauben darf, die den Managernachwuchs konsultiert, allerdings unter mehr ethischen Gesichtspunkten, und resümiert, daß ein »neuer Menschenschlag von gewinnorientierten, rührigen und nicht immer moralisch handelnden jungen Männern und Frauen« derzeit die Führungsetagen in Europa erklimmen würde.[5] Fünf Prozent der befragten Studenten der Wirtschaftswissenschaften meinten, daß es im Wirtschaftsleben »überhaupt keine Moral« gäbe – 35 Prozent sehen »nur sehr wenig Moral« und 32 Prozent »keine moralische Selbstregulierung«. Auf die Frage, ob sie sich unmoralisch verhalten würden, um erfolgreich zu sein oder zu bleiben, zeigt die Befragung »eine deutliche Tendenz zu unmoralischem Verhalten für den Fall, daß es sich wirklich als notwendig erweist«.

Für einen Ethiker nicht minder erschütternd ist ein weiteres Ergebnis der Studie, wonach für 35 Prozent der befragten männlichen Studenten Macht die Triebfeder für ihren künftigen Erfolg sei – bei den Frauen waren es 27 Prozent. Jeder dritte der britischen Studenten sei bereit, »äußerst skrupellos« zu sein, um zur Spitze zu gelangen. Und von der gleichen befragten Gruppierung antworten auf die Frage, was sie in persönlicher Hinsicht in erster Linie anstrebten, 76 Prozent der Manager von morgen: »Ein Leben mit idealem Gleichgewicht zwischen Familie, Arbeit und Freizeitaktivitäten.«[6]

Es bleibt zu hoffen, daß diese Umfrage, wenigstens hinsichtlich der Moraleinstellung der Führungskräfte in spe, nicht repräsentativ ist. Ich erinnere in diesem Zusammenhang an Karl Kraus, der von einem Studenten gefragt wurde, wie er denn Wirtschaftsethik studieren könne, und antwortete:»Gar nicht – Sie müssen sich schon für eines von beiden entscheiden.« Genau an diesem zynischen Mißverständnis setzt auch der unbestritten große Manager-Guru Rupert Lay an, der u. a. die perfide, jedoch vielverbreitete Illusion als solche entlarven will, nämlich:»Entweder ist ein Manager ein guter Manager, dann ist er ein schlechter Mensch – oder aber er ist ein guter Mensch, aber ein schlechter Manager.«[7]

Die Diskrepanz zwischen Ethikanspruch und Lebensvollzug tut sich besonders dort auf, wo Ethik im Unternehmen vollmundig als Unternehmensethik und Ethik im wirtschaftlichen Entscheidungsprozeß oftmals rein als Worthülse mit dem Begriff Wirtschaftsethik vornehmlich von Vertretern der Wirtschaftswissenschaften»verkauft« wird. Bei eklatanten Defiziten im Ethikverständnis und bei offensichtlichem Mangel an»innerem Draht« zur Welt des Sittlichen sollte man beispielsweise kein Lehrbuch für Wirtschaftsethik konzipieren, wenn man im Vorwort nachfolgend zitierte Einschränkung machen zu müssen glaubt:»Die hier vorgelegte ›Wirtschaftsethik‹ vermeidet es, den Leser mit einer Diskussion der verschiedenen ethischen Theorien, also der einschlägigen philosophischen ›Ismen‹ aufzuhalten, wie sie uns geistesgeschichtlich überkommen sind. Sie sucht, unmittelbar bei den ›Sachen‹ anzusetzen ... Die dornigsten ethischen Probleme ergeben sich ohnehin auf der demokratisch-politischen Ebene.«[8]

Es tut ein fundamentales Umdenken not, wenn man Sittlichkeit in allen Lebensbereichen wieder ansiedeln will als handlungsleitende Maxime – auch Abbau von Vorurteilen tut not, die der Moloch Wirtschaft und Unternehmen gegenüber einem sittlichen Anspruch (»Sozialgeschwätz«) und die ein Führender gegenüber Geführten haben kann. Vorurteil ist ein nach wie vor hartnäckig sich ausbreitender Unwert, ein ethisch negativ besetzter »Wert« und eine emotional negativ besetzte Einstellung; jedenfalls wird eine Vorverurteilung vorgenommen, es ist Zeichen einer psychischen Verhärtung, die nur schwerlich aufzulösen ist, wie es schon Albert Einstein gesehen hat:»Ein Atom ist leichter zu spalten als ein Vorurteil.«

Trotz des inflationären Touches, mit dem heute Begriff und Wirklichkeit von Ethik belegt sind, tut Ethik not und darf ihrerseits nicht zur

Worthülse verkommen, und auch auf diesen Seiten bleibt durchgängig die Frage, wie ethisch verantwortete Führung geleistet werden könne, die bedeutsame Schlüsselfrage schlechthin, geht es doch nach unserem Verständnis bei Führung nicht um eine Sache, sondern um den Menschen, von dem Blaise Pascal sagt, er sei ein Nichts im Hinblick auf das Unendliche, ein Alles im Hinblick auf das Nichts und eine Mitte zwischen Nichts und Allem. Innerhalb der absoluten Relativität aber, also innerhalb des erschaffenen Seins ist das, was alles andere voraussetzt, außer sich selbst, das Höchste – und das ist, wie wir bereits ausgeführt haben[9], der Mensch, weshalb die scholastische Philosophie durchaus zu Recht behaupten konnte, der Mensch sei »quodammodo omnia«, gewissermaßen alles. Den Menschen jedoch, wie dies häufigst im Wirtschafts- und Berufsleben geschieht und wie dies gezielt auch so mancher Motivationsstratege versucht, zum reinen Mittel zu machen, ihn zu instrumentalisieren, heißt per definitionem, ihn seiner Würde zu berauben, ihn permanent zu ent-würdigen.

Immanuel Kant hat diesen Gedanken mit Hilfe der Mittel-Zweck-Kategorie so formuliert: »Handle so, daß du die Menschheit, sowohl in deiner Person als in der Person eines jeden anderen, jederzeit zugleich als Zweck, niemals bloß als Mittel brauchst.« Die philosophische Rechtfertigung für diese Formel erblickt Kant darin, daß der Mensch als Zweck an sich selbst existiert, und zwar deshalb, weil er frei und autonom ist. Als Vernunftwesen gehört er dem übersinnlichen Reich an, das, über der Natur stehend, die eigentliche Ordnung darstellt.

Man mag dieser Auslegung der Bestimmung Menschheit folgen oder nicht, insofern sie auf ein metaphysisches Reich abhebt; bedenkenswert ist jedenfalls gerade heute, daß die Achtung vor der Menschenwürde für Kant der letzte Grund des kategorischen Imperativs ist, der auch in der zweiten Version vorgestellt sein soll: »Handle so, daß die Maxime (= Grundsatz) deines Willens jederzeit zugleich als Prinzip einer allgemeinen Gesetzgebung dienen könne.« Dies ist im Grunde eine philosophische Umformulierung der allseits bekannten »Goldenen Regel«, die zumeist negativ formuliert wird: »Was du nicht willst, das man dir tu', das füg auch keinem anderen zu.«

Ich verkenne nicht, daß die Argumente gegen die Unzulänglichkeit des kategorischen Imperativs bis heute nicht zum Schweigen gebracht werden konnten, will mich jedoch nicht in die Kontroversen der Katederphilosophie einlassen, sondern nur anmerken, wie sehr Besinnung auf die Würde des Menschseins not tut – davon ist recht wenig zu spüren, wenn man heute Führungskräfte und Mitarbeiter als Human Capital zum entscheidenden Wettbewerbsfaktor degradiert oder wenn man von einem Human Resources Management spricht mit der Aufgabe, den Einsatz des Human Potential für den Erfolg zu planen, durchzusetzen und zu kontrollieren. Der hinter diesem Konzept steckende Gedanke ist doch der: Die Menschen sind die wichtigsten Produktions- und Erfolgsfaktoren für Unternehmungen aller Art, letztendlich also doch nur »Sachwerte«, die verfügbar und reichlich zuhanden sind.

Unter solchen Prämissen nagt an mir Unsicherheit und Zweifel, wie ernst man dann die so herrlich schönen Worte aus den Topetagen[10] des Managements nehmen darf, die von Führungskräften (nun doch) ein klares ethisches Selbstverständnis des Inhalts verlangen: »Wir brauchen ein von innen kommendes Bewußtsein für die Verantwortung, die wir tragen« oder:»Wer Menschen nicht lieben kann, ist unfähig zu führen«, oder noch ein drittes Statement:»Führen heißt zuerst, die Menschen zu mögen und sie zugleich partnerschaftlich und energiespendend auf den Erfolgsweg mitzunehmen.«

Gegenüber dieser Schwülstigkeit ist mir das Wort eines anderen Topmanagers lieber, das ehrlich die Wirklichkeit widerspiegelt und zugleich signalisiert, wo der Hebel anzusetzen ist – er sagt:»Menschlichkeit ist in unseren Unternehmen nicht selten erschreckend unterentwickelt, in einem erschreckenden Maße nicht vorhanden.«[11] Und doch wird gerade Menschlichkeit als angeblich wichtigstes Ingredienz der Führungskraft von morgen gehandelt – seit Jahren unter dem gern und wirksam benutzten Begriff der sozialen Kompetenz bekannt; aber immer noch werden die hiermit verbundenen »soft values« schnell und nicht selten (wenn auch hinter vorgehaltener Hand) als Schwächen ausgelegt gegenüber den erfolgsorientierten härteren Typen auf der Hardline mit der größeren und effizienteren Durchschlagskraft – ich werde hierauf noch zurückkommen müssen.

Jedenfalls – trotz aller Schönrederei mit ethisch verbrämtem Pathos aus Opportunitätsgründen – ist und bleibt *Ethik* als Lehre vom richtigen Leben, vom richtigen Tun und Lassen, von der Einübung der richtigen Gewohnheiten *etwas, das auf sittliches Handeln abzielt* und sich fürwahr nicht erschöpfen darf im bloßen Wissen um die sittlichen Grundsätze und Maximen. Die philosophische Ethik lehrt, daß nicht schon die Erkenntnis dessen, was gut ist, bereits zum guten Handeln bewegt – darin hat bereits Sokrates geirrt, als er meinte, Tugend sei lehrbar, das heißt, das Wissen um Tugend ließe auch schon tugendhaft handeln. Das Gute, das sittlich Wertvolle, muß auch als persönliches Ziel angesehen und als solches erstrebt werden, mit andern Worten: *Man muß gut handeln wollen.* Und dies geht um so leichter von der Hand, je intensiver man das eingeübt hat oder wenn bestimmte moralisch gute Verhaltensweisen zu Tugenden geworden und sich zu einer Haltung verfestigt haben – darüber mehr gegen Ende dieses Kapitels.

Wenn es stimmt, daß die beste Art fortzudauern darin besteht, nicht verwaltet zu sein und so immer zeitgemäß zu sein, dann trifft dies deutlich zu auf zahlreiche antike Philosophen mit ihrer Art und Weise, Philosophie (durchaus mit Ethik im Gepäck!) zu betreiben: Auf dem Marktplatz (Forum/Agora) in einer Votivnische oder im schattigen Eingang zur Bürgermeisterei erörterte der Philosoph Fragen über den Tod und das Wesen der Götter, diskutierte über das Leid und mögliche Tröstungen, über die Lust und die Liebe, über die Zeit und die Ewigkeit, über das richtige und gute Leben – und dies inmitten der Gerüche und Geräusche, der Hitzewellen und dem Glitzern weißglühender Steine.

Weder Sokrates noch seine auf ihn sich berufenden Epigonen, die verlotterte Schar der Kyniker (man erinnere sich an Diogenes, den Mann im Faß!), kümmerten sich um Konvention und Zwänge, man suchte vor allem die Nähe zum Wirklichen, die Nähe zum Menschen, und aus dieser Nähe wurden Verhaltensweisen, eine Lebenskunst, Handlungsweisen und Existenztechniken entwickelt.

Worauf ich hinaus will? Man hat das Philosophieren von Akademikern in Beschlag nehmen lassen, man hat die Liebe zur Weisheit = Philosophie in Bereiche abgedrängt, wo sie leerläuft, einigen wenigen zu Cliquen zusammengeschlossenen Leuten zugedacht. Weil die Philosophie fast nur noch in den Universitäten lebt und den Sinn für die Straße und die öffentliche Diskussion verloren hat, stirbt sie oder wird nicht mehr ernst genommen – einerseits; andererseits schafft dies die Aura des nebulös-großartig Andersartigen, des Fremden – und das Fremde ängstigt, und Angst schafft keine Nähe, weshalb entsprechende Vermeidungstendenzen verständlich werden, von Annäherung keine Spur. So bringt man sich aber auch um die Chance, die wichtigste Kritiklatte an die Philosophie anzulegen, nämlich nachzuweisen zu versuchen, ob man nach ihr leben kann.

Nur für Insider der akademischen Philosophie mag es lohnend erscheinen, sich mit ihr überhaupt auseinanderzusetzen – sie sind ohnedies blind für die von ihnen selbst praktizierte Diskrepanz von Anspruch und Wirklichkeit, sie haben die Philosophie zu einem reinen Spiel gemacht, das es denen, welche sich daran ergötzen, erlaubt, auf ihrer Spielwiese (der Gedanken und Spekulationen) Selbstbefriedigung zu betreiben. Wie Ethik speziell, so muß Philosophie generell praktisch werden, und gerade unter diesem Aspekt kann jeder interessierte Sucher nach Weisheit in der Antike Gruppierungen und »Schulen« finden, deren erklärtes Ziel die Verbesserung und Verwirklichung des Selbst war – zu einem wahren Leben gelangen heißt dann, einen Zustand personaler Vollkommenheit zu erlangen entlang vornehmlich sittlicher Normen und Werte, jedoch mit der gebührenden Toleranz gegenüber der individuellen Insuffizienz der Condition humaine.

Sich zu vervollkommnen und zu wachsen, sich zu entwickeln und zu reifen gibt es immer Grund und Anlaß zu jedem Zeitpunkt menschlicher Biographie – ich habe dies bereits in Kapitel 2 angesprochen, und der Philosoph Plotin (205–270) formuliert es so: »Meiße *stets* an deiner eigenen Büste.« So wird auch eine reife Führungspersönlichkeit nicht von heute auf morgen »entstehen« – so wird auch eine Ethik des Führens die Nähe zum Menschen insofern suchen müssen, als sie Direktiven zu geben imstande ist, die lebbar, die realisierbar und in den Alltag umsetzbar sind. Ich bin daher kein Freund einer rigorosen normativen Ethik, wiewohl man heute im gleichen Atemzug wie den Wertewandel auch den Normenwandel beklagt.

Natürlich wird unverzichtbare Funktion einer jeden Ethiktheorie der Versuch bleiben (dürfen), ethische Normen rational zu begründen, die hierfür notwendige Letztbegründung jedoch ist nicht nur philosophische Schwerstarbeit, sie ist auch ausschließlich der Akademie- und Stubenphilosophie inklusive den aus ihr quellenden Publikationen zu überlassen.

Der langen Rede kurzer Sinn dürfte sein: Es ist legitim, zu sagen, daß eine Ethik heute, um wirksam zu werden, minimale, aber notwendige Forderungen stellen muß und daß sie den Menschen in seiner wesentlichen Konflikthaftigkeit und Widersprüchlichkeit ernst zu nehmen hat.

Eine Monographie von H.-R. Lückert trägt den Titel: »Der Mensch. Das konfliktträchtige Wesen« (1964) – wenn das richtig ist, dann muß man bei einer Reflexion über die Motivationen menschlichen Handelns auch das Konfliktproblem miteinbeziehen, wobei das Wesen des Konflikts nicht nur als »eine wegzuschaffende Störung oder Krankheit im Sozialkörper«[12] oder als »Dysfunktion, die durch ›soziales Management‹ behoben werden kann«[13] betrachtet werden darf. Es ist »ein Kampf um Werte und um Anrecht auf mangelnden Status, auf Macht und Mittel, ein Kampf, in dem einander zuwiderlaufende Interessen notwendig einander entweder neutralisieren oder verletzen oder ganz ausschalten«.[14] Schon Heraklit von Ephesos (544–483) hat den Konflikt als allgemeines Weltprinzip verkündet (pólemos patèr pántoon!).

Wenn es sich beim Konflikt nicht nur um eine »sekundäre, irgendwie zu behebende Kalamität handelt, sondern um eine anthropologische Grundstruktur, die letztlich mit der Weltoffenheit des Menschen zu tun hat«[15], dann wird eine Ethik dies auch zu berücksichtigen haben, denn der Mensch befindet sich permanent vor vielgestaltigen Konfliktsituationen.

Der Mensch erfährt sich überdies als konfliktträchtiges Wesen *auch* in seiner Widersprüchlichkeit. Was ist damit gemeint? Spräche man von einer erlebbaren Einheit der Persönlichkeit, müßte ihr auch eine Einheitlichkeit der Wertorientierung zugeordnet werden dürfen, beispielsweise ein einziger Zentral- und Spitzenwert wie das »summum bonum«, das höchste Gut, was auch immer darunter zu subsumieren ist. So ist es aber nicht, und die moderne Ethik – in Anpassung an die diversen Wertorientierungen der Menschen eines bestimmten Kulturkreises – kennt mehrere quasi gleichberechtigte höchste Werte, wie Gerechtigkeit, Liebe, Reinheit, Fülle oder personales Leben.[16] Mit Recht sagt daher H.-H. Schrey: »Demnach gibt es also nicht nur einen klaren Dualismus von Gut und Böse, sondern einen Pluralismus des Guten, eine Polymorphie der Werte, der eine Polymorphie des Charakters entspricht.«[17]

Konflikte des individuellen Gewissens und Gruppenkonflikte werden von diesem Ansatz her nicht nur verständlich, sondern ergeben sich fast zwangsnotwendig. Dem können wir hier im einzelnen nicht nachgehen, aber bereits das bislang Gesagte scheint einen ethischen Rigorismus nicht zuzulassen und ihn als inhuman auszuweisen und verweist auf die *Notwendigkeit einer Ethik des Kompromisses* und einer *Güterabwägung* »im Raum des Relativen und Vorletzten«.[18]

Die ethische Güterabwägung. Verantwortungsethik als Ethik des Kompromisses

In der Regel liegen dem menschlichen Handeln Mehrzielentscheidungen vorauf, oder anders ausgedrückt: Wir handeln zumeist nicht aus einem einzigen Motiv heraus, sondern aufgrund eines Motivbündels. Motivation, also unser Handlungsmotiv, ist demnach (nahezu immer) eine Bündelung von Einzelmotiven, die nicht nur per positiv gegen negativ aufzurechnen, sondern auch hinsichtlich »wichtig« oder »weniger wichtig« zu gewichten sind. Dabei mag es sich um verfestigte Einstellungen und Überzeugungen handeln oder um erst kürzlich entstandene beispielsweise ökologische Argumente oder religiöse oder politische Vorbehalte. Bestimmte Situationen können neue Motive entstehen lassen und zum Handeln mobilisieren, wobei Strukturen aus frühkindlichem Erleben durchaus eine wichtige Rolle spielen können (Profilierungstendenzen aufgrund sublimer Minderwertigkeitsgefühle, Perfektionismusdrang aufgrund mangelnden Selbstwerterlebens etc.). Jedenfalls ist beim Einschätzen der Motivationsbündelung immer auch zwischen rationalem Denken und emotionalem Fühlen und dem zwischen Gefühl und Verstand stehenden Wollen zu unterscheiden.

Was heißt nun in diesem Zusammenhang *ethische Güterabwägung*? Die Theorie der Güterabwägung, die das »Kernstück einer jeden Ethik«[19] bildet, bezeichnet eine gedankliche Tätigkeit, eine Methode und Praxis, verschiedene Güter – also ethische, ökonomische, politische, soziale, kulturelle, ökologische etc. – »so gegeneinander abzuwägen und miteinander in Beziehung zu setzen, daß das Handeln und Entscheiden das den Umständen nach bestmögliche Gesamtgut zur Folge hat«.[20]

Es scheint die Aufgabe der Vernunft zu sein, solche Güterabwägungen anzuleiten (um überhaupt zu einer Entscheidung zu kommen) und die oftmals widerstreitenden Ansprüche (Konfliktsituation!) am persönlichen Gewissen normativ zu orientieren. Die Güter nun, zwischen denen entschieden werden soll, können demselben Typus angehören: So muß beispielsweise zwischen zwei ethischen Gütern entschieden werden, nämlich einerseits die Wahrheit zu sagen oder andererseits einen anderen Menschen nicht zu verletzen (dann wäre »Lügen« angezeigt). Die Güter können allerdings auch verschiedenen Typen angehören, wenn etwa eine Entscheidung zwischen einem ethischen und einem ökonomischen Gut zu treffen ist, nämlich einerseits einen Mitarbeiter nicht zu entlassen oder andererseits den Aufwand zu senken.

Verantwortet ist eine Güterabwägung nur dann, wenn sie wenigstens die Minimalforderung erfüllt, nämlich dem sittlichen Gewissen des Abwägenden nicht zu widersprechen, und wenn sie niemanden zwingt, gegen sein sittliches Gewissen zu handeln. Über das Ziel der Güterabwägung ist weiter unten noch zu sprechen, hier sei nochmals darauf verwiesen, daß bei jeglicher Güterkonkurrenz im Rahmen der Güterabwägung unbedingt der Rückgriff auf das personale sittliche Gewissen verlangt wird – solche Entscheidungen müssen jeweils individuell verantwortet werden und entziehen sich der moralischen Bewertung und der Be- oder Verurteilung durch andere.

In unserem Zusammenhang, im Rahmen von Entscheidungen also für einen Wert, wobei ein anderer Wert lädiert oder außer acht gelassen wird, muß ich wenigstens kurz auch auf den tiefen Ernst der *verantworteten Inkaufnahme von Übeln* zu sprechen kommen. Es geht dabei um Handlungen, bei denen zu erwartende Nebenwirkungen oder Folgeerscheinungen als »moralische Übel« zu tolerieren und zu verantworten sind und in Kauf genommen werden dürfen – oder auch nicht. Gerade die Moraltheologie, die sich sehr häufig beziehungsweise vom Ansatz her generell im Widerpart befindet zur Moralphilosophie und zur philosophischen Ethik, wehrt sich hier gegen jegliche Exkulpierungsstrategien: »Wo immer«, so wird argumentiert, »Handlungen gesetzt werden, um deren Nebenwirkungen man weiß, fällt diese Nebenwirkung zugleich auch in die Verantwortung des Handelnden, das heißt, sie läßt sich nicht im nachhinein als nicht intendiert ausgeben, wenn sie in Wahrheit als Conditio sine qua non des eigentlichen Handlungszieles mitgewollt werden muß.«[21] Beispiel: Bei Einnahme von RU 486 zum Schwangerschaftsabbruch ist die Tötung des Embryos mitintendiert, indes das Haupthandlungsziel ist die Erhaltung des personalen Lebens der Mutter (sowohl in psychischer als auch in sozialer Dimension), angesichts der Tatsache, daß bereits drei Kinder vorhanden sind und der Vater arbeitslos und alkoholsüchtig ist. Moraltheologischer Rigorismus plädiert hier für Erhaltung des Fötus und erlaubt nicht eine ethische Güterabwägung zwischen (nur) fötalem Leben und personalem Leben in vieldimensionaler Sicht. Natürlich wird hier ignoriert, was der große Ethiker Nikolai Hartmann einmal den »*Mut zum Schuldigwerden*« nannte, wobei Schuld hier »nicht die qualifiziert böse Tat meint, sondern vielmehr die Übernahme der Insuffizienz der Wirklichkeit«[22], das Gewahrwerden und die Bewältigung der fundamentalen Konfliktträchtigkeit menschlichen Daseins.

Immer wieder steht der Mensch vor der Wahl des Zulassens des (von ihm aus gesehen, nicht unbedingt objektiv) kleineren Übels (= Vorzugsregel des Minus malum). Professor Korff aus München nimmt in dieser Frage eine gegenüber anderen theologischen Moralisten vergleichsweise versöhnliche Haltung ein, die auch für den Profanethiker eine brauchbare Gesprächs- und Diskursbasis liefert, weshalb ich einen längeren Passus wörtlich zitieren darf:

»Sittlich böse handelt, wer aus bösem Willen handelt, also ein Übel um seiner selbst willen anstrebt, gehe es dabei um ein *physisches* Übel, das man sich oder anderen aus bösem Willen zufügt, oder um ein *moralisches,* zu dem man sich oder andere aus bösem Willen verführt. Genau dies aber trifft im Rahmen einer verantwortlichen *Inkaufnahme* von Übeln, bei der es nur mehr um die Verhinderung eines im gegebenen Fall noch *größeren* physischen oder moralischen Übels geht, per definitionem nicht zu, und zwar auch dann nicht, wenn das in Kauf zu nehmende Übel ein solches moralischer Art ist. Bleibt doch hier gerade nicht der böse, sondern der *gute Wille* des Handelnden, nämlich aus der gegebenen Konfliktsituation das moralisch *Bestmögliche* zu machen, für den gesamten Entscheidungsablauf bestimmend.«[23]

Jedenfalls ist auch moraltheologisch der Satz, ein moralisches Übel dürfe nie direkt gewollt werden, präzisierungsbedürftig, sonst wird der Ernst echter (Gewissens-)Konfliktfälle preisgegeben zugunsten eines rein formalen Rigorismus. Solche Situationen, so scheint mir, erfordern eine *Verantwortungsethik als eine Ethik des Kompromisses.* In der Entscheidungsvielfalt menschlichen Lebens wird sich der Mensch immer wieder und eigentlich unausweichlich »verschulden«, mit anderen Worten: Der Mensch bleibt stets der Last moralischer Entscheidungszumutungen ausgesetzt, denen er gar nicht entfliehen kann – hier wird er immer wieder »schuldig« werden (können), er muß dies verantworten vor seinem Gewissen, auf sich nehmen und durchstehen.

Eine Individualethik, die den Menschen in seiner Kreatürlichkeit und Geschichtlichkeit, in seiner Konfliktträchtigkeit und Widersprüchlichkeit ernst nimmt, muß ihn dort abholen, wo er in seiner geschichtlichen und konfliktbehafteten Verfaßtheit steht, und eine solche Ethik ist letztlich eine Kompromiß-Ethik, die wesentlich eine Güterabwägung zuläßt und einfordert im Raum des Relativen und Vorletzten. »Kompromiß bedeutet den Verzicht auf die unmittelbare Verwirklichung des Letzten im Bereich des Vorletzten, ohne daß zugleich der Anspruch des Letzten auf das Vorletzte aufgegeben wäre.«[24] Kompromiß ist ein pragmatischer Lösungsversuch – man wird ohne ihn nicht auskommen können.

Trotz meiner bereits oben geäußerten Vorbehalte gegenüber einer vornehmlich rigoristisch konzipierten normativen Ethik muß ich noch, um zu einem wichtigen Phänomen der Ethik allgemein und speziell auch der Führungsethik überzuleiten, eine Unterscheidung einbringen, nämlich zwischen deontologischen (unbedingt geltenden) und teleologischen (bedingt geltenden) Normen.[25]

Nach einer *deontologischen Ethik* gilt eine Handlung dann als sittlich richtig, wenn sie Grundsätzen folgt, die in sich gut sind: Die ethische Qualität einer Handlung liegt in der Handlung selbst (Versprechen sind als solche zu halten, die Wahrheit ist zu sagen etc.). Da jeder Handlungsvollzug unter dem Gesetz einer Verpflichtung steht – deontologisch, von griech.: tò déon = Pflicht, bedeutet ein Verhalten, das sich aus einem Gesetz oder einer Pflicht herleitet –, wird das ganze Spektrum an Möglichkeiten bei der Verwirklichung einer Handlung eingeengt auf eine einzige, die als die »richtige« oder »gute« gewählt wird. Was gesollt wird, entspricht (objektiv) dem Gesetz (Sittengesetz oder mosaischer Dekalog = die Zehn Gebote) oder (subjektiv) der Pflicht (zum Beispiel kategorischer Imperativ Kants). Es handelt sich um apodiktische Gebote oder Verbote, die resistent sind gegen alle Veränderung, sie gelten zeit- und gesellschaftsunabhängig und werden in der Regel in der Form von Du-mußt-Sätzen oder Du-darfst-nicht-Sätzen formuliert: Du darfst niemals gegen dein personales Gewissen handeln oder andere dazu zwingen, gegen ihr personales Gewissen zu handeln; du darfst nicht lügen, stehlen, töten etc.; du mußt menschliche Würde achten, Gerechtigkeit üben etc.

Eine *teleologisch* (von griech.: tò télos = das Ziel) geprägte Ethik geht von einer letzten inhaltlichen Zielbestimmtheit menschlichen Handelns aus, das heißt, sie bemißt die »Richtigkeit« oder moralische Güte von Handlungen und deren Folgen an einem höchsten Wert, sie richtet sich auf ein höchstes Ziel (Gott, Erfolg, Wohlergehen und Glück, Menschenwürde, Steigerung des Lebens). Es wird also ein Ziel oder ein Wert als sittlich gut erkannt und damit die Handlung, die der Zielerreichung dient, als sittlich gut begründet. Teleologische Normen haben die Form von Du-sollst-Sätzen und leiten also die ethische Qualität einer Handlung aus der Qualität des intendierten oder erreichten Zieles ab. Ich erinnere an die Ausführungen zum Sozial-Eudämonismus[26],

134

wonach oberstes Ziel des sittlichen Menschen ist, »das größte Glück der größten Zahl zu befördern« (Bentham).

Das Biophilie-Postulat. Förderung personalen Lebens

Nach dieser Abgrenzung ist nunmehr für uns wichtig zu sagen, daß viele teleologisch-ethischen Normen dem Wandel des allgemeinen Bewußtseins über das, was ethisch gut ist, unterliegen. Wenn bis vor einigen Jahren etwa die Würde der Person als das höchste ethische Gut gegolten haben mag, wonach im geistigen Erbe von Immanuel Kant – wie bereits ausgeführt – untersagt war, sich selbst oder einen anderen Menschen zum reinen Mittel zu machen, so scheint dieses höchste ethische Gut, wiewohl nach wie vor von unschätzbarem Wert (!), heute von einem anderen abgelöst zu werden oder bereits abgelöst worden zu sein, nämlich von dem *personalen Leben des Menschen*. Hier nenne ich einen zentralen Begriff der Ethikkonzeption Rupert Lays[27], den ich allerdings nicht wie er in die postmoderne Diktion von Sprachspielen und idealen Kommunikationsgemeinschaften einbinde, wobei ich durchaus berücksichtige, daß »personales Leben« nicht als materialer Wert, sondern als formaler Zweck ethischen Handelns verwendet wird – was damit gemeint ist, wird anhand der Erläuterung noch deutlich. Der Begriff und die Wirklichkeit, um die es hier geht und wodurch möglich wird, eine lebbare Ethik zu postulieren und vorzustellen, ist die *Biophilie*. »Bios« heißt Leben und »Philia« Liebe, weshalb ich Biophilie vorläufig mit Lebensbejahung oder Liebe zum Leben wiedergeben möchte.

Der Begriff stammt ursprünglich von Erich Fromm und kann optimal in die Ethik transferiert werden, was Fromm eigentlich selbst an einer Stelle seines Buches »Die Revolution der Hoffnung« getan hat: »Das Wertsystem, das dem in diesem Buch vertretenen Standpunkt entspricht, gründet sich auf Albert Schweitzers ›Ehrfurcht vor dem Leben‹. Wertvoll oder gut ist danach alles, was ›zu einer besseren Entfaltung der spezifisch menschlichen Fähigkeiten beiträgt und was das Leben fördert. Negativ oder schlecht ist alles, was das Leben erstickt und das Tätigsein des Menschen lähmt. Alle Normen der großen humanistischen Religionen wie Buddhismus, Judentum, Christentum oder Islam, wie auch die der großen Philosophen von den Vorsokratikern bis zu unseren heutigen Denkern, sind spezifische Formulierungen dieses allgemeinen Wertprinzips.«[28]

Die Biophilie ist eine vieldimensionale Kategorie, das heißt, biophil (lebensbejahend, lebensfördernd) können sein nicht nur Handlungen und Entscheidungen, sondern auch Orientierungen, Interessen, Einstellungen, Wünsche und Erwartungen, und sie sind es exakt dann, wenn sie das eigene und/oder das fremde personale Leben eher mehren und fördern als mindern und beschränken.

Nun ist aber nicht nur die Biophilie vieldimensional, sondern auch das personale Leben entfaltet sich vieldimensional, und zwar als physisches, psychisches, soziales, emotionales, sittliches, religiöses, musisches, materielles, ökonomisches, intellektuelles oder ideelles Leben. Weil solcherart personales Leben so vieldimensional ist, fordert es auch vieldimensionale gesellschaftliche Rahmenbedingungen ein, um sich optimal entwickeln zu können, mit anderen Worten: Ein soziales System – nehmen Sie Kirche oder Staat, ein Unternehmen oder einen Verein, die Familie oder jede Paarbeziehung, auch das Verhältnis Führender und Geführter –, nur ein solches soziales System, das solche vieldimensionale Rahmenbedingungen bereitstellt und zuläßt, wäre als biophil zu bezeichnen.

Bei Institutionen beispielsweise, also auch einer Art sozialen Systems, dürften wir von vorneherein kaum biophile Verhaltensmuster (also Mehrung und Förderung personalen Lebens der zum System Gehörigen) erwarten, da Institutionen per se nur das Ziel haben, sich selbst zu erhalten oder zu expandieren (Machterhalt und Machtmaximierung!) – was hier »für« die Menschen getan wird, ist sekundär und muß berücksichtigen, daß dies ohne Gefährdung des Selbsterhalts möglich ist. Hier wie in anderen sozialen Systemen (zum Beispiel in Ihrer Firma) gilt: »Der Mensch ist Mittel. Punkt.« Da behält Daniel Goedevert recht, wenn er sagt (oder zitiert?): »Im Mittelpunkt steht der Mensch, aber genau da steht er im Wege«, just dann, wenn er die Ziele des Systems nicht mitträgt.

Eine Umfrage würde sicherlich verifizieren, was ich hier behaupte, nämlich daß die meisten Menschen, auch die am Gemeinwohl orientierten und gewissermaßen »tugendhaften«, normalerweise nicht in erster Linie anstreben die Wahrung dessen, was abstrakt mit »Würde« umschrieben wird – nahezu von niemandem wird gewußt oder kann definitiv umschrieben und bestimmt werden, was Würde konkret bedeutet; noch weniger wird Würde als handlungsleitender Höchstwert gelebt, sie wird vielmehr nur auf Hochglanzpapier gedruckt und im Grundgesetz propagiert. Wonach die Menschen streben, das ist die Erhaltung des eigenen personalen Lebens, und dies in der Vielfalt der vorher genannten Dimensionen – wonach sie streben sollten, das ist die Erhaltung und Entfaltung auch fremden personalen Lebens in der ganzen Breite der Vieldimensionalität. Ich halte dafür, daß dies eine lebbare Ethik sein könnte und zugleich mein ethisches Credo, wonach man durchaus legitimerweise die Erhaltung und die Entfaltung dergestalt vieldimensionalen personalen Lebens heute als das höchste sittliche Gut festschreiben darf. Vorab findet solche Ethik ihre Grenzen nur im gleichermaßen berechtigten Biophilie-Anspruch des andern.

Aus dem Gesagten läßt sich gleichsam als kategorischer Imperativ eine sittliche Norm, die für alle Menschen gleichermaßen verbindlich ist, formulieren und als *Biophilie-Postulat* festhalten:

Handle stets so, daß du das personale Leben in deiner Person ebenso wie auch in der Person eines jeden anderen Menschen eher mehrst und förderst denn minderst oder beschränkst oder verunmöglichst.[29]

Ziel der oben behandelten ethischen Güterabwägung ist dann jeweils die Optimierung der Biophilie.

Der Gegenbegriff zu biophil ist *nekrophil*, und er bezeichnet Orientierungen, Einstellungen, Interessen, Erwartungen, Entscheidungen und Handlungen, wenn sie eigenes und fremdes personales Leben in all seinen Dimensionen eher mindern denn mehren.[30] Auch hier gilt, daß Strukturen, wie sie beispielsweise vorzufinden sind in einem Unternehmen, in einer Institution oder in einer Behörde, und daß Funktionen sozialer Systeme, wie sie uns etwa begegnen in institutionellen (hierarchisch organisierten) Einrichtungen wie Kirchen und Gesellschaften, in toto oder auch nur partiell biophil oder auch nekrophil sein können.

Wenn es, wie bereits gesagt, legitim ist zu behaupten, daß eine Ethik heute, um wirksam zu werden, minimale, aber notwendige Forderungen stellen muß, dann bietet sich das Biophilie-Postulat als ernstzunehmende und praktikable Alternative an, zumal es eine eindeutig soziale und nicht monadenhaft solipsistische Ausrichtung hat und unschwer internalisiert werden kann, unabhängig von jeglicher Ideologie, Partei, Nationalität und Konfessionseingebundenheit.

Wenn biophile Orientierungen zu Handlungen führen, und diese aufgrund von Wiederholung und Gewöhnung zu Haltungen, dann können sie als Dispositionen biophiler Handlungen beschrieben werden, und wir sprechen von Tugenden.[31] Jedenfalls wird im Rahmen der Biophilie-Orientierung keine Handlung eingefordert oder verboten, gefordert werden vielmehr Handlungsziele, insofern sie dem höchsten Gut, der Erhaltung und Entfaltung des personalen Lebens, entweder entsprechen oder widersprechen. Die Wege, diese Ziele zu erreichen, sind in die Verantwortung des einzelnen gestellt – die Grenze meines freien Handelns erfahre ich (nur) im berechtigten Biophilie-Anspruch des andern. Da haben wir also wieder auf einem Umweg die Negativformulierung der »Goldenen Regel«.

Eine Ethik im Führungsprozeß will und darf natürlich *biophiles Führen* keinesfalls ausklammern, im Gegenteil: Das Biophilie-Postulat in seiner sozial-kommunikativen Komponente, was ich noch in den Kapiteln 7 und 8 anleuchten werde, sollte und muß zur ethischen Meßlatte für verantwortetes Führen avancieren! Da Führen immer in sozialen Systemen geschieht, ist die Erzeugung eines biophilen Systems, das heißt einer biophilen Atmosphäre des Vertrauens und angstfreier Begegnung, eine wesentliche Führungsaufgabe.

Wertethik und Ethik als Tugendlehre

Bereits im zweiten Kapitel im Zusammenhang mit der Zeichnung eines ganzheitlichen Menschenbildes war deutlich geworden, daß der Mensch durchaus auch ein Bedürfniswesen ist, das heißt, daß er bestimmter Güter bedarf, um überhaupt leben zu können, um zu überleben und um zufrieden, glücklich oder ethisch verantwortet sein Dasein zu bewältigen. Im Rahmen einer Dreidimensionalität des Menschen hatte ich von einem fundamentalen Sinnbedürfnis des Menschen gesprochen (»Geist braucht Sinn«), von einer wesenhaften Ausrichtung des Menschen auf Sinn dergestalt, daß man berechtigt sagen darf: Nur ein sinnerfülltes Leben lohnt zu leben. Viktor E. Frankl nennt diese grundsätzliche Ausrichtung und Hinordnung auf Sinn, diese menschliche Anlage zu Sinnhaftem und Werthaftem den »Willen zum Sinn«.[32]

Ich darf das verdeutlichen mit dem doch unbestrittenen Willen zum Leben – der ist einfach da, als Selbsterhaltungstrieb, als Wachstum und Entwicklung; das ist – wie beim Willen zum Sinn – kein permanentes Aneinanderreihen bestimmter einzelner Willensakte (sonst kämen wir aus einem ständigen Wollen-Wollen gar nicht mehr heraus), sondern ein unreflektierter Drang, eine Gegebenheit, die erst dann bewußt wahrgenommen und reflektiert wird in der Krise, wenn Gefahr droht, Krankheit oder Verlust, also Tod.

Und so handelt nun doch ein jeder von uns und realisiert einen Handlungsimpuls, wenn und weil ihm da etwas als bedeutsam, als erstrebenswert, als vermeidenswert erscheint, weil es ihm wichtig ist, weil es ein Wert ist, weil er ein Ziel hat oder sieht. Ob der Mensch will oder nicht, ob er es wahrnimmt und für wahr hält oder nicht – der Mensch glaubt an den Sinn und verwirklicht ihn, weil er ein Wert ist, solange er atmet. Auch der Selbstmörder tut dies, wenngleich er nicht an den Sinn (oder Wert) des Lebens und Weiterlebens glaubt, so doch an den des Sterbens; glaubte er an keinerlei Sinn mehr und wäre er auf nichts für ihn Erstrebenswertes ausgerichtet, dann könnte er eigentlich keinen Finger mehr rühren und schon gar nicht Hand an sich legen und zum Suizid schreiten.

Aus dem Gesagten erhellt, daß das Erstrebenswerte, der Wert, das Ziel den Willen zum Sinn aktualisiert und damit den Menschen in Bewegung setzt, ihn motiviert, etwas in Angriff zu nehmen oder zu vermeiden. So ist der Wille zum Sinn also nicht als etwas aufzufassen, das in meßbarer und quantifizierbarer Menge ständig im Menschen vorhanden ist als eine Art Energiereservoir, das voll oder leer sein kann, vielmehr ist er reine Potenz, ein Kraftpotential, eine dem Menschen wesenseigene Fähigkeit, die angesichts eines Wertes oder Zieles in Gang gesetzt wird. Der Wille zum Sinn und zum Wert ist daher fürwahr die Primärmotivation für menschliches Handeln – ich kann nur handeln, wenn etwas für mich erstrebenswert ist, einen Wert darstellt und daher »Sinn macht«.

Von einer Differenzierung der Werte (materielle Werte = Güterwerte, ideelle Werte, religiöse Werte etc.) und von einer Hierarchisierung der Werte war bislang bewußt nicht die Rede. Es geht vorab um die enge Verbindung und Zusammengehörigkeit von Menschsein – Sinn – Wert – Handeln; auch die gesamte Gefühlswelt wird von Werten affiziert oder evoziert.

Wenn wir jetzt die Brücke schlagen zurück zur Ethik, zur Welt des Sittlichen, zur Welt moralischer Werte, dann verstehen wir auf Anhieb, wie legitim man Ethik als eine *Wertethik* konzipieren darf, die sich auf einen Kanon zeitlos gültiger oder auch von Kultur zu Kultur, von Gesellschaft zu Gesellschaft und von Epoche zu Epoche sich je verschieden ausformender Werte stützt. Wenn man Ethik als Motivationslehre menschlichen Handelns[33] faßt, dann müßten wir in unserem Zusammenhang von der axiologischen (griech.: = auf einen Wert bezogen) Motivation[34] sprechen, womit ein Verhalten gemeint ist, das durch einen Wert oder ein Gut hervorgerufen, bedingt und verursacht wird.

Es wäre durchaus lohnend, würde aber in unserem Zusammenhang zu weit führen, die Wertethik von Max Scheler (1874–1928) und Nikolai Hartmann (1882–1950) vorzustellen, aber auch die Hinterfragung der Werteordnung, die »Umwertung der Werte« bei Nietzsche (1844–1900) zu erörtern. Uns jedoch mag an dieser Stelle deutlich werden, daß es Ethik mit Werten und Normen (= geborgene, bewahrte, verankerte Werte) zu tun hat und durchaus ein differenziertes Wertebewußtsein schaffen will – ein ethischer Mensch wäre dann einer, der sittliche Werte sieht und erkennt und als handlungsleitende Prinzipien internalisiert, sie also zu verwirklichen sich bemüht. Und wenn dies, nämlich Gutes zu tun, leicht von der Hand geht und nicht gleich ein riesiges Entscheidungsdrama oder ein Staatsakt wird, dann sprechen wir von *Tugend.*

Wenn man *Ethik als Tugendlehre* vorträgt, stößt man im allgemeinen sehr schnell auf Mißverständnisse, Vorurteile und meist auch Ablehnung, da man gerne tugendhafte Menschen als weich, weltfremd, frömmelnd und verstaubt abwertet – das mag durchaus daran liegen, daß man Tugendlehre zumeist im religiösen Leben, im asketisch-monastischen Bereich und vornehmlich im Schoße der Kirchen beheimatet wissen will. Das ist zweifellos einseitig und falsch, aber wie dem auch sei, sowohl im modernen Ethikdiskurs als auch in der Psychologie von heute wird ein ganz gerüttelt Maß an Wert gelegt auf *stabile Einstellungen und Orientierungen*, die ihren Ursprung in dem haben, was wir Tugend nennen. So mag an dieser Stelle in Anpassung an solches Denken R. Lay zitiert werden dürfen. Er definiert »Tugend als eine psychische und/oder psychosoziale Disposition, die uns zu einem Handeln gemäß den ethischen Grundsätzen und Imperativen geneigt macht. In unserem Sinne wäre also jede Einstellung und Orientierung tugendhaft, die einen Menschen dazu bringt, das Biophilie-Postulat zu realisieren (beziehungsweise moralisch- oder sittlich-gut zu handeln)«.[35]

Sittliche Tugenden zu erwerben ist eine Grundfrage, ein Grundanliegen der Ethik, und wer ethisch verantwortet führen will, kann es nicht darauf ankommen lassen, im hektisch-brutalen Alltagsgeschäft des Führungsprozesses immer erst mühsam unter Erwägung und Abklärung aller Pros und Kontras und der Sympathie- und Antipathiefelder sich immer wieder neu eine sittliche und »menschliche« Entscheidung abzuringen, ja abzuwürgen. Nach klassischer Version und Defi-

140

nition ist *Tugend eine Leichtigkeit, die man erworben hat, um gut zu handeln* – diese Geneigtheit, sittlich gut handeln zu wollen und zu können, ist nicht ursprünglicher frei verfügbarer Besitz eines jeden Menschen, sondern muß erlernt, erworben, eingeübt werden. Tugenderwerb ist fürwahr Persönlichkeitsbildung!

Bei der Behandlung des (Sozial-)Eudämonismus hatten wir die Objektkategorie Glück (im weitesten Sinne) angesprochen – und ihr entsprach als subjektives Korrelat das Gefühl des Angenehmen und Nützlichen. Jetzt können wir nach dem bisher Gesagten festschreiben: Der Objektkategorie Wert entspricht als subjektives Korrelat die Tugend, wobei Tugend zunächst zu begreifen ist als Tauglichkeit und Fertigkeit zu werthaftem Verhalten. Man darf hier nicht die griechische Herkunft der abendländischen Tugendlehre ignorieren, und die antike »areté« (lat. »virtus«, Tugend) meint zunächst die Fähigkeit und das Vermögen, »eine bestimmte Leistung zu vollbringen, die als werthaltig gilt und in deren Verwirklichung die Wesenserfüllung des handelnden Subjekts liegt. So liegt die ›Tugend‹ eines Pferdes in seiner Stärke und Schnelligkeit.«[36] Bereits unter Sokrates und dann in der Schule Platons setzt eine Vergeistigung und Verinnerlichung des Tugendbegriffs ein, so daß Tugend nunmehr zu einer »Eigenschaft des inneren Menschen, des Charakters und der Gesinnung, des geistigen Habitus (wird), der final auf die Realisierung von Werten gerichtet ist«[37], beispielsweise der Tapferkeit, Selbstbeherrschung, Weisheit und Gerechtigkeit.

Vornehmlich Aristoteles verdanken wir eine auch heute noch brauchbare Tugendlehre – er handelt sie ab im zweiten Buch der »Nikomachischen Ethik« (zur Lektüre wärmstens empfohlen und als Taschenbuch für jedermann erschwinglich).

Nach Aristoteles haben wir alle die »natürliche Anlage« zum vollkommenen Menschsein in uns, aber wir müssen etwas tun, daß sie nicht verschüttet und verkehrt wird. Bei dieser Anlage handelt es sich einerseits um verstandesmäßige Fähigkeiten, wie Intelligenz, schnelle Auffassungsgabe, logisches Denken und auch Weisheit, andererseits aber um charakterliche Vorzüge. Beides nun muß in einem fortwährenden Prozeß des Lernens, Erziehens und Übens erst zur Entfaltung gebracht werden. Nur wenn dieser Prozeß gelingt, dann kommt die gute Basisanlage zur Entfaltung, dann entwickelt sich aus Person sittliche Persönlichkeit, dann erwerben wir das, was Aristoteles mit dem Zentralbegriff der Tugend bezeichnet. Tugenden erwerben, das heißt dann für Aristoteles, jenes so vollkommen wie möglich auszubilden, was (ursprünglich in uns als Anlage ist und durch Entwicklung, Entfaltung, Übung und Gewöhnung) uns zum wahren Menschsein befähigt. Dies gilt für Verstandestugenden ebenso wie für charakterliche oder sittliche Tugenden, nämlich besonnen und gerecht, gütig und großzügig, gelassen und tapfer zu werden. Es versteht sich von selbst, daß charakterliche Tugenden keine Gefühle oder Empfindungen oder Affekte sind, sondern sie bedeuten eine bestimmte Art und Weise, mit alledem umzugehen.

Wichtig ist – und dies gilt auch für die zum Führenden notwendig und wesentlich gehörenden Dispositionen – folgendes, was wir oben bereits kurz angedeutet haben: Tugenden erwerben wir, indem wir uns daran gewöhnen, auf eine bestimmte Weise mit all dem, was uns passiert und widerfährt, und mit all unseren eigenen Gefühlen, unserem Wollen und unseren Bestrebungen und Antrieben umzugehen. Mit anderen Worten präzisiert: Sittliche Tugend bedarf der *Gewöhnung,* und sie verleiht unserer Persönlichkeit eine Tendenz, auf die wir uns selbst und auf die die anderen sich verlassen können.

Diese Tendenz zu handeln, diese Disposition oder fundamentale Geneigtheit, nennt Aristoteles »*Hexis*«, einen *Habitus* also, eine *Haltung,* die, durch viele Einzelakte erworben, gleichsam zum Handlungsstandard »gefroren« wurde.[38]

Bereits im ersten Kapitel habe ich ausgeführt: *ex actu fit habitus* – aus Handlung wird Haltung! Eine Gewohnheit kann eine herrliche Entscheidungserleichterung sein – sie zu haben bedeutet, sich nach einem geschliffenen Muster zu verhalten, das heißt, man reagiert, ohne die ganze Angelegenheit von vorn nach hinten und nach allen Seiten hin und wieder zurück durchdacht zu haben. Man beherrscht etwas wie im Schlafe – so läßt sich auch einüben und zur Haltung ausformen, Gutes zu tun und sittlich verantwortet zu handeln.

Manch einem kann dienlich sein zu erfahren, wie man nach Aristoteles erkennen kann, ob man richtig und sittlich gut handelt: Aristoteles bestimmt die Tugend als ein Mittleres zwischen zwei Extremen, und diese Extreme, die von zwei Seiten her, der eines Zuviel und der eines Zuwenig, das richtige Handeln gefährden, sind zu vermeiden. Dies ist die berühmte *Mesótes-Lehre,* deretwegen Aristoteles häufig angegriffen wurde, weil man ihn mißverstand und seine Einschränkungen ignorierte. Wenn er Tugend als ein Mittleres verstand, dann hat er nicht die Trivialität des goldenen Mittelwegs gemeint – mit Mittelmäßigkeit hat Tugend nichts zu tun, Tugend ist auch nicht mittig im streng mathematischen Sinne. Die Tugend ist vielmehr ein Mittleres (zwischen den Extremen) dem Seinswert nach, nach der ethischen Wertigkeit ist sie ein Absolutes, über das hinaus es kein Zuviel geben kann; wenn in der Tugend ein Zuviel vorhanden ist, dann ist sie schon keine Tugend mehr. Tugend ist wie eine Gratwanderung, jedenfalls sehr schwierig, was uns jedoch nicht davon abhalten darf, wenigstens »Approximativwerte« zu erzielen und Dispositionen in uns auszubilden, Einstellungen und Orientierungen, die generell handlungsrelevant sind und uns fundamental geneigt machen, ethisch gut zu handeln und ethisch Verwerfliches zu unterlassen.

Um die Mesótes-Lehre zu konkretisieren, seien ein paar Beispiele genannt: So liegt etwa die »sophrosýne«, die Tugend der Besonnenheit (der Selbstbeherrschung und der Zucht und des Maßes), als Mittleres zwischen der Zügellosigkeit einerseits und der Gefühlsstumpfheit andererseits, die Tapferkeit ist plaziert zwischen Tollkühnheit und Feigheit, die Großzügigkeit zwischen Geiz und Verschwendung. Freilich ist dies kein exakter Maßstab, nach dem man so ohne weiteres das rechte Handeln berechnen könnte, denn für den Feigen ist der Tapfere schon tollkühn, und für den Geizigen ist der Großzügige verschwenderisch; andererseits liegt doch die Tollkühnheit der Tapferkeit näher als die Feigheit, weil sie ein Zuviel an Tapferkeit und Mut einbringt, während die Feigheit das Moment des Mutes ganz vermissen läßt.

Generell behält das Ideal der »mesótes« einen stark individuellen Charakter, denn eine Handlung, die bei dem einen beispielsweise als »tollkühn« auszulegen ist, kann bei einem anderen durchaus als in den Grenzen des ihm Selbstverständlichen sich bewegend angesehen werden. Aber dennoch, gerade weil es keine generelle Regel gibt, das Ideal der »mesótes« ein für allemal festzulegen, mag der einzelne *seine* »mesótes« kennenlernen, und zwar ausschließlich in den Erfahrungen, die er im Umgang mit sich und seinem sozialen Umfeld macht, und er mag darum bemüht sein, sie in Übung und Gewöhnung für sich festzuhalten, indem er sie vorsätzlich zum Maßstab aller weiteren Handlungen macht.

Ein gutes Zeichen jedenfalls, daß wir die Mitte gefunden haben, ist, wenn es Kraft und Anstrengung erfordert, sie einzuhalten, und wenn eines der Extreme bequemer wäre: Man denke an Zivilcourage und links und rechts davon an feige, opportunistische Kriecherei und Duckmäuserei einerseits und an Selbstüberheblichkeit, Arroganz und verantwortungslose, blinde Machtanmaßung andererseits. Im Bemühen um sittliches Handeln ist das Fallen in Extreme jeweils Zeichen von Schwäche, weil, wie Aristoteles vermerkt, die Mitte gewissermaßen Ende und Äußerstes ist.[39] »In medio stat virtus«, in der Mitte steht die Tugend, sagt auch Thomas von Aquin – man kann ihm nicht widersprechen.

Wie bereits oben erwähnt, messen auch der moderne Ethikdiskurs und die Psychologie stabilen Einstellungen und Orientierungen größte Bedeutung zu. Erworben werden solche Dispositionen durch Internalisierung der Strukturen sozialer Systeme[40], das heißt, man spricht von Über-Ich-Tugenden und meint damit Einstellungen wie Fleiß, Gehorsam, Pünktlichkeit, Einsatz- und Leistungsbereitschaft, Sauberkeit und Pflichtbewußtsein – nicht selten werden solche Einstellungen und Haltungen über Introjektion von Institutionen wie Familie, Kirche, Staat/Gesellschaft oder Schule erworben und regulieren primär und mehr oder minder unkritisch und meist quasiautomatisch die Funktionen des funktionalen Gewissens[41] (Über-Ich). Werden die Über-Ich-Tugenden kritisch und verantwortet als persönliche handlungsleitende Werte übernommen, dann können sie zu Ich-Tugenden werden, zu denen auch Verantwortungs- und Vertrauensbereitschaft gehören.

Der Vollständigkeit halber seien auch noch die Passungs-Tugenden genannt, die in der Praxis nicht eben selten sind und durch Anpassungsprozesse an die konkrete berufliche, private und soziale Umwelt erworben werden, und die Es-Tugenden, welche die Tiefenpsychologie erworben sein läßt durch die Orientierung von Lust und Unlust vor allem in der frühen Kindheit; sie versteht darunter u. a. die Fähigkeit, sich von Situationen betreffen zu lassen, sinnvoll mit eigenen und fremden Emotionen umzugehen – übrigens eine sehr wichtige Führungstugend, wie noch in einem späteren Kapitel zu zeigen sein wird! –, ferner die Fähigkeit zur Empathie (= Einfühlung) und jene, angstfrei zu vertrauen – auch diese beiden »Tauglichkeiten« und Fertigkeiten sind wichtige Führungstugenden.

Was auch immer man von dieser Vierteilung der Tugenden halten mag, jedenfalls muß gegenüber den Vorwürfen der Vorgestrigkeit und Verstaubtheit hinsichtlich der Aufrechterhaltung einer Ethik als Tugendlehre mit Genugtuung registriert werden, daß die moderne Ethik-Diskussion unter Einbezug vornehmlich tiefenpsychologischer Erkenntnisse den *Tugenden* als *Dispositionen zu sittlichem Handeln* größte Bedeutung zumißt.

Die Würde des Menschen. Ethik und Führen

Wenn wir später von Führungseigenschaften und Kompetenzen des Führenden sprechen werden, dann sind auch da eigentlich Tugenden gemeint als Tauglichkeiten, die durch Gewöhnung und permanente Einübung zu einer Haltung geworden sind, die final auf die Realisierung von Werten gerichtet ist. Eine Vielfalt der Wertvorstellungen des einzelnen und sozialer Gruppierungen (Pluralismus der Werte) wird man respektieren müssen, und daher scheint es auch kein abgeschlossenes System der Tugendlehre mit überzeitlichem und jedermann gleichermaßen verpflichtendem Geltungsanspruch zu geben, da jede Tugend auf eine geschichtliche Situation bezogen ist und innerhalb dieser ihren Sinn hat.

Ich will jedoch vermuten, daß alle Tugenden aller Epochen und sozialen Situationen deutliche oder auch diffuse Widerspiegelungen sind der fundamentalen *Achtung der Würde des Menschen* und seines Anrechts auf lebenswertes Dasein in dieser Welt. Man kann zur Kantschen Entwicklung einer reinen Sollens- oder Pflichtenethik anstelle einer Güter- oder Wertethik stehen, wie man will, Kant hat uns jedenfalls über das ethisch Wertvollste belehrt, über die Achtung. Wenn auch nicht (unbedingt) die Achtung vor dem Sittengesetz, so ist doch die Achtung vor den anderen und ihrer menschlichen Würde das A und O jeder Ethik – unser Leben würde alsbald ins Inhumane versinken, sobald wir keine Achtung vor den anderen mehr aufzubringen imstande wären.

Achtung vor der Würde des anderen ist unverzichtbar auch schon deshalb, weil sie rechtlich nicht eingeklagt werden kann. Freilich wäre wirklich human unser Leben erst dann, wenn es hinüberspielen würde in die Sphäre eines Handelns, das weder rechtlich einklagbar noch ethisch zu fordern ist. In dieser Sphäre indes ist das Größte zu Hause, von dem ich kaum in diesem Zusammenhang zu sprechen wage und das so selten geworden ist im sozialen Miteinander generell und im Führungsprozeß speziell[42]: Liebe. Sie läßt sich ethisch so wenig einfordern, daß man berechtigt fragen kann, ob man sie überhaupt noch antrifft, wenn man sie als etwas außerethisch Gutes bezeichnet.

Doch bleiben wir auf dem Niveau ethischen Wohlverhaltens, und da ist die Achtung der Würde des anderen ethische Minimal- und Maximalanforderung zugleich. Kants moralphilosophisches Grundproblem war, ob die Frage »Was sollen wir tun?« intersubjektiv oder zwischenmenschlich verbindlich beantwortet werden könne. Das ist möglich, wenn wir – stark verkürzt ausgedrückt – unsere Zwecke absolut frei setzen und sie daraufhin prüfen, ob wir sie auch dann noch wollen könnten, wenn sie zu allgemeinen Gesetzen der Welt gemacht würden. Die Regel für eine solche Prüfung formuliert der kategorische Imperativ, wonach ich niemals anders verfahren soll (zum Beispiel im Kommunikationsprozeß, der Toleranz und Achtung voraussetzt) als so, daß ich auch wollen könne, meine Maxime solle ein allgemeines Gesetz werden. Der kategorische Imperativ ist so das Verfahren zur Prüfung der Tauglichkeit einer Maxime zu einem allgemeinen Gesetz. Könnten wir die Achtung vor der Würde des Menschen kategorial einfordern, dann würde eine echte Humanisierung der (Mit-)Welt in nahezu unvorstellbarem Ausmaße Platz greifen …

In diesem und im vorausgehenden Kapitel mag hinreichend transparent geworden sein, was Ethik eigentlich meint und will und daß sie nicht Ethos als die etablierten Verhaltensregeln ersetzt, daß sie aber nach deren Rechtfertigbarkeit fragt und nach den guten Gründen für Verhaltensregeln und Verhaltensmuster unter dem Aspekt der Verantwortlichkeit und der Förderung personalen Lebens; sie will und muß sich auch wehren gegen eine bloße Institutionenmoral, die blind dem folgt, was »man« eben tut und fühlt und erwartet. Alle anderen so heftig diskutierten und publizierten Ethiken, sei es Wirtschaftsethik oder Führungsethik oder Unternehmens- oder Sozialethik, sind angewandte Ethiken – jedoch gerade in der Anwendung liegt das Problem, das heißt, der Teufel steckt im Detail der Übertragung moralischer Überlegungen und Maximen auf die tagtägliche Praxis. Um Verantwortung geht es allenthalben und um zum Wesen des Menschen gehörende Dialogwilligkeit, die in gebührender Demut und Bescheidenheit weiß, daß niemand von uns die volle Wahrheit besitzt – alle sind wir bestenfalls auf dem Wege zu einer größeren Wahrheit.
Einem jeden jedoch, der ethisch verantwortetes Handeln beispielsweise im Rahmen der Unternehmensethik von vornherein verdächtigt, gewinnminimierend zu sein, dem sei gesagt, daß ethisches Verhalten »sich auch rechnet«, sich rentiert; mit anderen Worten: Kompetenz in der Sache und Glaubwürdigkeit im Verhalten zahlen sich schon mittelfristig aus – andererseits kann und muß eigentlich jedem, der etwa Aufwands- und Aufwendungsängste hat (falls er Ethik in sein Unternehmen integriert), eine sogenannte *kostenneutrale Ethik* empfohlen wer-

den, bei der ethisch orientiertes Handeln in einer Leistung besteht, die keinen finanziellen Aufwand verursacht.[43]

Ich zähle dazu die bewußte Aktivierung der Kommunikations- und Konfliktfähigkeit der Führungskräfte, eine hierarchieübergreifende, also von oben nach unten und umgekehrt transparente und praktizierte Kooperations- und Koordinationsfähigkeit, ferner – wie oben behandelt – die Aktualisierung von Tugenden, näherhin die des Wohlwollens, der Nachsicht, des Vertrauens, der Ehrlichkeit und der Glaubwürdigkeit im Umgang mit Mitarbeitern und Kunden; kostenneutral wäre weiterhin der deutlich forcierte Abbau mikropolitischer Techniken, die menschliches Beisammensein erheblich erschweren, um Herrschaftsfunktionen aufrechtzuerhalten, und zwar – wie ich im ersten Kapitel ausgeführt habe – durch Lüge, Betrug, Verleumdung, Gerüchtekocherei, Falschmeldungen, Informationeneinbehalt, Vernichtung von Unterlagen und letztlich durch Verwandlung von Autorität in Macht und durch unwidersprochenes Inkaufnehmen von Intrigen, Pseudofreundlichkeit, Schwinden von Teamgeist und Solidarität.

Um bereits jetzt schon auf die Kompetenzfelder der Führenden in den nachfolgenden Kapiteln einzustimmen, mögen ein paar Definitionen und Umschreibungen genannt sein dürfen, die das *Phänomen Führen* charakterisieren und zugleich den *hohen ethischen Anspruch dieser Aufgabe* signalisieren, aber auch meine durchgängige Überzeugung verraten, daß es vor allem darauf ankommt, *die Persönlichkeit des Führenden* in geeigneter Weise *zu entwickeln,* und nicht so sehr darauf, Regeln über Verhaltensweisen zu lehren und nekrophile Motivationstechniken zu trainieren, die Manipulation nur sehr dürftig zu kaschieren imstande sind.

Baldur Kirchner, seit 20 Jahren Seminarleiter für Persönlichkeitsbildung und vornehmlich mit Führenden aller Chargen und Etagen konfrontiert, geht das Thema Führung als Menschenführung ebenfalls grundlegend vom Persönlichkeitsbild des Menschen her an und von der eingeforderten Fähigkeit, mit sich selbst und mit anderen konstruktiv umgehen zu können. Wenn er in »Dialektik und Ethik« eine ethisch orientierte Kommunikationskultur postuliert, dann entspricht dies durchaus dem, was wir mit biophilem Umfeld beschrieben haben, in dem Wohlwollen, Vertrauen und Angstfreiheit vorherrschen.

Nun aber zu dem bereits avisierten Führungs-Eignungs-Katalog, der durchaus parallel gelesen werden kann zu den Anfangsseiten eben dieses Kapitels:

- *Führen* ist nicht befehlen, anordnen und wünschen, auch nicht leiten, und darf sich niemals aufs Appellieren beschränken.
- *Führen* setzt die Fähigkeit zum Kompromiß voraus, ist auch ein Vermeiden von Demotivation und heißt, Autonomie und Initiative zu entfalten und zu fördern.
- *Führen* verlangt die Beschränkung von Fremdeinflüssen auf den Mitarbeiter auf ein Minimum und fordert Stärkung des kritischen Bewußtseins des Mitarbeiters.
- *Führen* setzt die Fähigkeit zur Kontrolle von Fremdsteuerung und zum Einsatz von Eigensteuerung voraus – ohne beides geht nichts –, und sie ist Vermittlung von Selbstsicherheit als wichtigem Ziel allen Führens.

Und last not least: *Führen heißt immer, sich einstellen auf den ganzen Menschen,* worunter auch die ganze Bedürfnis- und Erwartungspalette ebenso wie das Wissen um die Sinnkonzepte der Mitarbeiter subsumiert sein müssen.

Dies sind in der Tat edle, jedoch wesensnotwendige Profilansprüche, die zumindest angestrebt werden sollten. Und wenn ich vor einiger Zeit auf einem Symposion von Philosophen, Theologen, Gewerkschaftlern und Unternehmern in Zermatt mit dem Thema »Werte in Wirtschaft und Gesellschaft« auch noch hörte von der Bereitschaft zum Dienen, aus der erst die echte Führungseignung hervorgehe – Demut oder Dienmut verlange der Dienst an der Sache und die Hinwendung zum Gemeinwohl der Unternehmung[44] –, dann ist dies ein wahrhaftig neues Denken in einer Welt, in der sonst der sehr viel kältere Wind von Gewinn – Erfolg – Prestige und Machtmaximierung bläst abseits jeglicher Soft Values sittlicher Tugenden.

Jedenfalls verraten auch solche Aussagen – und dieses Buch will hierzu auch einen Beitrag leisten –, *daß Führung, die sich irgendwie legitimieren will, an erster Stelle nachweisen muß, daß sie die Persönlichkeit des Führenden wie des Geführten eher entwickelt als zerstört.* Hier hat die Führung auch ihre ethischen Grenzen, und selbst wenn es – weit abseits vom Problem des Befehlens, auch jenseits der Beherrschung bestimmter Überzeugungstechniken – vornehmlich auf die »Stärke« der überzeugenden Persönlichkeit ankommt, dann erfährt auch diese ein kategorisches »Off limits« vor der Respektierung der Würde der Eigenpersönlichkeit des Gegenübers.

Wenn *ethisch verantwortetes Führen* auch das Erkennen und Vermeiden von Kommunikationsstörungen impliziert, wenn es das Gewissensurteil des Geführten zu akzeptieren und fremde Würde und Freiheit zu respektieren hat, wenn ihm ferner personale Autorität zugrunde liegt und es eine (reichlich) entwickelte Konfliktfähigkeit des Führenden voraussetzt, dann wird bereits hier hinreichend deutlich, *daß und wie sehr Führen in Ethik rückverweist* und in einem ganzheitlichen Menschenbild und einer reifen Persönlichkeit fundiert sein muß. Ferdinand Porsche nannte einmal den wichtigsten Charakterzug eines Führenden »ein Maß an Persönlichkeit und Vertrauenswürdigkeit, die andere Menschen veranlaßt, sich seiner Führung anzuvertrauen«.[45]

Eine solche Persönlichkeit muß, nach dem bislang Ausgeführten eigentlich selbstverständlich, dem *Biophilie-Kriterium* genügen, das ich hierfür so abwandle und definiere:

Handle stets so, daß du in und durch dein Handeln die Minderung und Beeinträchtigung eigenen und fremdem personalen Lebens weder willst noch durch fahrlässiges Nichtbedenken deines Handelns und dessen Folgen herbeiführst, noch ohne verantwortete Güterabwägung zuläßt.

KAPITEL 5

»Persilschein« für das Menschenmögliche?

Zur ethischen Kompetenz des Führenden

Ein Klischee ist nicht so leicht aus der Welt zu schaffen, so auch nicht dieses (weitverbreitete), daß nämlich der Vollblutmanager edles Tuch trage in dezenten Farben, ständig im Streß sei, ein Autotelephon in seiner Limousine mit möglichst großem Hubraum habe, seinen Laptop mit in den kurz bemessenen Urlaub nehme und in der Regel nahezu keine Zeit einplanen könne für Frau und Kinder. Diese landläufige Vorstellung von Männern in höheren Führungspositionen brauchen wir so nicht stehen oder gelten zu lassen, aber diese Pauschalierung seitens der Volksseele spiegelt zumindest partiell die Wirkung und die Strahlung zahlreicher Führender auf die breite Öffentlichkeit wider und gibt zu denken.

Wie es um die Sittlichkeit der solcherart charakterisierten oder karikierten Führungspersönlichkeiten bestellt ist und wie sehr oder wie wenig die Ethikfähigkeit solcher Führender entwickelt ist, darüber gibt das Klischee keinen Aufschluß – oder affirmativ gesagt: Das Persönlichkeitsprofil der im wirtschaftlichen (und politischen) Leben Führenden läßt ethische Kompetenz nur selten erkennen – wenn der von den Soziologen generell für unsere Gesellschaft attestierte Wertewandel oder Werteschwund[1] kontrovers diskutiert werden kann, so scheint doch im Blick auf die wirtschaftlich-politischen Verantwortungsträger gesagt werden dürfen, daß sich hier das sittliche Profil eher zum Moralverfall hin bewegt.

Das Spannungsverhältnis von ökonomisch-politischem Erfolgszwang und moralischer Pflicht ist offensichtlich in keine Gleichgewichtslage zu bringen, geschweige denn, daß Moralität Priorität erhielte. Ich erinnere in diesem Zusammenhang an das, was ich im ersten Kapitel zu Machiavellismus und Mikropolitik gesagt habe. Den dort erwähnten Topmanager eines in der Schweiz ansässigen und weltweit operierenden Konzerns, der so sehr gegen das »ethische und soziale Gesäusel« aufbegehrt und den Fighting Spirit als die eigentliche Kardinaltugend der Markt- und Wettbewerbswirtschaft bezeichnet, will ich aus Gründen der Respektierung gewisser Tabuzonen nicht namentlich benennen, nur noch nachtragen, daß seiner Meinung nach nicht ein Manko an Moral, sondern der Mangel an Aggressivität das Hauptübel im Management ausmache.[2]

Der vielgefragte Managementberater und visionsverdächtige Trendguru Gerd Gerken nimmt den Mund noch voller, wenn es dem »furchtbaren Ethiktrend«[3] zu begegnen gilt – so sagte er auf einer Veranstaltung: »Wer sich auf Ethik einläßt, verspielt seine Zukunft.« Sprach's, und riesiger Beifall brandete auf – noch lauter wurde es bei einem anderen keß-unverfrorenen Spruch: »Die Moral der Wirtschaft besteht gerade darin, daß sie amoralisch ist« – wie töricht so viel Keßheit ist und wieviel solche populistischen Sprüche von der eigenen Profilierungssucht verraten, mag ein jeder selbst beurteilen, jedenfalls scheinen solche Aussagen nicht dort angesiedelt zu sein, wo von Verantwortungsgefühl als zur Sittlichkeit des Menschen gehörig die Rede ist.

Vorbemerkung:
Neue Typen unternehmerischer Verantwortung

In einer vom Institut für Wirtschaftsethik an der Hochschule St. Gallen vorgelegten Studie »Ethik und Erfolg«[4] wurden anhand eines umfangreichen Gesprächsleitfadens 60 Führungskräfte zum Einfluß ethischer Überlegungen bei betrieblichen Entscheidungen befragt und neun Typen unternehmerischer Verantwortung gefunden – es sind dies neun Einstellungsmuster zu der Grundfrage: Wie können die betriebswirtschaftlichen Erfordernisse der Gewinnerzielung und der Unternehmenssicherung (»Sachzwänge«) mit ethischen Forderungen in Einklang gebracht werden beziehungsweise wie kommt Ethik in die Praxis der Unternehmensführung?

Im Antwortenkatalog findet Ethik und Management à la Gerken nicht statt, vielmehr plädierten erstaunlicher- und erfreulicherweise immerhin 38 Prozent – übrigens die höchste Quote! – der Befragten für oder bezeichneten sich als dem Typ des *Personalisten* zugehörig, dessen geschärftes Verantwortungsbewußtsein Gewähr ist für moralisches Handeln; sehr wohl räumt man ein, daß die Unternehmer oder Manager

»deutliche Macht« hätten, daß diese jedoch durch »Ethik als beglei-
tendem Faktor« – also doch wohl durch das persönliche Gewissen – vor
Mißbrauch geschützt werden solle.

Acht Prozent der Befragten sind den *neuen Unternehmern* zuzuordnen, die auf der Ebene der Unternehmenspolitik nach rentablen Wegen ethisch zu verantwortenden Wirtschaftens suchen, ordnungspoliti-
sche Mitverantwortung akzeptieren und durchaus bereit sind, bei all-
fälligen Änderungen der Rahmenbedingungen ihren Beitrag zu leisten. Diese »neuen Unternehmer« vertreten eine sehr differenzierte
Sicht des spannungsvollen Verhältnisses von Ethik und Erfolgsstreben,
die es ihnen erlaubt, auch reaktive unternehmerische Konsequenzen
zu ziehen. Hier wird Ethik nicht mehr nur als idealistisches oder op-
portunes Zugeständnis an ökonomiefremde Instanzen verstanden,
sondern als integraler, notwendiger Bestandteil vernünftiger Unternehmenspolitik. Auf der Suche nach einer Synthese von Erfolg und
Ethik fragt der »neue Unternehmer« problembewußt nach dem
ethisch richtigen unternehmerischen Handeln und sieht einen gewaltigen unternehmerischen Gestaltungsspielraum sich eröffnen, der nicht
anders als ethisch reflektiert auszufüllen ist.

Ob dies der Prototyp eines hoffentlich zunehmend in Erscheinung tre-
tenden neuen Managertyps für das nächste Jahrhundert ist, vermag
niemand zu prognostizieren. Oder wird es der *Legalist* sein, der nur tut,
was das Gesetz, die Norm, die Vorschrift verlangt, oder der *angepaßte
Kulturharmonist,* der sich an gesellschaftlichen Konventionen und an
den Gepflogenheiten der eigenen Kulturlandschaft orientiert? Beide
Typen gibt es bereits zuhauf, und schon jetzt könnte man auf sie verzichten, ebenso – unter moralischen Gesichtspunkten – auf den nur an
Zahlen und Marktlogik orientierten *metaphysischen Betriebswirt,* für
den ethische Probleme nur entstehen, wenn der Markt versagt.

Die Schweizer Studie nennt noch den fürsorglichen, die Moral selbst
bestimmenden *Paternalisten,* den *Idealisten,* für den es nur eine Ethik
des Verzichts gibt, da der Konflikt zwischen ökonomischen und ethischen Anforderungen prinzipiell ist und eigentlich unlösbar, ferner
den *Rahmenreformer,* der nichts von einer Moralisierung der Unternehmenspolitik hält, und den *Instrumentalisten,* für den sich Ethik
rechnen läßt und der davon ausgeht, daß sich moralisches Wirtschaften
früher oder später auszahlt.

Alle neun Typen, die man durchaus zu vier Grundtypen (= Ökonomi-
sten, Konventionalisten, Idealisten und Reformer) verdichten kann,

sind ernstzunehmende und diskussionswürdige Modelle, weit entfernt auch von den medienwirksamen und provokativ-unverantwortlichen Thesen des Ethik-Exorzisten, des Bielefelder Soziologen N. Luhmann, der moralisch motiviertes Handeln nicht nur für entbehrlich, sondern geradezu für schädlich hält, für »dysfunktional«. Wer ihm 1990 ausgerechnet den Hegel-Preis angedient haben muß, scheint den großen Philosophen nicht einmal angelesen zu haben, jedenfalls lehne ich Luhmanns Paradoxon anläßlich der Preisverleihung entschieden ab, wonach es die allerwichtigste Aufgabe der Ethik (als wissenschaftliche Theorie der Moral) sei, vor der Moral zu warnen.[5]

Wenn man den Einfluß solcher »Propheten« nicht beängstigend ernst nehmen müßte, müßte man sie eigentlich totschweigen, aber man sieht sich gezwungen, Gegengewichte aufzufahren, da sich immer wieder und forciert der amoralische ungenierte Machbarkeitswahn des faustischen Homo Faber breitmacht und manch einer den moralischen Persilschein für alles Menschenmögliche ausstellt und propagiert, und dies trotz des epochalen Werks von Hans Jonas, »Das Prinzip Verantwortung. Versuch einer Ethik für die technologische Zivilisation«, eines Opus, aus dem, wie wir bereits in Kapitel 3 gesehen haben, deutlich wird, daß eine Menschheit, die ihren eigenen Untergang im Repertoire hat und sich anschickt, den Ast, auf dem sie noch sitzt, ungehemmt durchzusägen, allein schon um des Überlebens willen nicht moralische Enthemmung, sondern deutliche ethische Schranken braucht – ein ethisches Obligo muß durchweg von einem jeden akzeptiert werden, nicht zuletzt von jenen, die als Führende Identifikationsgestalten für die Geführten sind und als solche Verantwortung tragen für ein biophiles Umfeld, in dem angstfrei geatmet, für Prosperität des Unternehmens gerne mitgeholfen, aber auch gelingendes personales Leben wenigstens in seiner psychosozialen Dimension nicht unmöglich gemacht wird. Dies ist freilich nicht möglich, wenn den Führenden nur seine fachliche Kompetenz »ausmacht« und wenn sich seine Autorität und das Maß und die Art und Weise seines Einflußnehmens auf die Geführten nur und ausschließlich vom Grad seiner hierarchischen Positionierung herleiten.

Wer zu begreifen bereit ist, daß es objektive Werte als sittliche Normen gibt, die anzuerkennen sind, nach denen das eigene Leben ausgerichtet werden soll und die, obwohl objektiv, ein jeder als seine eigenen, für ihn persönlich gültigen Werte akzeptieren möge, der hat bereits »ja« gesagt zur Persönlichkeitsentwicklung und damit zu einem Hinwachsen zu mehr Sittlichkeit; der begreift auch, daß die Verantwortung des Führenden den Geführten gegenüber in einer Fähigkeit begründet und verankert ist, die als sittliche respektive ethische Kompetenz bezeichnet werden darf.

Die Menschheit hat in den voraufgehenden sechs Jahrtausenden ihrer Entwicklung in mannigfachen religiösen und philosophischen Systembildungen Sittengesetze etabliert und Normen und Werte herausgestellt, an denen sich das Gewissen orientieren muß, wenn es sein Placet zu richtigem Handeln gibt – der einzelne braucht demnach in seiner Entscheidungsfindung nicht wieder ganz von vorne anzufangen. Dies bedeutet, daß es gewisse sittliche Grundwerte und Normen von allgemeiner Gültigkeit gibt, unabhängig von historischen und soziokulturellen Unterschieden, was unschwer nachzuvollziehen ist, wenn man sieht, daß der Inhalt der »Goldenen Regel« in nahezu allen Epochen und Kulturen nachweisbar ist.

Man wird also durchaus zu Recht sagen dürfen, daß sich Sittlichkeit dokumentiert in einem zeitlos gültigen »Katalog« mehr oder minder absoluter Werte und Normen, die an den Menschen einen unabweisbaren Anspruch stellen – stellt man sich diesem Anspruch, tut man das Gute; handelt man absichtlich zuwider, realisiert man Böses. Wenn man Sittlichkeit also so fassen darf, daß sie begriffen wird als die Summe von Normen, die der Mensch sich bewußt aneignen soll als handlungsleitende Werte und auf die hin er sein praktisches Handeln ausrichtet, dann kann man *ethische Kompetenz* festschreiben als die menschliche Fähigkeit, sich freiwillig und bewußt auf sittliche Normen ausgerichtet zu wissen, deren bindenden Charakter anzuerkennen und mit ihnen sinnvoll und verantwortungsvoll umgehen zu können. Das Normativ-Verpflichtende erfährt der Mensch in seinem Gewissen, und daher scheint die ethische Kompetenz das »Ergebnis einer konstruktiven Gewissensbildung«[6] zu sein. Dies, nicht die fixe und starre Zwangsorientierung an einem wie auch immer und von wem auch immer (Eltern, Schule, Kirche?) geprägten Über-Ich, und die Autonomie in seiner Persönlichkeit – verknüpft mit einem tief verankerten Verantwortungsgefühl – sind Merkmale, die den Führenden in seiner sittlichen Kompetenz glaubwürdig erscheinen lassen, sie sind die wesentlichen Bestandteile dessen, was seine Ethikfähigkeit ausmacht.

Das Gewissen – Begriff, Wirklichkeit und Entstehung. Systemagenten und konstruktive Gewissensbildung

Bereits bei den allgemeinen Ausführungen zur Ethik habe ich betont, wie fundamental das *Gewissen* im Mittelpunkt der Ethik als Sittlichkeitslehre und als Lehre vom richtigen Handeln und Wollen steht. Wenn nun, wie mehrfach behauptet, Führen als Menschenführung zwingend an die Persönlichkeit des Führenden geknüpft ist und wenn so verstandenes Führen immer auch ein Spiegelbild der Persönlichkeitsentwicklung des Führenden ist, dann muß auch gesagt werden, daß die Persönlichkeitsbildung aufs engste verbunden ist mit der Bildung des Gewissens – Persönlichkeitsbildung beginnt eigentlich mit der Gewissensbildung und bleibt ein lebenslanger Prozeß, von dem keineswegs das Erklimmen weiterer Stufen auf der Hierarchieleiter und auch nicht zunehmendes Alter entbindet. Persönlichkeit ist keine Vorgegebenheit, sondern eine Aufgabe!

Ich habe mehrfach gesagt, daß es *die* Ethik nicht gäbe, sondern eine Komplexität verschiedenster Systementwürfe. So kann man mit gutem Grund Ethik auch als Motivationslehre menschlichen Handelns konzipieren, und hier können neben vielen anderen auch personale Faktoren bei der Begründung des Handelns eine Rolle spielen. Unter personaler Motivation sei die »Begründung des Sittlichen aus dem Gewissen und der Gesinnung«[7] verstanden. Beide Begriffe, im Alltagsleben und im wirtschaftlich-politischen Bereich ebenso häufig benutzt wie frevelhaft mißbräuchlich verwendet, bedürfen einer sorgfältigen Darstellung.

Vorab sei eines schon gesagt, daß nämlich mein Gewissen mir ganz allein zu eigen ist und nicht veräußert werden kann, es ist mein Besitz und meiner Individualität wesentlich zugehörig. Daher kann es auch Urteile und Verurteilungen nur in der ersten Person fällen, das heißt, es bezieht sich ausschließlich auf nur meine eigenen Handlungen und sagt mir, was ich tun soll, und beurteilt, was ich getan habe. Selbstverständlich kann also mein Gewissen nicht urteilen, was ein anderer tun soll oder hätte tun sollen – hier blitzt bereits im Ansatz auf, daß Gewissensfreiheit auch notwendig eine soziale Komponente hat, nämlich die Gewissensentscheidung des anderen in vollem Umfang ohne Wenn und Aber zu respektieren, auch wenn ich sie nicht verstehen kann.

Eine zweite Vorbemerkung sei erlaubt, die bereits anklingen läßt, wie sehr man einerseits mit der Wirklichkeit »Gewissen« Schindluder treiben kann als nachgereichtes Alibi für zweifellos unmoralisches Handeln und wie notwendig andererseits die Klärung des Begriffes »Gewissen« ist angesichts der verwirrenden Vielzahl seiner empirischen Manifestationen. Im Namen des Gewissens wurden in der Menschheitsgeschichte die brutalsten und verabscheuungswürdigsten Untaten begangen: Ich nenne nur die gewissenhaften Männer der Heiligen Inquisition, die gewissenstreue Menschen aufs grausamste folterten und zu Tausenden auf dem Scheiterhaufen verbrannten, oder die zahllosen ruchlosen Schergen – ob Könige, Kaiser, »Führer« oder Präsidenten –, die im Namen ihres Gewissens zu handeln vorgaben, wenn sie zu menschenverachtendem Kriegsgemetzel aufriefen und dazu verpflichteten und eigentlich nur rücksichtslos ihrer Machtgier und ihrem überkompensatorischen Streben nach Omnipotenz und Megalomanie folgten.

Auch die angeblich notwendigen Härten im Berufsalltag, von Vergiftung des Betriebsklimas bis zur degradierenden Versetzung oder Ausstellung, haben im Gewissensentscheid der Vorgesetzten ihren Alibi-Gewährsmann. Generell wird man sagen dürfen im Blick auf Geschichte und unmittelbare Um- und Mitwelt, daß es keine noch so widerwärtige Grausamkeit oder lieblose Gleichgültigkeit gegen andere oder auch gegen sich selbst je gegeben hat, die man nicht zu rationalisieren verstand als Gebot des Gewissens – eines mag man auch daraus lernen, nämlich wie machtvoll, trickreich und gebieterisch das Gewissen beruhigt, getröstet und versöhnt zu werden verlangt!

Ein jeder mag es schon erlebt haben, daß etwas tief in ihm drinnen ihn quält und nicht zur Ruhe kommen läßt, wenn er bewußt ein Unrecht begangen, jemanden beleidigt, degradiert oder vor anderen mit Spott überschüttet hat. Hier erlebt man Gewissen als *böses Gewissen,* als Bewußtsein einer Schuld, eines Fehlverhaltens – in dieser Art von Gewissen wird deutlich greifbar, »daß der Mensch der Mit-Wisser seiner eigenen Vergangenheit ist«.[8] Nach guter Tradition nennt man dieses Gewissen *rückschauendes* oder *nachfolgendes Gewissen* (conscientia consequens), und als solches beurteilt es Handlungen (und Verhaltensweisen), die wir gerade ausführen oder ausgeführt haben. Solches Gewissen bedarf der Besänftigung und Tröstung oder auch der Wiedergutmachung, damit es wieder ein gutes, ein getröstetes Gewissen wird und nicht permanenter Ankläger bleibt – Kant spricht in diesem Zusammenhang vom Gewissen als »innerem Gerichtshof«.

Das *vorausgehende* oder *vorausschauende Gewissen* (conscientia ante-

156

cedens) »sagt« uns vor Entscheidungen, welche Verhaltensweise oder Handlungsalternative sittlich richtig ist, es ist also auf zukünftige Handlungen ausgerichtet, es warnt und bremst die Entscheidungsspontaneität, leitet aber auch positiv zu einer Handlung an. Es darf in diesem Zusammenhang an Sokrates erinnert werden, der von einer inneren Stimme, seinem »daimónion«, also etwas Göttlichem und Dämonischem[9], spricht; eher würde er sterben, erklärt er vor Gericht, als seine öffentliche philosophische und erzieherische Tätigkeit einzustellen, denn in dieser Sache müsse er dem Gott mehr gehorchen als den Menschen, und insofern könne er hierin dem Staat nicht gehorchen. Das vorausgehende Gewissen läßt sich also verstehen als eine Instanz, die (von vornherein) beurteilt, ob eine Handlung recht oder unrecht ist, getan werden darf oder unterbleiben muß.

Aus der bisherigen Differenzierung können wir zwei wichtige Momente herausgreifen, nämlich daß von Stimme einerseits und von einem Wissen andererseits die Rede war.

In der modernen Philosophie ist Gewissen nicht mehr so sehr Ausdruck der Sozialisation, wie dies unter gewissen Aspekten zu Recht die Psychoanalyse annimmt im Zusammenhang mit ihrer Theorie der Entstehung des Gewissens als Über-Ich[10], als vielmehr Ausdruck der Personalisation und Individualisation. Ist für Heidegger[11] das Gewissen der Ruf des Daseins zu sich selbst, das es aus dem Verfall in Uneigentlichkeit zum Selbstsein und zur Eigentlichkeit aufruft, so ist es für Karl Jaspers[12] wohl nicht Gottes Stimme, es spricht aus ihm jedoch die Transzendenz: »Im Gewissen spricht eine Stimme zu mir, die ich selbst bin«; es ist die Stimme unseres wahren Selbst, die uns einerseits auf uns selbst zurückruft, andererseits uns auffordert, zu dem zu werden, was wir unserer Möglichkeit nach sind – es sei erinnert an unsere Ausführungen zur Persönlichkeitsbildung (»Werde, der du bist«).

Jetzt verstehen wir auch, was ich eingangs zum Problemkomplex Gewissen sagte, nämlich daß Persönlichkeitsbildung aufs engste verbunden sei mit der Bildung des Gewissens – sie beginne eigentlich mit der Gewissensbildung. Im Gewissen habe ich Distanz zu mir, sofern ich mich nicht als etwas Fertiges, Nur-Vorhandenes und Nur-Gegebenes begreife, sondern als eine Aufgabe, die erst zu gestalten ist, und dies als einen lebenslangen Prozeß.

Das Gewissen als Stimme unseres wahren Selbst und auch als Ausdruck unserer moralischen Erfahrungen im Leben und unseres Selbstinteresses an uns selbst und unserer Integrität ist somit Reaktion unserer Gesamtpersönlichkeit und nicht nur unseres Verstandes, es hat auch affektive Qualität, denn wir erleben ein Gefühl der inneren Zustimmung, der Richtigkeit und Stimmigkeit, wenn unsere Handlungen und Gedanken und Emotionen als die Entfaltung unserer Gesamtpersönlichkeit fördernd erfahren werden. So hat Gewissen also mit unserem innersten Kern zu tun, irgendwie macht es uns zu dem, was wir sind, wir sind von ihm beeinflußt, ohne daß uns dies zum Bewußtsein zu kommen braucht. Sehr schön nennt Erich Fromm[13] das Gewissen einen »Wächter unserer Integrität«.

Die Stimme des Gewissens zu vernehmen und seine Sprache zu verstehen, ist keineswegs leicht, weil die meisten Menschen in der heutigen Zeit und Gesellschaft und in unserer Kulturlandschaft verlernt haben, auf sich selbst zu hören (statt fast ausschließlich auf die Sturmflut unzähliger Stimmen aus dem Überangebot mannigfacher Medien), und weil der Mensch heute vielfach nicht mehr fähig ist, mit sich selbst allein sein zu können – der Angst vor dem Alleinsein zieht er die stressigsten und trivialsten Gesellschaften vor und begibt sich damit der Möglichkeit und Gelegenheit, mit sich selbst zu kommunizieren, sich selbst zu treffen, in sich hineinzuhören. Damit ignoriert er auch sein Gewissen, lebt gewissermaßen ein Leben aus zweiter Hand, indem er mehr oder minder ausschließlich fremd- und außengesteuert eher gelebt wird, als daß er bewußt selbst lebt und existiert in freier und verantworteter Übernahme handlungsleitender Werte und in Ausrichtung auf Aufgaben, die auf ihn warten, oder auf Personen, denen er liebend zugetan ist – so geschieht nicht Persönlichkeit, so trägt man nichts bei zur Entfaltung einer sittlichen, wertorientierten und damit reifen Persönlichkeit.

Ich halte dafür, daß nichts so sehr zur Persönlichkeit beiträgt wie die Hellhörigkeit in bezug auf das Gewissen. Es ist – um noch bei dem Moment Stimme zu bleiben – nicht nur der Ort des Rufes, indem es uns zu etwas aufruft, sondern es ist gleichzeitig auch der Ort des Vernehmens eines Rufes, des Wahrnehmens von etwas, zu dem wir aufgerufen sind. In metaphorischer Formulierung ist es nach E. Lukas[14] ein »Transistor, der unhörbare Wellen bestimmter Frequenzen empfängt und in hörbare Schallwellen umsetzt für den, der hören will und hören soll. Was es empfängt, ist das ›An-sich-Gute‹, das zeitlose Ethos, und was es wiedergibt und weitergibt, das ist das ›An-sich-Gute-für-mich‹, wie Max Scheler es umschrieben hat.«

Ich habe oben von einem zweiten Moment gesprochen, dem des Wissens, der bereits im Begriff Gewissen steckt und auch in der Wortwurzel des lateinischen Con-scientia angezeigt wird. Nach dem bisherigen Verständnis von Gewissen erhalte ich von dieser inneren Stimme Kenntnis über mich selbst, Kenntnis auch über das Gelingen oder Versagen meines Lebens; aber dies ist kein Wissen abstrakten Denkens, es hat, wie bereits gesagt, affektive Qualität und ist eher anzusiedeln im inneren Erfühlen, im Bereich intuitiven Erfassens. Wenn das Gewissen uns auch Kenntnis über unser Lebensziel, über das uns allein individuell Kongruente erteilt und über die Prinzipien, durch die wir dies erreichen können, dann wird der Weg dorthin durchaus ein meditativer sein müssen, zumindest keiner, der das laute Getöse, die Fahrigkeit, oberflächliche Zerstreutheit und nervige Gestreßtheit der modernen Zeit erträgt.

Die scholastische Philosophie des Mittelalters hat meiner Meinung nach zu Recht unterschieden zwischen Conscientia und einer Synteresis[15] als einem allgemeinen Wertbewußtsein – sie ist gewissermaßen eine natürliche Anlage des Menschen (Habitus naturalis), die dem Menschen angeboren ist und ihm das Wertempfinden vermittelt und ihn dazu befähigt, etwas als wertig zu beurteilen und das Richtige, das Gute zu wollen; die Conscientia wäre in dieser Differenzierung das »Situationsgewissen, auf Grund dessen die Ermessensentscheidungen in der Konkretion des Alltags getroffen werden«[16], die Anwendung also des allgemeinen Wertbewußtseins auf die einzelne menschliche Entscheidung. Diese grundsätzliche Wertfühligkeit, Wertorientierung und Ausrichtung auf sittliche Normen, die ja im Grunde nichts anderes sind als geborgene, bewahrte, verankerte Werte, mag die Persönlichkeit eines Führenden auszeichnen – jetzt wird man verstehen, was ich oben mit der Behauptung meinte, die sittliche Kompetenz sei das Ergebnis einer konstruktiven Gewissensbildung, der Entwicklung und Entfaltung eines inneren Seismographen für sittlich Wertiges. Das innere Gewahrwerden moralischer Werte, Normen und Prinzipien (= Synteresis) und damit sinnvoll und verantwortungsvoll umzugehen, das macht die Ethikfähigkeit, die ethische Kompetenz des Führenden aus.

Doch woher kommen diese Werte, wenn wir ausklammern, daß sie mit dem Personsein bereits als entwicklungsfähige Basisgröße dem Menschen eigen seien, und wenn wir behaupten, daß das Gewissen als »Stimme Gottes« keine Stimme ist, die aus der Bibel, sondern aus dem Innern des Menschen selbst kommt? Es ist dies eigentlich die *Frage nach der Entstehung des Gewissens,* bei der insbesondere von den psy-

choanalytischen Schulen und auch von der Soziologie Theorien entwickelt wurden, die vornehmlich den sozialen Ursprung des Gewissens
betonen und im Gewissen eine Form der Internalisierung sozialer Normen sehen.

In der neueren Psychoanalyse beispielsweise Frommscher Prägung
wird jedoch dankenswerterweise abgehoben auf eine Doppelfunktion
des Gewissens, einerseits (in der Art des oben Ausgeführten) als humanistisches Gewissen – besser ist der Begriff des personalen Gewissens – als der eigenen Stimme, die in jedem Menschen ganz eigen
spricht und von äußeren Sanktionen oder Belohnungen unabhängig
ist, und andererseits als *autoritäres Gewissen* als Verinnerlichung äußerer Autorität.[17] Letzteres entspricht dem, was Sigmund Freud als
»Über-Ich« beschrieben hat – eigentlich und bedauerlicherweise erleben die meisten Menschen Gewissen in dieser Form, und man kann es
als mehr oder minder unkritische Übernahme systemischer Normen
(von Eltern, Schule, Staat, Gesellschaft, Kirche etc.) festschreiben: Der
Mensch ist heteronom (fremdgesteuert), nicht oder nur eingeschränkt
autonom – er besitzt ein *konventionelles* oder *funktionales Gewissen.*

Nach der soziologisch-psychologischen Gewissensanalyse bildet sich
das Gewissen beim Menschen in der frühen Kindheit, und zwar »durch
Identifikation mit dem elterlichen Ich, in dem das Kleinkind die Begegnung mit der Welt und dem ›Über-Ich‹ (Freud) als Träger der gesellschaftlichen Normen erfährt«.[18] Die als Vor- und Leitbild empfundene Elterninstanz mit dem ihr eigenen Autoritätsanspruch und mit allen ihr zugehörigen Werten, Wertungen und Normen, Geboten und
Verboten wird durch das Kind internalisiert, verinnerlicht, und es gesellt sich zum kindlichen Ich ein meist überstarkes Über-Ich, woraus
Konflikte entstehen können, die nicht selten zu Verdrängungen, Fehl-
leistungen und Neurosen als Abwehrhaltungen führen.

Jedenfalls erfährt das Kind das Über-Ich als innere Kontrollinstanz,
der es sich unterwerfen muß und noch weniger entfliehen kann als der
äußeren Autorität, denn man fühlt sich verantwortlich nicht gegenüber
etwas oder jemandem, was einem äußerlich ist, sondern gegenüber etwas, was in einem selbst ist, gegenüber seinem »Gewissen« als der
Stimme einer nach innen verlegten äußeren Autorität – solches Gewissen mag erlebt werden können als »Bewußtsein eines inneren Ge-
richtshofes« (Kant), dem Schuldgefühle und Angst entstammen, wenn
dem übernommenen Normenkodex aus Geboten und Verboten nicht
entsprochen wird.

160

Freilich kann die »Ausbildung des Gewissens als Steuerungs- und Regulierungsorgan für angepaßtes Verhalten«[19] einen normalen Verlauf nehmen, wenn das Kind-Eltern-Verhältnis von einem Urvertrauen getragen und in einen kontinuierlichen Liebesbezug eingebettet ist. Aber in der Regel macht das Kind die Erfahrung des hilflosen Ausgeliefertseins und befürchtet Getrennt- und Verlassenwerden, woraus sich Gewissensangst als Angst vor dem »Ausschluß aus der Horde« (Freud) und schlechtes Gewissen als Angst vor Sanktionen (Bestrafungen) und dem Zorn der Instanzen des Über-Ichs entwickeln, so man hinter den Anforderungen desselben zurückbleibt.

Das autoritäre Gewissen kann als grausame und allwissende, jedoch auch als ständig strafende Instanz erfahren werden, die im Schuldgefühl ihre schlimmste und stärkste Waffe hat.[20] Je autoritärer Erziehung gehandhabt wird, je häufiger der Wille des Kindes bewußt gebrochen wird, um so eher werden die Symptome der Gewissensangst verstärkt und führen zu pathologischen Erscheinungen, wo ein Mensch beispielsweise zwischen übermäßigen Schuldgefühlen auf der einen und zahlreichen verbotenen Wünschen auf der anderen Seite so sehr hin und her gerissen wird, daß er sich im skrupulösen Gewissen der Zwangsneurose völlig aufreibt.

Jedenfalls muß man die Gefahren, die durch erzieherische Einflußnahme auf die kindliche Gewissensbildung entstehen können, ernst nehmen und Gewissensprägungen vorbeugen, die nicht konstruktiv sind, sondern zu einem zu strengen – nur an Verboten orientierten – oder zu einem zu engen – auf die zwanghafte Erfüllung nur einer Norm, zum Beispiel der Keuschheit, fixierten – oder zu einem zu *starren* Gewissen führen.[21]

Letzteres zeigt eine als tragisch zu bezeichnende Abhängigkeit des Kindes von seinen Bezugspersonen – später mag es die Abhängigkeit sein vom Ehemann, von einer Partei, vom Chef, vom Staatsapparat, von einer Kirche. Vorab lebt das Kind ständig in der Angst, durch Zuwendungsentzug bestraft zu werden: Ich bin brav – nur dann und deshalb mag man mich; ich gehorche nicht – dann habe ich Strafe und Liebesentzug verdient, werde nicht mehr akzeptiert. (Im Zusammenhang mit der Erörterung der sozialen Kompetenz des Führenden werden wir sagen, daß genau hier in der Erziehung die großen Fehler gemacht werden, die das elementare Grundgefühl des Menschen, sein Selbstwertgefühl, untergraben und eigentlich nicht entstehen lassen und zu einem bedenklichen Leistungsdenken vorprogrammieren: Ich leiste etwas – deshalb werde ich akzeptiert, deshalb kann ich mich selbst annehmen.)

Mit einem starren Über-Ich zu leben bedeutet, stets von Identifikationsbeziehungen abhängig zu sein – solche Menschen sind fremdgesteuert und wagen kaum selbständige Entscheidungen, schon gar nicht solche, die sie in Widerspruch zu ihren Bezugspersonen bringen und ihnen deren Sympathie, Liebe oder Wertschätzung kosten. Sie sind unselbständig und bedürfen ständiger Führung, sie benötigen eigentlich eine sittliche Bevormundung. In ihrer Beziehung zu Autoritäten erleben wir solche Menschen als unmündige Ja-Sager, als widerliche Opportunisten. Die in der Kindheit eingeübte bedingungslose Unterordnung unter eine Autorität signalisiert den Verlust eigener Würde, und diese Menschen lassen sich leicht ver-zwecken, ver-mitteln (zum Mittel degradieren), sie sind unkritische Werkzeuge einer übergeordneten Macht, sei es einer Staatsideologie oder einer institutionalisierten Konfessionsgemeinschaft (Kirche) – es gibt durchaus den gar nicht so seltenen Sonderfall pathologischer Gewissensentartung als ekklesiogener Neurose, das heißt als übertriebener Sünden- und Schuldangst angesichts mannigfachster Normen, Gebote und Sanktionen kirchlicher Instanzen und als bedingungslosen Gehorsams und Sich-in-Dienst-nehmen-Lassens durch die Behörde (man lese hierzu Eugen Drewermanns »Kleriker«!).

Solches Gewissen als starres Über-Ich ist funktionales Gewissen, das eine Person dazu bringt, unkritisch und ohne verantwortete Prüfung die Systeminteressen zu exekutieren – es ist ein ideologisiertes Gewissen, das in der Gestalt des Funktionärsgewissens auftritt, wobei die eigene Verantwortung und der menschlich unmittelbare Eindruck einer Situation zum Schweigen gebracht werden zugunsten der Unterordnung unter eine politische oder kirchliche oder ökonomische Instanz.

Ich glaube, im Blick auf dieses Gewissen werden all die Schändlichkeiten innerhalb der Menschheitsgeschichte, die – angeblich im Namen des Gewissens – verbrochen wurden, »verstehbar« – das ist die Befehlshörigkeit, die auf Menschen schießen läßt, wie das Gesetz es befiehlt! *Systemagenten* – und es gibt sie zahlreich auch in den Führungsetagen – nenne ich solche Interessenvollzieher, die stets heteronom durch das System und deren Interessen und Ziele gesteuert sind. Systemagenten haben die Normen und Werte eines Systems als ihrer Über-Ich-Kollektivperson und unbestrittenen Autorität introjiziert und sich damit psychisch so zu eigen gemacht (internalisiert), daß sie ihre Fremdorientierung kaum mehr bemerken. Sie stellen »ihre individuellen Interessen, Orientierungen, Bedürfnisse, Emotionen … in den Dienst der kollektivierten Lebenswelt, so daß sie gleichsam ›ein Leben aus zweiter Hand leben‹, ohne dies wahrzunehmen«.[22] Gewissenserziehung wird vor allem in den wichtigen Phasen der Reife darauf bedacht sein müssen, die Prädominanz insbesondere des Vaterbildes abzubauen und dem Heranwachsenden den Weg zu Selbständigkeit und Kritikfähigkeit freizugeben. So muß gelernt werden, sich mit den Gewissensinhalten auseinanderzusetzen, die durch die mehr oder weniger autoritäre Einflußnahme der Bezugspersonen auf die kindliche Erlebniswelt das Über-Ich geschaffen, geprägt und charakterisiert haben. In der Ablösung des infantilen Gewissens durch das personale muß auch gelernt werden, Gewissenskonflikte zu bewältigen, ohne die es im Leben nicht abgeht, etwa Konflikte zwischen dem eigenen Triebleben und den gesellschaftlichen Normen oder Konflikte zwischen Konsumverlangen und Ehrlichkeit.

Ethische Kompetenz ist – so darf wiederholt werden – das Ergebnis einer *konstruktiven Gewissensbildung*. Was heißt dies?

Wenn das sittliche oder personale (oder nach Fromm: humanistische) Gewissen – in Abgrenzung vom autoritären, funktionalen, konventionellen Über-Ich-Gewissen – eine Orientierung an eigenverantwortlich übernommenen handlungsleitenden Werten einfordert, die durchaus im Widerspruch stehen können zu denen als Über-Ich internalisierter Systeme (Eltern, Familie, Schule, Kirche), dann mag man konstruktiv jene Gewissensbildung nennen dürfen, die einem Heranwachsenden handlungsleitende Normen *angstfrei*, also ohne Bestrafungsangst und ohne Schuldgefühle, vermittelt mit der Einsicht in den tieferen Sinn von Normen als wertvoll und notwendig. Ethik findet also schon bei der frühen Erziehung an insofern, als sie der Weckung eines Wertbewußtseins dient – ethisches Verhalten besteht in der Verwirklichung ethischer Werte, und ein Mensch, der ethische Werte erkennen lernt und sie zu verwirklichen sich bemüht, ist ein wertsichtiger Mensch. Ich halte dafür, daß der richtige Umgang mit Werten zugleich auch der richtige (und leichtere) Umgang mit Normen ist, denn – und das darf wiederholt werden – »Normen sind geborgene, bewahrte, verankerte Werte«.[23]

Der bereits erwähnte Ablösungsprozeß des infantilen Gewissens durch das personale – bei manchen findet der Prozeß nie statt, bei anderen bleibt er lebenslange Aufgabe – wird immer ein konfliktreiches und von schmerzvollen Auseinandersetzungen begleitetes Ringen sein um die Loslösung von und um die kritische Sichtung des gesamten Normenkodex des Über-Ichs, er wird auch das Ringen sein können um die nunmehr neue und freigewählte und eigenverantwortete Akzeptanz der Wertvorstellungen und der Wertewelt der früheren normgebenden Instanzen aus Elternhaus, Schule, Gesellschaft und Kirche. Nur ein angstfreies Angebot von Werten und Normen, nur angstfreie Normen- und Wertvermittlung erlaubt einem psychisch gesunden Menschen die Wegfindung zu einem personalen Gewissen, weil es verständlicherweise nur in einer angstfreien Atmosphäre möglich ist und gelingt, sich kritisch mit den in der Kindheit und Jugend vermittelten und internalisierten Gewissensinhalten auseinanderzusetzen und auch einer Fremdsteuerung beispielsweise durch die Wertungen einer institutionalisierten Kirche zu entgehen, so sie das Gewissen an quasi-göttliche oder an positiv gesetzte, durch Rechtsprechung (Beichtpraxis) zu reglementierende Normen bindet, woraus bei Verstoß und Zuwiderhandlung (Empfängnisverhütung, Abtreibung) permanente Schuldgefühle resultieren.

Das ethische Verhalten eines Führenden wird die Früchte einer konstruktiven Gewissensbildung erkennen lassen müssen, das heißt, die Entwicklung zu einem individuell geprägten personalen Gewissen gibt sein Wertbewußtsein, seine Wertfühligkeit, seine durch Wertsichtigkeit und Wert(e)internalisierung erworbene Gesinnung als eine Art habitualisierte Verhaltensorientierung zu erkennen, von der aus dann situative Entscheidungen getroffen werden. Haben wir oben[24] Tugend als Disposition zu richtigem Handeln verstanden, so können wir jetzt *Gesinnung* definieren[25] als grundsätzliche Willensdisposition und konstant-kontinuierliche Haltung, die unserem Verhalten und Handeln zugrunde liegt. Ist diese Gesinnung prinzipiell ethisch orientiert und in dem verankert, was wir Sittlichkeit nannten, dann wird ein Führender nicht zum Systemagenten verkommen können mit rein funktionalem Gewissen, der sich in den systemtypischen Interaktionen nur noch unkritisch in den Dienst eines Systems stellt, sei es das des Vorstands, des Aufsichtsrats, der Behörde oder eines Teams oder Gremiums.

Eine konstruktive Gewissensbildung ist zweifellos eine wichtige Grundlage für die Ethikfähigkeit des Führenden. Ehe ich eine weitere nenne, sei mir erlaubt, in einem Summarium wenigstens approximativ festzuhalten, was Gewissen ist – eine prägnant alle Wesensinhalte umgreifende Definition muß ich mir versagen: Nach meinen Ausführungen darf man Gewissen verstehen als

- das subjektive Bewußtsein von Gut und Böse, das Wissen um den sittlichen Wert des eigenen Tuns und Verhaltens oder Unterlassens, als das uns angeborene allgemeine Wertbewußtsein; es ist ferner
- jene psychische Instanz, in der die handlungsleitenden Werte eines Menschen verankert sind, es ist des Menschen klares Wissen um Werte und Normen (syntéresis) und nach R. Lay[26] »gleichsam die Transferinstanz, die ethische Normen in konkreten Situationen praktisch macht, indem sie die Situation auf ihren Anforderungscharakter hin prüft und die moralische oder sittliche Qualität der von der Situation eingeforderten Handlung oder Unterlassung beurteilt«;
- Gewissen ist die Stimme unseres wahren Selbst, es ist die Reaktion unserer Gesamtpersönlichkeit, und damit ist Gewissensbildung auch der Gradmesser für Persönlichkeitsentwicklung und umgekehrt.

Autonomie in der Persönlichkeit. Mündigkeit

Beim Gewissen als einer Über-Ich-Kontroll- und Steuerungsinstanz und mehr noch beim Systemagenten waren wir auf das Phänomen der fremdgesteuerten Persönlichkeit gestoßen. Jetzt gilt es, als eine weitere Grundlage für die Ethikfähigkeit des Führenden die *Autonomie in der Persönlichkeit* herauszustellen, womit weder ein hierarchisch-autoritärer Anspruch noch ein Ausdruck von Egozentrizität gemeint ist, sondern innere Zentriertheit.

Die wie auch immer fremdgesteuerte, heteronom strukturierte Persönlichkeit ist eine zutiefst abhängige, also unfreie Persönlichkeit, worauf im Zusammenhang mit dem Selbstwertgefühl und der sozialen Kompetenz des Führenden in Kapitel 7 näher wird einzugehen sein. Autonomie im Ich jedenfalls hängt eng und wesenhaft mit Freiheit zusammen, einem Begriff beziehungsweise einer Wirklichkeit, die vielfach zum abgegriffenen und schändlich mißbrauchten Schlagwort verkommen ist, das nicht mehr zu unterscheiden imstande ist zwischen der Selbstbestimmung des Handelns, also der Handlungsfreiheit, und der Selbstbestimmung des Wollens, also der Willensfreiheit, und dem *Selbstgeben der Gesetze und Normen für Denken, Wollen und Handeln* – und exakt so kann das griechische Wort »autónomos« übersetzt werden: nach eigenen Gesetzen lebend, unabhängig, selbständig, frei.

(Wie sehr man Freiheit von der Verantwortung her denken und verstehen muß, werden wir weiter unten noch sehen – der ubiquitäre Schrei nach Freiheit verkennt gerade diese Tatsache und ist zu den ethisch höchst bedenklichen Infantilismen unserer Zeit zu zählen.)
In unserem persönlichkeitsbildnerischen Verständnis, das dieser Abhandlung zugrunde liegt, geben nicht die äußere Unabhängigkeit, die steile Karriere und der berufliche Erfolg oder die soziale Stellung Auskunft über die Eigenständigkeit, über die Autonomie eines Menschen, sondern die auf dem Wege der Selbsterkenntnis und Selbstreflexion erworbene Selbstakzeptanz und Ich-Bejahung und das elementare Gefühl, sich in sich selbst heimisch zu fühlen. Dieses innere Zu-Hause-Sein, diese Beheimatung in sich selbst als fundamentales Wertgefühl eines gewachsenen Ichs, wird später Selbstwertgefühl genannt werden, und es muß bei einem psychisch gesunden Menschen so sehr erstarkt sein, daß er sich legitimerweise befähigt fühlen kann/darf, die Normen für seine Lebensgestaltung selbst zu setzen, Normen, die mit dem gesamten Wertgefüge eines, wie wir gehört haben, konstruktiv entwickelten Gewissens kongruent sind.
Eine *autonome Persönlichkeit*[27] will ich einen solchen Menschen nennen, der eigengesetzlich, selbständig und unabhängig denkt (Stichwort: Mündigkeit!), lebt und handelt, wobei die Autonomie des Ichs das Innewerden und Bewußtsein eines Wertgefühles ist, das heißt, ein Gewahrwerden der unaustauschbaren Einmaligkeit und Einzigartigkeit des Ichs, das um seine Lebensaufgabe und die hierzu nötigen Wege und Prinzipien weiß und seine Handlungen und Unterlassungen eigenverantwortet und am personalen Gewissen orientiert zu steuern imstande ist.
Der solcherart psychischen Stabilität des autonomen Ichs spreche ich die Fähigkeit zu, auch schwierig(st)e Lebenssituationen im familiären Bereich oder im Berufsleben, bei empfindlichen Rückschlägen im Umsatz, bei Versetzung oder Degradierung, ohne größere und »unheibare« Verwundungen verkraften zu können – generell verwundbar ist das stabile Ich durchaus[28], und es trägt keine »seelische Hornhaut«, aber es ist im Leben so ver- und eingewurzelt, daß es nicht existentiell, seiner ganzen Daseinsgrundlage nach, erschüttert und aus der Bahn geworfen werden kann und sein Wertgefühl trotz widrigster äußerer negativer Lebensumstände nicht (radikal = im Wurzelgrund seines Seins) verliert.
Auch um die eigene Konflikthaftigkeit weiß der psychisch autonome

Mensch sehr wohl, aber er lernt, sie zu akzeptieren und mit ihr biophil und »sozialverträglich« umzugehen – daß er nicht solipsistisch und eigenbrötlerisch als egomane Monade lebt und agiert, werden wir nachher sehen, wenn es aufzuzeigen gilt, wie sozial konstruktiv eine autonome Persönlichkeit mit ihrer Mitwelt interagiert und kommuniziert.

Zum vorher erwähnten Stichwort *Mündigkeit* glaube ich einige Bemerkungen machen zu müssen, da innere Mündigkeit ein Wesensmerkmal der autonomen Persönlichkeit ist einerseits und da auch dieser Begriff als modernes Schlagwort fast zur reinen Worthülse verkommen ist andererseits; er ist zu einer Werbephrase degeneriert, die jeder für sich vereinnahmt, wenn er vom anderen etwas will, ob Politiker oder Gewerkschaften, ob Medien, Werbeagenturen oder Verkäufer. Die schwerwiegende Folge dieses Mißbrauchs (mündiger Bürger, Mitarbeiter, Verbraucher, Käufer, Leser etc.!) ist fortwährende Täuschung und Selbsttäuschung.

Immanuel Kants Anfrage nach Mündigkeit und Unmündigkeit[29] hat an Bedeutung nicht eingebüßt und ist noch von ungebrochener Aktualität. »Unmündigkeit«, schreibt er, »ist das Unvermögen, sich seines Verstandes ohne Leitung eines anderen zu bedienen. Selbstverschuldet ist diese Unmündigkeit, wenn die Ursache derselben nicht am Mangel des Verstandes, sondern der Entschließung und des Mutes liegt, sich seiner ohne Leitung eines anderen zu bedienen. Sapere aude: habe Mut, dich deines eigenen Verstandes zu bedienen.« Mit dem »sapere aude« greift Kant auf den römischen Dichter Horaz (65–8 v. Chr.) zurück, und ich will es mal so paraphrasieren: Wage es, weise zu sein! Und dies bedeutet: Bemühe dich um Sachverstand und werde urteilsfähig – setze deinen eigenen Verstand ein und bilde dir trotz Über-Ich-Diktaten und sozialer und institutioneller Einbindung eine eigene Meinung, sei deines Verstandes eigener Herr und ein Selbstdenker, entscheide selbst und handle nach eigener Entscheidung, stehe aber auch ein für deine Entscheidung und deine Handlung, verantworte beides!

Diese imperativen Aufrufe meint Mündigkeit, und man erkennt unschwer, wie unbequem sie ist und weshalb viele sich an ihr vorbeimogeln, indem sie delegieren, sich vertreten lassen und das Nachdenken und vielfache Entscheidungen an andere abtreten. Unmündiger Urteilssklave zu sein ist ein Stigma, das der Menschenwürde nicht hinreichend Rechnung trägt, und die vielpropagierte und lauthals eingeforderte Freiheit findet plötzlich nicht mehr statt, wenn es um die Freiheit des Selbstdenkens, des Selbsttuns und der Selbstleistung geht, wofür ein jeder die Selbstverantwortung trägt. Freiheit und Mündigkeit gehören fest zusammen, stützen einander und sind voneinander abhängig. Mündigkeit als das Vermögen, ohne Fremdbeeinflussung und Fremdsteuerung sich seines eigenen Verstandes autark zu bedienen und selbständig und eigenverantwortet Entscheidungen zu treffen, hat, wie bereits gesagt, mit Menschenwürde zu tun und wird uns nicht in den Schoß gelegt, vielmehr muß sie oft mühsam und jeden Tag neu erarbeitet und erobert werden in der steten Konfrontation mit neuen Situationen und der Vielfalt der uns begegnenden Menschen und Meinungen.

Baldur Kirchner nennt in seinem Buch »Die Wende im Ich«[30] vier Charakteristika, die das autonome Ich als psychisch reife Persönlichkeit und Erscheinung hervorheben und die ich dem Leser nicht vorenthalten zu dürfen glaube, allein schon deshalb nicht, weil auch deutlich werden muß, in welcher Richtung sittliche Autorität – wenn wir schon ein Kapitel lang über sittliche Kompetenz sprechen – zu suchen ist, die dem Führenden nicht, und schon gar nicht automatisch, mit dem Eintritt in die höheren hierarchischen »Weihen« verliehen wird, sondern erst wächst und reift mit seinem stabiler werdenden Wertbewußtsein und der Achtung des anderen.

Sittliche oder personale Autorität wird immer in einem Wechselspiel von Eigen- und Fremdachtung gründen. Solcher Autorität, die das »Ergebnis« einer fundamentalen Wert(e)orientierung ist, die den egoistischen Mißbrauch des Geführten ebenso ablehnt, wie sie die persönliche Würde und die Wertschätzung des Geführten durch den Führenden garantiert, solcher Autorität mag sich der Geführte gerne und freiwillig überlassen, und solche dem Vorgesetzten angstfrei zuerkannte Akzeptanz schafft gegenseitiges Vertrauen. Unbestritten wahr ist jedenfalls, daß solcherart (sittliche/personale) Autorität nicht ohne sittliche Kompetenz gegeben ist.

Nun zu den oben avisierten Charakteristika der autonomen Persönlichkeit:

Das autonome Ich handelt aus seiner Wesensmitte heraus, wobei diese Wesensmitte verstanden werden darf als die innere Insel, die in der Wesenstiefe des Ichs geborgen ist, und als der psychische »Ort«, an dem das Individuum Kraft und Zuwendung für seine biophile, für seine lebensbejahende Grundhaltung empfängt. Kirchner nennt die Wesensmitte »jenes elementare Gefühl, aus dem das Ich seine Wertbeziehung zu sich selbst ableitet«.[31]

Eben dieses Bewußtsein, selbstwertig zu sein, sich selbst etwas zu bedeuten, läßt einen Grad von Unabhängigkeit entstehen, der zur Richtschnur für das Handeln wird. Dies heißt: Das autonome, eigengesteuerte Ich legt die Kriterien für sein Tun selbst fest; die Handlungsanforderungen von außen, die Erwartungshorizonte der anderen und alle von außen gesetzten Zwänge bestimmen nicht kausal und eigengesetzlich das Handeln, sondern werden erst mal geprüft, gegebenenfalls als realitätsfremd beurteilt oder punktuell als mit dem personalen Gewissen als dem individuellen Wertbewußtsein unvereinbar zurückgewiesen. Fast klingt es wie eine Binsenwahrheit: Das eigengesteuerte = autonome Ich versagt sich der Fremdsteuerung!

Wenn gesagt werden darf, eine autonome Persönlichkeit handle realitätsorientiert, dann handelt es sich hier weder um ideologisch verstiegene Spinner noch um träumerische Utopisten, vielmehr um Menschen, die in einer starken Realitätsnähe leben, insofern als hierzu eine klare Einschätzung der eigenen Fähigkeiten und Vorzüge ebenso gehört wie die Akzeptanz eigener Fehlerhaftigkeit und der Grenzen des Leistungsvermögens inklusive der Bereitschaft, die gefällten Entscheidungen durchzutragen und die daraus resultierenden Konsequenzen zu verantworten. »In dieser Verpflichtung, das Ja und das Nein als Ausdruck seiner Realitätsbezogenheit zu betrachten, reift das Ich zu einer konfliktfähigen Persönlichkeit heran. Denn: Realitätsorientiert zu sein, das bedeutet vor allem, den Sinn der eigenen Konflikthaftigkeit erkannt zu haben.«[32]

Das autonome Ich handelt sozial konstruktiv, mit anderen Worten: Das psychisch stabile Ich ist keine Monade ohne Tür und Fenster, sondern zeichnet sich durch einen positiven, durch einen konstruktiven Umgang mit seiner sozialen Bezugswelt aus. In Kapitel 7 wird im Zusammenhang mit der sozialen Kompetenz des Führenden die Rede sein müssen von der Notwendigkeit einer ethisch fundierten Kommunikationskultur, die die Entwicklung eines Wertbewußtseins in der menschlichen Persönlichkeit voraussetzt und zum Inhalt hat; das bewußt erworbene und ein reichlich entwickeltes Maß an Sittlichkeit ist die Vorbedingung für die Wertschätzung und Würde in der Kommunikation.

Wenn ich sage, das autonome Ich handle sozial konstruktiv, dann heißt dies beispielsweise auch, daß sich sein Interaktionsstil, also der kommunikative Umgang zwischen Ich und Du, wesentlich orientiert an den Bedürfnissen des anderen Menschen und nicht ausschließlich bestimmt ist von autistischen Motivationen. In der Führungsdialektik nennt man diese Selbsttranszendenz, diesen »Überstieg« zum Du hin, Altero-Zentriertheit oder (etwas blasser) Altero-Orientiertheit. Jedenfalls kann der autonome Mensch »auf das Du zugehen, ohne – [und das ist ganz wesentlich] – einen Wertverlust in sich selbst zu verspüren«[33]; er vergibt sich nichts!

Eine besondere Art der Hinwendung zum Du ereignet sich im Gespräch, und wesentliches Element des Gesprächs ist, wie wir noch näher ausführen müssen[34], das Zuhören: Das richtige Zuhören als geduldiges Zuhören, das aktives Interesse am anderen voraussetzt und den anderen ausreden läßt, ohne permanent das Warten auf daseigene Wort zu signalisieren – als genaues Zuhören, das herauszufinden versucht, was der andere und wie er es gemeint hat, ohne sofort (und eigentlich zunächst völlig grundlos) Projektionen und Interpretationen einzubringen und zu filtern, was man hören oder hineinhören möchte.

Das soziale Handeln des autonomen Ichs vermeidet auch, beispielsweise in Führungsposition markant dominante Beziehungsfelder aufzubauen und sich dadurch vom anderen abzugrenzen, es praktiziert einen Koordinationsstil und zwingt den anderen nicht, in eine subordinative Deck- und Duckmäuserhaltung gehen zu müssen, denn ihm ist das Bedürfnis nach Herrschaft deshalb fremd, weil es sich ja selbst nicht dominieren, beherrschen, fremdsteuern läßt.

Wenn jetzt noch gesagt wird, das autonome Ich handle ethisch verantwortet, dann schließt sich wieder der Kreis, denn es will damit zum Ausdruck gebracht werden, daß die ethisch verantworteten Aktionen und Entscheidungen der autonomen Persönlichkeit die Ergebnisse einer konstruktiven, ohne Angst und Zwang erfolgten Gewissensbildung sind. Im autonomen Ich hat sich, wie weiter oben ausgeführt und gefordert, der Wandel vom kindlichen zum individuellen Gewissen vollzogen, und es fühlt sich nur dem eigenen, individuellen, sittlich-personalen Gewissen verantwortlich. Ist dieser Reifungsprozeß gelungen, dann ist sein bedeutendstes Merkmal die Entstehung der sittlichen Persönlichkeit, deren markanteste Eigenschaft es ist, in Eigenverantwortung, also weit abseits des Phänomens der Identifikationen, zu handeln. Das bedeutet, daß das autonome Ich im Laufe der Jahre sich ganz bewußt von den Identifikationsmustern wie Eltern, Lehrer, Pfarrer, Parteigenossen, Gesellschaft, Verein etc. freigeschwommen und abgelöst hat.

Eine heteronome, also unselbständige und fremdgesteuerte Persönlichkeit bleibt dagegen stets an den Identifikationsangeboten haften, um dadurch eine Wegweisung und Wertorientierung und damit Sicherheit zu erhalten. Findet kein »Abnabelungsprozeß« von den Diktaten des Über-Ich statt, so können derart starre Identifikationen entstehen – man denke nur an Denkmuster im Zusammenhang mit Rassismus, Antisemitismus oder anderen Ideologieverhaftungen –, daß diese Persönlichkeit andere Werte und Orientierungen nicht mehr gelten läßt: Solches Verhalten tötet jede Toleranz, es ist erbärmlich und kennt als funktionales Gewissen kein das Selbst und den Wesenskern des Menschen widerspiegelndes personal-sittliches Gewissen, dem allein gegenüber es sich in freiem Entschluß verantwortlich weiß.

Begriff und Wirklichkeit von Verantwortung. Doppelcharakter der Verantwortung

Bewußt habe ich die Verantwortlichkeit ans Ende der vier Charakteristika der Autonomie im Ich gestellt, denn gerade zu *Begriff und Wirklichkeit von Verantwortung* muß noch Grundsätzliches ausgeführt werden, nicht nur weil auch dieses Wort mehr und mehr zur Worthülse zu verkommen droht wie Ethik und Moral und nicht mehr eingebettet ist in den tiefen Ernst eines Sollens, eines Handeln-Sollens, sondern weil Verantwortung wesentlich zur Ethikfähigkeit des Führenden gehört, Ausdruck der dialogischen Existenz des Menschen ist und den Problemkreis Gewissen tangiert, noch ehe Max Weber den Unterschied zwischen Gesinnungsethik und Verantwortungsethik thematisiert hat.[35]

Eine *Verantwortung an sich* gibt es nicht, der Begriff und die Wirklichkeit von Verantwortung setzen immer ein »Wofür« und ein »Wovor« voraus. Dies bedeutet: Verantwortung gegenüber etwas oder gegenüber jemandem, gegenüber einem Sinn und einem Wert oder einer Aufgabe und einer Norm und Pflicht, gegenüber dem Gewissen oder der Zukunft, gegenüber einer Person. Und meist ist es doch so: Wer klar bewußt weiß, wofür er Verantwortung trägt, der ahnt zumindest unbewußt auch, vor wem er sich verantworten muß. In lexikalischer Prägnanz drückt dies O. Höffe[36] so aus: »Verantwortung bezeichnet eine dreistellige Beziehung: die Zuständigkeit *von* Personen *für* übernommene Aufgaben bzw. für das eigene Tun und Lassen, auch für Charaktereigenschaften *vor* einer Instanz, die Rechenschaft fordert: z. B. vor einem Gericht, vor den Mitmenschen, auch vor dem Gewissen oder vor Gott.«

Um uns der Wirklichkeit von Verantwortung zu nähern[37], fragen wir uns, was es heißt, unverantwortlich zu handeln. Nehmen wir als Beispiel einen Glücksspieler, der im Kasino sein Vermögen aufs Spiel setzt – zweifellos handelt er leichtsinnig. Wenn es nicht sein eigenes Geld ist, das er riskiert, sondern das eines anderen, dann handelt er verbrecherisch. Wenn der Glücksspieler jedoch ein Familienvater ist, dann handelt er unverantwortlich, auch dann, wenn das Geld, das er setzt, sein eigenes ist, und unabhängig davon, ob er verliert oder gewinnt. Man darf aus diesem Beispiel den Schluß ziehen, daß nur der, der Verantwortung hat, auch unverantwortlich handeln kann!

Forcieren wir den Ernst der Verantwortung durch ein weiteres Beispiel: Ein waghalsiger Autofahrer ist leichtsinnig für sich, aber unverantwortlich dann, wenn er durch seine Waghalsigkeit auch Passagiere gefährdet. Dadurch, daß er Personen in seinen Wagen aufgenommen hat, hat er auf Zeit und für diese eine Sachwaltung – nämlich den Personentransport – beschränkt eine Verantwortung für eben diese Personen übernommen, eine Verantwortung, die er sonst für diese Personen und ihr Wohlergehen nicht trägt. Gedankenlosigkeit im Sinne von waghalsiger Risikofreudigkeit wird hier zur Schuld in sich, auch wenn alles gut ausgehen sollte.

In beiden Fällen – also sowohl beim glücksspielenden Familienvater als auch beim personenbefördernden waghalsigen Autofahrer – besteht ein klar definierbares nichtreziprokes Verhältnis der Verantwortung, im Klartext: Das Wohlergehen, das Interesse oder das Schicksal anderer – nämlich der Frau und der Kinder einerseits und der Passagiere andererseits – ist in meine Hut, in meine Obhut, in meine Zuständigkeit oder Zurechnung gekommen, und dies bedeutet, daß meine Kontrolle *darüber* zugleich meine Verpflichtung *dafür* einschließt. Die Verletzung solcher »Verpflichtung« – ob durch Umstände oder durch Vereinbarung zustande gekommen, ist irrelevant – ist unverantwortlich; anders ausgedrückt: Die Ausübung der Macht, hier in unseren Beispielen also zu spielen beziehungsweise zu rasen, ohne die Beobachtung der »Pflicht«, nämlich die Familie zu ernähren, deren Bestand nicht zu gefährden oder die Personen sicher an den Zielort zu befördern, ist eindeutig unverantwortlich, das heißt: ein Bruch des Treueverhältnisses der Verantwortung.

Ich habe das Wort »Pflicht« im voraufgehenden Satz nicht ohne Absicht in Anführungszeichen gesetzt, denn im Unterschied zum eigentlichen Pflichtbegriff (beispielsweise Kantscher Prägung), der stets einen Imperativ und damit ein »Du sollst« einschließt, umfaßt der Begriff der Verantwortung Verhältnisse der Gegenseitigkeit und der wechselseitigen Beanspruchung, die uns als moralische Primärphänomene ursprünglich vertraut sind; das heißt, der Familienvater »weiß« intuitiv und quasi selbstverständlich von seinem ihm als Geistperson eigenen Wertempfinden her, daß seine Familie einen Anspruch auf seine Fürsorge hat und daß er selbst für ihr Wohlergehen wesentlich verantwortlich ist.

Wer etwas verantwortet, tut dies also gegenüber einem anderen, der ihn dazu nicht eigens und expressis verbis aufzufordern braucht, da man im allgemeinen Verantwortung nur dann »hat«, wenn man selbst auf etwas hin (Erhalt der Familie, sichere Beförderung der Passagiere zum Zielort) »in Anspruch genommen« wird. In der Regel sind dies Erfordernisse kommunikativer Ordnung, und daher ist Verantwortung zunächst auch ein kommunikativer Begriff, der ein Entsprechungsverhältnis von Personen und deren Beanspruchung durch das Verhalten zu Personen und Sachen betrifft.

Es war bislang von »Pflicht«, von Anspruch und Beanspruchung die Rede – dies tangiert zweifellos unsere Freiheit. Ich meine dezidiert, daß Freiheit nicht in sich und »als solche« diskutiert werden kann, sie muß von der Verantwortung her verstanden werden: *Wie* frei jemand ist, das erfährt er daran, wofür er als verantwortlich »erklärt« werden kann. Somit sind *Freiheit und Verantwortung Wechselbegriffe,* wobei letzterer den ersteren übergreift. Etwas hiervon hat auch George Bernard Shaw in seinem leicht satirischen Aphorismus erahnt: »Freiheit bedeutet Verantwortlichkeit. Das ist der Grund, weshalb die meisten Menschen sich davor fürchten.«

Zur Freiheitsproblematik gehören zweifellos die Begriffe der Zurechnung (Zurechenbarkeit), der Verantwortung und der Schuld – sie alle aber machen nur dann Sinn, wenn Freiheit als Kern der Persönlichkeit angenommen wird. Andererseits begründet letztlich die Wirklichkeit der Verantwortung (woraufhin werden wir beansprucht?) die dem Menschen mögliche Freiheit. Ihr Sinn – »wozu« wir frei sind – ergibt sich daraus, wofür wir verantwortlich sind.[38]

Der Existentialismus der Nachkriegszeit ließ den Menschen »zur Freiheit verurteilt« sein; nach Sartre existiert der Mensch als Freiheit, da die Freiheit allein das Wesen des Menschen ermögliche. Freiheit wird hier futurologisch bestimmt, als Entwurf, indem der Mensch im Überschreiten der gegenwärtigen Möglichkeiten auf zukünftige hin, auf das

Noch-Nicht, sein Wesen realisiert. Zu dieser Freiheit als dem Wählen-müssen von Möglichkeiten ist der Mensch nach Sartre[39] verdammt, er kann ihr nicht entgehen, so er nicht zu existieren aufhören will.

Ich meine, der Mensch sei eher dazu »verurteilt«, Verantwortung zu übernehmen, denn ohne sie »gibt« es keine Freiheit, weil jemand erst dann frei »für sich« ist, wenn er es auch für andere sein kann. Diese These gilt freilich nur, wenn man als den eigentlichen Ort der Verant-wortung die wesentliche Einbindung des Menschen in Institutionen des Miteinanderlebens sieht. Diese Sicht der Dinge will natürlich kei-neswegs absehen von Wert und Sinn, von Bedeutsamkeit und Gewicht der Verantwortung beispielsweise im unternehmerischen Bereich, wo Verantwortung für den Bestand oder die Prosperität eines Unterneh-mens, für ein herzustellendes Produkt, für eine Dienstleistung, für das »Personal« gefordert ist, oder unter ökologischem Aspekt, wo für den Erhalt einer menschenwürdigen Welt auch für die nachfolgenden Ge-nerationen Sorge getragen werden muß.

Wer von Verantwortung spricht, muß sich auch des *Doppelcharakters der Verantwortung*[40] bewußt sein. Es gibt eine Verantwortung als kau-sale, also ursächliche Zurechnung begangener Taten (Verantwortung post factum als die Bereitschaft, für sein Tun und Lassen und deren Folgen einzustehen). Das heißt: Der Täter muß für seine Tat »antwor-ten«, er wird für deren Folgen verantwortlich und gegebenenfalls hier-für haftbar gemacht, er muß für sein Handeln oder Unterlassen gera-destehen – der angerichtete Schaden muß gutgemacht werden, auch wenn die Ursache keine Übeltat war, auch wenn die Folgen weder vor-auszusehen noch beabsichtigt waren. Es genügt, daß ich aktiv Ursache gewesen bin.

Inwieweit die ursächliche Tat als moralisch schuldhaft zu qualifizieren ist und die Sühne, die Bußleistung oder Bestrafung, mit der der Täter zur Verantwortung gezogen wird, der Wiederherstellung der gestörten moralischen Ordnung dient, braucht augenblicklich nicht weiter ver-folgt zu werden – »Meßlatte« für die Qualifizierung wird auf jeden Fall das personale Gewissen sein müssen.

Nun gibt es noch einen ganz anderen Begriff von Verantwortung, der nicht die quasi nachgereichte Rechnung für das Getane ist, sondern der die Determinierung, also *die Bestimmung des zu Tuenden* betrifft. Demgemäß fühle ich mich nicht primär für mein Verhalten und seine Folgen verantwortlich – das natürlich auch –, aber hier bin ich verant-

174

wortlich für die »Sache«, die auf mein Handeln Anspruch erhebt. In dieser Verantwortung (Verantwortung ante factum) ist man konfrontiert mit einem Sein-Sollen des Objekts – beispielsweise dem Aufbau einer neuen Unternehmensstruktur, der Planung einer Projektgruppe, der Verhinderung zunehmender Umweltverschmutzung – und einem »Tun-Sollen des zur Sachwaltung berufenen Subjekts«[41] – beispielsweise wir alle, die wir uns zum Gelingen eines sinnvollen Lebens in die Pflicht genommen sehen können oder wollen, indem wir permanent antworten müssen auf die Fragen, die das Leben und unsere Situationswelt an uns richten, oder die Führenden, die eine angstfreie Atmosphäre des Vertrauens schaffen sollen, in der ausgeschlossen ist, daß bei den ihnen Anvertrauten ein psychischer Scherbenhaufen aus Angst, Depression und innerer Emigration hinterlassen wird.

Diese Art von Verantwortung und Verantwortlichkeit, nicht eigentlich die formal leere Verantwortlichkeit jedes Täters für seine Tat, wollte ich im dritten Kapitel angesprochen haben hinsichtlich der heute so notwendigen Ethik der Zukunftsverantwortung; diese vornehmlich wird in Hans Jonas' epochalem Werk »Das Prinzip Verantwortung« thematisiert. Ein jeder muß sich zunehmend sensibilisieren dafür, daß einem faktischen »Ist«, einer (Vor-)Gegebenheit, ein »Soll«, ein Müssen, korrespondiert. Was heißt das?

Es bedeutet, daß in den Dingen selbst, in den Angelegenheiten, in den Situationen, in der Zukunft, in unserem Berufsumfeld etc. ein Anspruch und eine Verpflichtung und ein Aufforderungsgebot an den Menschen steckt, hic et nunc, hier und jetzt, tätig werden zu sollen und sich in die moralische Pflicht genommen zu sehen.

Zur Verdeutlichung des eben Gesagten sei – in Anlehnung an Hans Jonas, der gerade hierzu[42] dankenswert und eindrucksvoll Schönes expliziert – auf das allen Allervertrauteste verwiesen, nämlich auf das Neugeborene, dessen bloßes Atmen ein Soll an die Umwelt richtet, nämlich dies, sich seiner anzunehmen. Man sehe hin, und dann weiß man und hat begriffen, was zu tun sei! Das Kind – diesen »Urgegenstand« der Verantwortung – sollte man im Gedächtnis behalten für alle Situationen, in denen man sich in die Pflicht genommen sieht, den Begriff und die Wirklichkeit von Verantwortung und Verantwortlichkeit verteidigen und plausibel machen zu müssen. Wir alle – als die für jemanden oder etwas Verantwortlichen – waren ja allemal auch jemandes Verantwortung; die Ur-Verantwortung nämlich der elterlichen Fürsorge hat jeder an sich selbst erfahren, sonst existierte er nicht.

Gesinnungs- und Verantwortungsethik

Wir hatten zu Beginn des Kapitels gesagt, Ethik könne man legitimerweise als Motivationslehre menschlichen Handelns konzipieren; wenn personale Faktoren eine Rolle spielen, ist unter personaler Motivation die Begründung des Sittlichen aus dem Gewissen und der Gesinnung zu verstehen. Letztere, die *Gesinnung*, ist »die Willensdisposition und die kontinuierliche Haltung, die einem Verhalten zugrunde liegt«[43]; sie ist näherhin ein vorreflexes Wissen um das sittlich Gute und steht unter dem unbedingten Anspruch des Gewissens, das Gute zu wollen und zu tun und das Böse zu verneinen und zu unterlassen. Dieses Wissen »gefriert« gleichermaßen zu einer Haltung, zu einem Habitus, zu einer Disposition oder grundsätzlichen Orientiertheit hin zum Guten. Vereinfacht könnte man sie als die zu einer Grundsatzeinstellung verfestigte gute Absicht eines Menschen bezeichnen – verantwortlich dem personalen Gewissen als unserer innersten Wertinstanz.

Der Philosoph Georg W. F. Hegel (1770–1831) hat einmal in seiner Rechtsphilosophie angemerkt, das »wahrhafte Gewissen sei die Gesinnung, das, was an und für sich gut ist, zu wollen« (§ 137). Hier wird der Zusammenhang zwischen Gewissen und Gesinnung sehr forciert ausgesprochen, den wir durchaus so formulieren dürfen: »Während das Gewissen stärker situativ und individuell gedacht werden muß als sittliches Steuerungsorgan des einzelnen im Augenblick einer Entscheidung, besitzt Gesinnung mehr Kontinuität, ist, wie Aristoteles es formulierte, festgeworden, als eine Art habitualisierte Verhaltensorientierung, von der aus dann situative Entscheidungen getroffen werden.«[44]

Nach diesen Vorbemerkungen sei nun noch kurz der immer wieder aufgegriffene Unterschied zwischen *Gesinnungs- und Verantwortungsethik* angesprochen. Bereits Hegel hat Kants Meinung kritisiert, wonach nur die Gesinnung maßgeblich sei für die sittliche Beurteilung eines Verhaltens. Dieser reinen Gesinnungsethik hielt in unserem Jahrhundert Max Weber in jenem berühmten Vortrag über »Politik als Beruf« im Revolutionswinter 1918/19 eine Verantwortungsethik entgegen, weil es nicht angehe, daß der Politiker nur eine edle Gesinnung vor sich hertrage, die (sozialen) Folgen einer (politischen) Entscheidung jedoch nicht berücksichtige. »Die Welt ist dumm und gemein, nicht ich; die Verantwortung für die Folgen trifft nicht mich, sondern die andern ...« – bei solchen Gesinnungsethikern, sagt Weber, handle es sich in neun von zehn Fällen um »Windbeutel«.[45]

Wer als reiner Gesinnungsethiker sich nur dafür verantwortlich weiß, »daß die Flamme der reinen Gesinnung, die Flamme z. B. des Protestes gegen die Ungerechtigkeit der sozialen Ordnung, nicht erlischt« (Weber), läuft Gefahr, daß sich seine Protesthaltung auch in Taten des Gesinnungsterrors bis hin zur Zerstörung jeglicher Ordnung äußert: Dem guten Zweck, der heiligen Absicht dürften auch schlechte Mittel dienen.

Weber hat dies als absolute Aporie gesehen: »Keine Ethik der Welt kommt um die Tatsache herum, daß die Erreichung ›guter‹ Zwecke in zahlreichen Fällen daran gebunden ist, daß man sittlich bedenkliche oder mindestens gefährliche Mittel und die Möglichkeit oder auch die Wahrscheinlichkeit übler Nebenerfolge mit in Kauf nimmt, und keine Ethik der Welt kann sicherstellen, wann und in welchem Umfang der ethisch gute Zweck die ethisch gefährlichen Mittel und Nebenerfolge ›heiligt‹ ... Es ist nicht möglich, Gesinnungsethik und Verantwortungsethik unter einen Hut zu bringen oder ethisch zu dekretieren: welcher Zweck welche Mittel heiligen solle ...«[46]

Ein Führender, der auf der Basis einer konstruktiven Gewissensbildung sittliche Kompetenz als seine Ethikfähigkeit erworben hat, wird einsehen (müssen), daß es nicht möglich und ausreichend ist, sich auf eine Ethik der bloßen Gesinnung zu beschränken. Eine Haltung, die nach den Folgen nicht fragt, die gegebenenfalls böse Mittel für gute Zwecke (bedenkenlos) einsetzt und ängstlich um das Heil der eigenen Seele kreist (auf daß »die Flamme der Gesinnung hell leuchte«), mag eine abstoßende Form von Egozentrismus sein, den Rang einer Ethik hat sie wohl kaum. Es kann nicht für ethisch gelten, auf mehr oder minder narzißtische Weise nur der Beruhigung seines Gewissens zu dienen (»Ich hab' es ja so gut gemeint«), vielmehr gehört es zur Ethik im bislang erörterten Verständnis, neben der Lauterkeit der eigenen Motive auch die abschbaren Folgen des eigenen Handelns zu verantworten.

Die Gesinnungsethik bestimmt die ethische Qualität einer Handlung nicht aus dem tatsächlichen Ergebnis, sondern allein aus der Handlungsabsicht – das ist fürwahr zuwenig, denn es kann nicht angehen, daß man Verantwortung durch Gesinnung ersetzt, das geht weder in der Politik noch im Unternehmen, noch im kommunikativen Umgang mit den Menschen, noch sonstwo. Es geht um die Frage, wofür wir verantwortlich sind, wie weit unsere Verantwortung reicht und in welcher Weise wir sie wahrzunehmen gewillt sind. Freilich, wer sich in seinem Handeln verantwortungsethisch orientiert, muß nicht der Gesinnung ledig sein, ganz im Gegenteil: »Wer sich verantwortlich weiß, der ›hat‹ immer schon eine Gesinnung, die praktisch wird, die in seinem Handeln erscheint.«[47] Insofern bräuchte man Gesinnungs- und Verantwortungsethik gar nicht zu polarisieren.

Dieses Kapitel abschließend, darf ich hoffen, daß hinreichend deutlich geworden ist, wie sehr der Begriff der Verantwortung den des Sollens impliziert, zuerst den des Sein-Sollens (Leben soll sein, Vertrauen und Angstfreiheit sollen sein), dann den des Tun-Sollens (sich des Lebens annehmen sollen, als Führender ein biophiles Umfeld ermöglichen sollen) in Respons zu jenem Sein-Sollen.
Verantwortlich sein, Verantwortung haben oder übernehmen, in der Verantwortung stehen – das sind Wirklichkeiten und Postulate an den Menschen, die in ihrem Anspruchscharakter nicht ernst genug gedacht werden können. Sich aus der einmal übernommenen Verantwortung, etwa des Führenden gegenüber den Geführten, so einfach herausstehlen zu wollen, ist mehr als ein Kavaliersdelikt, es stellt das sittliche Fundament eines Menschen wesenhaft in Frage und leugnet eine wesentliche Besonderheit der Condition humaine, nämlich die, daß der Mensch im Gegenüber der Frage steht und nun zu antworten hat.
In meinen Seminarveranstaltungen und Kolloquien zur Sinnfrage betone ich im Zusammenhang mit der Frage nach der menschlichen Existenz und dem Aufgabencharakter des Lebens dezidiert: Das Leben selbst ist es, das dem Menschen Fragen stellt, und der Mensch hat nicht zu fragen, er ist vielmehr der vom Leben her Befragte, der dem Leben zu antworten hat – der das Leben zu ver-antworten hat. In der Verantwortung des Daseins erfolgt die Beantwortung der Frage. Hier wird davon ausgegangen, daß man einen dialogisch geführten Austausch des Menschen mit seiner Situationswelt annehmen darf, weshalb formelhaft gesagt werden kann: Menschsein heißt In-(der)Frage-Stehen – und Leben heißt antworten.
Gewissen – Gesinnung – Autonomie im Ich – Verantwortung: Wir haben diese Wirklichkeiten kennengelernt als wesenhaft zur ethischen Kompetenz gehörend, wir haben aber auch gesehen, daß Verantwortung mit der Freiheit des Menschen zu tun hat, daß sie sie aber auch hinwiederum einschränkt. Das heißt: Freiheit ist insofern immer eingegrenzt, als sie auf ein Gegenüber hingeordnet ist, wobei dieses Gegenüber nicht eindeutig ist und Gott oder die Gesellschaft oder auch

mein Selbst sein kann. Daher kann entsprechenderweise von religiöser oder sozialer oder Selbstverantwortung die Rede sein.

Im zweiten Kapitel haben wir den Menschen in seiner Du-Bezogenheit charakterisiert, und jetzt können wir sagen, daß *Verantwortung Ausdruck der dialogischen Existenz des Menschen* ist. Sie ist damit wesenhaft mit dem Menschsein verbunden, das den Gemeinschaftsbezug oder den Du-Bezug oder auch den Welt-Bezug (Stichwort: keine Monade!) integriert. Sehr schön sagt dies E. Fromm vom Verantwortungsgefühl: Es ist »keine Pflicht, die dem Menschen von außen aufgezwungen wird, sondern die Antwort auf etwas, von dem man fühlt, daß es einen angeht. Verantwortung und Antwort haben die gleiche Wurzel: Verantwortlich sein heißt zum Antworten bereit sein«[48] – Antwort setzt aber zwangsläufig ein Gegenüber voraus.

In lexikalischer Prägnanz und Dichte besteht das »Wesen der Verantwortung« nach W. Molinski[49] »in der Hinordnung des freien Handelns auf das Wohl der durch dieses Handeln betroffenen Personen, so daß der Grund der Verantwortung die der Würde der Personen geschuldete Achtung ist«. Letztendlich kann die Verantwortlichkeit des Menschen – der »Gehorsam« gegenüber einem zu Tuenden, gegenüber einem Gesollten, einem Anspruch – nur dann richtig begriffen werden, wenn wir von »einer Grundbefindlichkeit beim Menschen« ausgehen, »die ihn befähigt, einen Einklang zwischen seiner Gewissenseinsicht und den Notwendigkeiten einer bestimmten Situation herbeizuführen. Diese Möglichkeit der Wahl und der Entscheidung aber ist seine Freiheit.«[50]

Wenn der Tenor dieser Abhandlung stets das ethisch verantwortete Führen ist, dann mag man hier am Ende dieses Kapitels etwas von dem abgründigen Ernst erspüren, der solchem Führen zugrunde liegen muß. Und wenn wir Führen nach wie vor als Menschenführung verstehen und dieses ein verantwortetes Einflußnehmen auf Geführte meint, dann wird verständlich, daß solche Verantwortungsübernahme die Entwicklung von sittlicher Kompetenz voraussetzt, denn ohne das Fundament ethischer Kompetenz wird Führen (leicht) zum Verführen, zur Manipulation, zur Einschränkung menschlicher Freiheit (und damit menschlicher Würde) und widerspricht dem Biophilie-Postulat, das auch im Führungsprozeß personales Leben eher zu fördern und zu mehren denn zu mindern und einzuschränken einfordert.

KAPITEL 6

Im Leistungs-Erfolgs-Karussell

Fachlich kompetent und defizitär in der Persönlichkeit?

Vorbemerkung: Die Gefährlichkeit von »Wertpyramiden«

Wertpyramiden, also ausschließliche Orientierung an einem Spitzenwert (etwa an Arbeit und Beruf, an Leistung und Erfolg), sind nicht nur gefährlich, sondern sie sollten auch frühestmöglich gekappt werden. Die noch so gediegene und hochspezialisierte Fachkompetenz prädestiniert noch lange nicht (ebensowenig wie die paar obersten Sprossen im Hierarchiegefüge eines Unternehmens) zum Führen (als Menschenführung!).

Mit diesen zwei provokativen und unzeitgemäßen Behauptungen, eigentlich spätestens mit diesem Kapitel insgesamt, riskiere ich, mich bei vielen Lesern in die Nesseln zu setzen oder in undiskutiert hochheilige Fettnäpfchen zu treten, zumal man sich in höheren Führungsetagen gerade diesen Spiegel (Arbeitsamkeit als Totalengagement bis hin zum Workaholism, extreme Leistungsorientiertheit und Erfolgsdenken als Garanten der Unternehmensprosperität) nicht vorhalten lassen zu müssen glaubt; Bestand der Firma und damit auch Erhalt der Arbeitsplätze haben doch unbestrittene Priorität. Dem ist aus betriebs- und volkswirtschaftlicher Sicht nichts entgegenzuhalten, und doch sind notwendige Korrekturen einzubringen, so man nicht der Meinung ist, die moderne Kommunikationskultur in Wirtschaft und Gesellschaft sei in Ordnung und der psychosozialen Erlebniswelt der Berufstätigen bräuchte nicht auf die Beine geholfen zu werden.

Im Zusammenhang mit Ethik als Tugendlehre haben wir die aristotelische Mesótes-Lehre[1] kennengelernt und damit auch die thomistische Kurzformel: In medio stat virtus – die Tugend liegt in der Mitte. Auf den nachfolgenden Seiten mag versucht werden dürfen, auch eine Mitte, ein gesundes Mittelmaß zu finden in der Einstellung zu Arbeit –

Leistung – Erfolg – Fachkompetenz, unter persönlichkeitsbildnerischen Gesichtspunkten, die freilich nicht frei sein können von ethischem Anspruch und personaler Verantwortung.

Von *Wertpyramiden* war oben die Rede – dieses Bild dürfte wohl erklärungsbedürftig sein.

Wenn wir von Menschen ausgehen, die in ihrem Leben bereits eine gewisse Wertorientierung gefunden haben, dann können wir eine ungemein wichtige und überdies empirisch durch Tests bestens validierte Unterscheidung in zwei Personengruppen vornehmen, nämlich in die mit parallel gesicherter und jene mit pyramidal gesicherter Wert- und Sinnorientierung. Was besagt nun diese von dem tschechischen Logotherapeuten Stanislaw Kratochvil stammende Differenzierung?

Von parallel gesicherter Orientierung[2] spricht man dann, wenn eine Person mehrere etwa gleich starke Werte oder wichtige Inhalte in ihrem Leben kennt, die ihr viel bedeuten, das heißt, in der Sinnorientierung dieses Menschen wiegen einige große und gewichtige Werte gleich oder fast gleich schwer und liegen sozusagen parallel nebeneinander: beispielsweise die Erfüllung im Berufsleben, die Liebe zur Familie, ein die Freizeit ausfüllendes Hobby, die Einbindung in eine kulturelle, karitative oder politische Gemeinschaft, vielleicht auch noch tiefe Gläubigkeit mit heiterem Vertrauen auf Gott.

Im Gegensatz hierzu spricht man bei pyramidaler Wertorientierung von einem einseitigen Wertsystem insofern, als *ein einziger* großer Wert (einsam) an oberster Spitze steht, während die anderen restlichen Wertmöglichkeiten unwichtigere, also weit darunter liegende Positionen einnehmen, so daß die Gesamtheit der sinngebenden Inhalte eben die Form und Struktur einer Pyramide nachvollzieht.

Daß beide Personengruppen hinsichtlich ihrer Sinnerfüllung zufriedengestellt und gar glücklich sind, braucht nicht angezweifelt zu werden, aber Menschen mit einer parallel gesicherten Wertorientierung sind innerlich wesentlich gefestigter als solche mit einer bis zum äußersten getriebenen pyramidal gesicherten Wertordnung. Das Leben mit einem einseitigen Wertsystem oder mit einer Wertpyramide mag zwar einen hohen Sinn für den einzelnen abgeben, aber es ist, wie wir sehen werden, höchst gefährlich.

Generell habe ich natürlich nichts beispielsweise gegen den Erfolg, auch wenn ich nachher einige »Geschütze« dagegen auffahren lasse, aber ich habe stärkste Bedenken gegen jede Art von Wertpyramiden, also gegen eine Wertorientierung, an deren Spitze ein einziger alles überkrönender Wert steht – so erhaben und wichtig, daß alles andere, was auch noch erstrebenswert, liebenswert, sinnvoll, wertvoll, interesseweckend sein könnte, so weit unten angesiedelt ist, daß es eigentlich verblaßt und kaum eine Eigenexistenz hat, zumindest dann nicht tragfähig genug ist, wenn der Spitzenwert – aus welchen Gründen auch immer: Krankheit, Versetzung, Pensionierung, Unternehmenspleite, Karriereknick etc. – gekappt wird, so daß der ganze Lebenssinn zusammenbricht, das ganze Lebenskonzept zusammenkracht, der ganze Selbstwert zerbröckelt. Ein solcher Mensch stürzt dann nicht selten in ein Wertevakuum und in die Verzweiflung, an deren Ende – weil ohne Sinn – er nicht selten sein Leben wegwirft.

Bei einer parallel gesicherten Wertordnung mag es um ein Vielfaches leichter möglich sein, den Verlust *eines* Wertes durch die verstärkte und intensivierte Hinwendung zu anderen gleich- oder fast gleichwertigen Lebensinhalten auszugleichen und psychisch zu verkraften. Die vielen Werte, die für uns dann immer noch bedeutsam sind, weben quasi ein tragfähiges Netz aus Idealen, Kontakten, Beziehungen, Hobbies, Arbeiten und Interessenobjekten und Aktivitäten, das selbst einen Sturz aus großer Höhe auffängt, wenn es sein muß.

Wenn ich Verzweiflung definieren darf als den Zusammenbruch einer pyramidalen Wertordnung, dann meine ich, daß eigentlich hinter jeder Verzweiflung im Grunde die Vergötzung eines einzelnen Wertes steht, der verabsolutiert wird und dem alle anderen Werte nach- und untergeordnet sind. Mit Blick auf die Diskrepanz zwischen »Erfolg haben« und »glücklich sein« hat der Wiener Psychiater und Begründer der Logotherapie, Viktor E. Frankl, gezeigt und auch empirisch untermauert, daß Verzweiflung nicht dem Erfolg, sondern der Erfüllung entgegengesetzt ist. »Der Mensch«, so sagt er, »bewegt sich in der Regel auf einer horizontalen Ebene zwischen den Polen Erfolg und Mißerfolg. Das ist die Dimension des Homo sapiens, der erfolgreich sein will, als ›businessman‹ oder als ›playboy‹. Aber eine zweite Dimension, senkrecht zur ersten, kommt hinzu. Ich nenne sie die Dimension des Homo patiens, des Menschen, der selbst noch im unentrinnbaren Leiden zur Sinnerfüllung vorstößt. Die Pole sind hier nicht mehr Erfolg oder Mißerfolg, sondern Erfüllung und Verzweiflung. Das ist eine andere Dimension, und das ist wichtig zu wissen.«[3]

Zur Sinnerfüllung in der Arbeit

In einer extrem leistungs- und erfolgsorientierten Zeit und Gesellschaft wie der unsrigen scheint es lebensnotwendig (= die Not des Lebens wendend, das Leiden am Leben lindernd) zu sein, über das, was *Arbeit* ist und sein kann/darf, nachzudenken und dem Mißbrauch und der Vergötzung, als wäre Arbeit alles und Arbeitsamkeit/Betriebsamkeit die erste der Tugenden, die Spitzen abzusägen. Nur wer sich ernsthaft die Frage nach dem Sinn der Arbeit stellt und der Verbindung mit dem Sinn menschlichen Lebens, wird die Wirklichkeiten und Postulate von Leistung und Erfolg für sich persönlich richtig und maßvoll in sein Leben zu integrieren imstande sein und auch seiner Fachkompetenz – gewöhnlich in einem Kausalzusammenhang mit Karriere und Erfolg stehend – den Stellenwert zuordnen, der ihr gebührt im Ensemble noch anderer für ihn bedeutungsvoller und wichtiger Kompetenzen, nämlich der ethischen, sozialen und interaktiv-kommunikativen. Drogensüchtige, Tabletten- und Alkoholsüchtige gelten als krank, Arbeitssüchtige werden geehrt – die Frage ängstigt und beunruhigt, ob und inwieweit der Workaholic zum neuen Leitbild in der Unternehmenskultur avanciert.[4]

Bei der Firma Nixdorf bekennt man ungeniert: »Im Unternehmen leben wir eine ausgeprägte Arbeitsethik. Fast in abschreckender Form versprechen wir Bewerbern, daß sie hart arbeiten müssen, daß Überstunden fällig werden, daß Arbeit, die getan werden muß, erledigt wird.«[5] Ein anderes Unternehmen will die Mitarbeiter symbiotisch mit dem Unternehmen verbunden wissen, es will »den ganzen Menschen für die Firma gewinnen«, und man sucht den »24-Stunden-Mitarbeiter, der mit dem Spaß am Erfolg nahtlos Berufs- und Privatleben zu einer Einheit verbindet«.[6] Der Chef eines Kunstharzböden-Betriebs wörtlich: »Mir macht es nichts aus, mal 15 Stunden zu arbeiten, das ist Hobby, Arbeit, Freizeit ineinander. Das erwarte ich auch von den Leuten. Ich will unternehmerische Mitarbeit, also nicht nur Arbeit, sondern auch Geist und Herz der Menschen.«[7]

Gegenwärtig reicht also im Betrieb Engagement nicht mehr aus, angesagt und gesucht ist Leidenschaft zur Arbeit, und die Parole heißt »Unternehmertum«, wobei von Facharbeitern und Angestellten Fähigkeiten und Einstellungen erwartet werden, die früher noch den Stellenbeschreibungen für Topmanager vorbehalten waren: neben Dialog- und Kommunikationsfähigkeit vor allem Selbständigkeit und Kreativität, Planungs- und Sozialkompetenz, natürlich auch solche »Selbstverständlichkeiten« wie Flexibilität, Weiterbildungswille und Motivation gegenüber allem und jedem.

»Im Anfang war die Tat« (nicht das Wort, nicht der Sinn = lógos), läßt Goethe Faust verkünden, und seitdem ist der faustische Homo faber der Idealtypus menschlichen Seins; das Tun und Wirken des Tatmenschen, die Arbeit wird angebetet und zum Idol erhoben. Es muß erlaubt sein, den Stellenwert der Arbeit in der menschlichen Existenz kritisch anzuleuchten[8], wozu sich die Doppelfrage bestens eignet: Arbeitet der Mensch, um zu leben, oder lebt der Mensch, um zu arbeiten?

Das »Ja« auf eine der beiden Fragen schließt das »Nein« auf die andere ein – das ist gedanklich leicht nachzuvollziehen, bringt uns aber nicht weiter. Wir müssen, um näher an das Problem zu kommen, aus der zweidimensionalen Entweder-oder-Perspektive herausgehen und eine weitere, in den beiden Fragen versteckte dritte Frage stellen: Gibt es mehr im Leben als Arbeit?

Das »Nein« auf diese Frage führt uns zurück zur Frage, ob der Mensch lebt, um zu arbeiten. Ein »Ja« eröffnet zweifellos neue Alternativen, wirft aber zusätzliche Fragen auf über die Definition des Sinns der Arbeit. Eine Antwort muß auf jeden Fall versucht werden, es muß jedoch vorher schon festgehalten werden, daß schon die Fragestellung »Gibt es mehr im Leben als Arbeit?« bereits deutlich anzeigt, »daß der Sinn der Arbeit zutiefst verbunden ist mit dem Sinn des Lebens«[9], mit dem Sinn in unserem Leben.

Wenn ich sage, Arbeit gehöre wesentlich zur Dynamik des menschlichen Lebens, zum Prozeß des Werdens, dann liegt mir fern, hier eine Lobrede auf die Arbeit zu singen – vielleicht wäre dies legitim, aber darum darf es uns augenblicklich nicht gehen. Es geht vielmehr darum, zu einer möglichen Integration, zu einer Einbindung des Sinns der Arbeit in den Sinn des Lebens zu gelangen und zu einem richtigen Verständnis der Behauptung, daß es im Leben (tatsächlich) mehr gibt als Arbeit – egal, ob ich Arbeit verstehe als aktiv-schöpferisches oder als beruflich-soziales Phänomen. Den Sinn der Arbeit sollten wir auch nicht bestimmt sein lassen durch ideologische und rein utilitaristische, also am Nutzwert orientierte Überlegungen der Machart »Wer nicht arbeitet, soll auch nicht essen«[10]. In ihrem Wesen umfaßt Arbeit auch mehr als ökonomische Produktivitäten und finanzielle Solvenz oder Selbstentfremdung, wie der Marxismus dies hat glauben machen wollen.

Uns geht es darum, den Sinn der Arbeit zu suchen in der existentiellen Funktion der *Arbeit als einer menschlichen Tätigkeit.* Wenn ich im zweiten Kapitel, zum ganzheitlichen Menschenbild, angedeutet habe, der Mensch lebe, um Sinn zu erfüllen, dann ist Arbeit hierzu und hierfür ein wichtiges (nicht das wichtigste) Verwirklichungsfeld[11] – das ist unsere Ausgangsbasis.

Durch die Arbeit bringt sich der Mensch wesentlich und konkret in die Natur, in die Geschichte und in das Leben ein. Dies bedeutet: *»Zu arbeiten ist eine grundlegende Art des Menschseins in der Welt.«*[12] Und daher ist Arbeit nicht nur ein Mittel zum Leben, sondern auch eine Art zu leben, sie ist ein Weg zur Schaffung des Selbst und ein Instrument zum Ausdruck des Selbst, wie dies zweifellos und vor allem im kreativ-künstlerischen Tun deutlich wird.

Arbeit verwandelt nicht nur die Welt und die Natur, sondern auch den Menschen, den Arbeitenden. Durch die Arbeit wird die einzelne Person sozialisiert und erzogen und erlernt Disziplin durch das Ausführen einer Arbeit und in der Ausübung einer beruflichen Tätigkeit. Zum besseren Verständnis dieser Aussage denke man nur an das Zuarbeiten und Zusammenarbeiten gerade aufgrund der Spezialisierung in der modernen technisierten Arbeitswelt, an die stetig geforderte Rücksichtnahme auf die anderen oder an die Präzision, die man nicht nach Lust und Laune »variieren« kann, sondern die vom Arbeitsablauf und dessen Gesetzmäßigkeiten her zwangsläufig eingebracht werden muß. Gerade die Aufteilung der Arbeit in spezifische Aufgaben und die eben genannte Spezialisierung in der heutigen Arbeitswelt bewirken eine gegenseitige Abhängigkeit der Menschen untereinander und auch das gegenseitige Angewiesensein aufeinander in der Befriedigung der Bedürfnisse. Man veranschauliche sich nur die mannigfachen Verzahnungen verschiedenster Arbeits- und Produktionsprozesse, bis eine Bio-Semmel knusprig und frisch auf dem Frühstückstisch zu liegen kommt!

Daraus erhellt, daß Arbeit »nicht nur eine personale und individuelle, sondern auch eine kommunale und soziale Dimension«[13] hat. Arbeit ist wesentlich auch oder heute zumeist Zusammenarbeit, und deshalb ist der Arbeitsplatz ein sozialer und existentieller Ort und nicht nur eine private, individuelle Freistätte.

Zu arbeiten bedeutet *»arbeiten mit«,* das heißt mit jemandem zusammen, es bedeutet aber auch, und dies ist viel wesentlicher: *»arbeiten für«,* für einen Wert, für einen Sinn, für ein Ziel, also für etwas oder für jemanden, sei es für die Lohntüte, für die Karriere, sei es für den Fortschritt oder die Erhaltung der Umwelt oder für die Familie. Dieses »arbeiten für« kann kaum hoch genug veranschlagt werden, denn die Beschäftigung als solche und allein bereichert in der Regel nicht die Existenz des Arbeitenden, sie ist nur ein Mittel und eine Gelegenheit, sich selbst auszudrücken und zu formen, oder sie ist nur ein notwendiges Übel, das ungeliebt und zur Existenzerhaltung in Kauf genommen wird.

Der Sinn der Arbeit besteht sicher auch darin, sowohl die Welt als auch das Leben des Arbeitenden zu humanisieren und zu gestalten – das ist so, auch wenn es oftmals außer acht gelassen wird. Von der Sinnperspektive her ist Arbeit jedenfalls eine *Tätigkeit, die immer im Hinblick auf irgend jemanden oder irgend etwas unternommen wird* – und dies heißt, daß die Arbeitstätigkeit sich auf etwas jenseits ihrer selbst bezieht – sie bezieht sich auf und ist geformt von einer Intention, von einem augenblicklichen, einzigartigen Sinn, von einem Wert. So verstanden meint arbeiten »hinausreichen, über sich hinausgehen, sich beziehen auf die Welt, auf andere und auf sich selbst«.[14]

Zu arbeiten erweitert zweifellos den Lebenshorizont, eröffnet neue Möglichkeiten des Werdens und der Entwicklung. So ist Arbeit eine Übung der menschlichen Fähigkeit, über sich hinausgehen zu können, sich zu überwinden und das, was man selbst bereits ist, noch reicher zu machen – hier liegt auch die ursprüngliche Bedeutung von »leisten«, wie wir noch sehen werden.

Nach dem bisher Gesagten kann ich als These[15] formulieren: *Arbeit erweist sich als ein Mittel für einen Zweck, für ein Ziel, für einen Wert, und nicht als ein Zweck an und für sich.* Was das bedeutet? Nicht mehr, aber auch nicht weniger als *daß der Sinn der Arbeit die Arbeit transzendiert!* Er ist verbunden mit dem Sinn des Lebens, mit dem Wert der menschlichen Existenz.

Ich darf die vorgenannte philosophische These etwas verdeutlichen:

Der Sinn der Arbeit transzendiere, übersteige die Arbeit, meint, daß der Sinn der Arbeit mehr ist und etwas anderes als die bloße Arbeitstätigkeit – wäre es anders, müßte sich jeder am Fließband, der nur einige Schrauben festzudrehen hat, unverzüglich die Kugel geben oder verrückt werden.

Das Transzendieren meint aber auch, daß Arbeit ausgeübt wird im Dienst an Werten und Sinn – sie verkörpert menschliche Ideale und verwirklicht Intentionen. Natürlich kann es verschiedenen Sinn in der

Arbeit geben, und die Arbeit kann mehr oder weniger sinnvoll sein, ja sogar sinnlos – je nach Richtung und Intention, die ihr durch die arbeitende Person gegeben wird. So kann Arbeit durchaus zur Quelle von Frustration und Entfremdung werden oder zum Erlebnis von Druck und Ausbeutung. Dann um so mehr müßte man sich um eine Rehumanisierung der Arbeit bemühen. An *einer* Einsicht käme man dann nicht vorbei – und sie festigt das bislang Gesagte: *Die Sinnfülle der Arbeit ist »nicht durch die Arbeit an sich determiniert,* sondern vielmehr durch die Einstellung des Arbeitenden zur Arbeit, durch die Art, wie die Arbeit verrichtet wird, [vor allem aber] durch die Absichten, Motivationen und Ziele«.[16]

Arbeit ist und bleibt nicht der einzige Weg zu sinnbringender Tätigkeit und sinnbringendem Sein, vielmehr wird man so sagen dürfen: *Arbeit steuert zum Sinn des Lebens in dem Maße bei, wie sie selbst mit Sinn erfüllt wird.* Die Sinnhaftigkeit der Arbeit kann nicht ein für allemal festgelegt werden – schon gar nicht von Einzelpersonen für den oder die anderen! –, sie hat vielmehr immer wieder in allen Lebenssituationen neu erkannt und verwirklicht zu werden; dies gilt unabhängig davon, ob der Aufgabencharakter einer Arbeit sich als die Verwirklichung schöpferisch-kreativer Werte ausweist oder als Realisierung sozialer Erlebniswerte wie Kollegialität, Solidarität, Liebe, Freundschaft, Kameradschaft oder als »Arbeit wozu«, also im Dienst irgendeiner Idee religiösen, ideologischen, ästhetischen oder karitativen Charakters.

Wir leben, um Sinn zu erfüllen, sagte ich – und Arbeit ist hierzu ein an jedem Tag neu sich anbietendes Verwirklichungsfeld, nicht das einzige und nicht das wichtigste. Man vergötze weder Arbeit noch Beruf – beide Begriffe werden in der Regel, so unpräzise das auch ist, synonym verwendet –, denn für wen sie alles sind, der riskiert alles, wenn er ihrer verlustig geht[17], und der riskiert mehr, als sie wert sind, nämlich oftmals Gesundheit, Leben und sein soziales Umfeld oder den Sturz in die Verzweiflung oder ins existentielle Vakuum der Sinnentleerung seines Daseins.

Einer von der Deutschen Forschungsgemeinschaft geförderten Längsschnitt-Studie zufolge[18] – Studenten der Fachrichtung Technik, Wirtschaft und Sozialwissenschaften wurden befragt, und zwar kurz vor dem Examen und dann im Abstand von einem Jahr noch ein- bis zweimal nach ihrem Berufseinstieg – scheint ein Großteil des Führungsnachwuchses ein ausgewogenes Verhältnis von Arbeit und Freizeit und Familie anzustreben. Arbeit bleibt zweifellos zentral, wobei die Ansprüche an die Arbeit inhaltlicher Natur sind, das heißt, sie soll sinnvoll sein und den Arbeitenden befriedigen. Aber auch dann bedeutet Arbeit nicht das ganze Leben – der private Lebensbereich steht bei einem gut Teil der jungen Manager gleichgewichtig neben der beruflichen Tätigkeit. Also: Karriere schon, aber nicht um *jeden* Preis.

Der Berliner Sozialwissenschaftler Burkhard Strümpel prägte hierfür den Begriff der *Gleichgewichtsethik*: »Arbeit ist interessant«, Karriere durchaus wichtig und erstrebenswert, »aber ich lasse es nicht so weit kommen, daß sie mein übriges Leben [zer]stört«.[19] Nicht jeder also will sich anpassen an das Stereotyp vom Manager, der um der Macht willen vielfach seine Werte korrumpiert und auf Kosten der Familie oder der Freizeit und der Gesundheit und unter Inkaufnahme des Verlustes von Freiheit (zu selbstbestimmter Zeiteinteilung; totale Fremdsteuerung durch Sachzwänge aller Art) nur noch für die Firma lebt.

Die Unternehmen der Wirtschaft werden solcherart gewandelte Wertorientierungen und die daraus resultierende veränderte Einstellung zur beruflichen Karriere nicht tolerieren und nicht durch Personalaustausch »honorieren«, das heißt, sie werden den leistungs- und erfolgsorientierten Karrieristen präferieren, der seinen Selbstwert nahezu ausschließlich durch seine fachliche Kompetenz definiert. Die Totaleinbindung jedoch in das Prokrustesbett von Leistung und Erfolg, das Dauerbillett im *Leistungs-Erfolgs-Karussell* erscheint mir in vielfacher Hinsicht bedenklich und macht es unumgehbar, kritisch über den Zwang zur Leistung und über die Fixierung auf Erfolg (reich sein) zu reflektieren und zu einem vielleicht neuen, jedenfalls andersartigen Verständnis dieser beiden Größen zu gelangen.[20]

Leistung und Erfolg – der »Gott«, der seine Kinder frißt

Nicht gerade selten erfährt man über die Medien vom Selbstmord weltbekannter Persönlichkeiten, die der Erfolg sattsam geküßt hatte und die sich unschwer bis ins hohe Alter hätten auf ihren Meriten ausruhen können – dann frage ich mich erschüttert und befremdet, welch geheimnisvoller Gott doch der Erfolg sein muß, der seine eigenen Kinder ermordet!

Zweifellos ist der Erfolg, schon die Aussicht auf Erfolg, eines der wichtig(st)en Motivations- und Kräftigungsmittel, die es überhaupt gibt, ein nahezu magisches Elixier, das stabilisiert, jedoch gleichzeitig stimu-

188

liert, weiterhin Erfolg an Erfolg zu knüpfen, das heißt, in der Leistungsbereitschaft, im Leistungsvermögen und im ungebändigten Leistungsstreben nicht nachzulassen.

Man darf freilich nicht außer acht lassen, daß der Erfolg eine Kategorie ist, welcher wesenhaft die Zeitlichkeit anhaftet und damit das Charakteristikum von Zerbrechlichkeit und Vergänglichkeit. Der Wein des
Erfolgs kann mitunter so stark sein, daß er zum Rausch führt, zu
krankhafter Sucht, die wie alle Süchte unfrei macht und in der Verab-
solutierung des Suchtmittels als einzigem gültigem Wert zum totalen
Kontrollverlust führt. Solche Menschen haben längst Glück und Daseinserfüllung mit dem Glanz des Erfolgs verwechselt, sie sind natürlich auch nicht mehr imstande, den Mißerfolg als die Spiegelseite des
Erfolgs zu sehen und zu werten – sie würden auch nicht Branco Weiß,
dem Schweizer Topmanager der Spitzentechnik und an der Technischen Hochschule Zürich für Unternehmenskunde zuständig, zu glauben bereit sein, der einmal auf die Frage, was wichtiger sei: Erfolg oder
Mißerfolg, geantwortet hat: »Für die Summe natürlich die Summe der
Erfolge. Aber für den wahren Erfolg, da sind die Mißerfolge wichtiger.
Aus den Erfolgen lernt man kaum je etwas. Man kann nur aus den
Mißerfolgen lernen – falls man lernfähig ist.«[21]

In einer Gesellschaft wie der unsrigen, in der die Menschen fast ausschließlich nur noch nach den Kriterien von Leistung und Erfolg bewertet werden, ist die unübersehbare Schar der »leistungsunfähigen«
Ungeborenen, Kranken und Alten stets in Gefahr und ständig an der
Grenze zur Etikettierung mit »unwert« – die Schwachen, die Obdach-
losen und die Arbeitslosen sind in großer Verlegenheit und ohne Lob-
by, die Versager mega-out – alle diese Gruppierungen jedenfalls in
ständiger Angst.

Unter dem Druck der heute herrschenden Erfolgsideologien, die eine
unübersehbare Schwemme von Hand- und Taschenbüchern zur Erreichung des Erfolgs hervorgebracht haben – in größeren Buchhandlun-
gen weisen ganze Regalwände den Weg zum sicheren Erfolg für jedermann (!?) –, unter diesem Leistungs-Erfolgs-Druck nimmt auch eine
Angst ständig zu, nämlich die vor dem Mißerfolg (als wär's ein Abfall
vom wahren Menschsein!); gleichzeitig wächst unter den Menschen
unserer Gesellschaft im Blick auf die tatsächlich Erfolgreichen und
aufgrund der Gier, es ihnen gleichzutun oder sie zu übertreffen, eine
bittere Feindseligkeit, die eine Masse isolierter, kontaktloser und oftmals neurotischer Individuen schafft – dies gilt entsprechend auch für

das kleinere Sozialgebilde eines Unternehmens. Zumindest der vordergründige Anschein signalisiert freilich nicht, daß es sich allenthalben um unglückliche Monaden handle – dies zu beurteilen, ist einem Außenstehenden versagt, weil er nicht wissen kann, in welchem Lebensgefühl sich die Menschen um ihn herum befinden.

Es wird noch mehr gegen das Prinzip einer ungebremsten Erfolgsorientierung und Leistungskonkurrenz einzuwenden sein, wiewohl zu sagen ist, um nicht mißverstanden zu werden, daß ich natürlich generell nichts gegen Leistung und Erfolg habe, aber ich habe größte Bedenken gegen jede Art von Wertpyramiden!

Man muß wahrhaben wollen, daß es den Erfolg als »Erfolg an sich« nicht gibt, vielmehr steht er immer in einem Konnex mit der eigenen Geschichte und dem persönlichen Umfeld, das heißt, es wäre zu fragen, was und wen ich für den Erfolg »geopfert« habe – Erfolg steht in einem engen Zusammenhang auch mit ethischer Verantwortung insofern, als man beispielsweise Nebenwirkungen und Spätfolgen erfolgreichen Wirtschaftens nicht bedenkt.

Andererseits sind Erfolg und fachliche Kompetenz eng aufeinander bezogen, da die heute vorherrschende Bewußtseinshaltung sowohl der in Ausbildung Befindlichen (= Lernen, um Erfolg zu haben!) als auch der im Amt stehenden Führungskräfte voll und ganz auf das Erfolgreichsein konditioniert ist. Das ist nicht nur einseitig und engstirnig, da es andere tragende Werte auch noch gibt, sondern auch gefährlich – wie wir noch ausführen werden –, weil für viele Führende als fachlich Kompetente Persönlichkeitsbildung sich zu erübrigen scheint in der Annahme, Fachwissen allein würde sie bereits hinreichend für Führungsaufgaben qualifizieren.[22]

Fast ist man geneigt, frivol-zynisch zu sagen, daß, wer sich hochqualifiziert, jedoch mit Defiziten in der Persönlichkeit, ins Leistungs-Erfolgs-Karussell begibt, darin umkomme und selbst schuld daran sei, wenn Glück und Zufriedenheit und Daseinserfüllung ausbleiben. Ich halte jedoch dafür, die Begriffsdualität von Leistung und Erfolg neu ausleuchten und ins rechte Bild stellen zu sollen.

Selbstverständlich sind Leistung und Erfolg – und da wiederhole ich mich bewußt gerne – wichtige und elementare Erfahrungsqualitäten, aber sie dürfen gerade in der Persönlichkeit des Führenden nicht zu ausschließenden Kriterien der Selbstbeurteilung hochstilisiert und kultiviert werden, die den klaren Blick für wahre und ganzheitliche Erlebnistiefe verstellen. Ich hielte es für bedenklich, wenn die Elite der

190

Führungskräfte heute zwar fachlich höchst kompetent und überaus erfolgreich und intellektuell brillant wäre, aber emotional unterentwickelt und verkrüppelt und unempfindlich dafür, welchen psychischen Scherbenhaufen sie in ihrem interaktiv-kommunikativen Verhalten bei Kollegen, Mitbewerbern (oder Konkurrenten) und insbesondere bei den von ihnen Geführten hinterlassen.

Was ist Leistung? Ihr Individualcharakter

Entgegen gängiger Meinung bin ich der Überzeugung, man müsse heute unbedingt den *Begriff Leistung* und die ihm zugrundeliegende Wirklichkeit wieder ursprünglicher verstehen und ihn herauslösen aus der allzu engen Bindung an ökonomische Zusammenhänge. Die nicht unübliche Begriffskette Leistung – Verdienst – Erfolg – Besitz – Ansehen ist ein Wildwuchs, der bereits an der Prämisse krankt, nämlich an der Inhaltlichkeit des Begriffs »Leistung«.

Ursprünglich heißt »leisten« einfach: können, schaffen, ausführen. Es ist ein Handeln, das ein Individuum einbringt. Auch das Substantiv »Leistung« – wie viele Wörter mit dem Suffix -ung – verweist auf Tätigsein und ist zunächst nicht, wie heute zumeist begriffen, das Ergebnis eines Tuns, und zwar als wägbare, als rechenbare und meßbare, sogar als vorgebbare Größe. Ich kann auch so sagen – und dies ist eine wichtige Vorbemerkung, die erst die nachfolgenden Ausführungen verständlich macht: *Leistung* ist (wie zum Beispiel auch Bemühung) *ein aktivisch dynamischer* und ein vorrangig *persönlich-individueller Begriff.*

Zum weiteren Verständnis[23] von »leisten« können wir den Mann auf der Straße fragen, was er wohl meint, wenn er emphatisch ausruft: »Donnerwetter, das war aber wirklich eine (echte) Leistung« oder einschränkend bemerkt: »Nee, eine Leistung war das nicht.« Spricht er so, wenn er ein stinknormales und erwartetes Ereignis kommentiert, das überhaupt nicht oder nicht sonderlich überrascht? Oder ist es nicht eher so, daß er in seiner Emphase ein ganz unerwartetes, ungewöhnliches, aus dem Rahmen fallendes Ereignis meint, und zwar dann, wenn da jemand mehr als erwartet erbracht hat, wenn da einer über sich hinausgewachsen ist?

Der Mann auf der Straße in seiner präreflexiven Spontaneität verwendet diesen Begriff »Leistung« in der Regel immer dann, wenn etwas Außergewöhnliches vorliegt, das man gerade in diesem Augenblick unter eben diesen Bedingungen just von dieser Person keineswegs erwartet hätte. Er sagt dies sogar dann, wenn diese Person sein Bestes gegeben hat, auch wenn andere vielleicht sehr viel besser waren. Nehmen Sie beispielsweise an, Sie hätten im Vorjahr bei der Teilnahme an der Tour de France Platz 412 belegt, seien jedoch heuer auf Platz 375 vorgerückt? Was ist dies, Erfolg oder Leistung? Oder andersherum gefragt: Was ist mein erster Platz beim 5000-Meter-Lauf wert über meinen Erzrivalen, der grippegeschwächt und mit 39,6 Grad Fieber von seinem Trainer und Manager auf die Bahn geschickt wurde? Ist dieser Sieg Leistung oder Erfolg? Die Beantwortung dieser rein rhetorischen Fragen kann ich getrost dem Leser überlassen.

Ihre Leistung bei der Tour de France konnte man von Ihnen nicht erzwingen, sie konnte nur von Ihnen allein erbracht werden, das heißt, Sie haben sie errungen im Wettbewerb mit sich selbst. In der Leistung, so können wir jetzt sagen, wächst der Mensch über sein Selbst, über sich hinaus, und daher ist Leistung in erster Linie nicht etwas Objektives, sondern etwas *Subjektives*! Und daher ist Leistung schon gar »nicht der geforderte, erkaufte und erzwungene Output, für den andere den Maßstab festsetzen, sondern sie ist irgendwie die Frucht der Selbstüberwindung, der ›Preis‹ für den Sieg über sich selbst, über die eigene Schwäche oder das eigene Unvermögen«[24], sie ist der Kampf gegen und der Sieg über den eigenen inneren »Schweinehund«.

Was für einen langgedienten Haudegen in der Berufsarena, für den Geübten und Starken und vor Selbstbewußtsein Strotzenden nur wenig oder nichts oder eine undiskutierte Selbstverständlichkeit ist, das kann für den Neuling und Ungeübten und noch Unsicheren fürwahr eine Leistung sein! Auf meßbare Quantität kommt es hier nicht an, vielmehr ist Leistung in unserem Verständnis eine *Qualität des Handelns* – keine Quantität (!), sie ist, und dies habe ich in der Vorbemerkung bereits avisiert, eine individuelle und situationsgebundene Hervorbringung (was für mich heute Leistung ist, braucht dies morgen bei veränderter Konstellation der Umstände und meiner Potentialitäten nicht auch zu sein), sie richtet sich nach der Beschaffenheit des Leistenden, und dies bedeutet, daß es immer darauf ankommt, »wer unter welchen Bedingungen etwas leistet«[25].

Das »An-seine-Grenzen-Gelangen« gehört mit zum Begriff der Leistung«[26] – dies und daß jemand plötzlich über sich hinauswächst, kann nach motivationspsychologischen Gesichtspunkten nicht eigentlich erzwungen werden. Da wird etwas vom einzelnen selbst hinzugetan, nämlich Interesse und Lust, Konzentration und Einsatz aller Kräfte, insbesondere *Freiwilligkeit*. Daher setzt der Leistende auch seine »Normen« selbst, und wenn solche Leistungen vom freien Willen des Menschen abhängig sind und aus »Eigenmotivation« heraus erbracht werden – man denke nur an die spektakulären Unternehmungen eines Reinhold Messner oder an die täglichen mehrstündigen Schindereien der Muskelprotze in den Bodybuilding-Studios –, dann wird man sagen dürfen, daß *Leistungsstreben nicht drückt*, so anstrengend es auch sein kann, es fordert vielmehr heraus, und es befreit, wenn die Leistung erbracht ist.[27] Dies sei gesagt, auch wenn stereotyp wie von Streß so auch ständig von »Leistungsdruck« gesprochen wird – was auch immer darunter subsumiert wird, er ist eher ein Druck aufgrund von Schnellarbeit und (Zu-)Vielarbeit, aufgrund von Hektik und unangemessenen Arbeitsbedingungen, Informationsdefiziten und Erleben von Arbeit als sinnloser Maloche als aufgrund von Intensitätssteigerung, wie sie der Leistung innewohnt.

Ich bleibe dabei: Wahre Leistung drückt nicht, sie erhebt, sie treibt an, sie befriedigt – für jeden von uns ist es doch eine oft erlebte Erfahrungstatsache, daß die Erschöpfung nach vollbrachter Leistung zutiefst und zuinnerst befriedigt, und dies hat in solchem Verständnis nichts zu tun mit der Erschlaffung nach weitgehend sinnloser und widerwillig übernommener Maloche.

Leistung ist das *Über-sich-selbst-Hinauswachsen*, nicht über ein fremdgesetztes Soll oder über einen Konkurrenten. Leistung ist überall dort, wo wir uns zu unseren eigentlichen Möglichkeiten herausfordern lassen, dort, wo uns etwas abverlangt wird, das wir innerlich bejahen, wobei wir uns anstrengen und nicht selten uns selbst überwinden müssen. In diesem Verständnis hieße »etwas leisten« ursprünglich schlicht und ergreifend, jedoch richtig: *antworten auf die Herausforderungen, die im menschlichen Dasein selbst liegen*.

Es ist grotesk, was heute an verqueren Leistungsgedanken fabriziert wird: Wir sind keine Leistungsgesellschaft, sondern eine zum Erfolg verurteilte Gesellschaft. Man zahlt uns keine Leistungslöhne und Leistungszulagen, sondern höchstenfalls Beschwichtigungszahlungen und Kompensationszulagen für mannigfachste Belastungen. Es hat noch nie in der Welt Leistungsdruck gegeben, wenn, richtig verstanden und wie bereits gesagt, Leistung begriffen wird als das Hinauswachsen über sich selbst und nicht über ein von außen und von anderen gesetztes Soll oder über einen Konkurrenten.

Die Arbeitsnormen in der Wirtschaft dürfen und können nicht Leistungsnormen genannt werden, wenn und solange sie für alle gleich sind, für den Starken wie den Schwachen, für die Motivierten wie für die Antriebslosen. Leistungsdenken in der Wirtschaft hieße nach W. Böckmann »Umdenken von kollektiven und anonymen zu individuellen Problemlösungen, zur Aufgabenorientiertheit für einzelne oder für überschaubare Gruppen, wie dies z. T. die Humanisierung der Arbeit erstrebt, sofern sie nicht wie meist in der rein materiellen und ergonomischen Verbesserung der Arbeitsbedingungen steckenbleibt«.[28]

Unter persönlichkeitsbildnerischem Gesichtspunkt ist noch eine wichtige Anmerkung zur Leistung zu machen: In der Leistung, näherhin im persönlich-individuellen Ringen um Leistung, wird der Mensch seiner selbst am deutlichsten bewußt, da hier, in der Begegnung mit oder Annäherung an die innersten Grenzen der eigenen Fähigkeiten und Möglichkeiten, alle seine »inneren« Stimmen sich zu Wort melden, die antreibend-stimulierenden ebenso wie die bremsend-retardierenden und deprimierenden. Ich glaube, daß ein Mensch nirgendwo sich so gut kennenlernen kann wie in einer Leistungssituation, weshalb viele auch solchen Begegnungen aus dem Wege gehen – sie wollen gar nicht wissen, was und wieviel oder wie wenig in ihnen steckt, sie ahnen es ohnedies.[29]

Mehrfach sagte ich bisher, Leistung »drücke« nicht, im Gegenteil: »Was bei der Leistung anstrengt, das ist gerade das, was sie zur Herausforderung macht: das *Sinn*hafte.«[30] Wenn Leistung die äußerste Form der Entwicklung unserer individuellen Potentialitäten ist, dann ist sie im höchsten Maße sinnvoll insofern, als ich nur handeln kann, wenn mir eine Sache, ein Mensch, eine Arbeit, ein Aufgabenbereich ganz persönlich etwas bedeutet, also wertvoll und daher erstrebenswert ist – dann »macht« es Sinn, daß ich mich einsetze, reinhänge und bis an die Grenze meiner Fähigkeiten und Möglichkeiten gehe.

Um Leistung als Über-sich-Hinauswachsen zu erzielen, dürften solche Motive allein nicht ausreichen, die im allgemeinen ein Individuum »in Bewegung setzen« (= motivieren) und eine Handlungspalette möglich sein lassen, die vom lustlosen Dahinwursteln über routiniertes Abwickeln bis selbst zum bremsenden Dienst nach Vorschrift reicht. Dafür, daß Leistung »entsteht« und Leistungsbereitschaft gegeben ist, muß vorausgesetzt sein, daß etwas ein Wert für mich persönlich ist, das heißt, meine Wertewelt und meine Sinnstrukturen müssen eine kongruente Entsprechung finden in dem, was zu tun ist. Oder anders gesagt: Das zu Tuende ist eine Herausforderung für mich erst dann, wenn es in meine persönliche Wertewelt oder in mein persönliches Sinnkonzept zu integrieren ist, wenn es meinem Sinnmuster entspricht – dann löst es einen Handlungsimpuls in mir aus, der mich befähigt, das Letzte aus mir herauszuholen.

Eine Motivation, die auf Leistung abzielt, wird also immer nur eine Herausforderung sein können, die auf Sinn abzielt. Jedenfalls wird man sagen dürfen, daß *leisten* durchaus bedeutet, *Sinn zu verwirklichen*, indem Werte verwirklicht und Aufgaben bewältigt werden.

Da Leistung im dargelegten Sinn »die Persönlichkeit des Leistenden in vollem Maße beansprucht, ist sie stets auch ein Spiegel seiner Persönlichkeitsentwicklung: seiner Fähigkeit, sich Anstrengungen aufzuerlegen, über sich hinauszuwachsen und durchzuhalten, Niederlagen zu überwinden und seine Anlagen zu nutzen, gegebenenfalls auch selbstlos zu sein und sich für andere einzusetzen.«[31] Das Erbringen von Leistung ist so immer ein Meilenstein auf dem lebenslangen Weg der Persönlichkeitsentwicklung, wobei die Erweiterung von Kenntnissen ebenso eine Rolle spielt wie die Steigerung von Fähigkeiten, rationalen wie muskulären und solchen zunehmender Verantwortung und Selbstbestimmung. In diesen Elementen der Persönlichkeitsentwicklung liegt die Sinnhaftigkeit des Menschen, in seinem Wachsen und Reifen, denn »ohne diese ›Entwicklung aller in ihm liegenden Möglichkeiten‹ findet keine Reifung statt, sondern nur Alterung«.[32]

Selbstverwirklichung geschieht am verläßlichsten da, wo wir unsere besten Fähigkeiten entwickeln und die höchsten Möglichkeiten zu verwirklichen suchen, mit anderen Worten: Wirklich wird man nicht, indem man allen lästigen Anforderungen gegenüber sich auf sich selbst zurückzieht, Bindungen flieht oder sich vor Verpflichtungen davonmacht, sondern indem man sich stellt, sich anbietet, sich selbst einsetzt – solche »Leistungen« sind im höchsten Maße persönlichkeitsbildend.

In der Leistung, die zu erbringen ein Mensch imstande ist, wird transparent, was für diesen Menschen wichtig, wertig und sinnvoll ist: Leistung ist also »Sinn-Ausdruck im Dasein eines Menschen«[33], und daher dürfte man dem Sinnbedürfnis eines Menschen in der Arbeit am meisten dann gerecht werden, wenn ihm ermöglicht wird, seine Persönlichkeit voll einzusetzen, nicht nur bei den ganz großen Aufgaben, sondern auch in den kleinen Zusammenhängen.

Wenn Führen nach unserem Verständnis in erster Linie heißt »motivieren«, dann bedeutet motivieren nichts anderes als individuelle Leistungsbedingungen (= Sinn- und Wertverwirklichungsmöglichkeiten) zu schaffen, denn Leistung in der Arbeit ist immer auch Sinnerfüllung in der Arbeit. »Wer Leistung in der Arbeit fordert, muß Sinn in der Arbeit bieten«[34] – dies könnte und müßte Leitlinie moderner Menschenführung sein, wobei dem verantwortungsbewußten Manager nicht Kenntnis und Akzeptierung irgendwelcher Motivations- und Antreibertheorien abverlangt werden, sondern einfühlsames, humanes, und das heißt mitarbeiterorientiertes Handeln und verständnisvoller Umgang mit den Möglichkeiten einer vielfältigen Sinnrealisierung auch und gerade in der industrialisierten Arbeitswelt.

Die Alternative hieße dann: nicht Arbeit geben, sondern Aufgaben stellen, anbieten, anvertrauen. Aufgaben begründen Verantwortung, und diese, weil sinnvoll, motiviert und spornt an, ermöglicht und fundiert Leistungsbereitschaft, sie schafft Freude an der Arbeit, weil die ganze Persönlichkeit mit eingebunden ist und sich einbringen darf in Mitdenken, Mitplanen, Mitbestimmen.

Gerade weil heute Leistung nicht mehr Ausdruck eines eigenständigen Individuums, einer autonomen Persönlichkeit ist und weil die Fremdbestimmung des Leistungsauftrags das Normale in unserer Zeit ist (schon von den Kindern wird Leistung – als »Ergebnis«, als Fertigkeit – gefordert *vor* ihrer Akzeptanz beziehungsweise als Voraussetzung für Akzeptanz!), schien es legitim und notwendig zu sein, den Begriff und die Wirklichkeit von Leistung so zu konzipieren, daß Leistung wieder eng in die Persönlichkeit rückgebunden wird, aus der sie freiwillig hervorgebracht wird und auf die sie wieder rückverweist. Die motivationalen Aspekte des Leistungshandelns spiegeln immer das Sinnverständnis des Handelnden wider und geben damit auch Auskunft über die Wertorientierung des Menschen. Trotz tausend anderer Meinungen zum Leistungsprinzip: Unser Denkanstoß ist schon deshalb angebracht, um dem »Goldenen Kalb«, dem *Erfolg*, angemessener begegnen zu können.

Das »Goldene Kalb« des Erfolgs

Im Zusammenhang mit einigen kritischen Bemerkungen zum geheimnisvollen Gott Erfolg, der seine eigenen Kinder tötet, hatten wir oben bereits angemerkt, daß es »Erfolg an sich« nicht gäbe, sondern daß Erfolg immer in einen Konnex eingebunden sei mit der eigenen Geschichte und dem persönlichen Umfeld, das dem Erfolg mehr oder minder »geopfert« werde. Wir haben Erfolg kennengelernt als eine Kategorie, der wesenhaft die Zeitlichkeit anhaftet und damit das Charakteristikum von Zerbrechlichkeit und Vergänglichkeit.

Erfolge stehen immer auch im Zusammenhang mit ethischer Verantwortung, insofern der Mensch für den Bereich voraussehbarer Folgen und Nebenwirkungen seines Handlungsspektrums zur Verantwortung gezogen werden muß – so jedenfalls, wenn man die sittliche Qualität menschlichen Handelns nicht an der subjektiven Absicht allein und an der Gesinnung festmacht, sondern an den tatsächlichen Folgen des Tuns.[35]

Erfolge als Handlungsresultate sind immer mit der ethischen Dimension verbunden – wer wollte dies leugnen, wenn er vom erfolgreichen Banküberfall hört, vom erfolgreichen Frauenverführer oder Frauenmörder und vom mit Erfolg gekrönten Drogendeal, der einer Gruppe ruchloser Gesellen einen Millionengewinn einbrachte?! Auch Beruf, Erfolg und Ethik scheinen nur um den Preis zu entkoppeln zu sein, daß man häufig wegschaut und daß man sich und anderen vieles einredet, woran man selbst ursprünglich gar nicht glaubte, daß man sich ferner geradezu verbietet, sich bestimmte Gedanken zu machen und dann danach zu handeln[36] – Erfolg braucht Ziele, und für diese Ziele sind oftmals alle Mittel recht, völlig unabhängig von ihrer moralischen Qualität. Um das zu glauben, braucht man sich nur im eigenen Umfeld umzusehen, wie Karrieren »gebaut« und wie erfolgreiche Unternehmensziele mit welcher Aggressivität gegenüber Konkurrenz und Umwelt erreicht oder durchgesetzt werden.

Ich habe mich oben gegen den Begriff der Leistungsgesellschaft gewehrt und ebenso den des Leistungsdrucks abgelehnt, wenn man gelten läßt, daß über das, was wahre Leistung ist, nur der Leistende selbst zu entscheiden hat, da nur er allein weiß, ob das, was er mit Anstrengung und Selbstüberwindung und Über-sich-Hinauswachsen hervorgebracht hat, für ihn tatsächlich eine Leistung bedeutet.

Nach unserem Verständnis von Leistung steht unsere Gesellschaft nicht unter einem Leistungsdruck, wohl aber unter einem *Erfolgszwang*; wir leben nicht in einer Leistungs-, sondern in einer Erfolgsgesellschaft, was jedoch nicht so mißzuverstehen ist, als wären wir eine erfolgreiche Gesellschaft; gemeint ist vielmehr: Wir sind *»eine zum Erfolg verurteil-*

te Gesellschaft«[37] und lassen uns vielfach (manch einer nur nolens volens) in dieses gnadenlose Knechtschaftsverhältnis einbinden.

Gibt es, so müssen wir fragen, wie beim Begriff und bei der Wirklichkeit von Leistung, eine Möglichkeit, Erfolg wohl nicht zu verurteilen, ihn aber so zu konzipieren, daß er nicht als dem Menschen wesensimmanente Bestimmung und nicht als Zwang (unter Inkaufnahme rücksichtsloser Mittel und Methoden) erlebt und erfahren und erreicht werden muß?

Da sich die Frage nach »Erfolg und Glück« (nicht: Glück haben, sondern: glücklich sein!) ohnedies stellt und noch beantwortet werden muß, darf ich die klassische (hier: sehr alte und nicht verbesserungsfähige, unverändert richtige) Theorie des Glücks so kurz wie möglich kennzeichnen. Sie stammt von Aristoteles und besagt: Glück ist eine nicht direkt intendierbare, nicht eigentlich (direkt) wollbare Nebenfolge sinnvollen Tuns, insbesondere dann, wenn das Tun des Sinnvollen meine Kräfte fordert, physisch, moralisch, psychisch, ohne mich jedoch durch Überforderung zu zerstören (s. Leistung!).

Herausgefordert zu sein durch objektive Anforderungen, wie sie Sachen und Situationen und Personen an mich stellen, für die ich verantwortlich bin, und diese Anforderungen zu erfüllen – auch wenn das gleichzeitig anstrengend und im übertragenen Sinne schweißtreibend sein mag –, das ist – mit Blick auf die getane Arbeit – das, was einen Hauch von dem vermittelt, was in der antiken Theorie Glück heißt. Was ich damit ausdrücken will, läßt sich auch hinsichtlich der Freude deutlich machen: Freude kann man sich nicht so beschaffen wie irgendeine Ware. Freude ist die Antwort darauf, daß mir etwas Gutes und Schönes, etwas Erfüllendes widerfahren ist und geschenkt wurde. Freude ist immer ein Zweites – und auch das ist begründet in der Tradition der klassischen Philosophie –, was bedeutet: Sie ist Frucht und Folge von etwas.

Zurückkehrend zu unserer Frage: Was ist Erfolg?, läßt sich nun vorläufig so antworten: Mit dem Erfolg ist es genauso wie mit dem Glück, mit der Zufriedenheit oder mit dem Stolz. Man kann sie nicht unmittelbar anvisieren (so, als hätte man damit schon den Garantieschein für den Erhalt), man kann sich nicht vornehmen: Jetzt will ich mal so richtig glücklich, mächtig stolz, sattsam zufrieden und ganz besonders erfolgreich sein! Wie soll das gehen und gelingen? Es ist doch vielmehr so, daß immer (erst) ein Grund vorliegen muß, dessen Folge es ist, stolz, froh, zufrieden oder glücklich zu sein – man muß also (im

Vorfeld schon) etwas dazu tun, um diese Befindlichkeiten herbeizuführen.[38]

Wenn ich vorher sagte, Freude sei Frucht und Folge von etwas, dann lautet die wichtige Antwort auf die Frage, was Erfolg sei: *Erfolg ist eigentlich etwas wirklich Sekundäres*, das heißt, er muß, was der Begriff schon ausdrückt, *er-folgen* und kann nicht (gewaltsam) erzwungen werden, genausowenig wie Freude und Glück. So gesehen ist Erfolg ein Beiwerk, er ist *eine Draufgabe zur Hingabe an eine Aufgabe* – dies heißt: Wenn sich ein Mensch ganz hineingeben kann in seine Arbeit, mitgerissen von der Zielsetzung der Sache und überzeugt von der Richtigkeit und Wichtigkeit seines Tuns, wenn er in seinem Handeln an die eigenen Grenzen geht und die persönliche Leistung einbringt, auf die jeweils notwendige Aufgabe einer Situation handelnd zu antworten, dann wird ihm vielleicht auch der Erfolg beschert – in welcher Form, von welcher Jury und von welchem Gremium auch immer, jedenfalls nicht unbedingt und zwangsläufig, nicht notwendigerweise, da es durchaus erfolglose, jedoch sinnvolle Leistungen, allerdings auch sinnvolle Mißerfolge gibt, wie wir noch sehen werden. In diesem langen Satz ist die ganze Philosophie von Leistung und Erfolg komprimiert zusammengefaßt – um die Aussage transparenter zu machen, bedürfte es einer weiteren Monographie oder gar einer mehrtägigen Seminarveranstaltung mit dem Titel »Leistung und Erfolg. Der Mensch in der Zwangsjacke unserer Gesellschaft.« Walter Böckmann hat die Problematik von Leistung und Erfolg auf der Basis logotherapeutischer Erkenntnisse und Erfahrungen in mehreren Büchern variantenreich thematisiert.[39]

Erfolg, Leistung und Sinn. Erfolg und Glück. Erfolgs und Leistungstüchtigkeit

Vorher habe ich die nach meinem Verständnis von Leistung grundlegende und wichtige Aussage gemacht, daß der Leistende selbst über das entscheidet, was Leistung ist. Nur er allein weiß zuinnerst, ob das, was er – unter welchen Umständen und Schwierigkeiten und in welcher psycho-physischen Verfaßtheit auch immer – hervorgebracht hat, für ihn tatsächlich eine Leistung mit Anstrengung und Selbstüberwindung gewesen ist. Aber wie ist es beim Erfolg? Wer entscheidet darüber, ob das Handeln wirklich auch ein Erfolg war? Nun, ganz gewiß nicht der »Erfolgreiche« allein, im Gegenteil, er wahrscheinlich am wenigsten, es sei denn, er hat es sich zur Gewohnheit gemacht, aus übersteigertem Selbstbewußtsein bei jeder eigenen Hervorbringung zu applaudieren.

Eine *Leistung* jedenfalls *braucht kein Erfolg zu sein und ein Erfolg keine Leistung*[40]; Erfolg als die bestätigende Anerkennung (von außen, durch die Mitwelt) kann sich durchaus auch ohne Leistung einstellen. Jeder, egal in welchem Glied der Führungsriege er positioniert ist, macht schon mal die Erfahrung, daß er sich noch so anstrengen konnte und mit Kreativität und Elan und der Anspannung all seiner Kräfte ein, wie er glaubt, tolles und grandioses Werk oder Programm hervorgebracht oder auf den Markt gebracht hat – und dieser Markt oder eine bestimmte Gruppierung hat ihm dennoch die (applaudierende) Anerkennung, den Erfolg versagt. Oder auch umgekehrt: Da fabriziert man »so mit links« einen Artikel, realisiert eine Idee oder erbringt eine Dienstleistung – alles war eigentlich so nebenbei entstanden ohne die Intention, den großen Renner zu landen –, und plötzlich zieht auf einmal etwas an, dem niemand eine große Chance gegeben hatte, plötzlich ist Nachfrage da oder hat sich ein Trend entwickelt, und »der Erfolg steht«, vielleicht völlig unverdient, nicht verstehbar, aber doch!

Unter Sinn-Gesichtspunkten, das heißt, wenn man Sinn als die Ur- und Primärmotivation des Menschen und menschlichen Tuns gelten läßt, ist *Leistung immer sinnvoll, Erfolg nicht* – vorsichtiger gesagt: Bei Erfolgen ist dies noch lange nicht und insbesondere nicht automatisch der Fall. So gibt es mit Sicherheit sinnlose Erfolge, jedoch durchaus sinnvolle Mißerfolge. Der Erfolg um jeden Preis kann nicht nur zum Bankrott führen, sondern auch geradezu eine tödliche Sache sein, wobei man nicht nur an die Formel-I-Rennen zu denken braucht, zahllose Beispiele lassen sich täglich der Zeitung oder den Radio- und Fernsehnachrichten entnehmen.

Wichtig, für manche überlebenswichtig, ist die Frage, was denn sinnvoll sein kann, wenn der Erfolg ausbleibt. Der Beantwortung der Frage sei vorausgeschickt, daß sich kein legitimer Anspruch auf Erfolg begründen läßt, daß es keine absolute und zwangsläufige Kausalkette gibt zwischen Leistung und Erfolg, zwischen Handeln und Gelingen, zwischen Tun und Anerkennung, zwischen Tätigsein und Ansehen, Prestige, Macht, Berühmtheit und Reichtum – so viel Bescheidenheit muß schon sein, zumal Bescheidenheit (auch) verlangt, Bescheid zu wissen, und Bescheidung voraussetzt, insbesondere hinsichtlich persönlicher Ansprüche; so bewahrt sie uns vor Maßlosigkeit und Übertreibung, vor Überheblichkeit und Überschätzung.

Nun aber, um an unsere Frage wieder anzuknüpfen nach der Sinnhaftigkeit bei Ausbleiben von Erfolg: Niederlagen, worunter wir wohl den deutlichsten Ausdruck von Mißerfolgen sehen können, haben oft schon, nicht nur im politischen, sondern auch im privaten und unternehmerischen Bereich, zu einer heilsamen und neue Perspektiven eröffnenden Be-Sinnung geführt, zur Wieder- und Neugewinnung sinnvoller Konzepte und Vorgehensweisen, vor allem aber zur Selbsterkenntnis und zur Korrektur von Vorstellungen über sich und andere. Bereits oben hatten wir Branco Weiß zitiert, der richtig sagt, daß der Mensch aus Erfolgen kaum etwas lernt: »Man kann nur aus den Mißerfolgen lernen – falls man lernfähig ist«, man sollte hinzufügen: Falls man lernwillig ist.

Der Direktor des Instituts für Recht in Wissenschaft und Technik an der TU Dresden, Professor L. Zimmermann, forciert diese Erkenntnis noch und sagt: »Der Erfolg braucht auch Mißerfolg. Und wenn ich keinen Mißerfolg habe, kann ich den Erfolg nicht einordnen. Und das Leben ist so vielfältig, daß es quasi neben jeden Erfolg auch einen Mißerfolg stellt.«[41] Das ist so eigentlich die Perspektive des Realisten, der die Welt verstehen will, bevor er zupackt, sie sich herzurichten; die Wirklichkeit da draußen ist der Maßstab seines Tuns, und ihr horcht er ihr Geheimnis ab, was heißt, er gehorcht, und dies hinsichtlich des Erfolgs, den er natürlich zuläßt und freudig begrüßt, und hinsichtlich des Mißerfolgs, der ihn nicht zerbricht und in die Verzweiflung entläßt. Erfolg und Mißerfolg beweisen ihm vielmehr, ob und daß sein Tun und sein Handeln mit der Wirklichkeit zusammenstimmen; so haben Erfolg und Mißerfolg für ihn Erkenntnisqualität.[42]

Nicht selten haben Mißerfolge zu Strategieänderung ebenso geführt wie zum Überdenken von Lebens- und Arbeitskonzepten. Kolumbus wollte Indien finden und entdeckte einen »neuen« Kontinent. Der Alchimist Johann Friedrich Böttger wollte Gold herstellen und erfand 1708 nach vielen Mißerfolgen das Porzellan. Vielleicht erfährt jeder einmal in seinem Leben dies als »Gesetzmäßigkeit«: zunächst sinnvolles Suchen und Streben, dann zahlreiche zwecklose Versuche bezüglich der ursprünglich intendierten Sache und doch ein Ergebnis schlußendlich, kurz: Erfolg durch Mißerfolg …

In jedem Mißerfolg, in jeder Niederlage steckt immer auch die Chance für einen späteren Erfolg. Manchmal muß erst vergeblich probiert werden, manchmal müssen Möglichkeiten als aussichtslos erkannt und, weil nicht zum erwünschten Ergebnis/Erfolg führend, ausgeklammert werden – die Erfolgschancen werden dann größer, das heißt, hier gälte: Je mehr Mißerfolge, desto größer die Erfolgswahrscheinlichkeit. Jedenfalls dürfte motivationspsychologisch als unbestritten wichtig einzusehen sein, daß Mißerfolge keineswegs einen demotivierenden Effekt haben müssen, wie sich überhaupt – deutlich im Spitzensport abzulesen –»Hochleistungsmotivierte eher von Mißerfolgen als von Erfolgen motivieren lassen«.[43]

Wir haben Erfolg bereits charakterisiert als die bestätigende Anerkennung »von außen«. Es versteht sich von selbst, daß dann der, der gierig und stets vom berauschenden, jedoch süchtig machenden Wein des Erfolgs zu trinken bemüht ist, sich in Abhängigkeit begibt, fremdorientiert ist und fremdgesteuert funktioniert – Autonomie in der Persönlichkeit, wie wir dies für einen Führenden als Wesensmerkmal postuliert haben, läßt solches Streben jedenfalls fast gänzlich vermissen. Doch davon später. Jetzt gilt es zu begreifen, daß *Erfolg* – im Gegensatz zur Leistung, die ganz allein »mir gehört« und aus mir kommt – *das ist, was die anderen darunter verstehen.* Ich sage es anders: *Was Erfolg ist, bestimmt das* unpersönliche, Heideggersche »*man*«: die Mitwelt, die Gesellschaft, das Unternehmen, die Kulturlandschaft, die Subkultur. In der Regel, im allgemeinen Verständnis, ist Erfolg wohl vor allem *das, was man sieht,* zum Beispiel der opulente Konsumstandard, er ist auch *das, was man stolz vorzeigen kann,* etwa der Titel, die PS-starke und ausstattungsreiche Limousine, das Segelboot und die Ferienhäuser auf Mallorca und in der Toskana etc., Erfolg ist auch *das, womit man Eindruck machen kann,* also Positionen, die Macht und Einfluß signalisieren und verheißen. Hier kann man das ganze Imponiergehabe zahlreicher Menschen anführen – ich verweise in diesem Zusammenhang auf das immer noch treffliche Taschenbuch von Peter Lauster über »Statussymbole. Wie jeder jeden beeindruckt« (Düsseldorf 1987). Geld, Einfluß, Prestige, Bestätigung, Anerkennung, Publikation – mit all dem hat Erfolg zu tun, aber auch viel mit Machtstreben. Macht als Triebmittel zum Erfolg spielt im Leben gerade der Männer eine große Rolle – ich erinnere an unsere Ausführungen in Kapitel 1 und darf banal, aber zutreffend ergänzen: Macht macht mächtig mächtig, aber nach einiger Zeit geht die innere Demut als Selbstbegrenzungsfähigkeit verloren, und Menschen, die den Olymp des Erfolgs erklommen haben und lange an der Macht sind – natürlich auch Führungskräfte in den oberen Etagen und vornehmlich im Vorstand –, verlieren leicht die

Maßstäbe und erliegen nicht selten der Gefahr, überheblich zu werden, was die Kommunikationskultur erheblich beeinträchtigt und ein vertrauensvolles, unkompliziert-unverkrampftes und angstfreies Kommunizieren von unten nach oben kaum mehr zuläßt.

Ich will den Erfolg generell nicht verteufeln, ich warne nur und wehre mich gegen »Wertpyramiden« – natürlich ist es nicht ehrenrührig, Erfolg zu haben und es zu etwas gebracht zu haben; der Spaß sei durchaus vergönnt, nach einer »gehobeneren« Stellung und nach Geld und Ansehen zu streben, aber es möge in uns ein kritischer Umgang mit den scheinbar gar so selbstverständlichen Vorstellungen über die »Wertigkeit« des Erfolgs vorhanden sein oder wachsen; und wenn wir gar führen = motivieren wollen, sollten wir wissen, wo der Pferdefuß beim Erfolg steckt, und uns nicht zu manipulativen Erfolgskonzepten verführen lassen.

Wir sprachen von *Erfolg und Glück*. Das eine braucht mit dem anderen nichts zu tun zu haben. Jedenfalls müssen immer auch die Schattenseiten einer erfolgreichen Karriere mitbedacht werden, denn was nützt das alles, wenn des Erfolges wegen die Lebensqualität auf der Strecke bleibt einerseits und wenn andererseits dem Erfolg das Privat- und Familienleben, der Kontakt zu Freunden geopfert werden muß. Nicht nur läßt das ausschließliche Erfolgsstreben andere Interessenwahrnehmungen kaum zu, es hat auch extrem aggressive Komponenten, indem es doch gilt, den anderen zu überholen oder ihn auszustechen – dies läßt den anderen indigniert sein und schafft neben Wut und Enttäuschung insbesondere Neid und Mißgunst; Neid erzeugt wieder Aggressivität und: isoliert! Vielleicht war es wirklich die nicht mehr auszuhaltende Isolation, die manche berühmten, sattsam erfolgreichen Persönlichkeiten in den Suizid getrieben hat. Glücklich waren sie jedenfalls nicht.

Ich leugne nicht, daß Erfolg glücklich, zufrieden und ausgefüllt machen kann, wenn man im Erreichen des Ziels Selbstbestätigung fühlt und Freude über das, was man geschaffen hat. Wenn der Mensch sich jedoch selbst unter »Erfolgszwang« gesetzt hat, so sehr, daß er »zwecks Urlaub« zum Beispiel nur widerwillig die Stätte seines Wirkens verläßt aus Angst vor beruflichen und karrierebezogenen Einbußen und daß für ihn dann in einem derart sich abgewürgten Urlaub schnurloses Telephon und Laptop wichtigere Strandutensilien sind als Sonnenschutzmittel, dann ist ein Zustand erreicht, wo der Mensch seine Wesensbestimmung als Du-Bezug längst verloren hat und die Grenze zum Pathologischen überschritten zu haben scheint – die Zahl solcher »Erfolgsmenschen« soll Legion sein! (?)

Das »Leistungsdenken« heute setzt immer mehr Erfolg an die Stelle wahrer Leistung, wie ich sie oben charakterisiert habe, und Erfolg – daher auch sein Reiz – bedeutet stets oder zumeist eine Veränderung auf der sozialen Stufenleiter und im Hierarchiegefüge eines Unternehmens – eine bestimmte Art von Mißerfolg degradiert und bringt Abstieg. In diesen Zusammenhang kann man die vom Soziologen Gustav Ichheiser stammende Differenzierung von *Erfolgstüchtigkeit* und *Leistungstüchtigkeit* ansiedeln.

Erfolgstüchtigkeit beschreibt, »wie man die Leistungen besser macht als sie sind ... sei's durch Reklame, sei's durch geschickte Manipulation anderer Art ... Erfolgstüchtigkeit ist auf diejenigen gerichtet, die über die Durchsetzung des Erfolgsbeflissenen zu entscheiden haben«.[44] Hier hat man also deutlich vor Augen, daß Erfolg in der Regel doch das ist, was die anderen darunter verstehen, wohingegen ich hinsichtlich des Maßstabs für Leistung gesagt hatte, daß dieser immer von dem Leistenden selbst gesetzt werde.

Wiewohl Erfolg ursprünglich durchaus sehr stark an die Subjektivität des Menschen gebunden ist und wohl jeder zunächst den Erfolg aus seiner Sicht betrachtet (der Unternehmer den wirtschaftlichen Ertrag, der Künstler die Anerkennung seines Kunstwerks, das Bekanntwerden), so bleibt die Frage: Werte ich das, was ich erreicht habe, (für mich selbst, weil nur ich allein der »Täter« war) als Erfolg, oder werte ich es erst dann als Erfolg, wenn die Gesellschaft, die soziale Umwelt, es als solchen anerkennt? Meist wird doch der Erfolg ins Gesamtgesellschaftliche hineininterpretiert – eigentlich und ursprünglich ist er individuell, denn jeder Mensch hat ein individuelles Leistungsniveau und ein individuelles Anspruchsniveau sich selbst und der Umwelt gegenüber.

Wer nun sein Leistungsniveau in Übereinstimmung mit seinen Ansprüchen zu bringen imstande ist, der mag in einer guten Lage sein. Viele jedoch schrauben den Anspruch immer höher, je mehr der berauschende Applaus der Anerkennung hierzu verführt – und der öffentliche Beifall läßt sich tricksen, manipulieren und künstlich puschen. Ein eventueller Fall vom Sockel ist oftmals (bewußte) Demontage gerade jener Leute, die ehedem an der Elevatio mitbeteiligt waren ...

In der Regel schließen sich Leistungs- und die nach Publizität schielende Erfolgstüchtigkeit nahezu aus. Mit der Leistungstüchtigkeit sind nach W. Böckmann[45] meist gewisse Eigenschaften verbunden, die dem Aufkommen eines erfolgstüchtigen Verhaltens geradezu im Wege stehen, nämlich größere Sensibilität, die der Brutalität des ungebremsten Erfolgsstrebens widerspricht, ferner Stolz, der es verschmäht, die eigene Leistung marktschreierisch und in maßlosen Übertreibungen anzupreisen, ferner Abneigung gegenüber einem Sozialkomplott eines Cliquenwesens, in dem man sich gegenseitig hochschaukelt und hochjubelt, und letztlich auch Unlust, alle Zeit und Kraft für fragwürdige (zum Beispiel auch: Sind »business« and »success« alles im Leben?) Geschäftigkeit zu opfern.

Im strengen Sinne wäre nach dem Gesagten Erfolgsstrategie kaum etwas anderes als die Planung der manipulierenden Ergebnisverbesserung nach dem Maßstab der anderen. Unter dem Aspekt eines sinnvollen Lebens jedoch und hinsichtlich verantworteter Persönlichkeitsentwicklung sollte man eher an der Position festhalten, daß Leistung kein Erfolg zu sein braucht und Erfolg keine Leistung. Nichts macht vom Erfolg so abhängig wie der Erfolg – und diese Abhängigkeit ist weit entfernt von der Autonomie in der Persönlichkeit.

Fachliche Kompetenz und Persönlichkeitsbildung

Wo Erfolgsstreben bei einem Führenden dominiert und wo Leistungsstreben einen anderen »Gegner« hat als die eigene Schwäche und nicht Wettbewerb ist mit sich selbst – nicht nach selbstbestimmten Normen und unter akzeptierten Bedingungen, sondern nach fremdgesetzten –, da sehe ich große Schwierigkeiten hinsichtlich eines ganzheitlichen Persönlichkeitsbildes der Führenden, die bei solchem Strickmuster in der Regel nahezu ausschließlich eine, nämlich die *fachliche Kompetenz* präferieren, von der her sie ihren Selbstwert definieren: Ich bin, was ich kann, und weil ich es kann, bin ich wer.

Unter fachlicher Kompetenz als der existentiellen Grundlage für das berufliche Können und Weiterkommen ist definitorisch (nach Kirchner[46]) die Summe der Lern- und Wissensinhalte zu verstehen, die ein Mensch im Laufe seiner schulischen und beruflichen Ausbildungswege erworben hat, im allgemeinen noch ergänzt durch die (langjährige) berufliche Praxiserfahrung. Wer sich kritisch umsieht, wird nahezu allüberall im politischen ebenso wie im wirtschaftlichen Leben, generell eigentlich im gesamten Umfeld des Berufslebens, feststellen, daß heute die fachliche Kompetenz die wesentliche Grundlage des Selbstverständnisses ausmacht – dies gilt insbesondere für Führende, von denen ich eben sagte, sie würden ihren Selbstwert vielfach durch ihre fachliche Kompetenz definieren.

Natürlich würde weder ein Betrieb noch unser Wirtschaftssystem funktionieren, wenn die Menschen, statt subtilste und spezifische Fachkenntnisse zu besitzen, nur liebenswürdig und anständig, nur ehrlich und integer wären – doch darum geht es nicht. Sich in seiner persönlichen Wertigkeit definiert zu wissen nur durch berufsspezifische Fähigkeiten, halte ich für sehr bedenklich nicht nur deshalb, »weil die fachliche Kompetenz als Persönlichkeitswert stets Ausdruck von Fremdsteuerung«[47] ist, sondern weil – und gerade dies ist das Fatal-Gefährliche, jedoch von logischer Konsequenz – es zu einer nicht selten total gestörten Selbsteinschätzung und Selbstbeurteilung der eigenen Persönlichkeit kommt: Es kann sich fürwahr dort, wo fachliche Kompetenz dominiert, ethisches Handeln schon deshalb nicht oder nur kaum verwirklichen und es wird sich ethische Kompetenz deshalb nicht entwickeln, weil Führende mit hervorragender fachlicher Kompetenz irrtümlich der Meinung sind, mit dem gediegenen Wissensfundament und der hochspezialisierten, die anderen überragenden Fachausbildung – dokumentiert durch Zeugnisse, Zertifikate, Diplome und Doktorat – zugleich auch schon (wie selbstverständlich) ein psychisch reifes und stabiles Persönlichkeitsfundament erworben zu haben.

Dies meine ich mit gestörter Selbstbeurteilung, und meist ist die Blindheit oder Verblendung sehr eng angebunden an die Sprosse, die man auf der Hierarchie- und Karriereleiter bereits erklommen hat. Das ist auch genau das, was mich – wie bereits oben in Kapitel 2 in anderem Zusammenhang erwähnt – vor einiger Zeit so enttäuscht und genervt hat, als mir der diplomierte Betriebswirt und Leiter namhafter Managementseminare unmißverständlich signalisierte, ich solle in der Seminarankündigung das Wort Persönlichkeit beziehungsweise Persönlichkeitsbildung streichen, denn dies würde seine Klientel von der Seminarteilnahme abhalten, handele es sich doch hier in der Regel um langjährige, erfahrene und hochgestellte Manager, näherhin um (so wörtlich) »gestandene Persönlichkeiten«.

Da war also der Gradmesser des Persönlichkeitsprofils die hierarchische Stellung, die ihrerseits oftmals bei wohlwollender Betrachtung das Ergebnis fachlicher Kompetenz ist. Jedoch ist es doch häufig so, daß gerade die hierarchische Stellung das bißchen Persönlichkeit, das noch da ist, korrumpiert und »versaut« (sit venia verbo!), weil man der Stellung und der damit verbundenen Verantwortung nicht hinreichend gewachsen ist, da parallel zum beruflichen Vorwärtskommen nicht eine personale Reifung stattgefunden hat. Solches konnte ich oft in meinem Leben feststellen, wenn Menschen plötzlich und einfachhin zu schnell und auch für sie selbst überraschend zu Vorgesetzten avancierten oder gemacht wurden.

Solche Karrieresprünge gibt es auch in der als Institution und System zu verstehenden Kirche, wo einer durchaus ein brillanter Forscher am Schreibtisch und am Universitätskatheder sein kann, aber menschlich nicht unbedingt auch schon »qualifiziert« sein muß, Hirte für viele und Episkopos, Vorsteher und Leiter, also Bischof sein zu dürfen, abgesehen von den hierfür auch erforderlichen religiösen Qualitäten.

Fachliche Kompetenz läßt Menschen Herrschaft ausüben, und manch einer gefällt sich in diesem »machtbekleideten Gewand seines persönlichen Selbstverständnisses«[48] (Ich kann was, sonst wäre ich nicht hier oben – ergo: Ich »bin« was) besonders gut, und solcherart gestrickte Führende führen auf Distanz, sie führen aus der Distanz, so daß die sanfteren Töne des Zwischenmenschlichen im Kommunikationsgeschehen zwischen oben und unten, zwischen Führenden und Geführten, nicht stattfinden oder kaum Gehör finden – man geht nicht heraus aus der Bastion des Wissenden, denn da allein fühlt man sich heimisch und sicher.

Selbstredend will hier nichts gegen fachliche Qualifikation und deren Notwendigkeit gerade in unserer Industriewelt gesagt sein, solange nicht aus einer einseitigen Selbstbeurteilung die bereits vorher genannte Fehleinschätzung des Eigenbildes für die Führungspersönlichkeit resultiert und der Führende zu der Überzeugung gelangt, schon sein breites Fundament fachlichen Wissens genüge, um zum Führenden prädestiniert zu sein.

Führende mit solcher Denkstruktur (und Einbildung) sind schwerlich umzupolen und davon zu überzeugen, daß hier eine gestörte Selbsteinschätzung vorliegt. In der Regel hält ihnen auch niemand den Spiegel (des Fremdbildes) vor, und Feedback[49] ist hier gewöhnlich ein eingleisiger Vorgang, eine Einbahnstraße, auf der Selbstkorrektur nicht stattfindet, sondern nur Spiegelung des anderen.

Die Notwendigkeit fachlicher Kompetenz ist unbestritten, sie ist für Führende eine Basisgröße, hinter die nicht zurückgegangen werden kann, aber es bleibt zu fragen, wie es zu dieser Überbewertung bei den

Führenden hinsichtlich ihres Persönlichkeitsprofils gekommen ist. Baldur Kirchner gibt hierfür auf der Basis seiner 20jährigen Beobachtung von Führungskräften vier Gründe[50] an, nämlich: die leistungs- und erfolgsorientierte Ausbildung, den Zwang des Wirtschaftssystems heute, die fachliche Identifikation als Kompensation für Defizite in der Persönlichkeit und die Erwartungen aus dem Zeitgeist an die Führenden.

Für unseren Zusammenhang darf ich einige Gedanken übernehmen, ergänzen und paraphrasieren – damit wird auch, indes einige Wiederholungen des bislang Ausgeführten unumgänglich sein werden, der innere Konnex der Einzelaspekte dieses Kapitels verständlicher, nämlich der Weg von den Wertpyramiden über richtige Beurteilung von Arbeit zum Leistungs-Erfolgs-Karussell und zur fachlichen Kompetenz, die nicht selten defizitäre Persönlichkeitsmerkmale verdeckt oder kompensiert.

Über Bildungspolitik und Bildungsideale, überhaupt über das, was Bildung ist oder will, mag kontrovers diskutiert werden dürfen, jedoch ein kritischer Blick in die Kulturgeschichte des Abendlands zeigt, daß bis zur Aufklärung des 18. Jahrhunderts – mit seiner Überbetonung der Vernunftstruktur der Welt und der Vernünftigkeit/Rationalität als der Wesensbestimmung des Menschen, mit seinem unbändigen Glauben an Wissenschaft und Forschung – Bildung den ganzen Menschen meinte in seiner körperlichen, seelischen und geistigen Vervollkommnung. Das Ideal absoluter Menschlichkeit wollte umfassend Herzens- ebenso wie Verstandesbildung integrieren.

Seither und vornehmlich heute ist Bildung fast ausschließlich auf Vermittlung rationaler Inhalte reduziert, sie berücksichtigt weniger die persönlichen Bedürfnisse des Lernenden als vielmehr die Erwartungen des gesellschaftlichen Umfelds. Und dies bedeutet: Gefordert wird eine leistungs- und erfolgsorientierte Ausbildung mit Inkaufnahme des Verlusts einer ganzheitlichen Lebensbetrachtung, zu der auch intuitive und emotionale Elemente gehören.

Rationalität vor Emotionalität – die Bewußtseinshaltung wird auf das Erfolgreichsein konditioniert, und der Zwang zu Erfolg und Leistenmüssen traumatisiert bereits die Heranwachsenden nicht nur ab der Grundschule, sondern schon vorher, wenn die Kinder schon dadurch in ein Knechtschaftsverhältnis zur Leistung getrieben werden, daß sie zu früh, jedenfalls frühestmöglich, trocken, tüchtig und brav und vernünftig sein müssen. Fast darf man von einer vorschulischen Karriereanbahnung sprechen, wenn Malen, Spielen, Hüpfen und Singen nur noch unter Wettbewerbsbedingungen und als Konkurrenzkampf (besser sein als der andere, den anderen besiegen etc.) möglich sind.[51]

»Die Zahl ist die Königin der Gegenwart« (Kirchner) – und damit sind die Schulnoten ebenso gemeint wie die betriebliche Bilanz, die Anzahl Beschäftigter und die Höhe des Monats- oder Jahreseinkommens nicht minder als der Hubraum des Autos und die Quadratmeterzahl des Eigenheims. Dies heißt, in der »Zahl« wird der Erfolg meßbar. Und entgegen den echten und wahren Leistungen – wie wir sie weiter oben zu charakterisieren versucht haben –, geht es mehr oder minder nur noch um vorzeigbare Leistungsnachweise wie Zeugnisse, Diplome und andere, den intellektuellen oder sozialen Stand widerspiegelnde und hervorragende fachliche Kompetenz dokumentierende Urkunden und Zertifikate.

Diese rein leistungs- und erfolgsorientierte Ausbildung vermittelt ein einseitiges Persönlichkeitsverständnis insofern, als das Lebensgefühl nur von Leistungsergebnissen und Erfolgsquoten geprägt wird und das Selbstwertgefühl als das elementare Grundgefühl menschlicher Existenz sich mit Leistungskategorien verbindet: Ich mag mich, weil ich etwas leiste und erfolgreich bin, ich werde akzeptiert, weil oder wenn ich (meß-, sichtbaren) Erfolg vorweisen kann. Wir werden im siebten Kapitel im Zusammenhang mit sozialer Kompetenz auf dieses Phänomen näher eingehen müssen und u. a. erkennen, wie vornehmlich in der frühesten Erziehung hier freventlich »gesündigt« wird, indem die Kinder Anerkennung, Lob und Liebe, insgesamt Akzeptanz erst »erkaufen« müssen dadurch, daß sie Leistung bringen. Wichtig ist, ein Kind um seiner selbst willen zu begrüßen und zu akzeptieren, man muß es einfach liebhaben dafür, daß es da ist – es kann noch gar nichts, es besitzt gar nichts, es hat eigentlich noch gar nichts, um von anderen Geltung und Achtung zu erringen; wenn man es lieben will, so muß man dies tun für sein Wimmern und Schreien, für sein Lächeln und Einnässen, einfachhin für seine Gegenwart.

Ein nur leistungs- und erfolgsorientiertes Persönlichkeitsprofil ist ein zu enges Profil, und es vermag nur vordergründig Defizite in der Persönlichkeit zu verdecken, wie wir noch sehen werden, es verbildet die menschliche Persönlichkeit, insofern es kein realitätsnahes Bild vom Menschen auch und gerade in seinem ganzen emotionalen Dasein widerzuspiegeln imstande ist.

Die Überbetonung von Leistung und Erfolg im schulisch-beruflichen

Werdegang – später werden dies oftmals die einzigen Kriterien einer Selbstbeurteilung sein und auch die für Einstellungs-, Bewertungs- und Auswahlverfahren anderer – hat den Wert der fachlichen Kompetenz unangemessen emporsteigen lassen. Hinter der gesteigerten Erwartungshaltung gegenüber sich selbst und den Mitmenschen steht heute freilich auch der Druck, der durch den Zwang des gegenwärtigen Wirtschaftssystems einer freien Marktwirtschaft initiiert wird.

Man darf legitimerweise sagen, daß dieses Wirtschaftssystem unter – man beachte die Einschränkung! – psychisch-ethischen Gesichtspunkten ein gnadenloses Zwangssystem ist, das keine Chance zur Reflexion, nur die des Mitschwimmens läßt, durch den Zwang zum Siegen charakterisiert ist und sich nur an Haben-Werten orientiert unter der Zielgestalt einer unbedingten und grenzenlosen Verbesserung des Lebensstandards; daran hat leider auch Erich Fromms wichtiges Buch »Haben oder Sein«[52] nichts geändert. Die Bereitschaft zu freiwilligem Verzicht wird nach wie vor als Schwäche definiert und damit die Abhängigkeit vom rein Materiellen, die Fixierung auf Sachwerte, worunter meßbarer Erfolg auch subsumiert werden muß, nachhaltig forciert.

Heißt *Wettbewerb,* richtig verstanden, Herausforderung und Begeisterung, ist er heiter und kennt er nur einen Gegner, nämlich die eigene Schwäche, bedeutet er nicht, zum Siegen verurteilt, sondern zur Leistung herausgefordert zu sein, so ist *Konkurrenz* ernst und verbissen, verbiestert und verkniffen, sie macht wütend, eifersüchtig (auf den vielleicht Besseren) und neidisch und verengt generell das Blickfeld auf nur einen Ausschnitt der Welt oder Umwelt, nämlich auf den Konkurrenten, den es aus dem Feld zu schlagen gilt.

Der »Erfolgsmensch« befindet sich nicht im Wettbewerb, sondern weiß sich auf Konkurrenzkurs, und rücksichtsloses Konkurrenzverhalten schafft eine Bewußtseinshaltung bei den Führenden, wo das »Alibi« nicht mehr greift, sie hätten nur die Sicherung des Unternehmens und die wirtschaftliche Existenz der Geführten (fürsorglich) im Auge, es nimmt oftmals gigantomanische Ausmaße an (= übersteigerte Größensucht, wirtschaftlicher Größenwahn).

Dem Wachstum des Unternehmens jedoch korrespondiert nur selten ein Wachsen und Reifen der Persönlichkeit, und wo nur fachliche Kompetenz gefordert wird und zur nahezu ausschließlichen unternehmerischen Strategie wird (mit den üblichen ethischen Statements aus dem Pressebüro), da bleiben zumindest die existentiellen Werte des Zwischenmenschlichen, einer humanen Kommunikationskultur, weitestgehend auf der Strecke. Eingebunden in den Zwang, die wirtschaftliche Position des Unternehmens zu stabilisieren und zu maximieren und der eigenen hierarchischen Position nicht verlustig zu gehen, wird der Führende – allein schon aus Zeitgründen – verzichten müssen auf Maßnahmen zur Psychohygiene für die eigene Persönlichkeit.

Die Überbetonung der fachlichen Kompetenz ist bei den meisten Führenden ein Ausdruck ihrer psychischen Verdrängungsarbeit. Für Menschen mit deutlichen Defiziten in ihrer Persönlichkeitsentwicklung – verdrängte Lebensinhalte aus der frühen Kindheit oder der Adoleszenz- und Ausbildungsphase, problematischer Umgang mit Emotionen – kann die fachliche Kompetenz (»Da wenigstens kann mir keiner was vormachen«) zu einem Fundament ihrer beruflichen Überlebensstrategie werden. So kann man mit vielen Führungskräften nur fachsimpeln, so wird mancher Führende seine Kommunikationsinhalte im wesentlichen am Fachlichen ausrichten – da ist er firm, da sichert er sich ab, um seinen Ängsten nicht zu begegnen, um Unsicherheiten und Schwächen nicht zu verraten. Auf die Geführten wirkt ein dergestalter Interaktionsstil unpersönlich, entfremdend und distanziert, läßt keine Wärme und kein Vertrauen zu und hinterläßt ein mehr oder minder negatives Lebensgefühl.

Bei der kritischen Sicht von Leistung und Erfolg gilt es auch, jenem dem Prinzip einer ungebremsten Erfolgsorientierung und Leistungskonkurrenz zugrundeliegenden Zeitgeist eine Abfuhr zu erteilen, zumal er als »fremdsteuerndes« Moment massiv das autonome Handeln des Menschen zu beeinträchtigen vermag. Der Zeitgeist als das kollektive Wertbewußtsein unserer Gesellschaft (»man« macht, »man« unterläßt, »man« muß etc.) stellt ein bestimmtes Menschenbild in das Zentrum menschlicher Erwartungen – und heute sind an das Persönlichkeitsbild des Führenden unbestritten die Erwartungen geknüpft, erfolgreich zu sein.

Wir haben die Einbindung in dieses Leistungs-Erfolgs-Karussell hinreichend erörtert – dem wäre noch hinzuzufügen, wie entpersönlichend solche Fixierung auf Erfolg ist, da sie den Menschen zur Ware mit Tauschwert macht: Da Erfolg weitgehend davon abhängt, wie man sich und seine Persönlichkeit und seine Fähigkeiten und seine »Leistung« verkauft, erlebt man sich selbst als Ware (und zugleich als Verkäufer, wobei manch einer an der eigenen Verkäuflichkeit mehr interessiert ist als an seinem personalen Leben und seinem Glück). E. Fromm hat in diesem Zusammenhang von »Marketing-Orientierung«[53] und »Marketing-Charakter«[54] gesprochen und (lesenswert!!) einen Menschentypus charakterisiert und gegeißelt, dem wir gar nicht so selten in unserem Umfeld begegnen ...

Aus der vorgenannten Einbindung in das Leistungs-Erfolgs-Karussell jedenfalls resultiert eine Kommunikationskultur, ein Umgang mit den Mitmenschen, der von kalter Sachlichkeit geprägt ist und den Führenden selbst allmählich zu einem »Eisberg« werden läßt, dem der Weg zu seiner geistig-seelischen Innenwelt immer mehr verkrustet.

Ein Persönlichkeitsideal, das Hinwendung und Liebe zu jeglichem Leben integriert, das Gefühle und menschliche Nähe und Vertrauen zuläßt und weckt und das insbesondere die enorme Vielfalt von Werten im menschlichen Leben wahrnimmt und für erstrebenswert hält, ein solches Persönlichkeitsideal ist jenes nicht, das sich nur durch zweckrationales Agieren definiert.

KAPITEL 7

Das Wunderwort, auf das die Branche setzt

Zur sozialen Kompetenz des Führenden

Mehrfach wurden bislang namhafte Wirtschaftsmagnaten zitiert, die entschieden und mit viel Biß und wann immer auch nur möglich gegen ein in ihren Augen bedrohlich eskalierendes ethisches und soziales Gesäusel wettern und sich verbal stark machen für den knallharten Fighting Spirit unter dem Aspekt ungebremster und nicht unbedingt verantworteter Gewinn-Erfolgs-Macht-Maximierung.

In der anderen Ecke der Diskursarena mag man Karl Heinz Binder, Mitglied der Geschäftsführung von Burda in Offenburg, ansiedeln, der in einem beachtenswerten Aufsatz in der renommierten Zeitschrift »Personalführung«[1] mit überzeugender Deutlichkeit sagte: »Wer Menschen nicht lieben kann, ist unfähig, sie zu führen.« So richtig und dankenswert dieses hohe und hehre Ziel auch sein mag, manch einer könnte geradezu verzweifeln, wenn er hiervon kaum etwas (oder auch gar nichts) in den Niederungen des betrieblichen Alltagslebens vorfindet.

Im Kern meint Erich Fromm[2] dasselbe wie Binder, wenn er – in der Formulierung etwas flacher und gefälliger – die hier angesprochene Nächstenliebe operationalisiert als die »produktiven Beziehungen zu anderen und zu sich selbst« und hierzu neben der Akzeptanz der eigenen Fehlbarkcit Rücksichtnahme, Fürsorglichkeit, Verantwortungsgefühl und Verstandnis zählt, verbunden mit dem Wunsch, daß der andere, der einem anvertraute Mensch, wachsen und sich entfalten möge.

Das ist eigentlich nichts anderes als das, was wir im Rahmen der Erörterung einer lebbaren Ethik und der ethischen Kompetenz die Einforderung der Biophilie beziehungsweise das Biophilie-Postulat genannt haben.[3]

Vorbemerkung: Soziale und kommunikative Kompetenz – Mißverständnisse und Abgrenzung

Mit den letzten Sätzen kommt man durchaus an die Peripherie dessen, was ich mit sozialer Kompetenz meine, wiewohl auch dieser Begriff heute schon beängstigend abgegriffen und stumpf gehandelt wird und nachgerade noch sehr viel mehr boomt, als es Welt und Wirklichkeit von Ethik je getan haben.

Von einem Leiter der Abteilung Funktions- und Fortbildung bei der Hoechst AG hörte ich jüngst sagen:»Führungskompetenz heißt für uns kooperatives Führen. Das ist identisch mit sozialer Kompetenz.« Diese Logik ist erschreckend falsch, und die Aussage ist ebenso oberflächlich, wie sie die Wirklichkeit von sozialer Kompetenz total verengt und selektiv sieht, nämlich gezielt mitarbeiter- und teambezogen, so, als wäre sie ein nach Bedarf abrufbares Instrumentarium für nicht-autoritäres Führen und nicht eine Fähigkeit, die in der Persönlichkeit des Führenden begründet ist, dort aber erst gegen oftmals starke innerpsychische Widerstände entwickelt und entfaltet werden muß.

Generell wird der Begriff der sozialen Kompetenz heute – für mein Verständnis – zu sehr in den Kommunikationsbereich verschoben, so unbestritten wichtig dieser auch ist. Wir werden ihm ein ganzes Kapitel widmen, müssen jedoch einsehen lernen, daß wir erst offen sein müssen für die vorbehaltlose und angstfreie Begegnung mit uns selbst, woraus uns dann der Mut zuwachsen mag für die Begegnungen mit anderen Menschen. So gesehen ist die Entfaltung der sozialen Kompetenz erst der Ermöglichungsgrund für interaktiv-kommunikative Kompetenz – etwas später wird diese Aussage unschwer verstehbar sein, und es kann dann begriffen werden, daß die soziale Kompetenz neben der sittlichen Kompetenz die zweite wichtige Säule ist für ethisch fundierte Kommunikationskultur, wie sie jeglichem Führungshandeln zugrunde liegen sollte.

Für manche Psychologen ist ein Mensch dann sozial kompetent, wenn er sich so zu präsentieren weiß, daß seine Partner ihn positiv bewerten, ferner wenn er zu seiner Umwelt solche Beziehungen schaffen und aufrechterhalten kann und wenn er seine Ziele im Umgang mit anderen Menschen zu verwirklichen imstande ist. Hierzu resümiert der Ordinarius für Angewandte Psychologie an der Universität Freiburg i. Br., soziale Kompetenz führe damit nicht nur zu Macht im Alltag, sondern sie sichere auch beidseitig befriedigende Sozialbeziehungen und als

Konsequenz ein positives Selbstbild auf beiden Seiten.[4] Das ist mit Sicherheit Sozialkompetenz auf Schmalspur, und der Professor weiß von ihr noch zu sagen – was nicht verwundert –, daß bei einem Blick in unsere eigene Vergangenheit und bei einem zweiten Blick auf unsere Mitmenschen diese soziale Kompetenz nicht allgemein verbreitet sei. Es wird nicht übersehen, daß Konflikte, reaktive Aggressivität, Ablehnung von Partnern und Mitarbeitern, Gefühle des Mißerfolgs im Umgang mit anderen Menschen, Depressionen und Niedergeschlagenheit nach Zusammensein mit anderen uns auf den verschiedenen Ebenen des Alltagslebens umgeben, es könnte jedoch, so Professor Schneider[5], durchaus zumindest ein Teil dieses Leids verhindert werden, wenn wir Menschen über einen Umgangsstil verfügten, der andere nicht verletzt und ihnen unsere Lage verständlich macht.

Es fällt mir enorm schwer, soziale Kompetenz als Umgangsstil gelten zu lassen[6]; jedenfalls wird auch in diesem Statement mehr auf interaktiv-kommunikative Kompetenz abgehoben und nicht von einer psychischen Qualität gesprochen, die wesensgemäß und notwendigerweise für wirkliche Persönlichkeitsentwicklung verantwortlich ist (»Der Mensch wird am Du zum Ich«, Martin Buber) respektive ohne deren Entfaltung, also ohne Entfaltung der sozialen Kompetenz, diese Entwicklung gar nicht denkbar ist.

Die Überbewertung der fachlichen Kompetenz läßt, so haben wir im vorausgehenden Kapitel gehört, die ganzheitliche Persönlichkeit in den Hintergrund treten, denn ein personales Werden muß sich wohl andere Wege bahnen als den der Nur-Rationalität, die meist den dialogischen Zugang zum anderen eher verbaut denn öffnet.

Wir werden sehen, daß soziale Kompetenz insbesondere den emotionalen Umgang mit dem Leben meint und daher auch das Zulassen von Gefühlen einfordert; und nur ein Führender, der sich in seinem gesamten Emotionalbereich beheimatet weiß, wird auch imstande sein, den emotionalen Bedürfnissen der Geführten mit Verständnis und nicht mit kalter Abwehr zu begegnen.

Wenn wir im ersten Kapitel und immer wieder einmal die kommunikative Qualität des Zwischenmenschlichen im gegenwärtigen gesellschaftlichen Leben sich manifestieren sahen als öffentliche Verunglimpfung der Kommunikationspartner, wenn sich Kommunikation vielfach geriert als (brutale) Kampfdialektik und Machtkampf und zu einem kollektiven sadistisch-zynischen Spektakulum geworden ist, dann bedarf es durchaus einer Neubesinnung auf das Wesen des Men-

schen, das nach meinem Verständnis dialogisch, kommunikativ, interaktiv, sozial zu fassen ist, jedenfalls keineswegs monadisch und solipsistisch – und diese Ncubcsinnung muß das Ergebnis einer Persönlichkeitsentwicklung sein, die die Entfaltung eines Wertbewußtseins in der
menschlichen Persönlichkeit zum Inhalt hat, wie wir dies im Zusammenhang mit der personalen Gewissensbildung in Kapitel 5 nachhaltig
betont haben. Das wäre ethisch fundierte Kommunikation, und die
erst ist Voraussetzung für die Wertschätzung und Würde des anderen
im kommunikativen Geschehen.

Für solche Kommunikationskultur gibt es, wie vorher gesagt, die beiden fundamentalen »Säulen« der ethischen Kompetenz einerseits und
der *sozialen Kompetenz* andererseits, die ich nunmehr definieren kann
als die *»Fähigkeit, mit sich selbst und mit anderen Menschen konstruktiv umgehen zu können.* Das psychische Vermögen indes, mit sich selbst
und mit anderen Menschen konstruktiv umgehen zu können, setzt eine psychische Grundqualität in der Persönlichkeit [des Menschen] voraus«[7], und das ist das Selbstwertgefühl, auf das weiter unten ausführlich eingegangen werden muß.

Vorher muß jedoch erst über Fähigkeiten gesprochen werden, die zur
sozialen Kompetenz notwendigerweise gehören und immer wieder
vor-verweisen auf den Selbstwert einer reifen Persönlichkeit. Es geht
um *Toleranz* und um die *Fähigkeit zu loben und anzuerkennen.*

Toleranzfähigkeit. Zu Selbsterkenntnis und Selbstakzeptanz. Selbstbild und Fremdbild

Über der weltberühmten Orakelstätte zu Delphi, über dem Apollon-
tempel daselbst, hatten die alten Griechen ein Wort des Thales von
Milet (7./6. Jh. v. Chr., einer der »Sieben Weisen« des Altertums) gra-
vieren lassen: »Gnóthi seautón – erkenne dich selbst!« Es wird nicht
gerade Zufall sein, daß ausgerechnet das Delphische Orakel Sokrates
als den weisesten aller Menschen benannte, da er allein wisse, daß er
nichts wisse, während alle anderen (insbesondere die Sophisten) meinten und vorgaben, etwas zu wissen, obschon sie nichts wüßten.[8]

Um *Selbsterkenntnis* ging es Sokrates, und das Bemühen um eine solche redliche Selbsterkenntnis als eine *möglichst unverstellte Erkenntnis
unserer eigenen Wesenstiefe, unserer Fähigkeiten und Kräfte, aber auch
deren Grenzen,* ist eine ganz wichtige Voraussetzung für Toleranz-

fähigkeit, die hinwiederum eine entscheidende Voraussetzung darstellt für die Entfaltung sozialer Performanz und für legitimiertes (weil ethisch verantwortetes) Führen.

Toleranz (lat. Duldung) mag man definitorisch fassen dürfen als das *Geltenlassen* und *Gewährenlassen*, als die *Achtung anderer Menschen, deren andersartige Anschauungen, Sitten, Handlungs- und Verhaltensweisen,* sie ist die Fähigkeit und Bereitschaft, das Anderssein des anderen zu akzeptieren.

Wer viel über seine eigene Toleranz spricht, besitzt sie in der Regel nicht oder meint Stumpfheit und Gleichgültigkeit gegenüber religiösen, weltanschaulichen, sittlichen oder politischen Fragen. Solche Toleranz, die übrigens oftmals sofort in Intoleranz umschlägt, wenn persönliche Betroffenheit im Spiel ist, meine ich nicht, und solche Toleranz, die nicht selten recht verkniffen auftritt, situativ aufgesetzt wirkt – mit ihr will man beeindrucken und Großmut und legere Weltgewandtheit demonstrieren –, ist keineswegs in die sittliche Persönlichkeit des Menschen hineinverlängert, das heißt, sie kommt nicht aus dem »Personkern« beziehungsweise aus der Wesensmitte des Menschen, die solche Menschen kennenzulernen sich noch gar nicht bemüht haben.

Wenn niemand zuschaut oder kontrolliert, wenn für uns wichtige Menschen nicht beurteilend und applaudierend danebenstehen, kann Toleranz ein psychischer Kraftakt sein, wenn es um Duldsamkeit und Achtung geht gegenüber andersartigen und ganz fremden Überzeugungen, Anschauungen und Normen, gegenüber Verhaltensweisen und Meinungen, die nicht (im entferntesten) die unseren sind, die unseren vielleicht sogar negieren, und gegenüber Menschen, die wir nicht leiden können.

So wird es nicht falsch sein, die Toleranzfähigkeit dem Tugendbereich der Tapferkeit und nicht der Duckmäuserei zuzuordnen; Toleranz ist ein Zeichen von Selbstüberwindung, wenn sie aggressiv-destruktiven Triebwünschen abgerungen werden muß (man denke nur an Rassismus und die schillernde Palette des Fremdenhasses heute), und sie ist auch Zeichen von Ich-Stärke und Ausdruck einer autonomen Persönlichkeit, wenn sie die Interessen anderer grundsätzlich anerkennt und gelten läßt, ohne sich dabei etwas zu vergeben – sie hat jedoch auch den Mut, sich mit der Andersartigkeit sachlich auseinanderzusetzen, und scheut sich nicht, in kontroversen Dialogen die eigene Position darzulegen oder zu behaupten.

Toleranz »impliziert das Vermögen und die Bereitschaft, Einstellungen und Handlungen, Kommunikationsmuster und Beurteilungen von Menschen und Situationen nach den gleichen Standards (Normen, Wertungen, Einstellungen), die unserem Handeln und Entscheiden zugrunde liegen, *unverändert* gegen uns selbst gelten zu lassen«.[9] Zweifellos ist so verstandene Toleranz die wesensnotwendige Voraussetzung für ein sinnvolles und achtendes und wertendes/wertschätzendes Miteinanderumgehen, insbesondere im Antipathiefeld, wo oftmals ein Riesenbündel von Vor-Urteilen (= Vor-Verurteilungen) intolerantes Verhalten geradezu heraufzubeschwören pflegt.

Toleranz in diesem Verständnis bildet die Basis jeglicher Humanität, denn sie erfüllt die ethische Bedingung, grundsätzlich und situativ das Dasein des anderen Menschen in seiner vielschichtigen Dimensionalität (physisch, psychisch, musisch, rational, emotional etc.) zu wollen und sich nicht einfach damit abzufinden, weil es anders nun mal nicht geht. Des anderen Existenz in und trotz (oder gar: wegen) seiner Andersartigkeit zu wollen – darin offenbart sich Würde, nämlich jene, die man hat, und jene, die man im anderen erkennt und anerkennt. So gesehen ist *Toleranz* fürwahr die *Basis für jegliches konstruktiv-soziale Verhalten und Handeln.*

Dies erinnert an das grundlegende ethische Phänomen der Gegenseitigkeit, das man definitiv umschreiben kann als »das Zugeständnis, daß dieselben Erwartungen, die ich an andere stelle, auch von diesen an mich gestellt werden dürfen«.[10] Wenn ich von meiner Mitwelt (Hilfe und Fürsorge und Achtung und) Toleranz als Anerkennung meines So-Seins erwarte und gleichzeitig der Meinung bin, dies sei ein selbstverständlicher Anspruch, dann kann dementsprechend und legitimerweise die Mitwelt auch von mir erwarten, daß ich mein Teil dazu beitrage, also willens und tatkräftig bereit bin, daß andere (Hilfe und Fürsorge und) ein anerkennendes Geltenlassen und die Achtung ihres Anderssein durch mich erfahren.

Martin Buber[11] hat nachhaltig darauf hingewiesen, menschliche Begegnung verwirkliche sich in der Vergegenwärtigung des anderen. Zu dieser Vergegenwärtigung jedoch gehört nicht zuletzt die Gegenseitigkeit des Annehmens des anderen in seinem So-Sein, die Gegenseitigkeit der Akzeptation also, der Bejahung des anderen und der Bestätigung; gerade der Bestätigung bedarf der Mensch (durch die anderen) in besonderem Maße, was uns zu glauben leichtfällt, wenn wir an die Menschen denken, die wir mögen und deren Wertschätzung uns am Herzen liegt. Aber auf die allein darf es uns nicht ankommen.

218

Diese Ausführungen erinnern wohl jeden an die Goldene Regel (regula aurea), von der gelegentlich schon die Rede war und die eigentlich die klassische Formulierung des Prinzips der Gegenseitigkeit ist und sich in einer negativen Fassung bei dem jüdischen Rabbi Hillel (um 20 v. Chr.) findet: »Was dir verhaßt ist, das tue keinem anderen – das ist das ganze Gesetz. Alles andere ist nur Kommentar dazu.« Bei Jesus Christus und später auch bei Mohammed findet sich die positive Version: »Alles, was ihr wollt, daß euch die Menschen tun, eben das sollt auch ihr ihnen tun.« (Mt 7, 12; Lk 6, 31) Das Attraktive an der Goldenen Regel für die Ethik liegt übrigens in der Situationsbezogenheit: Sie überläßt – im Gegensatz beispielsweise zum Naturrecht mit seinen festen und quasi unumstößlichen Normierungen – dem einzelnen Menschen, der immer seiner Situationswelt gegenübersteht und sich selbst in der Begegnung mit ihr und mit dem Mitmenschen verwirklicht, die ganz konkrete Entscheidung über die Art und Weise und Gestalt seines Handelns oder Unterlassens (= permissives Handeln).

Um zur Toleranz als der freiwilligen Akzeptanz des anderen in, trotz (und wegen) seines Andersseins zu gelangen, ist es notwendig, sich selbst zu akzeptieren. Toleranz setzt zwingend *Selbstakzeptanz* voraus, der jedoch das vorher erwähnte »gnôthi seautón«, die *Selbsterkenntnis*[12] vorausgegangen ist.

In die eigene Wesenstiefe zu steigen und sich mit sich selbst zu konfrontieren, ist mitunter ein dorniger Weg, der sehr weh tun kann, da man nicht selten Kräften und Potentialen und einer Fehlerhaftigkeit begegnet, die zu ernüchtern und zu erschrecken vermögen. Unabdingbar notwendig ist dieser Schritt allemal, will man sich wahrhaft kennenlernen und eine Wandlung im Ich und damit einen neuen Schritt zu mehr, das heißt zu einer reiferen Persönlichkeit wagen.

Nur wenige gehen diesen Weg nach innen und riskieren diese Begegnung mit dem eigenen Selbst – aber nur so lernt man Selbstbescheidung, und nur so wird man des idealen Entwurfs des eigenen Lebens gewahr und trifft auf das Vor-Bild, das man – oft unklar und unzugänglich – doch in sich trägt. Man tritt mit ihm nur dann in Kontakt, wenn man alles Maskenhafte abstreift, alles Fremdbestimmte hinter sich läßt und sich von allen Zwängen, Einbildungen und Vor-Urteilen befreit und ganz nach innen lauscht.

Die Begegnung mit dem Selbst mag in der Meditation gelingen, dann nimmt man dieses innere Muster wahr, das das Individuelle der Persönlichkeit ausmacht. Diesem Muster getreu, das heißt sich selbst treu, versuche der Mensch im Laufe seines Lebens zu handeln. Je näher er diesem idealen Selbst kommt, um so mehr verwirklicht er es, verwirklicht er sich. »Werde, der du bist, aber erkenn erst«, sagt schon der griechische Odendichter Pindar und nimmt damit die zentralen Forderungen der Humanistischen Psychologie nach Selbstverwirklichung vorweg. Abraham Maslow sagt dasselbe nüchtern: »Was ein Mensch sein kann, muß er sein«, blumiger dichtet Angelus Silesius: »Vor jedem (in jedes Menschen Herz) steht ein Bild des, was er werden soll, und wird er das nicht ganz, wird nie sein Friede voll.«

Bei Selbsterkenntnis und Selbstbesinnung nehme ich mich wahr und erkenne meine Wandlungsfähigkeit, ich bestimme aber auch, wer dieser Mensch ist, der ich sein möchte/sollte (= meine wesentliche und mir individuell eigene Freiheit zum Anderswerden!), und entwickle mich bewußt und als Eigenleistung auf diesen Menschen zu. Diese in der Selbsterkenntnis zu leistende intensive Begegnung mit der eigenen inneren Wirklichkeit muß uns jedoch auch befähigen, diese Realität, also uns selbst, zunächst so anzunehmen, wie sie ist – das ist ein Lernprozeß, ebenso wie das Bemühen um Wandlung eine lebenslang währende Aufgabe bleibt.

Nur wer gelernt hat, seine eigene Wirklichkeit auch in seiner Defizienz rückhaltlos ehrlich wahrzunehmen und zu akzeptieren, erlernt auch die Bereitschaft, einen anderen Menschen grundsätzlich als den zu akzeptieren, der er ist. Mit diesem Grundverhalten übt ein Mensch Toleranz, erst sich selbst, dann aber auch anderen gegenüber. Und wer seine eigene Ich-Realität akzeptiert hat, hat auch einen guten Zugang zu seinen eigenen Schwächen gefunden, was ich für eine unabdingbare Voraussetzung dafür halte, auch in Dialog und Mitarbeitergespräch und im Vorstandsdiskurs des anderen Schwachstellen gelten lassen zu können.

Selbstakzeptanz, die evident Selbsterkenntnis voraussetzt, wie wir nun gehört haben, darf jedoch nicht verwechselt werden mit dem stets unerreichbaren *Selbstideal*, mit dem von unseren Eltern uns anerzogenen Idealbild unser selbst, dem manch einer verkrampft nachjagt und dabei an sich selbst vorbeilebt. Dieses Selbstideal und auch das *Selbstbild* als die Summe all der Vorstellungen, die ein Mensch von seiner eigenen Persönlichkeit allmählich gewonnen hat, bedürfen stets einer Korrektur und einer Rückstraffung auf die tatsächliche persönliche Wirklichkeit. Dies bedeutet im Klartext:

Wer sich selbst in seinem realen So-Sein erkennen will, muß sich stets auch mit dem *Fremdbild* befassen, mit all den Eindrücken also, die sein Verhalten und Sprechen und eigentlich das gesamte Wirkungsspektrum seines Erscheinungsbildes bei anderen Menschen hinterlassen. Im Zusammenhang mit passiver Kritikfähigkeit und Feedback werden wir im letzten Kapitel darauf näher eingehen müssen, augenblicklich mag der Hinweis genügen, daß mangelnde Auseinandersetzung von Selbstbild und Fremdbild zu selbstüberschätzender »Blindheit« und oftmals zur arroganten Toleranz der Dummheit führt des Musters: »Weil ich tolerant bin, gestatte ich dem anderen Menschen seinen Irrtum hinsichtlich seiner Meinung über mich.«

Wahre Ich-Akzeptanz hat den eigenen infantilen Narzißmus als Selbstliebe und Ehrgeiz des »Mehr-als-andere-sein-Wollen« oder des »Besser-als-man-ist-(er)scheinen-Wollen-« überwunden. Solange ein Mensch narzißtisch nur sein Ego im Mittelpunkt des Interaktionsgeschehens sieht, also permanent Profilierungs- und Selbstdarstellungszwänge realisiert, wird ihm der Zugang zum anderen, zum Du und damit zum toleranten Umgang mit ihm verschlossen bleiben.

Bereits zu Beginn dieses Buches hatte ich im Zusammenhang mit der Notwendigkeit der Persönlichkeitsbildung gesagt, Identifikation und Imitation seien unbestritten wesentliche Faktoren für den Entwicklungsprozeß und Lernprozeß nicht nur bei Kindern und Heranwachsenden, sondern sie begleiten auch den Erwachsenen als elementare Orientierung und Lebenshilfe. Eine autonome Persönlichkeit jedoch[13] wird sich im Laufe der Jahre von bestimmten Identifikationsmustern losgelöst haben, die sie zwingend einengen und determinieren; ein heteronomes, also unselbständiges und fremdgesteuertes Ich bleibt aber an Identifikationsangeboten (Eltern, Gesellschaft, Kirche, Werte und Normen und Sitten und Einschätzungen etc. – insgesamt das Über-Ich als funktionales Gewissen!) haften, ja es kann eine solch starre Identifikation entstehen, daß es dadurch unmöglich wird, andere Werte und Orientierungen und Gefühle und Verhaltensweisen, summa summarum: andere Menschen gelten zu lassen. Und eben solches Verhalten tötet jegliche Toleranz: Reine Dogmatiker jeglicher Couleur können niemals tolerant sein[14], sie sind außerstande, ihre eigenen Einstellungen und die des anderen gleichberechtigt (nicht gleichwertig!) gelten zu lassen. Sie sollten sich dringend die aufgeklärte sokratische Toleranz, die zugleich Bescheidenheit im intellektuellen Bereich ist und prinzipiell Reversibilität fordert, angelegen sein lassen: »Weil ich selbst nichts weiß, sondern nur etwas meine, akzeptiere ich vor dem Anspruch allgemeiner Gültigkeit die Meinung des anderen, da ja auch er nichts weiß, sondern nur etwas meint, als meinem Meinen gleichberechtigt.«[15] Toleranz will dem ganzen Menschen gerecht werden, der – um nun die Angelegenheit in den Berufsalltag zu transferieren – ja einen »Teil« von sich, nämlich seine Gefühle, Anschauungen, Fragen und Probleme, auch nicht einfach morgens beim Pförtner oder im Vorzimmer an der Garderobe ablegen kann, um sie abends als ein anderer wiederaufzunehmen. In der Zwischenzeit war er nur mit dem anderen Teil seiner selbst, nämlich als reine Arbeitskraft, als Human Capital mit entsprechender Fachkompetenz, am Arbeitsplatz präsent. Eine Schizophrenie, die nicht lebbar und äußerst inhuman ist!

Fehlt es nun dem Führenden daran, die Vorstellungswelt seiner Mitarbeiter ernst zu nehmen und im vorher beschriebenen Sinne zu tolerieren, mindert oder beschneidet er entgegen dem Biophilie-Postulat einige Dimensionen personalen Lebens, dann entsteht im Geführten ein destruktiver Dissens zwischen Arbeitswelt einerseits und persönlichen Wertanschauungen andererseits, ein Dissens, der Identifikationen, Engagement, Leistungsbereitschaft und Motivation durchaus reduzieren oder gar verhindern kann. In seiner Gesamtheit nicht akzeptiert zu werden, belastet psychisch ungemein und führt schnell zu innerer Emigration. Man will nicht nur als Arbeits- oder Fachkraft, sondern man will auch persönlich angenommen und anerkannt werden, was voraussetzt, daß man den andern erst mal *kennen* muß.

Im Kennen des anderen, das natürlich mehr sein muß als nur zu wissen, daß er auch dazugehört, im Er-kennen, den anderen beim Namen nennen, im Erfassen der Individualität des anderen und im An-er-kennen wird soziale Kompetenz greifbar – hierin verrät sich soziale Sensibilität als Einfühlungsvermögen und Verständnis für die Mitarbeiter, hier liegen überdies außerordentliche Motivierungschancen.

Die Fähigkeit, zu loben und anzuerkennen

Frederic Herzberg war zweifellos einer der maßgeblichen amerikanischen Leistungs- und Motivationstheoretiker, und auf ihn berufen sich manche Führungskräfte, wenn sie sich die *Fähigkeit, zu loben und anzuerkennen* als ganz selbstverständlich zuschreiben. Angesichts der merkwürdigen, aber empirisch validierbaren Tatsache, daß viele Menschen de facto sich sehr schwer tun, die Arbeit oder das Verhalten ihrer Mitmenschen zu loben und anzuerkennen, kommt mir vor, daß besagte Führungskräfte bei der eben genannten Selbsteinschätzung dem Motivationspsychologen Herzberg insofern voll aufsitzen, als dieser expressis verbis deutlich machen wollte, man solle nicht die Person, die beispielsweise ausgesprochen gut gearbeitet hat, loben, sondern die Sache – und aus dieser Sache heraus soll sich der Arbeitende bestätigt fühlen. Es soll eine ganz objektive und von keinerlei Gunst oder Taktik beeinflußte Selbstbestätigung sein: unmittelbar aus der Arbeit möge die Erhöhung des Selbstwertgefühls kommen. Man nennt eine solche Bestätigung durch den Arbeitsinhalt eine intrinsische Motivation, weil sie in der Arbeit selbst ihren Ursprung hat.

Ob diese Motivation greift oder nicht, darum geht es uns hier gar nicht, sondern darum, unumwunden zuzugeben, daß zu solcher Art Lob viele Führende durchaus und deshalb fähig sind, weil sie die Distanz zur Person nicht aufzuheben brauchen, weil sie nicht direkt auf den Menschen zugehen müssen, sondern nüchtern, rational, objektiv und quasi gerecht einen allen sichtbaren Sachverhalt herausheben in der Hoffnung (oder vielleicht sogar mit der Intention), damit auf einem Umweg, aber vielleicht doch noch auch den Handlungsträger zu tangieren – aber so richtig einlassen auf ihn, ganz direkt (mit Händeschütteln, Schulterklopfen und Augenkontakt) mit ihm kommunizieren, das braucht man hier nicht. Man kann sogar die »Leistung« des anderen in der firmeninternen Zeitung abdrucken lassen.

Solche »Fähigkeit zu loben« meine ich nicht. Jene, die ich im Auge habe, ist ein Persönlichkeitsmerkmal, das aus der sozialen Kompetenz des Führenden stammt, die, wie wir gehört haben, Selbsterkenntnis, Selbstakzeptanz und Toleranz voraussetzt. Nur derjenige ist befähigt, mit anderen Menschen konstruktiv umzugehen, der über genügend Selbstakzeptanz (und Selbstwert – »Man vergibt sich nichts«, wenn man lobend und anerkennend auf die anderen zugeht!) verfügt, denn Selbstakzeptanz bildet die unabdingbare Voraussetzung für Fremdakzeptanz, wie weiter oben ausgeführt.

Es ist fürwahr durchaus eine Art von Fremdakzeptanz gegeben, wenn da einer eine Riesenleistung erbracht hat, sich vielleicht sogar besser erwiesen hat als ich selbst, und wenn ich dies nicht einfach stehen lasse, gar ignoriere, sondern deutlich heraushebe, wenn ich Lob ausspreche, aber nicht die Leistung lobe, sondern ausdrücklich die Person, die sie erbracht hat. Und genau da sind wir auf dem Punkt: *Lob ist ur-*

sprünglich und wesentlich ein interpersonales Geschehen, Lob ist eine Sache zwischen Menschen – ein Lob kann seine volle Wirkung wie ein gutes Parfum nur entfalten, wenn es möglichst unmittelbar zur Person, gewissermaßen »hautnah« ausgesprochen wird und nicht um vier Ecken herum durch Mittelsmänner und eine Woche später.[16]

In unserem Kontext streiche ich entschieden Herzbergs Motivations-»Weisheit« aus der Liste gebrauchsfähiger Führungskonzepte, für mich gilt mit W. Böckmann: »*Lob immer zur Person* – möglichst öffentlich und möglichst persönlich, aber mit einer sachlichen, auf Tatsachen beruhenden, überzeugenden und nachprüfbaren Begründung.«[17] Und hier ist nicht an routiniert-unpersönliches Anerkennen gedacht, ich meine auch nicht das pädagogisch-taktische Lob, das nur schwer die manipulative, die motivationsrationale Absicht verbergen kann – ich meine eine spontane Anerkennung, die einfach das Positive fremden Verhaltens, fremder Leistung wahrnimmt und diese Wahrnehmung dem anderen persönlich mitteilt, nicht anonym am Schwarzen Brett, nicht in übertreibenden Floskeln und kübelweise, nicht erst oder nicht nur an Weihnachten.

Ich sagte schon, daß Lob »Öffentlichkeit« nicht zu scheuen braucht – und der persönliche Händedruck und der Augenkontakt als wichtige nonverbale Kommunikationsformen gehören auch dazu, aber nicht hastig in den letzten fünf Minuten der Geschäftszeit am Schreibtisch im Allerheiligsten mit einer huldvoll lächelnden Sekretärin im Hintergrund, sondern am besten am Arbeitsplatz des zu Lobenden, dort inmitten seiner Kollegen, deren Wertschätzung und Anerkennung für ihn tagtäglich im allgemeinen sehr viel wichtiger sind als jetzt das Einzellob des Vorgesetzten oder die hohe und hehre Meinung, die eine ferne, unnahbare Geschäftsleitung von ihm hat.[18]

Wenn wir uns der Mühe intensiver Selbstreflexion unterziehen, stellen wir schnell fest, wie selten wir loben und anerkennen – es ist, als würden wir uns etwas dabei vergeben, als würden wir »geringer« werden, wenn wir einen Menschen und seine Leistung oder sein Verhalten würdigend herausheben und loben und nicht alles als pure Selbstverständlichkeit nivellieren. Ein Führender jedoch mit genügend Selbstwert[19] und reifer Selbstakzeptanz verliert nichts, wenn er auf den anderen zugeht und lobt, er hat keine Angst vor Selbstprofilierungseinbußen.

Die Erfahrung und der Berufsalltag jedoch verraten erschreckend häufig, wie sehr das nekrophile Unvermögen zahlreicher Führender, zu loben und anzuerkennen, verbreitet ist. Indem man alles für selbstverständlich nimmt, ignoriert man die Individualität des Menschen mit seiner je eigenen und situativ variablen Leistungsfähigkeit, man signalisiert uneingestandenermaßen eine generelle Uninteressiertheit am Gegenüber, an der handelnden und sich verhaltenden Person.

Warum das so ist, darüber wurden subtile, jedoch zum Teil recht diskriminierende, tiefenpsychologische Theorien entwickelt – eines wird man jedoch mit zweifelsfreier Sicherheit behaupten dürfen, daß es sich bei den so »lobkargen« Menschen um Personen handelt mit dominanter narzißtischer Ausstattung und daß dies unsichere Menschen mit ungenügend ausgeprägtem Selbstwertgefühl (und heteronomer Orientierung) sind: Sie erfahren sich durch auffällig positives fremdes Verhalten oder Leisten kritisiert und kleingemacht, da sie sich – bewußt oder unbewußt – doch eigentlich für die Besten und Größten halten.[20]

Wie dem auch sei, für biophiles Führen und dies im Rahmen sozialer Kompetenz, die angstfrei, vertrauensvoll und fremdes So-Sein generell und von Grund auf tolerierend auf den anderen zuzugehen bereit und gewillt ist, gibt es kaum einen Anlaß, der für ein Lob und ein Wort der Anerkennung zu gering wäre. Grundsatz könnte durchaus sein: Im Zweifelsfall darf es etwas mehr sein; denn zu viel Lob, wenn es ehrlich und ohne Übertreibung und Hintergedanken ausgesprochen wird, hat eigentlich noch nie geschadet – zu wenig ist fast soviel wie gar nichts, und Kargheit und Geizen kann hier leicht, wie bereits erwähnt, als Gleichgültigkeit und Mißachtung empfunden werden.

Hinsichtlich des Tadels als des Gegenteils des Lobes wird einiges gesagt werden müssen im Zusammenhang mit konstruktiver Kritik[21]; an dieser Stelle hier sei die Erkenntnis vorweggenommen, daß Tadel mit dem geringsten Grad an Öffentlichkeit und mit Seltenheitswert erteilt werden sollte. Aus Portugal stammt die Spruchweisheit: »Böses Wort verwundet mehr als scharfes Schwert.«

Soziale Kompetenz haben wir bislang kennengelernt als eine sehr wichtige psychische Qualität (und eine der notwendigsten »Fertigkeiten« und Merkmale einer Führungspersönlichkeit), die wir bestimmt haben als die Fähigkeit, mit sich selbst und mit anderen Menschen konstruktiv umgehen zu können, wobei konstruktiv die Fähigkeit dann ist, wenn sie begleitet ist von Selbstakzeptanz und Fremdakzeptanz – also Würde sich selbst gegenüber und gegenüber den anderen – und ausschließt, sich mißbrauchen zu lassen und die anderen (als Mittel zu gebrauchen und) zu mißbrauchen.

Dieser konstruktive Umgang mit sich und den anderen, der sowohl Fähigkeit zu Toleranz als auch jene, zu loben und anzuerkennen, ermöglicht und einschließt, setzt eine *psychische Grundqualität in der Persönlichkeit* voraus, die als *Selbstwertgefühl* zu benennen ist, und nur – so sei schon vorab behauptet – wer über ein genügend entwickeltes Selbstwertgefühl verfügt, kann seiner eigenen Persönlichkeit konstruktiv begegnen und – daraus resultierend – tolerant-duldsam und lobend-anerkennend anderen gegenüber sein. Er hat keine übertriebenen Versagensängste und Profilierungsängste, erstickt nicht an Minderwertigkeit oder an (als innere Notwendigkeit und Zwang erlebtem) Perfektionismus und ist fähig, Gefühle zuzulassen und nicht nur mit der eigenen Emotionalität, sondern auch mit fremden Emotionen umzugehen. Ein solcher Mensch nimmt Gefühle erst mal überhaupt wahr und läßt sie, wie gesagt, auch zu und weiß, daß Gefühle die stärksten Elemente unseres Lebens sind und die wichtigsten Bausteine unserer zwischenmenschlichen Beziehungswelt.

Man muß dies heute gerade in der rauhen Wirtschaftswelt so deutlich sagen und auch, daß Gefühle zuzulassen ein Ausdruck psychischer Reife ist und nicht Merkmal entscheidungsunfähiger und energieloser Weichlinge.[22] »Hart wie Kruppstahl« – hinsichtlich ethisch verantworteтem Führen ist diese Parole kein Wert. Diese emotionslose, sachlich-rationale, quasi als psychische Unverletzlichkeit zur Schau getragene Maske einer mehr oder minder perfekten Gefühlspanzerung, die Gefühle weder heraus- noch hineinläßt, klammert menschliche Lebendigkeit aus, läßt zwischenmenschlichen Kontakt verarmen und regelrecht austrocknen und leugnet schlußendlich auch das bedeutendste psychische Fundament und das zentrale Gefühl des Menschen, das Selbstwertgefühl.

Im letzten Kapitel werden wir im Zusammenhang mit der emotionalen Ausdrucksfähigkeit des Führenden die Welt der Gefühle noch näher ausleuchten.[23]

Das Selbstwertgefühl –
die psychische Grundqualität in der Persönlichkeit

Beim Selbstwertgefühl geht es um eine *elementare psychische Grundstimmung,* die für das eigene Dasein, für das eigene Leben und für die eigene Persönlichkeit eine solche Akzeptanz und psychisch positive

Stabilität aufgebaut hat, daß sie so schnell weder von innen noch von außen durch Erschütterung, Krisen, Probleme und Konflikte nachhaltig und über längere Zeit hinweg zerstört werden kann. Eine solche Persönlichkeit fühlt sich in sich selbst wohl, ist in sich selbst heimisch, sie hat eine innere Heimat und ist in ihrer Identität nicht gefährdet. Wer Heimat hat, kann auch ins Ausland gehen und wieder zurückkehren, und ein Mensch mit Selbstwert kann geben, ohne zu verlieren, kann auf den anderen zugehen, ihn akzeptieren und ihn loben, ihn Nähe spüren lassen, indem er vertraut (Vertrauen ist ein Gefühl!), ohne irgend etwas verlustig zu werden.

Ich darf nun mit Kirchner[24] das Selbstwertgefühl *definieren* als *jene elementare, emotional positive Grundeinstellung des menschlichen Individuums zu seiner eigenen Existenz, zu seinem Dasein, die es ihm ermöglicht, sein Hiersein auf dieser Welt mit Freude und Ausdauer anzunehmen.* Es wird in dieser Definition deutlich, daß das Selbstwertgefühl nicht voll identisch ist mit Selbstbewußtsein, es ist vielmehr ein positives Grundgefühl in der menschlichen Persönlichkeit, das aus einer Wertschätzung des Menschen sich selbst gegenüber resultiert. Dieses Gewahrwerden und Fühlen eigenen Wertvollseins ist dem Menschen nicht angeboren (genausowenig wie das Selbstbewußtsein), sondern hat sich über viele Jahre hinweg – durch manche Erziehungsmaßnahme jedoch stark gebremst bis nahezu verhindert – entwickelt, ist herangereift und kann dann als tragendes Lebensgefühl zum Bestandteil des persönlichen Selbstverständnisses werden.

Erst ein dergestaltes Selbstverständnis, das nicht aufgestylt zu werden braucht durch gefälliges Aussehen, Intelligenznachweis und zahlreiche Erfolgsquoten, ermöglicht den konstruktiven Umgang mit sich selbst und mit anderen und speist sich aus einem Wertgefüge in sich selbst, das natürlich auch für andere als existent vorausgesetzt wird. Ein solches Selbstverständnis ist die der reifen Personlichkeit eigene psychische Stabilität, die ich – der Wichtigkeit halber wiederhole ich mich gerne – Selbstwertgefühl nannte als das *zentrale Gefühl* eines Menschen, als die grundsätzlich positive emotionale Befindlichkeit und Grundstimmung, von der weitgehend unsere ganze Lebensaktivität und Eigeninitiative abhängt.

Soziale Kompetenz und soziale Sensibilität leben von dieser positivselbstwertenden Grundstimmung und sind also zwingend mit dem Selbstwertgefühl verbunden. Diese Emotionalwahrnehmung der Wertigkeit des eigenen Selbst, trotz Hasenscharte, Kleinwuchs oder körperlicher Verkrüppelung, ist das Gewahrwerden und Erfühlen eigener personaler Würde – oder mit anderen Worten: Im Selbstwertgefühl beginnt die Akzeptanz der eigenen Würde. Eigene Würde jedoch verbietet, sich selbst zum bloßen Mittel machen zu lassen, sich zu instrumentalisieren und sich selbst als prinzipiell austauschbares Rädchen in der Maschinerie einer Institution (Unternehmen etc.) zu sehen.

Da die Akzeptanz eigener Würde zwingende Voraussetzung dafür zu sein scheint, auch fremde zu akzeptieren, wird man auch umgekehrt sagen dürfen, daß der, welcher sich selbst instrumentalisiert, also entwürdigt, auch mit anderen Menschen so umgehen wird, als dürfe er sie instrumentalisieren, als Mittel zum Zweck gebrauchen, sie entwürdigen. Im Selbstwertgefühl erfährt der Mensch seine fundamentale Wertigkeit, »begreift« er als Erfahrungsqualität seine Würde. Diesen Selbstwert in glaubwürdige Ausstrahlung verwandelt zu haben[25], zeichnet die wirkliche Reife einer Persönlichkeit aus. Den wenigsten Führenden eignet diese Reife, weil ihr Selbstwert das narzißtische Stadium des permanenten Kreisens um fachliche Kompetenz und Leistungs-Erfolgs-Nachweise nicht verlassen hat oder weil sie ihn geradezu definieren durch Fachkompetenz und permanente Meriten im Leistungs-Erfolgs-Karussell.[26]

Es führte zu weit, wollte ich nun ausführlich die Wege aufzeigen, auf denen sich die psychische und dialogische Grundqualität des Selbstwertgefühls herausbildet. Ich müßte detailliert auf die tiefenpsychologisch relevanten Merkmale für die Entwicklung dieses Basisgefühls eingehen, dessen Grundlagen vornehmlich in der frühen Kindheit gelegt werden und deren defizitäre Ausprägung dann im Erwachsensein nur schwerlich und mühevoll, aber lohnenswerterweise, »aufgeholt« werden kann (meist wird jedoch mit mannigfachsten Abwehrmechanismen kompensiert!): Es handelt sich um die Zuwendung, die ein Mensch erfährt (Gesprächsdominanz, Geltungsstreben, Profilierungssucht, Mindergefühle, Workaholism sind oftmals »Resultate« von Zuwendungsdefiziten und möglichen Kompensationen), ferner um Ermunterung zu eigenem Handeln und um das Zulassen von Gefühlen.[27]

So wichtig das Nachzeichnen frühkindlicher Entwicklung auch sein mag, hic et nunc erscheint es wichtiger, *latent defizitäre Persönlichkeitsmerkmale* zu erörtern, die aus mangelndem Selbstwertgefühl resultieren und soziale Kompetenz erschweren bis vereiteln und damit die Führungsfähigkeit erheblich beeinträchtigen. Ich nenne *Fremd-*

steuerung, das *Angstsyndrom* und *Mindergefühle,* die auch in der Persönlichkeit des Führenden eng miteinander verwoben sind; es sind dies Phänomene, die oftmals übertriebenen Aktivismus und fast »selbstmörderisch« peniblen Perfektionismus als überkompensatorische Zwangshaltungen erwachsen lassen und jedenfalls eng mit unzureichend entwickeltem Selbstwertgefühl zusammenhängen.

Der fremdgesteuerte Mensch – die abhängige Persönlichkeit

Dem Phänomen der *Fremdsteuerung* oder *Fremdbestimmung* sind wir schon mehrfach begegnet, insbesondere bei der Erörterung der fachlichen Kompetenz, als wir u. a. einen Führenden zu zeichnen versuchten, der seine Wertigkeit nur aus seiner Leistungs-Erfolgs-Kapazität und -Bilanz – am besten von außen bestätigt und auf Papieren dokumentiert – erfährt und seinen Selbstwert (generell und als Führungskraft) nur durch Fachkompetenz definiert. Wir sind Fremdsteuerung auch begegnet, als wir von der Autonomie im Ich als einem Wesensmerkmal der ethischen Kompetenz sprachen.[28] Als autonomen Menschen kennzeichnete ich eine Persönlichkeit, die eigengesetzlich, selbständig und unabhängig lebt, denkt und handelt; im autonomen Ich hat sich die Individuation vollendet, woraus jedoch kein egozentrischer Solipsismus resultiert, sondern durchaus sozial-konstruktives Agieren, wie wir gesehen haben.

Antipodisch zur Autonomie steht heteronomisches Handeln, Fremdsteuerung, Fremdbestimmung.[29] Sich gerade von Fremdsteuerung als der psychischen Abhängigkeit des eigenen Selbstwertgefühls vom Urteil anderer weitgehend freizuschwimmen, ist eine der wichtigsten Aufgaben bereits im Vorfeld des Erwerbs von Führungsfähigkeit und im Führungsprozeß selbst, wie transparent zu machen sein wird.

Wann ist ein Mensch fremdgesteuert?

Die Antwort ergibt sich per definitionem, wonach *Fremdsteuerung im Sinne einer psychischen Abhängigkeit die Einbindung in ein soziales Beziehungsgeflecht ist, bei der das Selbstwertgefühl eines Menschen von Werten* (Urteilen, Wertschätzung, Anerkennung, Akzeptanz) *bestimmt wird, die außerhalb seiner Persönlichkeit, die in der Mitwelt liegen.*

Der fremdgesteuerte Mensch bezieht und nimmt also seinen Selbstwert aus der positiven Beurteilung und Bewertung durch andere Menschen oder durch Über-Ich-Diktate oder durch Leistungskriterien. Damit ist die fremdgesteuerte Persönlichkeit eine *abhängige Persönlichkeit,* die auf die Bewertung der eigenen personalen Existenz durch andere angewiesen ist, wobei wichtiger ist, was das Umfeld wertend signalisiert, als das, was man selbst von seiner Persönlichkeit hält.

Heteronom bestimmte Menschen leben irgendwie nur der anderen wegen, auf deren Gunst und Gnade erpicht, stets auf der Lauer, sich wieder neu aufrichten und motivieren zu können durch die Anerkennung und Wertschätzung der anderen – es ist eigentlich ein Leben *aus zweiter Hand.*

Der fremdgesteuerte Mensch lebt weitgehend reaktiv nach dem Handlungs- und Lebensprinzip: Ich mag mich, (wenn und) weil mich die anderen mögen; weil mich die anderen akzeptieren, kann ich mich selbst akzeptieren und werde demzufolge alles Erdenkliche tun, damit ich stets von den anderen akzeptiert werde.

Ein gestörtes Verhältnis zum Selbstwert liegt auch der Maxime zugrunde: Ich mag mich, wenn und weil ich etwas leiste, und weil ich etwas leiste, mögen und anerkennen mich die anderen. Darauf wird noch zurückzukommen sein; halten wir hier nur fest, daß fremdgesteuerte Menschen die Anerkennung als gierig ersehntes positives Feedback erwarten und als Lebenselixier zu brauchen scheinen.

Diese doch sehr bedenkliche psychische Abhängigkeit hat nach den Erkenntnissen der Tiefenpsychologie ihre Ursachen im frühkindlichen Entwicklungsstadium, was unschwer einzusehen ist, da der Erziehungsprozeß, der tagtäglich auf das Kind einwirkt, in der Regel doch äußerst erdrückend ist insofern, als er die Vitalität des Kindes permanent einschränkt und dessen Wunsch, seine Lebendigkeit zu entfalten und auszuleben oder auszutoben, Hindernisse über Hindernisse entgegenhält: Sei nicht so laut, schneide keine Grimassen, iß den Teller leer, räum die Spielsachen weg, paß auf den kleinen Bruder auf – diese Imperative sind hundertfältig zu ergänzen.

Das Kind wird reglementiert und überwacht, und was bleibt anderes übrig, als willfährig auszuführen, was die Erwachsenen fordern, sich anzupassen – die fremden Forderungen werden verinnerlicht und in das »Über-Ich« integriert. Die Bewertung der eigenen Person wird internalisiert: Ich werde gelobt, bin also etwas wert, wenn ich das tue, was die Eltern als gut erachten, und wenn ich unterlasse, was sie für falsch und böse deklarieren. Daraus kann durchaus ein gestörtes Selbstwertgefühl erwachsen, denn ich werde nicht gemocht und akzeptiert, weil ich existiere, sondern weil ich brav bin und gehorsam – daraus geschieht mir Anerkennung und Wertschätzung, andernfalls Liebesentzug. Von dem Kind wird also Leistung vor dessen Akzeptanz gefordert!

Erziehung ist fürwahr nicht zu selten ein Vorgang permanenter Fremdbestimmung im Kampf gegen die (vielfältigsten kindlichen) Wünsche der Selbstbestimmung – ein starkes Ego entwickelt sich so nicht (ein überstarkes Über-Ich schon!), und ein schwaches Ego wird stets hohe Erwartungen an die Anerkennung durch andere knüpfen und ständig nach Geltung und Lob gieren, um seiner eigenen »Wertigkeit« gewahr zu werden.

Noch ein letztes Wort zur Erziehung: Manchmal gilt es auch, nach Weisung der Bezugspersonen in der frühen Kindheit, die ein normenorientiertes Verhalten suggerieren und erwarten, die Bedingungen des sozialen Umfelds zu erfüllen: Was sollen denn die anderen von dir denken?

Jedenfalls wird nach dem Gesagten die Selbstakzeptanz nicht aus der Persönlichkeit, aus dem Eigenwert des Selbst genährt, sondern vom Wertgefüge anderer gelenkt – und von diesem gestörten Selbstwertgefühl sagte ich, es mache abhängig und anpassungswillig, es ist auch entwürdigend servil.

Der fremdgesteuerte Mensch paßt sich nicht nur den Erwartungen von außen an, sondern er vermeidet auch Konflikte, da er die Gunst und die Zuwendung derer nicht verlieren will, durch die er die Aufwertung seiner Persönlichkeit erfährt. Und Konflikt bedeutet für ihn Ablehnung seiner eigenen Persönlichkeit, weshalb er ihn auch tunlichst vermeidet in der Furcht, mit Zuwendungsentzug bestraft zu werden.

Die Fremdsteuerung, der vielfach auch der Mut fehlt, zu widersprechen und nicht »ja« zu sagen, wenn eigentlich »nein« gemeint ist, mündet oftmals ein in ein Kokettieren mit dem Status. Statusdenken und Statussymbole werden oftmals überwichtig ebenso wie bewußt oder unbewußt eingesetztes Imponiergehabe.

Im Grunde ist der fremdgesteuerte Mensch ein *egozentrierter Mensch*, ein um sich kreisender Narzißt, der die Angst, zu versagen und dadurch vor sich selbst und insbesondere vor den anderen »nackt« und mit leeren Händen dazustehen, durch übersteigerte Aktivität zu kompensieren sucht und damit seinem Profilierungsdrang nachkommt, daß er sich sagt: Wer auf gar vielen Hochzeiten tanzt, erhält sehr viel häufiger die Gelegenheit, sich zu profilieren und entsprechend (auf)gewertet zu werden. Sein Statusverhalten[30] – so das Herzeigen von Rangzeichen, Bildung, Titel, Karriere, Auto, Häusern, Boot und Kleidung –, und auch sein beispielsweise elitär-komplizierter Sprachkodex als raffiniert-subtile Form der Selbstaufwertung sind Ausdruck seines fast schon pathologischen Geltungsbedürfnisses. Mit Hilfe solcher Kompensationstechniken unter betonter Verwendung von Statussymbolen versucht er, Überlegenheit zu signalisieren, Aufwertung seiner Persönlichkeit zu gewinnen, die Mindergefühle zum Schweigen zu bringen und die Bedeutung seiner Person nach außen für jedermann sichtbar zu machen und ihr dadurch Anerkennung zu verschaffen. Eine bedauernswert verkrüppelte Persönlichkeitsstruktur, die im Grunde nur einen Wert anpeilt, nämlich die Aufwertung der eigenen Nichts-Wertigkeit durch die Wert-Urteile der andern – und dafür begibt man sich in servile Abhängigkeit, dafür tut man viel, die Be-Wertung der anderen macht einen schließlich aus!

Ein fremdgesteuerter Mensch will und muß anderen gefallen, und er erträgt es nicht, von anderen abgelehnt zu werden; er ist deshalb *angepaßt* und *der typische Ja-Sager,* zumal er dem Konflikt schon im Vorfeld aus dem Wege zu gehen trachtet. In seiner *Rückgratlosigkeit* – sein Agieren, Denken, Fühlen gründet nicht in einer Wertsichtigkeit seiner eigenen Würde und seines nur ihm selbst eigenen Selbstwerts seines einmalig-einzigartigen Daseins – ist er leicht zu führen, zu verführen, zu manipulieren. Da er partout die Gunst, Wertschätzung und Zuwendung derer nicht verlieren will, durch die er die Aufwertung seiner Persönlichkeit zu erfahren glaubt und wünscht, ist der fremdgesteuerte Mensch nicht nur ein armer und erbärmlich abhängiger Mensch, dessen Eigenleben praktisch verkümmert, da er nur von den Aufforderungsangeboten lebt, die von außen kommen, so daß er nur re-agiert, nicht risikofreudig und doch verantwortet agiert, sondern er ist auch nach all den bisherigen Charakterisierungen eine *führungsun-geeignete Persönlichkeit,* was wirklich nicht bewiesen zu werden braucht.

Ist der heteronome Mensch generell eine angepaßte Persönlichkeit, so reicht diese Anpassungsbereitschaft auch in den Bereich seiner Sittlichkeit. Damit will gesagt sein, daß er kein personales Gewissen[31] entwickelt hat, an dem allein sich sein Denken und Handeln orientiert und von dem die Impulse für richtiges, für sittliches Handeln initiiert werden; handelte er auf der Basis einer Werteskala, die ihm allein eigen ist und die sich in ihm selbst über viele Jahre hinweg hinreichend entwickelt hat als für ihn handlungsleitend und selbstverantwortet, so würde er sich hiermit oftmals in Widerspruch setzen zu dem Normengefüge und dem Erwartungshorizont all derer, auf deren Wertschätzung und positive Beurteilung er so sehr angewiesen ist, um seinen »Selbstwert« zu erfahren.

So finden wir beim fremdgesteuerten Menschen statt personaler Sittlichkeit und personalem Gewissen kollektive Moral und ein systemisches Gewissen, das heißt, sein Gewissen oder das, was er dafür hält, orientiert sich vornehmlich (wenn nicht ausschließlich) an den Normen des gesellschaftlichen Systems, an dem, was im Trend liegt und gängig ist und woran er nicht anecken kann. Die Angst vor Ablehnung, Kritik und Konflikt hat seine vielleicht ursprünglich mehr oder minder stark entwickelten persönlichen Wertvorstellungen längst erstickt.

Der fremdgesteuerte Mensch wird leicht zum Systemagenten[32]; die Moral des Systems (Gesellschaft, Familie, Bekanntenkreis, Unternehmen) ist seine höchste Führungsinstanz, er wird der typische Befehlsempfänger und Gehorchende und bleibt auch als Führender angepaßt an die Diktate einer hierarchischen Autorität. Unterwerfung statt Courage und Ehrlichkeit, und damit glaubt er, die Sympathie der anderen und die Anerkennung durch die anderen sich bewahren zu können. Ein wahres Innenleben und eine personale Eigenwelt besitzt er nicht – er ist kollektiv orientiert.

Ein gewisses Maß an Fremdsteuerung werden wir natürlich nie ganz ablegen können und uns auch gefallen lassen müssen, und dies insbesondere hinsichtlich der Einbindung in ein Unternehmen, denn das Unternehmen selbst – die Leitung, die Tradition, die Maßstäbe und Normen und alle Zweckrationalitäten des Unternehmens – steuert seinerseits. Diese Fremdsteuerung, die sich oftmals aus einer beruflichen Abhängigkeit, aus einem mehr oder minder notwendigen Rollenverhalten und aus dem Terminkalender und mannigfachen Sachzwängen ergibt, habe ich vorher mit meinen Ausführungen zur Karikatur einer reifen Persönlichkeit nicht gemeint. Andererseits ist unbestritten, daß wir durchaus auch Lob und Anerkennung von außen brauchen, aber ein psychisch stabiler, ein autonomer Mensch kann zumindest vorübergehend auch ohne Anerkennung leben, vor allem ist eine solche Persönlichkeit von der lobenden und anerkennenden Akzeptanz durch andere nicht abhängig und bricht nicht zusammen, wenn sie ausbleibt; Anerkennung ist hier nicht der Antriebsmotor und einzige Quelle zur Lebensfreude.

Der fremdgesteuerte Mensch muß mühsam – meditativ und durch intensive und permanente Selbstreflexion – erst den Weg zu seiner Persönlichkeitstiefe finden, und dies gelingt ihm nur, wenn er lernt,»nein« zu sagen, wenn er den Mut aufbringt zu widersprechen und wenn er die Kraft zu mobilisieren vermag, mit der Ablehnung durch andere zu leben. Das tut natürlich sehr weh, doch der Leidensdruck ist hierbei unvermeidlich und unumgehbar, aber es lohnt, die Identifikation mit sich selbst zu finden und zu einer zentrierten Persönlichkeit heranzuwachsen, die in sich selbst ruht und verankert ist in dem nur ihr selbst eigenen So-Sein des Selbstwerts und der eigenen Würde und deren Hauptmerkmal die Autonomie im Ich ist.

Das Angstsyndrom. Versagensängste – Perfektionismus

Über das Selbstwertgefühl sind wir zur Fremdsteuerung als einem Ausdruck des gestörten Selbstwerts gestoßen. Im Selbstwertgefühl, so sagte ich, beginne die Akzeptanz der eigenen Würde, der Emotionalwahrnehmung der Wertigkeit des eigenen Selbst, und hier ist grundsätzlich kein Platz für Angst, hier ist Selbstsicherheit – und selbstsicher sein heißt angstfrei sein. Und da ängstlich-depressive, angstbesetzte Menschen als Führende psychisch nicht geeignet sind, muß noch, wie avisiert, über das *Angstsyndrom* gesprochen werden, worunter ich die Gesamtheit jener Angstformen verstehe, die allesamt auf ein fehlendes oder aus welchen Gründen auch immer zu gering ausgebildetes (Ur-) Vertrauen[33] zurückzuführen sind, das jedoch auch als Versagensangst in ein defizitäres Selbstwertgefühl rückzuverlängern sein dürfte.

Angst ist eine psychische Elementar-Emotion, die ein jeder kennt und von der jeder seiner Entwicklung entsprechend oder situationsbezogen mehr oder minder stark besetzt ist – wer dies leugnet, lügt. Und eben weil Angst ein dergestalt ubiquitäres und allgemein menschliches Phänomen ist, sträubt es sich gegen eine begriffliche Fassung, das heißt, man muß eigentlich auf eine exakte Definition verzichten, da »definieren« hier hieße – ganz entgegen der Funktion einer Definition –, Bekanntes durch Unbekanntes zu erklären. Dennoch sei jedem, der sich näher mit diesem Problemkomplex (mit therapeutischer Intention) beschäftigen möchte, empfohlen, die Angsttheorien Sigmund Freuds zu erarbeiten inklusive der Erkenntnisse, die in seiner Nachfolge die Forschung der Psychoanalyse erbracht hat.

Angst ist stets verbunden mit Sorge und Besorgtsein hinsichtlich der Beeinträchtigung oder des Verlusts unserer Existenz. Unter diese vorläufige Beschreibung lassen sich alle sozialen und individuellen Ängste subsumieren: Erwartungsangst und Lebensangst und Existenzangst ebenso wie Versagensängste, Profilierungsangst und Angst vor Entzug von Zuwendung und Anerkennung.

Mit Ängsten muß man leben, sicherlich, aber man sollte sie kennen und verstehen lernen. Ängste gehören zu unserem Leben und begleiten Menschen (und Tiere) seit Anbeginn und beeinflussen Wahrnehmen und Urteilen, Tun und Lassen eines jeden einzelnen und einer jeden Gesellschaft. Wie Schmerz gehört Angst zu den ganz urtümlichen Warnern, die Gefahren für Leib, Leben, Zusammenleben und Werte anzeigen; so mag Angst unter ihrem positiven Aspekt auch die Initiatorin für viele Tätigkeiten und mannigfache Handlungsantriebe sein[34] – hier könnte man nachgerade vom Aufforderungscharakter der Angst sprechen.

Aber diese Angst meine ich hier nicht, vielmehr geht es hier um die Angstgefühle, die uns immer wieder an den Rand unserer körperlichen und seelischen Existenz drängen und uns zu ersticken drohen. Wohl mag der psychisch normale Mensch im Laufe seines Lebens gelernt haben, mit seinen Ängsten umzugehen, und es muß auch nicht nur Ziel unseres Lebens, sondern auch Ziel der Persönlichkeitsentwicklung sein, ein wenigstens relatives Freisein von Ängsten zu erreichen. Die Erfahrung im Umgang mit Menschen zeigt jedoch oftmals überdeutlich, daß die verbalisierte Angstfreiheit die Fassade diverser Abwehrmechanismen nur schwerlich verdeckt. Psychoanalytisch ist das Ich die alleinige Stätte der Angst, und für das Verfahren der Angstbewältigung hat sich die Bezeichnung der »Abwehrmechanismen des Ichs« (Verdrängung, Verschiebung, Sublimierung, Rationalisierung, Rollenspiel, Gefühlspanzerung u. a.) eingebürgert, wie sie Anna Freud in ihrer bahnbrechenden Arbeit »Das Ich und die Abwehrmechanismen«[35] bis heute unübertroffen klar beschrieben hat.

Angst entsteht normalerweise, wenn eine wahrgenommene Bedrohung überwiegt und unsere Selbstsicherheit überlagert; überwiegt jedoch die Selbstsicherheit, so schweigt die Angst. Will man Angst so (nach außen gerichtet) sehen, dann käme es darauf an, das Mißverhältnis zwischen Bedrohung und Selbstsicherheit wahrzunehmen, woraus für die Angstbekämpfung zweierlei folgte: einerseits die Gefahren abseits irrealer Phantasien realistisch einzuschätzen und andererseits die Selbstsicherheit zu fördern und die Kräfte zum Überwinden, Bestehen und Annehmen der Gefahr zu stärken.

Doch der Ursprung der Angst »sitzt« tiefer, und alle Ängste dürften ihren Grund haben in der mangelnden Identität des Menschen mit sich selbst, im Fehlen einer Mitte und Zentriertheit. Ein ausgeprägtes Selbstwertgefühl und das Gefühl eines Urvertrauens und der sicheren Beheimatung in sich selbst wären eine solche »Mitte«! Nicht von ungefähr spricht Karen Horney[36] von einer »Grundangst« als einem »Gefühl, klein, unbedeutend, hilflos, verlassen und gefährdet einer Welt gegenüberzustehen, die darauf aus ist, einen zu mißbrauchen, zu betrügen, anzugreifen, zu demütigen, zu verraten oder zu beneiden«. Diese »Angst kann leicht eine reaktive Feindseligkeit als eine Art Abwehrmaßnahme erzeugen«.[37]

Aus diesen zwei Sätzen ist unschwer herauszulesen, daß fehlerhaftes und unethisches Führungsverhalten, dem wir bislang defizitäre ethische und soziale Kompetenz zugrunde legten[38], ursprünglich einer Angst entstammt, die auch als »abwehrmechanistische« (Über-)Kompensation sowohl dem autoritären Machtgehabe vieler Führender als auch dem Geltungsstreben und der Fremdorientierung vorausliegt. Wir begegnen diesem Phänomen auch beim Problem der Mindergefühle, die über übertriebenen Aktivismus und Perfektionssucht und Versagens- und Profilierungsängste Kommunikation erschweren und die letztendlich führungsunfähig machen.

Jedenfalls verweisen auch die vier von Horney[39] angebotenen Methoden, »sich gegen die Grundangst zu schützen«, nämlich durch »Liebe, Unterwürfigkeit, Macht und Distanzierung«, darauf, daß sich verantwortetes Führen als in einer sittlich reifen Persönlichkeit begründet ernsthaft mit dem Angstsyndrom auseinandersetzen muß, was deutlich erhellt, wenn man die vier Wege auf folgende Formel bringt: »Wenn du mich liebst, kannst du mir nicht weh tun«, »Wenn ich nachgebe, wird man mich nicht verletzen«, »Wenn ich mächtig bin, kann mir keiner etwas antun« und »Wenn ich mich zurückziehe, kann mich nichts verletzen.«

Autonomie im Ich forderten wir ein als elementares Merkmal für Führungsfähigkeit. Angst steht dem entgegen, weil sie isoliert und lähmt, besonders aber weil sie einschränkt, blockiert und lenkt und beherrscht und damit fundamental unfrei macht. Der sich Ängstigende handelt oftmals, da verstandesmäßige Kontrollen weitgehend ausgeschaltet sind, unkritisch und unkontrolliert, er ist damit aber, und dies ist schwerwiegend, leicht durch andere zu führen, zu verführen, zu manipulieren – er läßt dies zu oder er »sucht« dies, wenn er fremdgesteuert ist, und dies ist er, und er erfährt dadurch Sicherheit und Orientierung.

Viele Führungskräfte leben trotz meßbarer und nachweisbarer Erfolge in Angst[40]; es sind ebenso Existenzängste angesichts der wirtschaftlichen Schwankungen und des immer drohenden Verlustes des Arbeitsplatzes oder der exponierten Stellung wie Versagensängste, auf die wir gleich zu sprechen kommen.

Führen Existenzängste als Sorge um die materielle und soziale Existenz oftmals zu ausgeprägten Kompensationstendenzen, sich gegen alle Eventualitäten abzusichern und zu versichern, so tragen alle Ängste das Stigma an sich, daß sie auf Dauer die Kräfte schmälern und aufzehren, auch wenn sie vordergründig oftmals Impulse zur Handlung zu geben vermögen. Angst schafft innerpsychisch Druck, und so steht nicht selten noch vor dem Herzinfarkt ein (auch) aus Ängsten und den stetigen Versuchen, diese zu bewältigen, resultierendes Burn-out-Syndrom, ein Ausgebranntsein: Man ist innerlich müde und leer und erschöpft, ohne Antriebe, Ideale, Motive und Ziele, ohne Spontaneität und beherzt zupackende Arbeitsfähigkeit, während gerade noch ein äußeres Funktionieren aufrechterhalten werden kann.

Den Führenden unserer Tage – eingekeilt in das Prokrustesbett eines stetig rotierenden Leistungs-Erfolgs-Karussells – plagt vornehmlich die *Versagensangst*, mag er es zugeben oder auch nicht. Es geht hier nicht um die Angst, versagt zu haben, auch nicht darum, mit dem Gefühl, doch nicht in allen Bereichen und immer perfekt zu sein, fertig werden zu müssen – die Führenden sollten durchaus ab und an das Gefühl haben, versagt zu haben, damit sie die Geführten und überhaupt die Menschen verstehen können. Die Versagensangst, die ich in unserem Zusammenhang meine, ist antizipatorisch und greift nach vorne, dort in der (nahen) Zukunft und überhaupt versagen zu können und damit die Akzeptanz durch die anderen und die Anerkennung der anderen zu verlieren.

Nach dem zu Leistung und Fremdsteuerung Gesagten wird verständlich, daß ein Mensch mit Versagensangst sich aus seiner Leistungsfähigkeit, Erfolgsbilanz und Fremdakzeptanz heraus definiert und versteht.[41] Es mag sich – auf dem Hintergrund frühkindlicher Erlebnisse –

das Muster eingeprägt haben: erst die Leistung, dann die Akzeptanz. Und dies heißt: Die Wertigkeit des Ichs ist nicht nur abhängig von der Bewertung und Beurteilung von außen, sondern diese Bewertung hat wiederum als Bemessungskriterium Leistung und Erfolg – etwas zum Herzeigen – als Prämisse.

Wenn Erziehung in der Kindheit die Maxime zur Grundlage hatte: »Ich mag dich, weil du etwas leistest (= brav bist, dich nicht schmutzig machst, anständig ißt, auf den Topf gehst etc.), sonst bin ich böse, und du bist ein schlechtes Kind«, dann kann man berechtigterweise sagen, daß der Entstehung der Versagensangst unter tiefenpsychologischen Aspekten die *Bestrafungsangst* vorausgeht, die *Angst vor dem Zuwendungsentzug.*

In der Kommunikation, im Gespräch und im fachlichen Diskurs, wird ein solcherart angstbesetzter Mensch stets um die Gunst des Publikums und der Gesprächsteilnehmer buhlen und, um sich des Wohlwollens der Zuhörer zu versichern, zu verbalen Zugeständnissen bereit sein, sich dem Erwartungshorizont der anderen anpassen und aus Gründen der Opportunität nicht dem Wertgefüge seines Gewissens zu folgen imstande oder willens sein. Er erweist sich als manipulierbar und büßt hiermit auch seine Überzeugungskraft ein. Gerade im Hinblick auf die verbale Kommunikationsfähigkeit sagt Kirchner[42] treffend: »Je mehr (der Ängstliche) seine Angst zu tarnen versucht, desto mehr wirkt sie sich in der Interaktion negativ aus. So entzieht in einer Diskussion die Angst vor Profilverlust dem Sprechenden einen Teil seiner Antriebskräfte, die er benötigte, um spontan reagieren zu können. Das Bemühen, sich in einer dialektischen Begegnung vor dem Versagen abzusichern, lähmt oft die sprachliche Gewandtheit. Denn der ängstliche Mensch ist zu sehr mit sich selbst, mit dem Verbergen seiner Angst beschäftigt, als in der Lage zu sein, sich in seiner natürlichen Ganzheit dem Interaktionsgeschehen widmen zu können.«

Menschen mit Versagensängsten entwickeln oft einen krankhaften Ehrgeiz nach Perfektion einerseits und in Richtung übersteigerter Aktivität andererseits. Beides läßt sie nach außen als strebsam und tüchtig und keinesfalls als »krank« erscheinen, andererseits können sie selbst damit – wenigstens momentan oder für einige Zeit – ihre Angst zum Schweigen bringen. Das ist Vogel-Strauß-Politik, wie sie generell den Abwehrmechanismen, also auch der Verdrängung, eigen ist – und Angst, so sagen die Psychologen, ist als ein Grundphänomen stets bei der Bildung der Abwehrmechanismen[43] mitbeteiligt.

Die Befürchtung, versagen zu können und dadurch das Ansehen vor sich selbst, die Ich-Akzeptanz, aber auch und mehr noch die Wertschätzung in den Augen der anderen zu verlieren, läßt die Menschen mit Versagensängsten in einen leistungs-erfolgs-bezogenen Aktivismus und in eine Rastlosigkeit verfallen, die sie nur mühsam mit rationalen Abwehrtechniken als mögliche Erklärungsmuster rechtfertigen können.

Die Versagensangst trägt viele Gesichter, und eine ihrer auffallendsten Masken ist bei vielen Führungskräften aus Wirtschaft und Politik ein übertriebenes *Perfektionsstreben.* Dieser Perfektionismus läßt sich gut als Tugend kaschieren; er verrät sich nach außen nicht als Verdrängungsmechanismus einer fundamentalen Angst, eigentlich schwach und fehlerhaft und versagensanfällig zu sein, dies jedoch nicht eingestehen und zeigen zu wollen, weil man davon ausgeht, Akzeptanz nur und ausschließlich durch die Präsentation von meß- und sichtbaren Leistungs-Erfolgs-Bilanzen erfahren zu können – über diese Art von »Fremdbild« kann man sich dann selbst in seiner »Wertigkeit« akzeptieren.

Solcher Perfektionismus isoliert langfristig, und die ihm zugrundeliegende Versagensangst deutet auf eine elementare Identitätsstörung hin, wie jede Angst im Grunde der Ausdruck einer gestörten Beziehung ist und die Äußerung eines fundamentalen Widerspruchs.

Perfektionsbesessene Menschen[44] können kaum verlieren und eigentlich nie Fehler eingestehen; ihre übersteigerte Aktivität treibt sie permanent, sich selbst und anderen das eigene Leistungsvermögen ständig zu beweisen. Nicht der Selbstwert ihrer eigenen Persönlichkeit hat es ihnen angetan, sondern nur das nach außen zu stülpende und herzeigbare Leistungspensum gibt ihnen ein Lebensgefühl, mit dem sie innerlich fertig werden können, wiewohl es sie stetig treibt und jagt. Mit rationalen Gründen werden sie auch jeden Verdacht entkräften, sie seien auf der Flucht vor sich selbst.

Rationalisierung ist auch eine Taste auf der breiten Klaviatur der Abwehrmechanismen und sucht »vernünftige« Gründe vorzuschieben, um die wahren Motive zu verschleiern, sie dient der Selbstrechtfertigung und der Verteidigung der Außenkritik. Wo Versagensängste häufig mit rationalisierenden Maßnahmen bekämpft werden, büßt man allmählich, aber sicher seine Emotionalität ein – das Gefühlsleben trocknet ein.

Dem unter Versagensangst und dem daraus resultierenden Perfektionismus Leidenden mag man – neben Aufmunterung zur Erkennung und Bejahung seines Selbstwertes! – raten aufzuhören, sich ständig unter Druck zu setzen. »Sie müssen nicht perfekt sein, seien Sie einfach Sie selbst.« Das klingt trivial, ist aber für solche Menschen enorm schwierig einzusehen und zu internalisieren, genauso wie die notwendige Einsicht, daß die psychische Normalität die Fehlerhaftigkeit und nicht die Perfektion ist.

Zur Angstbewältigung generell gehört nicht nur die Akzeptanz der Angst als ein fundamentales psychisches Faktum – dies allein macht nicht heil. Angst fordert auch ein Tun gegen die Angst, aber da sollte man doch die Bescheidenheit und Courage haben, sich von Leuten mit entsprechender Fachkompetenz helfen zu lassen[45] und gegebenenfalls einen Psychotherapeuten aufzusuchen, denn lernen, mit der Angst zu leben, kann nicht heißen, nichts zur Bewältigung der Angst zu tun.[46] Eines wird jedenfalls zwingend nötig sein, nämlich seine Ängste sich einzugestehen und nicht unverzüglich in Abwehrmechanismen auszuweichen. Man sollte fähig werden, seine Ängste zu verbalisieren, über seine Ängste zu sprechen, was allerdings die tiefste Öffnung der menschlichen Persönlichkeit ist, aber zugleich das tiefste Vertrauen und die tiefste Bindungsfähigkeit unter Menschen zu bewirken imstande ist. Angst macht den Menschen menschlich ...

Eines freilich ist in besonderem Maße verwerflich, nämlich die Angst anderer auszunützen oder die Angst als ein Mittel einzusetzen, um den Menschen gefügig zu machen, zu manipulieren und ihn zu beherrschen.[47] Dies ist in seiner Unsittlichkeit so selbstverständlich, daß ich mir näheres Eingehen hierauf versage und auf eine lesenswerte Analyse des marxistisch orientierten Diplom-Psychologen und promovierten Soziologen Dieter Duhm verweisen kann.[48] Der Wissenschaftler beschreibt die wichtigsten gesellschaftlichen Angstquellen (und zeigt, wie manipulativ damit umgegangen wird): die bestehenden Herrschaftsstrukturen, der Warencharakter der menschlichen Beziehungen, die Entfremdung als Lebensform, das Leistungsprinzip als Quelle der Angst, das Konkurrenzprinzip, die herrschende Sittenlehre, Sexual-, Arbeits- und Eigentumsethik, die Reproduktion der Angst in Schule und Kirche, Angst durch Klassenzugehörigkeit und Statusdenken etc.

Minder(wertigkeits)gefühle – Abwehrmechanismen

Das Selbstwertgefühl, in dem die soziale Kompetenz zur Vollendung gelangt, habe ich oben als jene elementare, emotional positive Grundeinstellung des menschlichen Individuums zu seiner eigenen Existenz festgeschrieben, die es ihm ermöglicht, sein Hiersein auf dieser Welt mit Freude und Ausdauer anzunehmen, weil es sich in seinem einzigartigen So-Sein und damit in seiner Wertigkeit sui generis bejahen kann.

In diesem Selbstwertigkeitsgefühl beginnt die Akzeptanz der eigenen Würde, und wo man dieser Selbstwertigkeit im Emotionalerleben gewahr wird, ist eigentlich absolut kein Platz für *Minder(wertigkeits)gefühle*, die eine negative emotionale Beziehung des Menschen zu seiner Persönlichkeit und zu seinem Handeln verraten: Man fühlt sich in seinem Wert, in seinen physischen, psychischen und sozialen Leistungen anderen (zu Unrecht) unterlegen oder in seinem Leistungsspektrum und Einsatz (und in seiner Zuwendung) nicht entsprechend anerkannt (= Minderanerkennungsgefühle).[49]

Werden solche negativen Gefühle zu stabilen und stetig vorherrschenden, also dominanten Stimmungen, spricht die Psychologie von Minder(wertigkeits)komplexen, die in der Regel – weil man mit diesem permanent negativen Lebensgefühl der Unterwertigkeit kaum leben kann – zu Hyperaktivismus, zwanghaftem Perfektionismus und einer unstillbaren Sucht nach Fremdanerkennung führen; diesen Kompensationsmustern sind wir bereits bei den Versagensängsten begegnet. Wie wir noch sehen werden, sind Menschen mit Mindergefühlen leicht zu manipulieren, indem man die Mindergefühle wachhält (oder neue erzeugt) und indem man den Kompensationswillen dieser Menschen (auch und gerade im Führungsgeschehen) ausnutzt.

Entwicklungspsychologisch entstehen Mindergefühle in der frühkindlichen Phase nicht nur aus der überzogenen, leistungsorientierten Erwartungshaltung der Eltern (»Ich mag dich, wenn und weil du etwas leistest, weil du meine Normen erfüllst, weil du so bist, wie ich dich mir vorstelle«[50]), sondern auch aus der eigentlich zwangsläufigen Kollision mit dem tatsächlich Erreichbaren, das heißt mit den dem Kinde eigenen Entfaltungsmöglichkeiten (der äußeren Erscheinung, dem Verhalten, der Intelligenz nach). Jedenfalls finden sich im Persönlichkeitsbild vieler Menschen jene Projektionen wieder, die die Eltern (freventlich) auf das Ich des Kindes übertragen und angehäuft haben, so daß viele

Menschen in ihrer Persönlichkeit so eigentlich die geworden sind, die sie werden mußten, leider jedoch nicht die, die sie geworden wären, hätten sie ihre Persönlichkeit frei entfalten können.[51]

Aufgrund ständiger Kritik und bei stetigem Tadel oder bei wertendem Vergleich mit anderen Kindern oder Geschwistern seitens der unmittelbaren Bezugs- und Autoritätspersonen erlebt das Kind permanente Frustrationen und Gefühle der Minderwertigkeit und Unterlegenheit und muß letztendlich zu dem Schluß kommen, nichts Besonderes zu sein, keinen Eigenwert zu haben, es sei denn, man tut alles, um den Eltern zu gefallen. So kann man sich nur annehmen, wenn man von den anderen angenommen wird: Ich-Akzeptanz durch Fremdakzeptanz und Fremdanerkennung. Solche Prägungen der Vergangenheit halten sich mit enormer Kraft und bestimmen in der Regel das Lebensgefühl des Menschen bis ins hohe Alter, garniert und hochgepäppelt mit einem bunten Strauß nekrophiler Kompensationsmechanismen.

Im Zusammenhang mit der Erörterung der Frage »Führung und Macht« hatte ich bereits in Kapitel 1 auf die durch Alfred Adler begründete Individualpsychologie abgehoben, der zufolge das Streben nach Macht und Überlegenheit in jeder und insbesondere in übersteigerter Form ein »Ausgleich«, eine »Kompensation« des Minderwertigkeitsgefühls ist. Ausgehend vom Menschen als einem biologischen Mängelwesen (A. Portmann) oder als einer biologischen Sackgasse (M. Scheler), hatte Adler das Gefühl der Minderwertigkeit als frühkindliche Erfahrung konstatiert, wonach dann Menschsein heißt, sich minderwertig zu fühlen.

Aus diesem elementaren starken Minderwertigkeitsgefühl erwächst der Wunsch nach Überlegenheit als Hauptziel der Persönlichkeit, das heißt, die Persönlichkeitsstruktur baut sich um dieses grundlegende Streben nach Überlegenheit und Macht herum auf. Weil wir als hilflose, abhängige kleine Kinder alle das Gefühl der Unterlegenheit erfahren – und dies ist um so größer, je mehr Mißachtung und Tadel und Zurückweisung wir durch die zentralen Kontaktpersonen zu erleiden haben –, wird das menschliche Leben durch den Drang beherrscht, Mittel und Wege zur Überlegenheit zu finden. Sind die Verwundungen durch die Erfahrung der eigenen Minderwertigkeit zu groß, kann es geschehen, daß der Lebensstil eines Menschen nur noch durch Kompensation von Minderwertigkeitsgefühlen bestimmt wird.

Unter phylogenetischem Aspekt mag man durchaus berechtigt von dem ubiquitären Minderwertigkeitsgefühl sprechen dürfen, das der menschlichen Art als solcher anhaftet und das mit der stiefmütterlichen biologischen Ausstattung des »Mängelwesens« Mensch in Zusammenhang stehen kann, jedoch wird beim Menschen aus (biologischem) Mangel (geistiger) Gewinn einerseits[52], andererseits ist rein empirisch der reduktionistische Psychologismus Adlers schon deshalb nicht in toto haltbar, weil Menschsein einfach mehr ist als ein ständiges Sich-Herausmanövrieren aus Schwachheit, Kleinkariertheit und Minderwertigkeit und weil es mehr ist als das stupende Haschen und Heischen nach Fremdanerkennung, Prestige- und Profilierungszuwachs und nach einer den Mitstreitern und Mitmenschen ebenbürtigen Mächtigkeit oder einer sie weit hinter sich lassenden Überlegenheit. Solches kommt schon vor, sicherlich, aber es trägt doch eher neurotische Züge.

Mag man nun Adler nachbeten, kritisch und selektiv betrachten oder ablehnen, im Rahmen einer Persönlichkeitsentwicklung auch und gerade bei Führenden wird es zwingend notwendig sein, Mindergefühle, die den Blick auf den Selbstwert des Menschseins zu sehr verstellen, abzubauen und nicht durch gefährliche und ethisch meist verwerfliche Kompensation auszubalancieren, wiewohl eigentlich dezidiert gesagt werden sollte, daß mit Minderwertigkeitsgefühl behaftete Menschen führungs-un-geeignet sind – man beachte die Einschränkung: Führung ist stets und eigentlich Menschenführung!

Daß der Mensch mit Mindergefühlen über Versagensängste und Profilierungsängste einen übertriebenen Leistungsaktivismus forcieren muß und sich nur durch Überaktivität Geltung verschaffen kann, daß er vor sich selbst nur durch einen zwanghaften Perfektionismus zu »bestehen« vermag, der jedoch Fehlerhaftes und Unvollkommenes auch bei den zu Führenden nicht zuläßt, habe ich bereits angesprochen. Dadurch wird aber Kommunikation eher erschwert und unmöglich gemacht als gefördert; ein emotional positives Lebensgefühl kann so in der Interaktion, auch im Sinne des Biophilie-Postulats, nicht entstehen.

In Gesprächssituationen tendieren solche Menschen zu übertriebener Selbstdarstellung, und ihr Dominanzstreben läßt dem Partner kaum Gesprächsanteile.[53] Ihr Getriebensein und ihre krankhafte ehrgeizige Leistungs-, Erfolgs- und Fremdanerkennungssucht lassen einen gelassen und ruhig distanziert würdigenden Umgang mit den Partnern vermissen; sie neigen leicht zu tyrannischem Verhalten. Andererseits sind Menschen, die ihre Werthaftigkeit so sehr beweisen müssen, in ihrer Erfolgsabhängigkeit (Erfolg = ihr Wertbarometer) extrem leicht zu manipulieren: Jeder Erfolg und jede Anerkennung wirken als Leistungsverstärker, sie können aber nie genug davon bekommen. Manch ein Unternehmen schätzt sich glücklich, solche von Mindergefühlen geplagte Menschen zu beschäftigen, denn sie bringen überdurchschnittliches Engagement, weil sie den Erfolg um jeden Preis wollen, denn nur er vermag das Maß an erstrebter Anerkennung nicht zu schmälern. Solche Menschen sind des Erfolgs wegen bereit, alles, ihr Privatleben, ihr Glück und ihre Moral, zu opfern oder aufs Spiel zu setzen. Rücksichtnahme und jede Art sozialer Sensibilität sind diesen Egozentrikern auf dem Erfolgstrip fremd. Andererseits sind diese Anerkennungssüchtigen und Erfolgsverwiesenen leicht verwundbar durch Mißerfolg und passive, hier: tadelnde Kritik, was sie nur stark beschränkt belastbar macht – auch ein Indiz für Führungsunfähigkeit, denn Kritikfähigkeit ist ein wesentliches Merkmal des Führenden, ebenso wie Team- und Kooperationsfähigkeit, wozu jener nicht unbedingt bereit ist, da dies Erfolg und Anerkennung aufteilt.

Am Ende dieses Kapitels möge der Leser, so hoffe ich, verstanden haben, daß soziale Kompetenz mehr und etwas anderes ist als nur sozialverträgliche Kommunikation; den eigenen Selbstwert, seine eigene Mitte erkannt, erfühlt, erlebt und bejaht zu haben und damit seiner eigenen Würde begegnet zu sein, gleichzeitig sich von nekrophilen Kompensationen und Abwehrmechanismen freizuhalten, darum geht es bei sozialer Kompetenz; und ein solches positives, die Biophilie förderndes Lebensgefühl ist erst der Ermöglichungsgrund für interaktiv-kommunikative Kompetenz und damit für eine ethisch fundierte Kommunikationskultur, wie sie dem Führungshandeln zugrunde liegen sollte.

KAPITEL 8

Die Zauberformel »Kommunikation«

Zur interaktiven Kompetenz des Führenden

Von Anfang an habe ich keinen Zweifel daran gelassen, daß ich Führen stets als Menschenführung verstanden wissen wollte. Führen, so sagte ich schon, heißt daher immer, sich auf den ganzen Menschen einzustellen, aber nicht nur hinsichtlich seiner mehr oder minder dominanten Bedürfnisse (Anerkennung, höhere Entlohnung, mehr Autonomie etc.), sondern auch hinsichtlich seines individuellen personalen Wertgefüges und seiner Sinnkonzepte.

Führen als Menschenführung ist jedoch wesentlich ein bewußtes kommunikatives Handeln, und es geschieht bewußt, weil es zumeist ein beabsichtigtes, zielgerichtetes Einflußnehmen ist auf Verhaltensweisen von Einzelpersonen oder Gruppen, wobei der Führende sowohl psychische und/oder soziale Einstellungen und Wertvorstellungen als auch wirtschaftliche, politische und/oder religiös-ideologische Normen tangiert und zu ändern oder zu verstärken vermag.

Es versteht sich von selbst, daß dies die Freiheit des Handelns im Geführten unter Umständen beeinträchtigen, begrenzen oder gar verhindern kann. Äußerst problematisch wird es, wenn Handlungen gegen die innere Haltung (Gesinnung) und gegen das personale Gewissen[1] ausgeführt werden sollen – eindeutig hier und insbesondere da, wo der Führende sich bei der Verhaltensbeeinflussung manipulativer Techniken bedient, ist Führen unsittlich.

Vorbemerkung: Manipulation, Motivation und Kommunikation – ihre Verflechtungen

Aus ethischer Sicht – und das muß unmißverständlich gesagt werden – ist *Manipulation* ein negativ besetzter Begriff, auch wenn nach dem

Common sense Manipulation nicht beseitigt, sondern nur kontrolliert werden könne und immer eine Frage des Mehr oder Weniger, nicht des Entweder-Oder sei.

Rupert Lay[2] definiert Manipulation als »Beeinflussung von Verhalten, Einstellungen und Orientierungen ausschließlich oder doch vorwiegend zum Nutzen des Beeinflussenden, nicht zum Wohle des Manipulierten.« In diesem Sinne wird auch im Führungsprozeß überaus häufig manipuliert, sei es unter dem Decknamen (sich edel und legitim gerierender) Motivation oder auch im Rahmen der vieldiskutierten Kommunikation und der Einübung der Kunst der Gesprächsführung (Dialektik).[3]

Eine unsäglich verabscheuungswürdige Manipulationsverherrlichung ist uns von Dwight D. Eisenhower überliefert, die allerdings nachdenklich macht insofern, als sie auf die scheinbare Unlösbarkeit der Manipulations-Motivations-Paradoxie verweist, zumindest das Problem auf den Punkt bringt, inwieweit Führung als »Fremdsteuerung« nicht doch Manipulation sei: »Führung«, sagte Eisenhower, »ist die Fähigkeit, einen Menschen dazu zu bringen, das zu tun, was man will, weil man will und wie man will – weil er selbst es will.« Hier ist Manipulation der Versuch, andere so zu lenken, daß sie ein (vom Manipulierenden) beabsichtigtes Verhalten zeigen oder Handeln einbringen, dabei aber die Überzeugung haben, sich selbst, also »autonom«, aus eigenen Stücken für dieses Verhalten oder Handeln entschieden zu haben. Schon Kant hat dies als eine »hinterlistige Kunst« bezeichnet, und treffend hat Karl Rahner von einer »gestohlenen Bejahung« gesprochen.[4]

Die meisten Manipulationstechniken dürften wohl nur kurzfristige Erfolge sichern, weil man doch rasch hinter die infamen Tricks und Täuschungsmanöver und versuchten Übervorteilungen kommt; was dann bleibt, ist ein Klima des Mißtrauens; die notwendige Vertrauensbasis für weitere Kommunikation ist nicht nur gefährdet, sondern wohl irreparabel lädiert.

Wiewohl das Thema hochbrisant ist, indes sowohl im Gespräch als auch im Führungsprozeß Einflußnahme auf den anderen stattfindet, können wir die Problematik hier nur andeuten. Eine brauchbare und konstruktive Auseinandersetzung mit der gegenwärtigen Motivierungspraxis bietet derzeit die Abhandlung des Psychologen und Personalentwicklers Reinhard K. Sprenger[5], wenngleich der ethische Aspekt unterbelichtet bleibt. Aber um Sittlichkeit geht es allemal, nicht nur generell im Führungsprozeß, sondern auch stets, wenn zwei oder mehr Personen interagieren. Nicht umsonst stellt der Persönlichkeitsbildner Baldur Kirchner seine Kernseminare zu Dialektik und Rhetorik in einem neueren Buch unter den Titel »Dialektik und Ethik«, weil Führen zwangsnotwendig in Ethik rückverweist und eine Kommunikationskultur erst dann ethisch fundiert zu sein scheint, wenn sie die Entwicklung eines Wertbewußtseins in der menschlichen Persönlichkeit zum Inhalt hat.[6] Das erworbene Maß an Sittlichkeit ist die Vorbedingung für Wertschätzung und Würde in der Kommunikation. Sie läßt Freiheit zu, tangiert sie nicht, geschweige denn daß sie sie zu beschneiden trachtet, weil sie sie auch für sich selbst einfordert.[7]

Für eine solcherart sittliche Persönlichkeit bedeutet Führen (als Motivieren, nicht Manipulieren, sondern) Sinnverwirklichungsmöglichkeiten, Entfaltungsmöglichkeiten für die Mitarbeiter schaffen, Sinnangebote unterbreiten für die Motivation der Geführten, die diesen ganz alleine gehört. *Motivierung* ist sehr wohl der Versuch zur Fremdsteuerung des anderen, aber *Motivation* als Eigensteuerung und Aktivierungszustand des Individuums gehört unwiderruflich der Einzelpersönlichkeit allein, ist nur und ausschließlich Sache des einzelnen. Ihr Spielraum zu geben, dies ist Aufgabe des Führens.

Für mich ist demnach Motivation aus nicht manipulativer, also ethischer Sicht nur verstehbar als Offerte von Sinnangeboten als Wert(e)verwirklichungsmöglichkeiten, die den individuellen Handlungs- und Leistungsimpuls auszulösen imstande sind. In diesem Verständnis steht der Mensch in seiner Suche nach Sinn (Frankl) im Vordergrund des Führungshandelns. Über Motivation diskutieren heißt geradezu, Menschenbilder zu diskutieren; auch unter diesem Aspekt habe ich an den Anfang dieser Abhandlung das Kapitel über ein ganzheitliches Menschenbild mit Sinn-Wert-Orientierung gestellt. Wie dieses Sinn-Konzept zu operationalisieren ist im Berufs-, Arbeits- und Führungsprozeß, ist in den Werken von W. Böckmann unvergleichlich gut aufbereitet.[8]

Führen, so sagte ich eingangs, ist ein (bewußter) kommunikativer Vorgang in einem Sozialgebilde, und *Kommunikation* bezeichnet hier unter psychologischer Rücksicht (nach der etwas strohernen Definition von R. Lay[9]) »eine Abfolge von Interaktionen [also aktiver Wechselbeziehungen zwischen Personen und Gruppen], die Informationen, Emotionen, Bedürfnisse, Interessen, Wertungen und Vorurteile hervorbringen, transportieren und verändern. Die kommunikativen Handlungen schwimmen gleichsam auf dem Strom dieser Emotionen, Bedürfnisse, Interessen, Wertungen und bilden die Tiefenstruktur jeder Kommunikation.«

Ausgehend vom lateinischen Ursprung des Wortes »communicatio« als Verbindung, Mitteilung und Verständigung, bezeichnet Kommunikation zunächst einen sozialen Kontakt im Sinne des Empfangens oder Gebens von Informationen, also ein menschliches Verhalten oder einen Vorgang, bei dem interpersonal Nachrichten ausgetauscht werden, (wohl) mit dem Ziel, sich zu verständigen. Heute bedeutet Kommunikation allgemein die zwischenmenschliche Verständigung durch Signale und Zeichen, insbesondere durch die Sprache.

Etwas enger gefaßt und etwas näher an das Thema Führen gerückt, dürfte man in Kommunikation das Bestreben und Bemühen sehen, soziale Kontakte zu schaffen und aufzubauen, sie auszugestalten und zu vertiefen, sie (wenigstens) zu erhalten. Jede Führung als Menschenführung ist deshalb in ein Kommunikationsnetz eingebunden, setzt ein Mindestmaß an Kommunikation voraus und will auch Informationen austauschen als verbale soziale Interaktion (= Sprechen). Denkenswert ist die berühmt gewordene These des Psychotherapeuten und Kommunikationsforschers Paul Watzlawick, wonach es gar nicht möglich sei, nicht zu kommunizieren.

Im Rahmen unserer Abhandlung und auch im Blick auf die Zielsetzung dieses Kapitels, die der Führungspersönlichkeit zugrundeliegende Fähigkeit zu ethisch verantworteter Kommunikation zu explizieren[10], verbietet es sich von selbst, extensiv über Kommunikation zu sprechen und näher auf das wichtigste Kommunikationsmittel, die Sprache, einzugehen – ich darf als bekannt voraussetzen, daß der Zuhörer als Empfänger einer Botschaft gleich mit vier Ohren hinhören muß und daß im Sprechen vier Aspekte aufeinander bezogen und eng miteinander verwoben sind: der Sachaspekt als die verständliche Übermittlung eines Sachverhalts; der Beziehungsaspekt, der das Verhältnis zum Redenden definiert; der Aspekt der Selbstdarstellung, -offenbarung oder -mitteilung als Information über das Selbstbild des Sprechenden; der Appellaspekt, der aussagt, was der Redende mit seiner Information oder Botschaft bewirken will.

Weil im Grunde alles Problemlösen und Planen, Entscheiden und Koordinieren, weil alles Organisieren und Delegieren, Beauftragen und Kontrollieren, weil auch jedes Führen notwendig an Information und

Kommunikation gebunden ist, kann man Kommunikation durchaus den Flaschenhals jeder Organisation, also auch eines Unternehmens nennen. Doch darüber ist bereits so entsetzlich viel geschrieben worden, daß ich dem nicht noch mehr hinzufügen möchte.

Jedenfalls sind manche Elaborate durchaus lesenswert und in unserem Zusammenhang »brauchbar« insofern, als sie einerseits Menschenführung mit Kommunikation gleichsetzen und andererseits dezidiert zugestehen, daß die Fähigkeit zur Kommunikation menschliche Reife voraussetze. Auch nach meinem Verständnis verhilft erst die Bereitschaft zur kritischen Selbsterkenntnis und zur Selbsterfahrung einem Führenden dazu, ein Beziehungsklima und ein Kommunikationsfeld zu schaffen, in dem vertrauensvoll und angstfrei begegnet werden kann und Dialog mit dem anderen Gestalt annimmt.

So gesehen beginnt und endet Kommunikation bei der Persönlichkeit, und man muß konzedieren, daß alle Arten von Ängsten[11] der Hauptfeind Nummer eins einer guten Kommunikation sind: Die in einem optimalen Kommunikationsverhalten eingeforderte und erbrachte Offenheit mobilisiert starke Angstgefühle, etwa vor dem Verletztwerden, vor Mißverständnissen, vor Macht- und Einfluß- und Autoritäts- und Statusverlust, vor letztlich unvorhersehbaren und unüberschaubaren Konsequenzen. Es ist jedoch so, wie eine herbe alte psychoanalytische Grundweisheit sagt, daß der Weg zur Besserung immer durch die Angst führt – in unserem Zusammenhang wären folgende Stationen zu passieren[12]: das Zulassen von Gefühlen[13], das Entwickeln von (Selbstbewußtsein und) Selbstwertgefühl[14], die Bereitschaft zum Feedback[15], die Bereitschaft zu Selbsterfahrung und gegebenenfalls zu einer notwendigen Nachreifung der Persönlichkeit[16], schließlich die Bereitschaft zur Machteinbuße oder zum Verzicht auf ein Subordinationsfeld.[17]

Es muß im Kommunikationsgeschehen erkannt werden, daß zum Beispiel die Dialogfähigkeit sich nicht, wie für so viele, reduzieren darf auf (in Seminaren antrainierte) Techniken, die es schnellstmöglich und »todsicher« erlauben, den anderen in den Griff zu bekommen und ihn über den Tisch zu ziehen – ich erinnere an das am Anfang des ersten Kapitels entworfene Szenario mit den zahlreichen Kriegsmetaphern, dem durchaus eine wenig friedvolle und rücksichtsvolle Wirklichkeit mikropolitischer und machiavellistischer Couleur entspricht.

Kommunikation darf auch nicht entarten zu einer Beziehungstechnik zur optimalen Behandlung der Mitarbeiter nach dem Motto: »Menschlichkeit, Sittlichkeit, Rücksicht etc.? Warum nicht? Wenn es hilft …«

Im Grunde ist dies eine menschenverachtende, in extenso unmoralische Taktik, und die daraus resultierende (oftmals flott antrainierte) freundliche Tonart und ein schein-kooperatives und pseudo-koordinatives und quasi-kollegiales Gehabe gerieren sich hier als eine Art »Schmieröl auf der Beziehungsebene, die den Motor der Arbeitsmotivation in Gang halten soll«.[18]

In diesem Zusammenhang und gegen die eben genannte Schmieröl-Taktik sagt der Kommunikations-Psychologe Professor Schulz von Thun[19]: »Wir halten es für wünschenswert, wenn Führungskräfte sich in ihrer Persönlichkeit weiterentwickeln, es lernen, ehrlich mit sich selbst zu sein und den Konflikt zwischen Opportunität und innerer Wahrheit auszuhalten. Ich halte eine dialogische Grundhaltung für wünschenswert, die einerseits den anderen in seiner Unterschiedlichkeit respektiert, ihn anhört und aus seiner Sicht heraus zu verstehen sucht, statt ihn in diagnostische Kategorien zu sortieren und zum Objekt einer ›optimalen Behandlung‹ zu reduzieren.« Dem ist nichts hinzuzufügen, vielleicht nur dies, daß solchem Verhalten notwendigerweise – explizit oder implizit – eine gediegene humanistische und im personalen Gewissen begründete Wertorientierung zugrunde liegen muß.

Der Sozialwissenschaftler und Experte für Kommunikation Kurt E. Becker sagte einmal in einem Interview:»Dreh- und Angelpunkt des Selbstverständnisses von einem idealen Manager ist seine Kommunikationsfähigkeit und seine Kommunikationswilligkeit.« Das kann man eigentlich so stehen lassen, wobei in dieser Aussage bedeutsam ist, daß auch auf die Willigkeit, also auf die aktive Bereitschaft (zu kommunizieren) abgehoben wird.

Auch ich halte die *Kommunikationsfähigkeit* – ich nenne sie *interaktive Kompetenz* – für eine Schlüsselkompetenz und für eine ganz wesentliche Führungseigenschaft und meine, daß in ihr das Resultat einer permanenten Persönlichkeitsbildung sichtbar geworden ist. Ich kann diese Kompetenz nicht erschöpfend darstellen, möchte aber doch die wichtigsten Merkmale, und zwar solche mit ethischer Relevanz, vorstellen, nämlich: die Fähigkeit zum Zuhören, ferner die leider meist vernachlässigte emotionale Ausdrucksfähigkeit, die Konfliktfähigkeit und die aktive und insbesondere die passive Kritikfähigkeit. Man kann dieses Quartett noch ergänzen um die Empathiefähigkeit – also das Vermögen und die Intention des einfühlenden Verstehens – und um die Fähigkeit, das eigene Fremdbild internalisieren zu können.

Das Postulat der Altero-Orientiertheit

Ehe ich die ersten vier Fähigkeiten näher erläutere, muß erst noch eine der Grundregeln der praktischen Führungsdialektik vorangestellt werden, gleichsam der Grundakkord, der jedem kommunikativen Geschehen als verbale soziale Interaktion unterlegt sein muß, nämlich das *Postulat der Alterozentrierung* beziehungsweise der *Altero-Orientiertheit.*[20]
Wenn wahr ist, was der Burda-Geschäftsführer Karl Heinz Binder gesagt hat – ich zitierte ihn bereits zu Beginn des Kapitels zur sozialen Kompetenz –, nämlich:»Wer Menschen nicht lieben kann, ist unfähig, sie zu führen«[21], dann begreift man auch die Paraphrase, daß Menschenführung nur aus einer Grundstimmung der Altero-Orientiertheit heraus möglich ist.
Mit Altero-Orientiertheit bezeichne ich die Fähigkeit und die Grundhaltung (als elementare Ausrichtung), im dialogischen Geschehen sich selbst und seine Werturteile, seine eigenen Vorstellungen und Denkmuster, seine Wünsche und Erwartungen zurück- und hintanzustellen und sich ganz auf den anderen (= lat.»alter«), auf seinen Partner, und auf die Sache, um die es geht und von der er überzeugt werden soll, zu konzentrieren. Diese grundsätzlich altero-zentrierte oder zumindest altero-orientierte Denk- und Gefühlshaltung darf kein bedarfsabhängiges variables Akzidenz, sondern muß eine fundamentale Haltung sein, was bedeutet, daß sie elementar in der Persönlichkeit verankert sein muß, nicht zweckrational und situativ brauchbar dem Interaktionsgeschehen übergestülpt.
Es geht notwendigerweise auch um eine innere Bereitschaft der Fremdakzeptanz – ich erinnere an das zur Toleranzfähigkeit Gesagte[22] –, womit das personal-geistige Menschsein des anderen einen sittlichen Wert erhält: Indem ich»dies« anerkenne, würdige ich das Du.[23]
Pure Egozentrizität – oft ist dieses dominante Alpha-Verhalten gerade zu Beginn eines Kommunikationsgeschehens und Gesprächs eine Dominanz aus Angst vor möglichem Profil- oder Machtverlust; ängstliche, von Mindergefühlen geplagte Menschen sind zu offener und zuwendungsbereiter Kommunikation nur sehr eingeschränkt fähig –, pure Egozentrizität jedenfalls degradiert den Führenden zum seelenlosen autoritären Ausführungsroboter und verrät ein völlig unausgewogenes, unausgegorenes Verhältnis zur eigenen und zur fremden Individualität und Sozialität, sie vereitelt jedes dialogische Kommunikationsgesche-

hen, weil ja vorrangiges Ziel ist, die eigenen kommunikativen Bedürfnisse erst zu befriedigen. Hier wäre also Verzicht angezeigt, und das ist
wahre Leistung und erfordert ein reichliches Maß an Selbstüberwindung, man muß vielleicht an seine eigenen Grenzen gehen, so das Zugehen auf den anderen noch nicht zu einer Wesenshaltung im Kern der
Persönlichkeit geworden ist.

Wo egozentrisch interagiert und kommuniziert wird, da findet keine
Zuwendung, keine Offenheit gegenüber dem Du statt, da fehlt auch
die Basis kommunikativen Austausches, nämlich das Zuhören. Altero-
Orientiertheit ist die Grundlage des Zuhörens, sie erst – weil sie die
Würde des Du respektiert – ermöglicht, dem anderen seine ungeteilte
Aufmerksamkeit zu widmen.

Wenn wir die Kommunikationskultur von heute, insbesondere in der
Medienlandschaft, betrachten, dann kann sich diese verabscheuungswürdige Unkultur nur zum Besseren wandeln, wenn die am Kommunikationsgeschehen Beteiligten sich wieder besinnen auf die *Fähigkeit
zum Zuhören*, eine weitere Grundregel der praktischen Führungsdialektik, die das Postulat richtigen (aktiven) Zuhörens als geduldiges,
genaues (und analytisches) Zuhören einfordert.

Die Fähigkeit zum Zuhören. Schweigen und Geduld.
Der Mensch als dia-logisches Wesen

In einer Zeit kaum überbietbarer Abundanz an Geschwätzigkeit und
steter Degradierung wichtiger Begriffe zu reinen Worthülsen müßte
vielleicht wiederum ein Werk geschrieben werden wie jenes von Max
Picard, »Die Welt des Schweigens«, Hamburg 1959; man will nicht
wahrhaben, daß es gerade die Kommunikationsmedien sind, die nichts
so erfolgreich verhindern wie Kommunikation. Das Schwinden des
Schweigens kann man gleichsetzen mit dem Schwinden der Menschlichkeit, und es erfolgt parallel zum Schwinden der Sprache, die wohl
ursprünglich eines der wesentlichsten Kommunikationsmittel ist, um
das Inseldasein des Menschen aufzuheben, und zugleich die breiteste
Brücke zum Mitmenschen, wodurch menschliche Gemeinschaft erst
grundsätzlich ohne Einschränkung möglich wird – heute sind Wörter
weitestgehend Waffen, die den Du-Bezug eher verhindern denn inten-
sivieren.[24]

Nach Picard gehört das Schweigen zur Grundstruktur des Menschen, und er sagt deutlich, daß »das Wort verkümmert, wenn es den Zusammenhang mit dem Schweigen verloren hat. Darum sei die Welt des Schweigens, die heute verdeckt ist, wieder deutlich gemacht – nicht um des Schweigens willen, sondern um des Wortes willen … Wort und Schweigen gehören zueinander …«[25]

Ich meine nicht das Schweigen, das entsteht, weil man nichts zu sagen hat und nichts weiß, auch nicht jenes der Verachtung und Demütigung, schon eher das der Ehrfurcht und des Staunens und der überwältigenden Beeindruckung, insbesondere jedoch meine ich ein Schweigen, das den Menschen seine innere Fülle und Wertigkeit gewahr werden läßt, aus der heraus Worte als Botschaften an andere entstehen, und ein Schweigen, das den Worten der anderen intensive Aufmerksamkeit zollt und dadurch die Würde des anderen respektiert.

Schweigen bedeutet nicht, keine Mitteilung zu machen. Ich habe bereits die These Watzlawicks vorgetragen, wonach – als erstes Axiom einer pragmatischen Gesprächsführung – festzuhalten ist, daß es in einer sozialen Begegnung grundsätzlich nicht möglich sei, nicht zu kommunizieren. So werden auch beim Schweigen Botschaften ausgetauscht, etwa von der Art: Ich höre dir geduldig zu, ich achte dich und deine Meinung; was du mir sagst, ist mir so wichtig, daß ich es genau hören möchte, ohne dich permanent zu unterbrechen.

Der Schweigende oder Zuhörende ist also durchaus aktiv, er hat nur auf dem akustischen Kanal Funkstille, nicht jedoch auf dem optischen (Blickkontakt, Körperhaltung, Abstand, Mimik) und auf dem seiner fundamentalen alterozentrierten Grundhaltung, die deutlich signalisieren, ob Interesse oder Desinteresse, Ablehnung oder Zustimmung, Achtung, Wertung und Bewertung von Wort und Mensch, ob Betroffenheit oder Gleichgültigkeit vorhanden sind. Ein antiker Autor bemerkte einmal treffend, die Natur habe dem Menschen zwei Ohren gegeben, jedoch nur einen Mund/eine Zunge – ein sanft-ironischer Hinweis wohl darauf, daß man doch mehr hörend schweigen als (nur oder zuviel) sprechen sollte.

»Ein Mensch erwirbt Interaktionsfähigkeit, indem er die Hinwendung zum Du erlernt«[26], die Martin Buber[27] als »dialogische Grundbewegung« bezeichnet, als eine Wesenshandlung, um die sich eine Wesenshaltung baut. Die Hinwendung als Wesenshandlung ist ein ganz elementarer Bestandteil der psychischen Aktivität zwischen Ich und Du (Buber: »Der Mensch wird am Du zum Ich[28] … Ich werde am Du; Ich werdend spreche ich Du. Alles wirkliche Leben ist Begegnung …«[29], und diese ereignet sich im Gespräch. Wesentliches Element jedoch des Gesprächs ist das Zuhören.[30] Diese Kernaussage ist ebenso wahr wie ungewöhnlich, da nicht wenige Menschen außerstande sind, (richtig) zuzuhören; für sie ist Aktivität in der verbalen Interaktion lustvoller Selbstvollzug mit dem Ziel, sich selbst mitzuteilen, zu informieren, Bedürfnisse kundzutun, soziale Bindungen aufzubauen, zu verstärken, den eigenen Erwartungen entsprechend zu befriedigen, sich selbst darzustellen und oftmals Macht und Subordination zu statuieren. Für sie ist Zuhören Fremdwort und Qual zugleich, und doch, mehr noch: gerade deshalb, muß davon gesprochen werden, und zwar zunächst vom *geduldigen Zuhören*.[31]

Dem Begriff »Geduld« entspricht im Griechischen das Wort »hypomoné«, das neben Ausharren und Ertragen die »Standhaftigkeit« bezeichnet, ein »tapferes Standhalten« in widrigen Gegebenheiten. Dies ist gerade heute wichtig zu wissen, da viele Werte und Tugenden, die nicht von vorneherein das Machtvolle und Kraftstrotzende und Aktivisch-Dynamische signalisieren, müde lächelnd und verächtlich in die Mottenkiste des Ewiggestrigen geräumt werden. Es ist wichtig zu wissen, daß Aristoteles (im 3. Buch der Nikomachischen Ethik) die Geduld zur Tugend der Tapferkeit zählt und sie der Feigheit entgegenstellt. Auch die stoische Philosophie war davon überzeugt, daß nur geduldige Gelassenheit zu seelischer Größe führt.

Erst eine total hektisch-betriebsame Zeit wie die unsrige konnte in der Ungeduld einen gewissen Wert erkennen. Ich meine jedoch, daß das Mühen um Geduld (als einem aktiven Tun und nicht einem passiven Erleiden) wieder zurückkehren muß in die profanen Tugendkataloge; aus psychohygienischen Gründen empfiehlt der Erfolgsautor Peter Lauster nicht umsonst »Wege zur Gelassenheit«.[32]

Wer Menschen beobachtet, ob im Café oder im Aufsichtsrat, wird unschwer feststellen, daß jeder weitgehend (nur) daran interessiert ist, sich selbst zuzuhören, nach dem Motto: Sprechen ist Kür, Zuhören ist Pflicht.

Wenn ich jedoch trotzdem vom Postulat des Zuhörens, des geduldigen Zuhörens spreche, dann mag damit auch eines der Haupthindernisse für die Entwicklung kommunikativer Kompetenz, nämlich die den Alltag so sehr bestimmende Einwegkommunikation, abgebaut werden.

Wenn ich von geduldigem Zuhören rede, dann will mitgesagt werden, daß wer nicht geduldig zuhören kann, überhaupt nicht zuhören kann, denn für den ungeduldig oder (gelangweilt-)resignierenden Zuhörer

254

ist das Sprechen des anderen nur ein Warten aufs eigene Wort und ein Planen der eigenen Darstellung, fast so viel oder so wenig wert wie ein Nichthören oder Weghören. Kommunikativ ist dies fürwahr nicht. Geduldiges Zuhören setzt aktives Interesse am anderen voraus, und die elementarste Form ist die Fähigkeit und Bereitschaft, den anderen ausreden zu lassen, ihn nicht zu unterbrechen und ihm nicht permanent gestisch und mimisch und durch Gähnen oder Wegschauen manifestes Desinteresse oder durch unruhiges Rutschen auf dem Stuhl, eben durch die vielfältige Palette nonverbaler Verhaltensmuster, das Warten auf den eigenen Wortbeitrag zu signalisieren.

Der geduldige Zuhörer wird seinem Dialogpartner weder ins Wort fallen noch das Gespräch abrupt abbrechen, sondern bis zum Ende zuhören. Wer in Geduld und Gelassenheit kommuniziert, nutzt nicht die Pausen schamlos aus, um endlich die eigenen Gesprächsanteile unterzubringen – Pausentechnik will trainiert sein, sie verrät auch ein positives Verhältnis zu alterozentrierten Verhaltensmustern und berücksichtigt, daß der Partner auch innerlich verschnaufen muß, um einen neuen Gedanken zu »gebären« und dann kundzutun; wenigstens geschätzte drei Sekunden sollte man warten können, ehe man selbst zu sprechen beginnt.

Der geduldig Zuhörende, der schweigend auch die Feinheiten des nonverbalen Verhaltens und das äußere Erscheinungsbild des Partners sorgfältig zu beobachten imstande ist, drängt sich nicht ständig in den Vordergrund, er kann warten und sogar ein Gespräch, die Ausdrucksgebärden und die sprachliche Finesse des anderen genießen. Er ist nicht von einem permanenten und gleichsam gierigen Bedürfnis erfüllt und angefressen, sich allein schon deshalb in den Mittelpunkt des Kommunikationsgeschehens rücken zu müssen, weil er vielleicht von den anderen nicht genügend ästimiert und registriert werden könnte: Je mehr er schweigt oder sich zum Schweigen verurteilt glaubt, um so kleiner und geringfügiger kommt er sich vor. Wenn solche Menschen dann das Wort an sich reißen, geht es ihnen – sei es aus Gründen der Kompensation von Mindergefühlen oder aus Angst vor Profileinbuße[33] – weniger um die Sache oder um die Person des anderen, sondern nur darum, möglichst viele Gesprächsanteile an sich zu raffen, um das Geltungsbedürfnis und die egozentrische Profilierungssucht zu befriedigen. Dies ist fast der Normalfall, und solche Interaktion ist Einwegkommunikation und eine den anderen entwürdigende Einbahnstraße, die Kommunikation eigentlich in ihr Gegenteil verkehrt.

Manch ungeduldiges Verhalten hat seinen Grund in der falschen Einschätzung oder der maßlosen Überschätzung der eigenen Bedeutung – »Ich, der Chef und Gebieter!« –, in der Geringachtung und Bagatellisierung der Bedürfnisse und Erwartungen anderer Menschen; solch menschenverachtendes Agieren, Denken und Wollen, schon in den geringsten Ansätzen, macht zum Führen ungeeignet und geduldiges Zuhören völlig unmöglich.

Nicht weniger wichtig als das geduldige Zuhören ist das *genaue Zuhören*, das herauszufinden bemüht ist, was der andere und wie er es gemeint hat, ohne von vorneherein mit Projektion und Selektion zu filtern, also ganz bestimmte Inhalte hinein- und herauszuhören oder hören zu wollen. Hier kommt es wesentlich darauf an, auf allen vier Kanälen zu empfangen, also »alle vier Botschaften in den richtigen Anteilen und mit den richtigen emotionalen Wertungen des Sprechenden wahrzunehmen«.[34]

Es ist nicht ohne Schwierigkeit und ohne echtes Bemühen möglich und so ganz selbstverständlich herauszufinden, ob der schwerpunktmäßige Akzent der Aussage in der Selbstmitteilung, in der Kommunikation, in der Information oder im Appell liegt und was der Inhalt aller vier Botschaften ist und wie sie gemeint sind. Wahrnehmung und Verstehen im Zuhören muß auf jeden Fall möglichst ungefiltert geschehen – wer mit dem Filter durch Angst, Schuldgefühle, Scham, Unterwürfigkeit und Mindergefühle verursachter Projektionen, mit dem Filter falscher (etwa überheblicher) Einstellung dem Partner gegenüber kommuniziert und einen ganzen Bauchladen von Vorurteilen dem Gesprächsinhalt und dem Dialogpartner gegenüber vor sich her trägt, dem gelingt Kommunikation nicht und der wird sich nur schwerlich aus seiner selektiven Haltung befreien können, die nur hört, was er hören will, und nur bestätigt, was man ohnedies schon weiß – von der Sache und hinsichtlich der Einschätzung der Person des anderen.

Hier zeigt sich deutlich, daß wirkliches und genaues Zuhören zwingend ein inneres Loslassen voraussetzt und einen Verzicht einfordert nicht nur entlang so starker Emotionen wie Liebe, Haß, Neid, Wut, Zorn und Ehrgeiz, sondern auch Verzicht auf Gleichgültigkeit gegenüber den Interessen, Erwartungen, Bedürfnissen, Stimmungen und Kenntnissen des anderen. Ohne solche Verzichtsleistung ist Hinwendung zum Du nicht möglich, ebensowenig ein genaues Zuhören, das nun einmal fundamental ein reales Interesse am anderen Menschen voraussetzt.

Der Vollständigkeit halber sei noch das zumindest im Diskurs wichtige *analytische* Zuhören genannt, das die sachlichen und logischen Voraussetzungen, die Implikationen und Konsequenzen des Gesagten zu erkennen und mitzubedenken sich bemüht, also nicht assoziativ das Sprechen des anderen begleitet, indem man nur mit halbem Ohr zuhört und zuläßt, daß einem tausend andere Gedanken, durch das Wort des anderen initiiert, durch den Kopf gehen.

Die Ausführungen zur Notwendigkeit des Zuhörens signalisieren deutlich, daß auch dieser wesentliche Bestandteil verbaler sozialer Interaktion auf ein Menschenbild abhebt, das ich in Kapitel 2 zu zeichnen versuchte und dessen hervorstechendstes Merkmal die Selbsttranszendenz ist als die ethisch und sozial wertvollste Fähigkeit des Menschen überhaupt, diametral in Widerspruch stehend zur unheilbarsten und leider am weitesten verbreiteten psychischen Krankheit, nämlich zu Egoismus und Egozentriertheit.

Der egozentrierte Mensch kann nur schwer auf das Du zugehen, da seine »Selbstverliebtheit«, sein Narzißmus[35], diese Öffnung als Hinwendung und Zuwendung zum anderen blockiert. Im Mittelpunkt aller Interaktionen sieht er ständig nur sich selbst, und er positioniert seine eigene Wesenheit, sein individuelles So-Sein mit narzißtischem Grundmuster, seine Auffassungen und Wertungen und seine Eitelkeit zwischen sein Ich und das Du. Seine Selbstakzeptanz ist gestört, zu Fremdakzeptanz ist er daher unfähig, und so kann er sich auf das sprechende Du schon deshalb nicht konzentrieren, weil er während der gesamten Gesprächsbegegnung permanent nur daran denkt, was und wie er antworten (und sich profilieren, ja nicht blamieren) werde; im Geiste wird die Entgegnung schon vorformuliert, indes der andere noch spricht.

Es sei an das zur sozialen Kompetenz[36] Gesagte erinnert – man versteht jetzt, daß gerade bei intoleranten Menschen und bei solchen mit Mindergefühlen und Angstgefühlen diese Unfähigkeit zum Zuhören zu beobachten ist; in sich nicht zentriert, das Selbstwertgefühl unterentwickelt, müssen solche Menschen schon ihrer Selbsterhaltung wegen egozentriert kommunizieren – und eben dies tötet Kommunikation.

Wer subordinativ führt, hat Defizite in seiner Persönlichkeit, er meint jedoch, aus der höheren Position sprechend, auch den Interaktionscharakter bestimmen zu dürfen. Nicht wenige Führende erfrechen sich dreist, dem anderen (Rangniedrigeren) beliebig oft und quasi legitim ins Wort fallen zu dürfen. Solche schlechten Zuhörer sind, wie eben ausgeführt, meist stark egozentrierte Menschen mit der Tendenz zu eitler Selbstdarstellung und mit dem Bedürfnis nach Dominanz für sich und Unterwürfigkeit der anderen. Selbstredend führen solche Menschen subordinativ und definieren ihre Autorität und ihren Führungsanspruch aus einer sozialhierarchischen Herrschaftsbeziehung.[37] Daß dies falsch ist, braucht nicht mehr begründet zu werden, und die Auffassung, als würde mit dem Innehaben einer hierarchisch höheren Position automatisch schon der Nachweis erbracht sein, auch kommunikativ für diese Position geeignet zu sein, ist einfach sträflich irrig.

Jedenfalls mag deutlich geworden sein, daß jedes Zuhören, ob geduldiges, genaues, analytisches oder ob beobachtendes, betrachtendes, integrierendes, als aktiver Vollzug stets ein Zurücknehmen der eigenen Intentionen einfordert – ohne altero-orientierte Grundhaltung ist dies nicht möglich. Ein narzißtisches Grundmuster mit dem hieraus resultierenden prinzipiellen Desinteresse gegenüber dem Dialogpartner, was einer Abwertung und Mißachtung von Wert und Würde des anderen gleichkommt, tötet die Gesprächsbeziehung und damit auch die Kommunikation. Uneingeschränkt gültig ist ein Satz von Alfred Herhaus: »Häufig liegt im Zuhören mehr Führungskunst als im Reden«, denkenswert auch Seneca: »Wer nicht zu schweigen weiß, der weiß auch nicht zu reden.«

Am Anfang war das Wort, sagt die Bibel, und – so die gängige Meinung – wer das letzte Wort hat, ist Sieger. Aber gerade dies sollte in der Kommunikation vermieden werden, nämlich Besiegte zu hinterlassen …

In der Unfähigkeit, zuhören zu können, kommt generell eine Form eklatanter sozialer und kommunikativer Inkompetenz zum Ausdruck, und die darin sich mehr oder minder deutlich manifestierende Abwertung des Gegenübers ist noch greifbarer dort, wo sich eine gnadenlose Kritikaster-Mentalität breitgemacht und nicht eine ethisch-verantwortete *Kritikfähigkeit* entwickelt hat.

Die Kritikfähigkeit. Konstruktiv – destruktiv, aktiv – passiv. Feedback – notwendige Spiegelung

Wenn wir uns mal der Mühe unterziehen, gründlich unsere Gedanken zu überprüfen und unseren Kommunikations- oder Gesprächsalltag minuziös Revue passieren zu lassen, dann stellen wir fest, daß wir zu einem hohen Prozentsatz wertenden, abschätzenden und beurteilenden Aussagen begegnen, womit häufig implizit oder explizit Kritik verbunden ist. Nun ist Kritik an sich fürwahr noch nichts (rein) Negatives, wiewohl sie, so sie ändern will, selten als positiv empfunden wird und sich nicht – hinsichtlich kreativer Entfaltungspotentiale – als Einladung zu Abenteuern in neues und unbekanntes Gelände vermittelt. Im allgemeinen setzt Kritik keine schöpferischen Kräfte frei und macht eher passiv und resignativ, nicht selten trotzig und bockig..

Im Alltag empfindet wohl jeder Kritik zunächst und spontan als »Anschiß«, unabhängig davon, wie einfühlend oder unsensibel sie vorgebracht wird; etwas salonfähiger in der Sprache der Psychoanalyse muß man sagen, daß Kritik Angst bewirkt, uns ängstigt und uns (unbewußt) immer erst an einen drohenden »Verlust der Liebe des Objektes« (Objekt = Eltern oder andere primäre Bezugspersonen) zu Beginn der analen Phase (zwischen dem zweiten und dem vierten Lebensjahr) erinnert, wo man erstmals mit Lob und Tadel, also mit Kritik, konfrontiert wurde im Zusammenhang mit der Kontrolle der Schließmuskeln ...[38]

Bestrafungsangst, Angst vor Zuwendungsentzug – dies mag dem unangenehmen Gefühl zugrunde liegen, das wir spontan bei Kritik empfinden und das Mindergefühle zu verstärken vermag.

In der Regel wird Kritik immer dann als negativ empfunden, wenn sie nicht am faktischen und situativen Verhalten, sondern an der Persönlichkeit und hier auch noch vergleichend und pauschal und mit Worten aus der Waffenkammer der Abwertung, Verachtung und Destruktion geübt wird. Wer kritisiert, wünscht im allgemeinen eine Korrektur, eine Änderung des Verhaltens, der Einstellung oder der Lebensbedingungen des Kritisierten.[39] Auch das sattsam ver-diskutierte Feedback als Rückkoppelungsmitteilung bezeichnet die Korrektur von Verhaltensweisen mittels spontaner Rückmeldung über die Wirkung dieser Verhaltensweisen an den Urheber, es will sozial erwünschte Verhaltensweisen verstärken und unerwünschte beheben helfen.[40]

Eine psychisch normale oder stabile Persönlichkeit wird an Kritik nicht zerbrechen, auch nicht tagelang innerlich zerstört, mißmutig und depressiv seine Frustration an den Mitarbeitern und Kollegen abreagieren wollen; ihr Selbstwertgefühl ist so entwickelt, daß *Kritik als Chance und Aufforderung* erlebt wird, im nie endenden Persönlichkeitsentwicklungsprozeß noch ein Mosaiksteinchen zu persönlicher Reife zuzulegen. Schwierig und belastend und nahezu traumatisch wird Kritik von dem empfunden, der seinen Selbstwert über Akzeptanz durch andere erfährt und überdies von Mindergefühlen und Versagens- oder Profilierungsängsten geplagt wird; hier kann Kritik lähmend und zerstörerisch wirken, zu quälendem Selbstzweifel, zu Vertrauensverlust und nicht selten zu innerer Emigration führen.

Die Art und Weise, der Interaktionsmodus, in dem Kritik vorgebracht wird, kann von der Intention her konstruktiv oder destruktiv sein. Da ethisch verantwortetes Führen immer auch verantwortete Spiegelung ist, will und sollte Kritik stets biophiles Feedback geben, sie muß von der Intention her und in der Wortwahl ausschließlich konstruktiv sein. Dies ist eigentlich so selbstverständlich, daß ich mich auf einige Leitsätze beschränken darf.

Sehr viel wichtiger muß sein, auch auf das vielleicht heikelste Thema der Führungsbeziehung einzugehen, nämlich auf die *passive Kritikfähigkeit* von Vorgesetzten, also auf die Bereitschaft der Führenden, sich nicht nur spiegeln zu lassen, sondern dies zu wollen und geradezu zu evozieren. Von einer bekannten Firma im süddeutschen Raum erhielt ich Kenntnis, die Mitarbeiter hätten das einmalige Privileg, einmal im Jahr ihren Chef beurteilen zu dürfen nach den Kriterien, inwieweit er ein gutes Vorbild sei und man sich mit ihm identifizieren könne, ob er zu motivieren imstande sei, ohne zu tricksen, ob er entscheidungsfreudig sei und Kritik seiner Mitarbeiter (ohne Drohgebärde zu erwartender Sanktionen!) entgegennehmen könne; es darf angekreuzt werden, wie nachtragend oder launisch er sei und ob er sich hinter einer maskenhaften Kommunikation verstecke, bei der nichts Menschliches und Vertrauenschaffendes »rüber«komme. Nach solchen und noch zahlreichen anderen Kriterien müssen sich die Führungskräfte jenes Unternehmens von ihren Leuten beurteilen und benoten lassen, und diese können einzeln oder als Gruppe und Abteilung ihre Punkte verteilen.[41] Dieses Modell sollte Schule machen, und was hindert daran, dieses Beurteilungsprivileg zum Bestandteil jeden Arbeitsvertrages zu machen?!

Ehe ich näher auf die passive Kritikfähigkeit eingehe, vorab einige Bemerkungen zur *konstruktiven Kritik*:

Konstruktive Kritik geht wie die Toleranzfähigkeit[42] zunächst von der Selbstakzeptanz und der hieraus sich entwickelnden Fremdakzeptanz aus und akzeptiert prinzipiell die Fremdpersönlichkeit in ihrem gesamten So- und Anders-Sein. Wenn nun Empfindungen, Eindrücke, Vorbehalte, Wertungen und Beurteilungen verbalisiert werden müssen, dann kommt alles darauf an, daß dies elementar von der »Motivation getragen (sein muß), das Du durch helfende, beratende Hinweise zu stabilisieren«.[43]

Auch dies darf nur behutsam geschehen, denn zumindest bei Menschen, deren Selbstwertgefühl noch nicht genügend zur Entfaltung gekommen ist, kann sogar die berühmt-berüchtigte wohlgemeinte Kritik seelische Verwüstungen anrichten, Demotivationsprozesse in Gang setzen und, wie schon gesagt, zur inneren Emigration führen. Dies geschieht um so sicherer, je mehr der Führende außerstande ist, das einzelne Verhalten, das Einzelergebnis zu charakterisieren, vielmehr pauschalierend eine Wertung der Person vornimmt und den Mitarbeiter mit »Niete«, »Versager«, »Waschlappen« oder »Flasche« tituliert und (ab)qualiziert – das ist destruktive Kritik und aus ethischer Sicht hochgradig verwerflich.

Generell darf niemals pauschal kritisiert werden, es sollte vielmehr ein situatives Beobachtungsergebnis vorgetragen und am Detail fehler- und mangelhaftes Verhalten kritisiert werden. Es erhöht zweifellos die Glaubwürdigkeit des Führenden, wenn er die Kritik nicht einfach so im Raume stehen läßt, sondern praktikable und realisierbare Vorschläge, Hinweise, Empfehlungen und Ratschläge unterbreitet und sich auch nach der emotionalen Befindlichkeit des Kritisierten erkundigt.

Aus Gründen der Sittlichkeit (Würde!) und der Fairneß sollte dem kritisierten Gesprächspartner auch die Gelegenheit gegeben werden, sich zu rechtfertigen und seine Darstellung des Sachverhalts oder Fehlverhaltens vorzutragen; gerade hier wird des Führenden Fähigkeit zuzuhören eingefordert, indem er den anderen ausreden läßt und ihm nicht das Wort abschneidet oder durch nonverbale Signale wie Kopfschütteln, Abwenden des Blicks, Sich-Zurücksetzen und Armeverschränken etc. von vorneherein Nichtverstehenwollen oder Andersdenken, kurzum: Ablehnung, anzcigt.

Unschwer ist zu erkennen, daß in der konstruktiven Kritikfähigkeit des Führenden die Persönlichkeitsbildung bereits einen hohen Grad an Reife erreicht haben muß (was noch mehr gilt für die passive Kritikfähigkeit) und daß wir dem schieren Gegenteil dort begegnen, wo *destruktive Kritik* geübt wird.

Destruktive Kritik hat eindeutig den Charakter des Richtens, des Verurteilens (und Beleidigens), der Abwertung und Ablehnung. Sie kritisiert nicht en detail und situationsorientiert ein einzelnes Fehlverhalten, sondern die ganze Persönlichkeit des Kritisierten, der sich insgesamt abgelehnt fühlt und dessen Mindergefühle dadurch erheblich verstärkt werden können. Hier wird auch gerne vereinfachend und verallgemeinernd pauschaliert. Man macht sich nicht einmal die Mühe, die Mehrdeutigkeit von Globalbegriffen aufzuhellen, so daß jemand (als eigentlich vernichtendes Urteil) als »nicht belastbar«, »unkooperativ«, »unproduktiv« und »entscheidungsschwach« charakterisiert wird; daß jemand »autoritär« sei, will dann sagen, er sei bösartig, rücksichtslos und tyrannisch, wiewohl der Verstehenshorizont beim Kritisierten bei »autoritär« bislang »patriarchalisch-wohlwollend, väterlich-überlegen« assoziierte.

Destruktive Kritik will einfach, und dies gezielt, verletzen, und sie greift Persönlichkeitsschwächen oder Defizite im habituellen Erscheinungsbild auf, sie verweist auf soziale Dissonanzen, indem geringschätzende Bewertungen des schulischen und beruflichen Ausbildungsweges des anderen eingebracht werden. Da wird oftmals rücksichtslos und beinhart an der fachlichen Kompetenz gekratzt und damit das Selbstwertgefühl verletzt, und häufig werden Mindergefühle gefördert. *Vergleichende Kritik* ist ohnehin *destruktiv* (»Da sollten Sie mal sehen, wie brillant Kollege X diese Aufgabe bewältigt«), sie erreicht ihre stärkste negative Wirkung dann, wenn sie in Anwesenheit von Dritten vorgebracht wird.

In der Regel bedient sich destruktive Kritik absoluter, unangemessen übertriebener und pauschalierender Aussagen, wodurch sie als provozierend und anmaßend erlebt wird und der Kritisierte sich degradiert fühlt, nichtsnutzig und psychisch ausgehebelt.

Wer so kritisiert, führt grundsätzlich subordinativ und läßt deutlich autoritäre Züge erkennen, die nicht nach den Bedürfnissen und Wünschen und auch nicht nach den hinterlassenen Blessuren fragen. Dominanzstreben kommt im destruktiven Kritisieren zum Ausdruck und oftmals ein deutliches Markieren der hierarchischen Unterschiede.

Wo Kritik verletzt und diese Läsion auch will, da ist sie meist übertrieben rechthaberisch und stets narzißtisch und selbstgefällig und wird auch so erlebt und empfunden. Kurzum: *Destruktive Kritik* stellt das Sittliche in der Kommunikation erheblich in Frage und *ist eindeutig nekrophil.* Die Persönlichkeit des anderen wird nicht geachtet und nicht angenommen, ohne daß sie sich vorher durch besondere und augenfällige Vorleistungen eines solchen Vertrauens hätte würdig erweisen müssen. An die Stelle eines prinzipiell positiven Klimas der Wertschätzung und gegenseitigen Akzeptanz und Achtung, weil der Mensch

Geist-Person ist und Würde besitzt, treten dort, wo destruktiv interagiert wird, Mißtrauen und Argwohn und Abwertung; der Partner und Mitarbeiter soll »ruhig« Angst haben und auf der Hut sein müssen vor möglichen Angriffen, Beleidigungen und vor Erniedrigung. Es gibt generell, natürlich auch im Führungsgeschehen, kein Alibi für solch menschenverachtendes, nekrophiles Verhalten!

Noch ein Wort zum *Feedback* als einer Form in der Regel konstruktiver Kritik, bei der der Sender, also der Feedback-Geber, etwas über seine emotionale Befindlichkeit mitteilt, also davon in Kenntnis setzt, was das Verhalten oder Sprechen des anderen bewirkt hat, was an Argwohn oder Verwirrung, an Empfindungen und Wünschen und Hoffnungen, überhaupt was an Gefühlen der andere ausgelöst und welches Fremdbild er »geschaffen« hat. Das Feedback dient der Klärung der Kommunikation, da der Empfänger ad hoc erfährt, wie seine Botschaft angekommen ist und entschlüsselt wurde.

Es sollte jeder für jedes Feedback dankbar sein, da es ihm hilft, sich selbst und seine Wirkung auf andere Menschen (besser) kennenzulernen. Hilfreich ist Feedback allemal, und notwendig ohnedies, denn ein Gespräch oder eine Kommunikation ohne Feedback ist wie Tennis ohne Partner. Da in jedem Handbuch zur Kommunikation ausführlich auch über Feedback-Regeln gehandelt wird, kann ich mich auf eine Handvoll Sätze beschränken: Feedback ist hilfreich, wenn es offen und direkt vorgebracht wird, das heißt, es muß echt sein, was den Abbau von Fassaden und Imponiergehabe, den Mut zur Ehrlichkeit und den Verzicht auf Schönrederei und Schmeichelei inkludiert. Indem es den anderen als Gesprächspartner akzeptiert und bejaht, wird Feedback nicht verletzend und kränkend sein dürfen.

Feedback soll nicht allgemeine Eindrücke wiedergeben, sondern muß sich auf konkrete Einzelheiten beziehen; es sollte möglichst spontan sein, da es über Gefühle und Empfindungen berichten und nicht Verhaltenswertungen nach den eigenen oder ethischen Normen abgeben will. Als goldene Regel im Rahmen des Biophilie-Postulats wird man zusammenfassend eine Form von Feedback empfehlen dürfen, die einem jeden selbst erwünscht wäre, wobei wir bei der *passiven Kritikfähigkeit* angelangt sind.

Passive Kritikfähigkeit – ich erinnere an die Firma, deren Mitarbeiter ihre Vorgesetzten beurteilen und benoten dürfen – erfordert, das eigene Verhalten in Frage zu stellen, selbstkritisch und ungeschönt, mehr noch: es in Frage stellen zu lassen, also Kritik von Kollegen und Mitarbeitern zuzulassen, sie zu akzeptieren und ins eigene Verhalten produktiv und konstruktiv einzubauen.

Unter persönlichkeitsbildnerischen Gesichtspunkten ist dies eine enorme Leistung und verrät einen überdurchschnittlichen Reifegrad; die Realität spiegelt jedoch ein anderes Bild wider: Die »Mitarbeitergespräche« sind vielfach nur Einbahnstraßen, dem Geführten werden Hinweise im Sinne von Lob und Tadel und Kritik gegeben, und nahezu nie erfährt der Führende, wie er von den Geführten erlebt und beurteilt wird. Er weiß nicht, was seine Mitarbeiter von ihm – fachlich und menschlich – denken und wie seine Entscheidungen aufgenommen werden; er erhält nicht Kenntnis davon, aus welcher intellektuell-kühlen Distanz heraus er führt, ob er Vertrauen zu erwecken imstande ist oder inwieweit er Bestrafungsängste schafft; er erfährt nicht, ob er autoritär wirkt oder mit welcher Führungstaktik er dieser oder jener Gruppe näherkommen könnte, mit welchen Vorurteilen seine Mitarbeiter behaftet sind und überhaupt: in welches Lebensgefühl er seine Mitarbeiter versetzt, welchen psychischen Scherbenhaufen er bei ihnen hinterläßt.

Gerade in der psychischen Bereitschaft des Vorgesetzten, auch über seine Person und über sein Führungsverhalten zu sprechen und sprechen zu lassen, in der Bereitschaft also, sich spiegeln zu lassen, zeigt sich ein enorm beeindruckendes Vertrauensangebot an die Mitarbeiter – bei streng auf hierarchische Autorität achtendem Führungsverhalten ist dies freilich nicht möglich, andererseits müssen bei dem vorgenannten Vertrauensangebot die Mitarbeiter zutiefst davon überzeugt sein (dürfen), keine Sanktionen erwarten zu müssen.

Bei passiver Kritikfähigkeit geht es nicht zuletzt auch darum, wie es gelingt, daß man in seiner bewußt gestalteten Persönlichkeitsentwicklung das Selbst- und das Fremdbild zu harmonisieren imstande ist. Es darf wiederholt werden, was ich bereits zum Fremdbild gesagt habe, daß es nämlich die Summe all der Eindrücke ist, die der einzelne in seiner Gesamtwirkung bei anderen Menschen, in seinem sozialen Umfeld, also auch bei Kollegen und Mitarbeitern und Vorgesetzten hinterläßt. Das Selbstbild hingegen ist die Summe der Vorstellungen, die ein Mensch von seiner eigenen Persönlichkeit gewonnen hat[44], wobei selbstkritische Einschätzung bestimmter Fähigkeiten und Qualitäten sich zu Einbildungen, Wunschvorstellungen und (maßlosen) Überschätzungen gesellt.

Normalerweise ist es so, daß – wo überhaupt Konfrontation mit dem Fremdbild zugelassen wird – Fremdbild und Selbstbild im Innern des

Menschen unaufhörlich Kämpfe austragen, und die Intensität dieser inneren Auseinandersetzungen wird bestimmt von der Anzahl der Rückmeldungen, die ein Mensch von seinem sozialen Umfeld, die ein Führender von seinen Mitarbeitern und Kollegen und Vorgesetzten erhält. Diese Konfrontation ist zumeist unangenehm und unbequem, weshalb viele sie vermeiden und ihr aus dem Wege gehen.

Ein Führender, der im Geführten eine subordinativ-hierarchische Abhängigkeit erzeugt, wird nie eine wirkliche, eine realitätsdichte und wirklichkeitsgetreue Rückmeldung über sein Fremdbild erhalten, er wird nie erfahren, welche erwünschten sozialen Verhaltensmuster er ausbauen und verstärken, welche unerwünschten er abbauen, abschleifen oder eliminieren sollte. Er wird weiterhin in seinem eigenen Saft schmoren und die Gloriole seines unantastbaren und vor Selbstgefälligkeit triefenden Selbstbildes vergolden.

Das muß so hart gesagt werden, und an diesem Urteil ändert sich auch wenig, wenn jener Führende selbstkritisch mit sich zu Rate geht und über Selbsterkenntnis und Selbstbesinnung zu einer mehr oder minder objektiven Selbstakzeptanz gelangt, die nüchtern und selbstbescheiden durchaus Fehler und Mängel registriert und zu Korrektur und Besserung tendiert. Die soziale Einbindung des Individuums verlangt mehr, als sich nur den eigenen Spiegel vorzuhalten, es bedarf zwingend der Spiegelung durch die anderen – erst dann können Änderungen eingebracht werden, die gerade die erwünschten oder notwendig geforderten sozialen Verhaltensweisen zu verstärken imstande sind.

Ich nannte vorher Bestrafungsängste und sprach von seelischen Scherbenhaufen, die oftmals im Führungsgeschehen hinterlassen werden. Hiervon wird ein Führender nichts erfahren, wenn er Feedback nicht zuläßt; und je höher die Führungsposition, um so abgeschnittener wird in der Regel der Führende von jedem sachlichen und unverstellten Feedback sein, was sehr bedauerlich ist. Natürlich – und ich wiederhole mich mit anderen Worten – fürchten Führende solche ehrlichen Rückmeldungen, und diese offenen und direkten Aussagen zum Fremdbild lösen Betroffenheit aus; nur Aussagen jedoch, die wirklich »treffen«, so sagt hier die Psychologie, machen auch wirklich betroffen. Persönliches Betroffensein aber ist die Voraussetzung dafür, über die Selbstreflexion den Weg zur Selbsterkenntnis, zur Selbstakzeptanz und zur Veränderung zu gehen. Ohne Betroffenheit ist keine Kurskorrektur möglich! Es läßt sich als *goldene Regel jeder Ethik des Führens* formulieren: *Wer führt, braucht Feedback*, wiewohl Führen weitgehend auch ein Feedback-Geben beinhaltet – wie biophil dies zu handhaben ist, habe ich bereits oben gesagt.

Noch ein weiteres Merkmal gehört zur interaktiven Kompetenz, nämlich die *Konfliktfähigkeit.*

Die Konfliktfähigkeit. Innerpsychische Konflikte – Konfrontation mit dem Anders-Sein der Mitwelt

Wenn man von dem lateinischen Wort »confligere«, das dem Wort »Konflikt« zugrunde liegt, ausgeht und es übersetzen darf mit »zusammenstoßen, aneinandergeraten, sich schlagen, in Kampf geraten«, dann versteht man, daß mit »Konflikt« meist Kampf, Sich-Durchsetzen, Auseinandersetzung, Kontraposition, Streit und Meinungsverschiedenheit assoziiert werden; häufig fließt auch mit ein, daß es sich wohl um einen Machtkampf handelt jenseits der Sache, zumeist unter der Gürtellinie, und daß es um viel Angst geht, um jene vor einer Öffnung und um die, in der Toleranzbereitschaft, im »Nachgeben« und im Zugehen auf den anderen etwas zu verlieren und an Eigenprofil einzubüßen; also auch um Minderwertigkeitsgefühle und um Unterlegenheitsgefühle scheint es zu gehen.

Bei all diesen Assoziationen ist durchgehend ein Gedanke wie selbstverständlich vorherrschend, nämlich der, es müsse bei Konflikten immer Sieger und Verlierer geben. Muß das so sein, oder ist es nicht doch möglich, daß beide Konfliktpartner das Terrain als Gewinner verlassen? Bejaht man die zweite Frage, hätten wir das, was die Kommunikationspsychologen die echte Konfliktlösung nennen. Aus ethischer Sicht wäre dies die optimale Realisierung des Biophilie-Postulats, das hier einfordert, daß mein Verhalten oder meine Entscheidung mein eigenes und das fremde personale Leben eher mehrt denn mindert, eher fördert und entfaltet denn beeinträchtigt und verkürzt oder gar verhindert.[45]

Konflikte als multidimensionale Interessen-, Wunsch- und Bedürfnisgegensätze und als die daraus resultierenden Auseinandersetzungen gehören wesentlich zum menschlichen Leben und zum Führungsalltag. Damit einigermaßen gut umgehen zu können und zurechtzukommen, scheint unbedingte Notwendigkeit jeglicher sozialen Interaktion zu sein, und man wird durchaus sagen dürfen, daß Konfliktfähigkeit und

Kommunikationsfähigkeit so eng aufeinander bezogen sind, daß begrenzte Konfliktfähigkeit in der Regel auch begrenzte Kommunikationsfähigkeit bedeutet und umgekehrt.

Das permanente Aufeinanderprallen unterschiedlichster Kräfte und Tendenzen, Ziele und Motive, Werte und Bedürfnisse und Interessen innerhalb und außerhalb der Persönlichkeit schafft psychische und insbesondere soziale Konflikte, in denen zu ihrer Bewältigung biophiles Verhalten gefordert werden muß, damit auf der Walstatt der Auseinandersetzungen und Differenzen nicht besiegte Konfliktpartner, entweihte und seelisch verwundete Menschen zurückbleiben, die sich vielleicht in ihrem Menschsein nicht mehr akzeptiert fühlen.

In unserem Zusammenhang die Konfliktfähigkeit darzustellen als eine grundsätzliche psychische Offenheit und Bereitschaft, sich mit den unterschiedlichen Bedürfnissen und Interessen, Tendenzen und Motiven der eigenen Persönlichkeit auseinanderzusetzen und all dies auch beim anderen als existent vorauszusetzen, zu tolerieren und sich hiermit nach Kräften zu identifizieren, dies kann auch nicht annähernd zufriedenstellend gelingen.

Der Verdeutlichungsversuch bleibt ein Torso und den Psychologen und Sozialpädagogen überlassen, die nicht nur in zahlreichen Büchern Wege und Möglichkeiten zur Konfliktbewältigung aufweisen, sondern auch in Unternehmen mehrtägige Konflikt-Seminare anbieten, sogenanntes Persönlichkeitstraining, in dem – auf »Konfliktmanagement als Basis für den Erfolg«[46] spezialisiert – Führende befähigt werden, mit zwischenmenschlichen Konflikten konstruktiv umzugehen und das Konfliktlösen zu lernen, noch ehe Konflikte zu Problemen werden. Versucht wird hier ein Ausgleich von gegensätzlichen – auch persönlichen – Interessen (Management by Balancing); im Vordergrund steht die praktische Einübung neuer Verhaltensweisen, die zu einer ausgeglichenen und gelassenen Haltung in Konfliktsituationen führen und damit zum »Persönlichkeitswachstum« beitragen sollen. Das Lernziel in Ehren, meine bereits in Kapitel 3 geäußerte Skepsis gegenüber Persönlichkeits- als Verhaltenstraining bleibt.

Manch einer nennt Glück jenen Zustand, in dem er konfliktfrei ist. Wie wahr oder unwahr, wie realitätsnah oder realitätsfremd dies ist, bedarf keines allgemeinen Konsenses, man wird aber zumindest sagen dürfen, daß von der Fähigkeit der Konfliktbewältigung unser Lebensgefühl, die Lebensharmonie entscheidend abhängt. Daher ist es sicherlich ein elementares Lebensziel des Menschen, die Disharmonie in der Beziehung zu anderen Menschen ebenso wie die innerpsychischen oder intrapersonalen Konflikte bewältigen zu lernen.

Salopp könnte man sagen: Jeder hat so seine heimliche Leiche im Keller der eigenen Persönlichkeit, und eben sie ist oftmals der Zündstoff zur Konfliktentstehung. Ich denke an die breitgefächerte Palette von Mindergefühlen und subtilen Ängsten, die über Kompensationsarbeit eine Fülle von Abwehr- und damit »Überlebens«-Mechanismen zu evozieren imstande sind[47], die ihrerseits Probleme schaffen, jedoch kein Problembewußtsein als Voraussetzung für die Auseinandersetzung mit Konflikten zulassen. Ich denke an die bereits erwähnte Diskrepanz zwischen Selbst- und Fremdbild, die im Menschen häufig Konflikte erzeugt – die Auseinandersetzung damit bildet die Grundlage für psychische Reifung.[48]

Natürlich ist zunächst verständlich, daß wir uns nicht allzu gerne von anderen sagen lassen, was sie wirklich von uns halten und wie wir auf sie wirken. Wir basteln uns lieber im Laufe der Zeit ein Selbstbild zusammen, das uns in der Regel erlaubt, mit uns selbst auszukommen und einigermaßen in Frieden zu leben. Für Eremiten mag das legitim sein, ein Mensch jedoch, der sozial eingebunden ist, und dies im Führungsprozeß, und der glaubt, vor dem Fremdbild davonlaufen und auf die Analyse seines Fremdbildes verzichten zu können, isoliert sich sozial immer mehr und flieht vor seinen eigenen psychischen Konflikten, die gerade und notwendig aus der Erfahrung mit dem Fremdbild entstehen könnten. Die Bejahung jedoch solcher Konflikte und die Auseinandersetzung mit ihnen sind elementarer Bestandteil der Selbstfindung und der Selbstakzeptanz.

Habe ich mich angenommen in meinem auch noch so konfliktbehafteten So-Sein, dann weiß ich auch, daß ich etwas wert bin und daß die Welt durch mich ein Stück reicher geworden ist, dann kann ich mich dem Gegenüber öffnen und auf ihn zugehen und auch seinen Wert wahrnehmen und achten, ohne eine ernsthafte Bedrohung (durch ihn) für mich befürchten zu müssen. Selbst wenn er mich ablehnt, braucht dies meinen Selbstwert keineswegs zu tangieren.

Sinngemäß sagt der Psychotherapeut und Theologe Eugen Drewermann, daß, wer nur bei anderen »ankommen« will, niemals bei sich selbst ankommen wird.[49] Letzteres aber ist überaus wichtig und macht größtenteils unser Lebensgefühl aus, das elementar davon bestimmt ist, wie es uns gelungen ist, im Leben heimisch zu werden und eine balancierende oder Ich-Identität als Ergebnis der Auseinandersetzung

zwischen persönlicher und sozialer Identität, zwischen Selbstbild und Fremdbild gefunden zu haben. Die Geborgenheit im Leben bestimmt entscheidend unsere Interaktionen, und die eben genannte Identität ist Bestandteil dieser Interaktionen, sie »ermöglicht uns eine realistische Einschätzung unseres Handlungs- und Wirkungsprofils«.[50]
Klaffen Selbsteinschätzung und Fremdeinschätzung auseinander, besteht also eine Diskrepanz zwischen Selbst- und Fremdbild, so erzeugt dies nicht nur Unbehagen, sondern auch Unsicherheit hinsichtlich unserer Bewegungsbereitschaft im sozialen Umfeld, es erzeugt in uns Konflikte, weil unser Persönlichkeitsgebäude Risse und Erschütterungen zeigt aufgrund der beispielsweise eindeutig negativen Beurteilung durch die anderen; und doch sollte diese Bewertung innerlich bejaht und es sollten diese Berührungsängste überwunden werden, weil uns nur dadurch zur Korrektur der Selbsteinschätzung verholfen wird, und dies wäre der Beginn einer Neuorientierung in unseren Interaktionen.
Das Kommunikationsgeschehen konfrontiert uns permanent mit dem Anders-Sein des Partners als einem einzigartigen, also von uns verschiedenem Individuum, und das heißt oftmals, Konflikte, also soziale oder zwischenmenschliche Divergenzen bewältigen zu müssen, was konstruktiv geschehen möge. Konstruktiv ist Konfliktbewältigung nicht, wenn Kommunikationsmuster der Unterwerfung (nachgeben um des lieben Friedens willen und beschwichtigen), des Angriffs (Schuld auf den anderen abwälzen und anklagen), der Verharmlosung (alles wird relativiert und rationalisiert) und der Flucht (verleugnen und ablenken, sich schweigend zurückziehen und keinem Gespräch mehr zugänglich sein) angewandt werden; vielleicht sind dies die in uns noch virulenten Muster, wie in unserer Herkunftsfamilie Konflikte »gelöst« wurden. Zu einer befriedigenden Lösung führen solche Methoden der Konfliktbewältigung nicht, die Konflikte schwelen an der Oberfläche weiter und vergiften weiterhin die soziale Atmosphäre.[51]
Ein ethisch geleitetes Handeln wird sich vor allem darum bemühen müssen, daß ein Konflikt so gemeistert wird, daß er keinen Besiegten hinterläßt; in der Regel stehen am Ende eines destruktiven Konflikterlebens besiegte Konfliktpartner, und destruktiv sind Konflikte dann, wenn es den Konfliktpartnern nicht gelingt, den Konfliktinhalt deutlich zu verbalisieren und die Konfliktursache zu beseitigen, oder wenn Kommunikationsabläufe einfach abgebrochen werden.[52]
Konstruktive Konfliktbewältigung wird erst mal voraussetzen müssen, daß eine Konfliktakzeptanz vorhanden ist; es muß erkannt und zuge-

geben werden, daß es da ein zu bewältigendes Problem gibt, das nur im gemeinsamen Aufeinanderzugehen zu lösen ist. Diese Stufe der Selbsterkenntnis ist bei ich-schwachen Menschen kaum vorhanden, weshalb sie fast nicht konfliktfähig sind. Ihre Selbstakzeptanz ist von fremdgesteuerten Erlebnissen abhängig, und daher ist es für sie äußerst wichtig, von ihren Kommunikationspartnern nicht abgelehnt zu werden. Jede Konfliktbeziehung empfinden sie als bedrohlich, weil sie die Identität, die sie von außen und fremdgesteuert gewonnen haben, erschüttern könnte. Sie bedienen sich daher häufig zweier Abwehrmechanismen, um sich konflikt-un-anfällig zu halten: der Verdrängung und der Rationalisierung. Solche Methoden zur Konfliktabwehr sind nicht realitätsgerecht, sie entlassen nur zeitweilig aus dem Konfliktbezug, die Konflikte holen diese Menschen irgendwann mit zwingender Sicherheit wieder ein.

Nicht wenige Führende entwickeln eine staunenswert brillante Argumentationstechnik, um Konflikte als für sie nicht existent wegzurationalisieren. Konfliktfreiheit scheint für sie wichtig zu sein, um sich vor einem befürchteten Profilverlust zu bewahren, die Angst vor Konfliktbegegnung wird aber auch zu distanzierter Kommunikation führen; wenigstens eine Pseudo-Harmonie läßt sich so aufbauen – wert ist sie nichts.

Ich glaube, Konflikte lassen sich konstruktiv erst dann bewältigen, wenn wir die Fähigkeit erworben haben, Gegensätze nebeneinander bestehen zu lassen, und wenn wir einsehen, daß gegensätzliche Meinungen, Vorstellungen, Ziele und Bedürfnisse grundsätzlich gleichwertig sind. Wenn wir das tolerieren[53], gehen wir im Konfliktgeschehen ganz anders aufeinander zu, jedenfalls nicht in Dominanzgebärde, und nehmen auch die Verunsicherung über den Ausgang eines Konflikts in Kauf und sind bereit, uns auf Kompromisse einzulassen in Anerkennung der Andersartigkeit des Partners mit seiner je anderen – aber der meinen grundsätzlich gleichwertigen – Vorstellungs- oder Bedürfniswelt. Ich-Stärke und Verwurzelung in einem ausreichend entwickelten Selbstwertgefühl verlangt dies, aber auch Geduld und die Fähigkeit, Spannungen – und Leben ereignet sich immer in der Spannung zwischen gegensätzlichen Polen – gegebenenfalls auszuhalten.

Noch eines: »Die Verbalisierung des Konfliktinhalts« – nicht jedoch aus der Position hierarchischer und nicht aus personal-gedeckter Autorität heraus, sondern im Wir-Feld – »ist ein Akt des Vertrauens«[54], wozu, wie wir noch sehen werden, nur wenige fähig sind, zumal Vertrauen Gefühl ist, was in den Führungsetagen immer noch verpönt, zumindest noch lange nicht hinreichend heimisch geworden ist.

Die Beseitigung der Konfliktursache ist insofern ein sittliches Handeln, als hier Menschen in ihrer Einzigartigkeit und Einmaligkeit aufeinander zugehen und sich – kompromißbereit und in freier Willigkeit – um eine Verhaltenskorrektur bemühen.

Die emotionale Ausdrucksfähigkeit. Welt und Wertigkeit der Gefühle. Glaubwürdigkeit und Vertrauen

Mit einem der wesentlichsten Merkmale der interaktiven Kompetenz mag dieses Kapitel zu Ende gebracht werden, mit der *emotionalen Ausdrucksfähigkeit*; in der praktischen Führungsdialektik ist dies die Grundregel des Postulats des emotionalen Anspruchs.[55]

Ein unstrittig wichtiger Aspekt sozialer Sensibilität ist das richtige Erkennen und Umgehen mit fremden Emotionen, was jedoch nur und erst möglich ist, wenn man mit der eigenen Emotionalität umzugehen imstande ist, sie überhaupt wahrnimmt und zuläßt und weiß, daß »Gefühle die stärksten Elemente unseres Lebens sind und daß sie die Bausteine unserer zwischenmenschlichen Beziehungen«[56] bedeuten. Unsere soziale Welt ist vornehmlich eine Gefühlswelt, und unsere sozialen Kontakte und Interaktionen sind überwiegend durch Emotionen bestimmt, seien es soziale Gefühle wie Glaube, Liebe, Vertrauen, Haß, Neid und Mißgunst oder sittliche wie Ehre, Treue, Mut, Gerechtigkeit, Gehorsam, Ehrlichkeit, Männlichkeit und deren jeweiliges Gegenteil.

Soziale und interaktive Kompetenz zeigt sich beim Führenden vor allem in seiner Fähigkeit, Gefühle zuzulassen und sie beim Gegenüber zu akzeptieren. Das hat mit Gefühlsduselei und Sentimentalität nichts zu tun, sondern es ist Ausdruck seelischer Reife und psychischer Normalität. Ich sagte schon, »hart wie Kruppstahl« ist hinsichtlich ethisch verantwortetem, also humanem Führen kein Wert, denn diese Härte leugnet das bedeutendste psychische Fundament des Menschen und auch das zentrale Gefühl, nämlich das Selbstwertgefühl, als jene elementare emotional positive Grundeinstellung (und Grundbefindlichkeit) des menschlichen Individuums zu seiner eigenen Existenz, die es ihm ermöglicht, sein Hiersein auf dieser Welt mit Freude und Lust und Ausdauer anzunehmen.[57]

Was heute im gesellschaftlichen, vornehmlich jedoch im beruflichen Leben vorherrscht, ist sachorientierte technische Rationalität, Zweckrationalität, Technik als Kunst des Machens des Machbaren mit optimalem Einsatz aller zur Verfügung stehenden menschlichen und sachlichen Hilfsmittel. Hier ist für Emotionalität kaum Raum, Emotionen sind hier schädlich, sie stören und werden als unnütz abqualifiziert. Man orientiert sich an Verwendung, Verwertung, am Nutzen – und unsere technisierte Welt ist nur daran interessiert, wie (ausschließlich und schnell) sie den Menschen zu einem nützlichen, Nutzen bringenden und den Einsatz lohnenden Wesen machen könne. Und solche Nützlichkeit und Verwertbarkeit des Menschen will von Emotionen – es sei denn, man kann sie manipulativ nutzen als Motivatoren zu größerer Leistungsbereitschaft – im Grunde nichts wissen.[58]

So wird man es allenthalben ungern hören und kaum gelten lassen, wenn ich ungeniert – was jedoch psychologisch begründet und begründbar ist – behaupte, daß Kommunikation auch und vor allem emotional erlebbar sein muß. Der eine wird dem anderen auch im Führungsprozeß erlebbar, wenn Gefühle als die Elemente des Erlebens und als die Qualitäten menschlichen Gestimmtseins zugelassen werden und wenn Empfindungen nicht rigide unterdrückt und tabuisiert werden.

Emotionale Ausdrucksschwäche ist die bedenkliche »Unfähigkeit, Gefühle und Emotionen adäquat abfließen zu lassen«.[59] Emotional gebremsten oder gehemmten Menschen sei zu bedenken gegeben, daß Gefühle, die nicht gezeigt werden können, unter Umständen über kurz oder lang auch nicht mehr gehabt werden, das heißt, solche Menschen transmutieren unmerklich, aber doch zu Gefühlsarmut und damit zu einer eklatanten Verkürzung des Menschseins.

Manch einer hat jedoch durchaus starke Emotionen, aber er leidet an einer Verstopfung emotionaler Ausgänge, er kann sie weder zeigen noch über sie sprechen; wenn diese Unfähigkeit eng verknüpft ist mit einer Wertpyramide, das heißt, wenn für diesen Menschen die Wirklichkeit nur in der beruflichen Wirklichkeit besteht, dann kann man von einer (heute zunehmend weit verbreiteten) psychischen Störung sprechen, die Rupert Lay mehrfach in seinen Büchern[60] als »Alexithymie«, als »Stummheit der Seele« bezeichnet. Diese Störung läßt einen Menschen seine Emotionen nicht mehr deutlich wahrnehmen und die Emotionen der sozialen Umwelt eher als Störung betrachten, da sie rational geleitetes Verhalten verhindern. Im Bemühen, »die Bedeutung von Emotionen in jeder kommunikativen Szene nicht erkennen oder unterschätzen und Emotionen möglichst eliminieren zu wollen, entwickeln sie ein wahnhaft von psychischer und/oder sozialer Realität abgelöstes Bild von sich selbst, von anderen Menschen, von Gruppen und Gesellschaften. Insofern sie die Bedeutung von Emotionen in Entscheidungsprozessen nicht erkennen, verkennen sie, wie diese zustande kommen ... Nicht selten ist Alexithymie begründet in den Strukturen unseres schulischen und betrieblichen Bildungssystems.«[61] Man vergleiche, was ich in Kapitel 6 im Zusammenhang mit der Überbetonung der fachlichen Kompetenz bereits ausgeführt habe.

In unserer technischen Zivilisation wird Emotionalität vielfach zur Privatsache erklärt, gesellschaftsfähig ist Rationalität: Die Gefühle werden am besten wegtrainiert, weggepanzert, Emotionslosigkeit geriert sich als klinische Sachlichkeit und Intellektualität. Der Psychologe Peter Lauster[62] nennt dies den Abwehrmechanismus der »Gefühlspanzerung«, populär ausgedrückt: das dicke Fell. Schon vor vielen Jahren hat Heinrich Böll beklagt:»Emotional zu sein gilt ja fast schon als Kranksein.«

Diese Anti-Emotionalitäts-Philosophie (Lauster) verkennt die »Natur« des Menschen. Der Mensch ist auch immer und vor allem ein emotionales Wesen, und dies eigentlich viel intensiver als ein rationales, auch wenn immer wieder der kognitive Persönlichkeitsbereich mit Intelligenz und Rationalität überbetont wird. Verbindet sich bei solchen Hirnlingen, bei Menschen also mit Kopflastigkeit und emotionaler Verödung,»leidend« an einer Intelligenzhypertrophie, ihre emotionale Ausdrucksschwäche oder Emotionslosigkeit mit Konkurrenzstreben, so wird ihr Verhalten eiskalt, berechnend, knallhart, distanziert, sachlich-rational und unterkühlt, bar jeglicher Lebendigkeit, Spontaneität und Kreativität. Ohne Emotionen ist der Mensch ein seelenloses Monster. Eine Gesellschaft ist krank, wenn nur der Intellekt gesellschaftsfähig ist, es ist eine Persönlichkeit führungs-un-geeignet, wenn die Gefühle weggepanzert werden.[63]

Es mag ein jeder sich in seinem sozialen Umfeld umsehen, er wird unschwer feststellen und erkennen, daß die tragfähigen, daß die dauerhaften zwischenmenschlichen Beziehungen immer emotionale Beziehungen sind. Freilich brauchen Führungsbeziehungen nicht von (ausschließlich) dieser Art zu sein, aber man wird nicht vergessen dürfen, daß Geführte stets auch in emotionalen Erwartungen an ihren Vorgesetzten leben. (Sie geben nicht 70 bis 90 Prozent ihrer Persönlichkeit morgens an der Garderobe ab und stehen als Human Capital und Arbeitskraft zur Verfügung!) Führende, die sich auch in ihrem Gefühlsleben beheimatet fühlen, werden den emotionalen Bedürfnissen der Geführten mit Verständnis begegnen – und da wird soziale Kompetenz des Führenden überprüfbar.[64]

Die »menschliche« Variante des Führens – und sie sollte wesentliches Charakteristikum des Führens als Menschenführung sein! – fordert, sich in seinem Menschsein zu offenbaren und (in diesem echt menschhaften Vollzug) menschlich glaubwürdig zu sein.

Was heißt *Glaubwürdigkeit?* Sie ist zweifellos die sittliche Basis für alle zwischenmenschlichen Interaktionen, und als solche mag man sie umschreiben als die von den Mitmenschen (freiwillig) bestätigte Akzeptanz der ganzen Persönlichkeit, die daraus resultiert und deshalb gewährt wird, weil hier eine eindeutige Identität von Verkündetem, Versprochenem, Gefordertem *und* eigenem Handeln gelebt und von den anderen wahrgenommen und empfunden wird.[65]

Die Kommunikationskultur heute ist nicht zuletzt deshalb so korrupt, weil die, die sich in ihr bewegen und sie schaffen, unglaubwürdig sind; ihre noch so blumigen und edlen und sittlich hochtrabenden Worte entlarven sich als Lügen oder Worthülsen oder Manipulationsphrasen, denen kein kongruentes Handeln entspricht. Reden und Tun klaffen auseinander und bilden keine symbiotische Einheit, keine Identität in der Persönlichkeit. Solchen Menschen überantwortet man sich nicht, man glaubt ihnen kaum und nur mit großer Skepsis, man kann sich bei ihnen nicht fallen lassen, man mag sich ihnen nicht vorbehaltlos anvertrauen, man vertraut ihnen nicht.

Wer glaubwürdig ist, dem vertraut man, das heißt, dem Glaubwürdigsein folgt zwingend das *Vertrauen* als eine Art sich preiszugeben. Man kann es definieren als »psychisch-ethische Grundqualität (und als) die emotionale Fähigkeit, sich ohne Kontrolle und Absicherung in die Obhut eines anderen Menschen zu begeben«.[66] Von vorneherein muß gesehen werden, daß Vertrauen ein Gefühl ist, weshalb emotionslose Hirnlinge und alexithymische Zweckrationalisten nicht vertrauen können.

Entwicklungspsychologisch erscheint Vertrauen schon beim Kleinkind als eine Art Urvertrauen, zugleich aber ist es auch gewissermaßen ein Urverhalten in jeder Art menschlicher Begegnung. Man kann durchaus berechtigt sprechen von einer elementaren Zugehörigkeit des Vertrauens zum menschlichen Dasein, es ist überhaupt die Voraussetzung und Bedingung der Möglichkeit stabiler menschlicher Interaktion. So gesehen ist Alexithymie wirklich eine fundamentale psychische Störung und eine kaum überbietbare Einengung des Menschseins.

Vertrauen bekommt man nicht geschenkt, man muß es sich »verdienen«: Man muß glaubwürdig werden und im kontinuierlichen umgänglichen Miteinander des Zusammenlebens und Zusammenarbeitens die Stimmigkeit einer sittlichen Persönlichkeit »nachweisen«, in welcher Verkünden und Sein und Handeln eine Einheit bilden. Und noch etwas ist wichtig: Vertrauen gewinnt nur der, der es dem anderen gewährt.[67] Auch im Führungsprozeß, so meine ich, bedarf es der Kraft des Vorschusses, bedarf es eines Vertrauensvorschusses von einer Seite aus; ist Mißtrauen die Grundstimmung, dann ist die Atmosphäre so vergiftet, daß Arbeit zur Fron wird und der Weg zur inneren Emigration zwangsläufig erfolgt.

Wer vertraut, öffnet sich, gibt etwas von sich selbst preis und wird damit verletzbar. So ist *Vertrauen* wirklich *eine Art Selbstauslieferung*[68] an den anderen, womit natürlich das Risiko verbunden ist, enttäuscht zu werden; aber dieses Risiko muß man tragen, denn da ein Leben in permanentem Mißtrauen nicht durchzuhalten wäre, muß man diese für das Leben doch so notwendige Erwartungshaltung trotz Enttäuschungshorizonten einfach mit gewisser Abenteuerlust riskieren!

Es wird verständlich, weshalb wir so selten dem Vertrauen begegnen als der Hoffnung, vom Vertrauenspartner nicht verletzt zu werden, es wird auch verstehbar, weshalb die meisten Führungsbeziehungen in Unternehmen von schleichendem Mißtrauen geprägt und angstbegleitet, angstbesetzt, kaum vertrauensnah sind. Nicht der Führende entscheidet, ob er als vertrauenswürdig empfunden wird, Vertrauenswürdigkeit wird ihm vielmehr (auf der Basis seiner Glaubwürdigkeit) von seinen Mitarbeitern attestiert, oder auch nicht.

Ein Narzißt, neurotisch selbstverliebt in sich und seine Bedürfniswelt, in seine Profilierungsgier und seinen Machthunger – zahlreiche Vorgesetzte sind mehr oder minder intensive narzißtische Persönlichkeiten –, ein Narzißt wird weniger Vertrauen genießen als ein alterozentriert Führender. Die Vertrauenswürdigkeit eines Führenden wird entscheidend durch sein interaktiv-kommunikatives Verhalten bestimmt, wozu wesentlich die emotionale Ausdrucksfähigkeit gehört, wie wir gleich sehen werden. Zuvor noch dies: Vertrauen hat, so möchte ich es mal nennen, Aufforderungscharakter, Vertrauen enthält eine »stumme Forderung«, und dieses »Sich-Vorwagen auf ein Entgegenkommen zu« nennt K. Logstrup[69] das grundlegende Phänomen der Ethik.

Emotionen sind keine Akzidenzien und keine gerade so zugelassenen, in Kauf genommenen Nebensächlichkeiten des Menschseins – quasi Pickel oder Sommersprossen am Alabasterkorpus des Adonis –, sondern sie bestimmen den größten Teil des Persönlichkeitsinhalts der Wesenstiefe eines Menschen. Zuerst sind wir emotionale Wesen, und dies von frühester Kindheit an. Die emotionale Reaktion ist im frühen Kindesalter die einzig mögliche Reaktion, da eine sprachlich-rationale noch nicht möglich ist. Dieser *ursprüngliche Primat des Emotionalen* sollte jedem zu denken geben, der sich als Erwachsener darum »bemüht«, keine Gefühle zu haben, sie nicht zuzulassen und sie bei anderen als Schwäche zu deklassieren.

Wie sehr die Gefühle die Erlebnisgrundlage menschlichen Daseins bilden, sehen wir an der kindlichen Existenz. Leider wird dieses emotionale »Selbstverständnis« oft erfolgreich wegerzogen (sei vernünftig; überlege erst; ein Junge weint nicht; ein Indianer kennt keinen Schmerz, etc.), und so begegnen wir der vielverbreiteten Meinung, als seien die Vernunft und die Intellektualität die wichtigsten Beurteilungskriterien für eine Persönlichkeit. Sie sind es nicht! Ausschlaggebend ist immer noch, wie wir uns fühlen und wie wir einen anderen Menschen empfinden, und nicht, welches Wissen dieser oder jener besitzt und mit welchen Fertigkeiten er zu brillieren imstande ist – das schafft eher Distanz, und es »hilft« mir doch verdammt wenig, enorm viel zu wissen, jedoch eine emotional negative Atmosphäre zu verbreiten, die andere veranlaßt, mich wie ein Stinktier zu meiden oder mir, wenn es schon unausweichlich nötig sein sollte, gar mit Ängsten oder Mindergefühlen zu begegnen.

Gefühlsarmut oder emotionale Ausdrucksschwäche ist immer auch Kommunikationsschwäche, sie läßt einen Menschen isoliert erscheinen; und es gibt fürwahr zahlreiche Manager, die isoliert leben und vereinsamt sind, allein gelassen mit ihrer Triebstruktur, mit ihrer Zweckrationalität, mit ihrem immensen Sachwissen, mit ihren Profilierungstendenzen und Machtansprüchen, aber auch zumindest mit ihren primären Emotionen (wie Erwartungen, Ängsten, Schuld, Verzweiflung, Wut, Lust), deren Ventile jedoch verstopft sind, unfähig, sich öffnen zu können.

Es mag durchaus möglich sein, daß stark verkopfte und intellektuell-nüchterne Personen einigermaßen glücklich und zufrieden leben, solange man sie in ihrem Käfig läßt – da fühlen sie sich wohl, und sie brauchen schließlich auch eine Sicherheit in ihrem Lebensgefühl; sie müssen jedoch auch damit fertig werden, daß sie mit nur relativ wenigen Menschen kommunizieren können und den meisten nicht zugänglich sind. Das ist die Grenze, die dem Hirnling gezogen ist, und wenn er diese Grenze sieht und vielleicht auch daran leidet, dann kann der erste Schritt zur Selbstakzeptanz getan sein. Diese aber muß zugleich eine Korrektur im Emotionalbereich initiieren – und gerade das ist nicht einfach, denn emotionale Ausdrucksschwäche hindert Menschen deshalb daran, sich zu öffnen, weil in ihnen die Angst vor Ablehnung und vor angeblicher »Schwäche« so überstark ist, weil sie in der Regel fremdgesteuert sind und noch kein reifes Selbstwertgefühl entwickelt haben, das auch bedeutet, »den Wert der eigenen Emotionalität als seelisches Fundament in sich zu verspüren«.[70]

Wer seine Gefühle ausdrückt, gibt Auskunft über sich und seine Befindlichkeit, und wer dies tut, wer also imstande ist, seine Gefühle und seine innere Gestimmtheit zu äußern, gibt dem Du und dem Partner und Gegenüber eine fundamentale *Orientierung*.[71] Emotionen haben nun mal *Signalcharakter* und wollen etwas mitteilen. Als Signale mit sozialem Charakter teilen sie u. a. der sozialen Umwelt mit, zu welcher Interaktion man im Augenblick fähig ist und zu welcher nicht, sie zeigen an, mit welchen Interaktionen oder Interaktionsangeboten man derzeit etwas anfangen kann oder nicht und welche Reaktionen das Gegenüber gegebenenfalls zu erwarten hat. Auch so haben also Zeigen und Wahrnehmen von Emotionen eine wichtige und recht zentrale Aufgabe im Kommunikationsfeld: Man weiß (sehr viel schneller), woran man (mit dem anderen) ist und wie man sich auf ihn augenblicklich einzustellen hat.[72]

Sind nun Emotionen wesentliche Teile unserer inneren Realität, warum sollte man dann so sich zu äußern nicht imstande sein: »Ich bin heute sehr gereizt wegen widerlicher Auseinandersetzungen im privaten Bereich – bitte haben Sie Verständnis, wenn ich daher auf bestimmte Bemerkungen aggressiv reagiere.« Hier wird ein »Wissensvorsprung« geschaffen, der sehr wertvoll ist für die Gesprächspartner einerseits und auch von entscheidender Bedeutung für das Gespräch andererseits.

Jedenfalls, um wieder auf die Ebene Führender und Geführte zu kommen: Wer seine Gefühle zu äußern nicht imstande ist, ist psychisch krank und schafft im Kommunikationsfeld distanzierte (»eisige«) Kälte. Natürlich wird hier der Gefühlsduselei und der übertriebenen Sentimentalität keineswegs das Wort geredet, es ist das Unternehmen auch keine therapeutische Anstalt, und von keinem Führenden wird verlangt, seine Seele detailliert auf dem Schreibtisch vor aller Augen auszubreiten. Nein, aber dennoch ist wünschenswert und eigentlich notwendig, daß eine emotionale Grundstimmung existent ist, die wie eine Aura in der Gruppe, in der Abteilung schwebt.

Jede *Unternehmenskultur* hat und braucht auch eine entsprechende *»Gefühlskultur«*, denn »in den vorherrschenden Gefühlen spiegeln sich die Erwartungs-, Wert- und Zielstrukturen, (die) Abhängigkeiten, (die) Kontrollhierarchien und (die diversen) Kommunikationsnetze verläßlich wider, die in ihrer jeweils besonderen Konstellation (und Eigenart) die Kultur eines Unternehmens aufspannen. (Die) Gefühle zeigen an, inwieweit die Unternehmenserwartungen, (die) Ziel- und Wertstrukturen, (die) Machtverteilungen und Leistungsanforderungen vereinbar sind mit den persönlichen Erwartungen, (mit den) persönlichen Zielen (und) Werten (und) Wünschen und Kompetenzen des einzelnen (und damit) mit der Aufrechterhaltung seiner Selbstwertschätzung.«[73] Der einzelne hängt all dies nicht morgens an den Kleiderhaken und holt es am Abend wieder ab – in der Zwischenzeit ist er Roboter und Befehlsempfänger.

Eine Gefühlskultur wird dann gelingen, wenn von jedem Führenden etwas von seinem »Menschlichsein« »rüberkommt« und spürbar wird: Herzlichkeit und Freundlichkeit, Wärme und auch Fehlerhaftigkeit. Distanzierte und, da kopflastig-intellektuell, als kalt empfundene Vorgesetzte verbreiten eine eisige Atmosphäre, in der die schönste Arbeit zur widerwärtigen Fron gefriert. Da jedoch, was schon gesagt wurde, bewußte emotionale Distanz zugleich Distanz im Vertrauen bedeutet, ist ein solcher Führender nicht greifbar, er führt aus einer menschlichen Ferne, und eben diese menschliche Ferne erzeugt oftmals Angst und Unsicherheit, sie ist aber auch auf seiten des Führenden nicht selten Ausdruck von Angst- und Mindergefühlen, weil er nicht in der Wesensmitte und aus ihr heraus lebt.

Wenn die vier negativen Gefühlsarten, von denen das menschliche Ich im allgemeinen stark bestimmt wird, nämlich Angst-, Minder-, Schuld- und Schamgefühle, nicht eingebettet sind in eine grundsätzlich positive, lebensbejahende Basisstimmung und wenn einer hierüber zu sprechen außerstande ist, dann werden permanent zu viele seelische Kräfte gebunden, und das stete Bemühen, den negativen Gefühlsbereich zu kontrollieren und niederzuhalten und täglich verbergen zu müssen, läßt eine gläserne Distanz zum Du aufbauen. Ein solcher Mensch ist nur bedingt zu wirklicher Interaktion fähig, zu weit entfernt auch davon, vertrauenswürdig zu sein, als daß da jemand in angstfreier Unbedenklichkeit sich öffnen und vertrauen könnte.

Emotionale Ausdrucksfähigkeit ist, summa summarum, ein *elementares Stück psychischer Normalität,* und sie macht den Führenden in Wirtschaft und Politik oder sonstwo in seiner Darstellungs- und insbesondere in seiner Wirkweise glaubwürdig und vertrauensfähig und damit auch überzeugungsfähiger. Und last not least: Wer die Gefühle eines Menschen ablehnt, der lehnt den ganzen Menschen ab, und wer die Gefühle des anderen akzeptiert, der verleiht diesem Menschen Würde, und solcher Respekt vor den Gefühlen des anderen ist (auch) ein Ausdruck von Toleranz[74]. Der Führende selbst jedoch mag sich bemühen, seine eigene Emotionalität zu bejahen, sie zu kultivieren, und sich befähigen, sie zu äußern.

Zur Dynamik der menschlichen Persönlichkeit

»Meißle stets an deiner eigenen Büste.«

(Plotin)

Am Ende dieser Abhandlung angelangt, sind wir gemeinsam einen weiten Weg gegangen von mikropolitisch-machiavellistischem Agieren bis zu Persönlichkeitsmerkmalen, die in der Orientierung am Ethos und insbesondere an der Würde des Menschen in ihrer Gesamtheit und Zusammenschau befähigen sollten, über die rein fachliche Kompetenz hinaus vornehmlich sittliche, soziale und interaktiv-kommunikative Kompetenz in das Führungsgeschehen einzubringen.

Es liegt mir nun fern, ein Resümee aus den acht Kapiteln zu ziehen und – auf wenige Seiten gedrängt – in komprimierter Dichte den Führenden erstehen zu lassen, wie ich ihn sehe und wie er vermutlich sein sollte, so sein Führungsauftrag eingebettet und tief verankert ist in einer Persönlichkeit, die durchdrungen ist vom unbedingten Wert, von der Freiheit und der Würde des Menschseins als nicht hintergehbare Fluchtpunkte jeglichen Bemühens und die dies auch uneingeschränkt bei anderen Menschen, bei den Geführten voraussetzt und (gerne) gelten läßt. Auf den kleinsten gemeinsamen Nenner gebracht, ist dies *humanes Führen.*

Man mag mir – auch ohne Zusammenfassung, die alle Facetten humanen, also ethisch verantworteten Führens punktuell im Zeitraffertempo vor Augen führen würde – vorwerfen, die Führungspersönlichkeit, die ich vorgestellt und zu zeichnen versucht habe, gäbe es realiter nicht – wohl richtig so. Aber es würde mich – ganz jenseits der Absicht, bei denen, die ernsthaft sich um sittlich fundiertes Führen bemühen, Mindergefühle und Komplexe zu schaffen – dieser Vorwurf und Vorbehalt mißverstehen, denn meine Ausführungen sind idealtypisch zu verstehen und wollten Denkanstöße geben *und* natürlich Handlungsimpulse auslösen.

Es ging mir um den Menschen als Führenden, der aufgrund seiner geistigen Dimension und als fakultatives Sein[1] – also zu jeder Möglichkeit hin, zu Veränderung und Wachstum und Entwicklung prinzipiell offen! – das realisieren kann, was wesenhaft in ihm angelegt ist. Mit der Veränderung, mit dem *Wandel in mir*, kann jeder heute noch, täglich und sekündlich und nie endend beginnen – er muß nur einsehen und wollen. Die wesentliche Dynamik menschlicher Persönlichkeit läßt dies nicht nur zu, sondern sie fordert es geradezu heraus.

Der Mensch – das entscheidende Wesen

Was ist der Mensch? Ich habe in Kapitel 1 und 2 darauf eine Antwort zu geben versucht – sie ist zu vertiefen. Er ist das Wesen, das sich immer entscheidet. Und was entscheidet er? Was er im nächsten Augenblick wird.

Diese zwei Kurzaussagen umreißen ein Menschenbild, das vor Dynamik fast platzt und das diametral der weitverbreiteten Ansicht entgegensteht, wonach Mensch und Person und Persönlichkeit, beliebig miteinander austauschbar, identisch sind und vorwiegend statisch verstanden werden müssen.

Eine Persönlichkeit, sprich: eine gestandene, starke Persönlichkeit, ist dann (nach üblichem Klischee) jener Mensch, der zeit seines Lebens die eine Idee hochhält, stets gleichbleibenden Idealen huldigt, seine Meinung nie umstößt, sich stur auf eine Fahne einschwört und nur sie trägt und hochhält und streng linear sich selbst – was auch immer darunter zu verstehen sein mag – treu bleibt, kurzum: sich nie ändert.

Wenn jemand einem alten Bekannten nach einer Anzahl von vielen Jahren wieder begegnet und ihm nach ein paar Stunden munteren Plauderns auf die Schulter schlägt und ekstatisch jubelt: Mein Gott, wie schön, ganz der alte!, dann mag dies wohl als Kompliment gemeint sein und die Enge und Nähe des Gestern zum Heute ausdrücken wollen – es ist aber im Grunde, nach meinem Verständnis menschlicher Existenz, eine schiere Beleidigung, die dem anderen attestiert, daß er angeblich nicht verwandlungs-, nicht veränderungsfähig war.

Solcherart Veränderung setzt voraus, Wahlmöglichkeiten erst ' mal wahrzunehmen, sie als echte Alternativen sehen zu wollen und sich dann zu entscheiden. Möglichkeiten sind Wege zu einem Ziel hin, das noch nicht zur Wirklichkeit erhoben ist – der Weg aber ist wirklich, ich muß ihn nur betreten. Der Mensch der statisch-solid-stabilen Sorte setzt nicht einmal die Fußspitze auf diesen Pfad und reduziert sich damit um die unzähligen Chancen individuell-personaler Entwicklung, der Entfaltung und des Reife-Wachstums – nicht unbedingt aus Trägheit, sondern oftmals aus Angst, denn es geht bei bewußter Entwicklung um Grenzüberschreitungen, das heißt, man muß loslassen, man muß gelernt haben zu verzichten. So ist es auch bei jeder Entscheidung, weshalb die als Entschuldigung vorgebrachte Entscheidungsschwäche nicht greift, denn manches, vielleicht gar jedes Sich-nicht-entscheiden-Können ist eigentlich ein Nicht-verzichten-Wollen – der Akt des Wählens ist immer ein Verzicht auf die nicht gewählte Alternative.

Der Mensch – das ent-scheidende Wesen. Es ist meine feste Überzeugung, daß man dies so pauschal sagen kann, denn zwischen ja und nein, pro und kontra, Handeln und Nichthandeln, also Unterlassen, ist immer zu entscheiden. Unentwegt und stets aufs neue steht der normale gesunde Mensch am Kreuzweg einer neuen Entscheidung, *auch* der Entscheidung über sich, über diesen Menschen, auf den hin er sich »entwickelt« oder entwickeln will.[2]

Unsere Sprache ist hier sehr weise, wenn sie sagt, ein Verzicht – der zur Entscheidung wesentlich gehört – müsse »geleistet« werden. Es handelt sich fürwahr um eine echte Leistung[3], die einem da abverlangt wird, denn im Verzicht erst, im Nein zu der Vielfalt der Wünsche und des Wollens wird der Mensch an die Grenzen seiner Persönlichkeit geführt, und dies beansprucht ihn körperlich und seelisch und geistig ungeheuer, weshalb er das Verzichten – ohne gleichzeitige Ersatzbefriedigung! – durchaus als besondere Leistung empfindet.[4] Bereits hier könnte man verstehen, weshalb zahlreiche Menschen sich nicht entscheiden (wollen) und weshalb echte, wahre, reife Persönlichkeiten so selten sind. Jede Ent-scheidung ist Ab-scheidung, und darum ist die Entscheidungsfähigkeit wirklich eng mit dem Opfergeist verbunden.[5] Wer sich für etwas entscheidet – ich wiederhole mich bewußt –, verzichtet damit notwendigerweise auf die anderen, nicht eingeschlagenen Wege. »Die Aktion ist grundsätzlich Opfer«, sagt Maurice Blondel.

Führende wissen nur zu gut, daß Unentschiedenheit immer eine gewaltige Bedrohung nicht nur des Gemeinschaftslebens allgemein, sondern auch des unmittelbaren sozialen Umfelds bewirkt. Persönlichkeiten in Führungspositionen, die Entscheidungen aufschieben, verschieben, die offene Fragen nicht lösen oder bestenfalls nur stagnierende Kompromisse einzugehen wagen, lasten sich eine schwere Verantwortung auf, denn sie stiften oftmals eine nach allen Seiten um sich greifende Verwirrung[6] – sie büßen in hohem Maße Vertrauenswürdigkeit, Verläßlichkeit ein.

Ich möchte auch nicht der falschen Entschlossenheit, dem impulsiven »Wie gedacht, so getan« das Wort reden. Diese »Trunkenheit der Aktion« verrät häufig »eine krankhafte Verkrampfung des Gefühlslebens, das nicht zu warten versteht und in die schnelle Entscheidung flüchtet«.[7] Solche, wie der Tübinger Philosoph O. F. Bollnow es einmal bezeichnete, »Flucht in die Entscheidung« geriert sich gerne als Charakterfestigkeit, sie ist aber nichts anderes als Schwäche und Ungeduld, höchst erregbare Empfindlichkeit, Erwartungsangst und Suggestibilität.

Was ich eben ausführte, weiß im Grunde jeder Führende, zumindest gehört Entscheidungsmächtigkeit zum Anforderungsprofil aller Führungskräfte, auch eine gewisse Entscheidungsfreude, jedoch mit Gelassenheit insofern gepaart, als sie versucht, den Knoten – wo nötig – langsam zu entwirren, anstatt ihn à la Alexander dem Großen in Gordion mit dem Schwertstreich eines spontanen und vielleicht übereilten Entschlusses durchzuhauen. Die Entscheidung über den Menschen, auf den hin man sich entwickeln will, steht für jeden an ... Man zögere nicht!

Homo viator – der Mensch unterwegs

Ehe ich die Dynamik der Persönlichkeit zu zeichnen mich bemühen will – wofür im Vorfeld eine deutliche Differenzierung von Person, Charakter und Persönlichkeit erbracht werden muß –, sei es mir erlaubt, mein Lieblingsbild vom Menschen vorzustellen, das menschliches Dasein mustergültig zeichnet und gleichzeitig die abenteuerlich-herrliche, auf Entfaltung und Zukunft ausgerichtete und ausgreifende Dynamik menschlichen Lebens umgreift.

Ich verstehe den Menschen als einen *Homo viator;* Homo der Mensch – Viator der Pilger und Wanderer, der Weggeher, der Weggänger. Homo viator ist also der *Mensch unterwegs.* Damit ist Wesentliches über den Menschen gesagt, denn der Mensch ist schicksalhaft und wesenhaft in Zeit und Raum eingebunden, das heißt, Zeit und Raum machen ihn aus, so zwar, daß er, jeder von uns, stets unterwegs ist in der Zeit vom Vorher zum Jetzt und zum Nachher, im Raum von hier nach dort, ein Mensch auf dem Wege mit oder auch ohne Hoffnung, aber doch und stets unterwegs.

Es ist nicht nur reines Bild, es ist ein metaphysischer Wesenszug des Menschen, daß er auf dem Wege ist, und dies auch zwischen Zuständen: zwischen Anlage und Erfüllung, zwischen »schon da« und »noch nicht«. Denn der Mensch ist ein geschichtliches Wesen, was bedeutet, daß sich sein Schicksal, das, was den konkreten Menschen ausmacht, in einem zeitlichen Nacheinander erfüllt: in Entscheidungen seinerseits und Widerfahrnissen von außen. Das aber bringt mit sich, daß ein Teil dessen, was ihn als konkrete Person ausmacht, noch aussteht – das noch Ausständige seiner Existenz aber ist das Künftige.

So ist die Zukunft der Raum, in dem der Mensch, in Gedanken der Gegenwart vorgreifend, lebt, in den hinein, mit Heidegger gesprochen, er sich selbst vorweg ist, während er die Gegenwart als den flüchtigen Moment einer Bewegung erlebt, der eben dadurch, daß er zur Zukunft weiterleitet, selbst schon Vergangenheit wird. Genau hier hat die Hoffnung ihren Ort; aber bleiben wir beim Weg, der wesensgemäß immer gerichtet ist, das heißt, jeder Weg hat, sucht, erreicht ein Ziel, oder auch nicht, er verfehlt es, führt an ihm vorbei oder in die Irre, aber er hat Richtung; jedoch die Richtung geben wir an, das ist das Wesentliche, und vornehmlich wir selbst bestimmen, wohin der Weg gehen soll mit all seinen Kurven und Widerwärtigkeiten, mit Unwegsamkeiten und gelegentlichen Aussichtslosigkeiten, mit oder auch ohne Stützen und Krücken von außen – so jedenfalls, wenn unser Menschenbild Platz hat für freie Entscheidungsmächtigkeit und uns nicht durch genetische und psychosoziale Potentiale weitestgehend geprägt und determiniert sein läßt.

Wenn wir eine Brücke schlagen vom Homo viator als dem Menschen unterwegs auch zwischen den Zuständen von Anlage und Erfüllung zur menschlichen Person mit ihrer Charakterstruktur und zur jeweils verschiedenen, weil individuellen Persönlichkeit, dann ist Persönlichkeitsbildung – deren Notwendigkeit ich im ersten Kapitel zu umreißen versuchte – auch ein Unterwegssein voller Bewegung, Flexibilität und Dynamik insofern, als es gilt, aus dem rohen Marmorblock des reinen Personseins die lichte und filigran gearbeitete Skulptur einer reifen und in sich zentrierten, aber wesentlich dialogisch orientierten Persönlichkeit zu meißeln.

Diese Wegrichtung für sich zu bestimmen, sich hierzu immer wieder

284

neu zu entscheiden, was Verzicht und Loslassen wesentlich inkludiert[8], das ist echte Leistung, und solches Tun als lebenslange Persönlichkeitsbildung ist weit entfernt von der zur Worthülse verkommenen Bezeichnung »Persönlichkeit«, wie sie uns permanent im Alltag begegnet und wie sie oftmals von Leuten in führenden Positionen nur aufgrund fachlicher Kompetenz und meist nur, was (noch) schlimmer ist, aufgrund ihrer Einbindung in eine höhere Hierarchieebene in Anspruch genommen wird – davon war bereits des öfteren die Rede.

Begriff und Wirklichkeit von Person(sein)

Hinsichtlich des Begriffs und der Wirklichkeit von *Person* und *Persönlichkeit* – insbesondere im Blick auf deren »Verschiedenheit« und in Abgrenzung zu Charakter – scheint eine babylonische Sprachenverwirrung zu herrschen, weshalb eine differenzierende Klarstellung und Verdeutlichung not tut, wobei ich mich auf das Notwendigste beschränken will, jedoch einige Aussagen wiederholen muß, die in einem anderen Zusammenhang bereits gemacht wurden.

Zunächst ein – wissenschaftlich etwas fragwürdiger, aber aufgrund der Anschaulichkeit doch berechtigter – etymologischer Ansatz[9]:

Das lateinische Wort »persona« heißt in seiner ursprünglichen Bedeutung die »Verkleidung«, die »Maske«, die »Larve des Schauspielers«, die den ganzen Kopf bedeckte und je nach Verschiedenheit der darzustellenden Charaktere je verschieden geformt war, dann auch die »Rolle«, die der Schauspieler darstellt (persona de mimo = ein Komödiant), und die »Rolle«, die der Mensch in der Welt spielt (persona accusatoris = der Ankläger). Das Verbum »personare« heißt »laut erschallen«, aber auch »durchtönen« – es verweist also ebenfalls auf das Bild des Schauspielers, der seine Rolle, den Inhalt des Textbuches, durch eine Maske, durch die »persona«, hindurchsprach, hindurch»tönte«.

So gesehen machte ihn natürlich die Maske in unserem Verständnis »un-persönlich«, das heißt, sie verhüllte seine von der Rolle unterschiedene Identität, denn er war ja nicht beispielsweise der Parasit Curculio, sondern er spielte ihn nur. Aber dennoch ist es so, daß der Schauspieler nun mit dem, was er durch die – seine »wahre« Identität verhüllende – Maske hindurchsprach, das Eigentliche, das seiner Rolle und seinem schauspielerischen Auftrag Entsprechende, das Hindurchtönende: die Person offenbarte. *Person* wäre in diesem Verständ-

nis *das, was an Eigenem und unverwechselbar Individuellem durch die Maske des Rollenhaften dringt.*
Wenn wir nun – und das wäre eine wichtige Konsequenz aus dem Gesagten – die Maske nehmen als die dem Außen, also der »äußeren« Wirklichkeit zugekehrte, angepaßte und konventionalisierte Seite des Menschen und wenn wir dann das durch diese Maske Hindurchtönende festschreiben als das ganz ihm Eigene, als das Persönliche, als das Eigentliche und als das, was den innersten Kern des menschlichen Individuums und seiner schicksalhaften Rolle ausmacht, als sein »Wesen«, dann können wir erahnen, wie sehr es unsere Pflicht ist – nach Viktor E. Frankl –, selbst hinter der durch Krankheit zerstörten »Maske« des »Idioten« oder des wie auch immer Behinderten das unzerstörbare »Wesen Mensch« auch dann noch zu erkennen, wenn sich dieses Wesen »Mensch« nicht mehr artikulieren kann, weil seine Maske undurchlässig geworden ist.[10]
Zu allen Zeiten und auch heute versteigen sich immer wieder die Menschen von neuem in die verwerfliche Idee, andere nach ihren individuellen und/oder sozialen und/oder ethnisch-nationalen »Masken« zu be- und zu verurteilen. Die Euthanasie ist, mit Verlaub, nur *eine* Form solcher Verurteilungen, die physisch radikalste allerdings und zweifellos, es gibt daneben aber unzählige andere, die geistig-psychisch nicht minder radikal sind und grundsätzlich stets dort zu finden sind, wo wir dezidiert intoleranten Menschen begegnen. Dem äußeren Anschein nach urteilen, beurteilen – man denke nur an Vor- und Einstellungsgespräche.

Nach diesem Ausflug in die Etymologie kann ich immer noch keine sich von diesem Hintergrund wesentlich abhebende quasi wasserdicht-absolute Definition dessen wagen, was menschliche Person ist – das ist übrigens im Laufe der Philosophiegeschichte zu oft versucht worden und doch stets Stückwerk geblieben. Ich gehe einen anderen Weg und greife auf das Erleben unserer Leibgestalt zurück und damit auf die Erfahrung der Nichtidentität des Ichs mit dem eigenen Leib, das heißt auf die Spannung oder vielmehr auf den Unterschied, der zwischen dem »Ich habe (m)einen Leib« und dem »Ich bin mein Leib« liegt.
Über die Symbolik der Leibgestalt und des Leibverhaltens habe ich ausführlich in Kapitel 2 gesprochen und kann nun das Ergebnis in wenigen Sätzen zusammenfassen. Sicherlich kann ich sagen, »Ich bin müde« oder »Mein Leib ist müde«, und damit eine echte Identität zwi-

schen dem Ich und dem Leib signalisieren, denn die Schlaffheit ist meine Müdigkeit – aber dieses »mein Leib« drückt ein Besitzverhältnis aus, und damit eine gewisse Distanz. Ich selbst bin zwar mein Leib, der Leib ist aber doch auch wieder mein Besitz. Dieses Verhältnis von Sein und Haben ist ganz einmalig beim Menschen in der Relation von Ich und Leib – ich nenne dieses von allen anderen Besitzverhältnissen grundverschiedene Verhältnis *Identität in der Differenz.*

Nun gehe ich einen Schritt weiter und prüfe die schlichte Aussage »Ich denke, ich fühle«. Läßt sich nun dies uneingeschränkt auf die Seele/Psyche beziehen? Läge das Ich ausschließlich und nur auf der Verlängerungslinie der Seele und könnte ich das »Ich denke/fühle« durch »Meine Seele denkt/fühlt« ersetzen, dann wären Ich und Seele, Mensch und Seele gleich, das heißt, die menschliche Wirklichkeit würde dann vollkommen mit der Seele zusammenfallen – der Mensch besteht aber wahrhaftig nicht nur aus Seele allein. Nun können wir aber der Redeweise »Ich bin Seele« durchaus entgegenhalten: »Ich habe Seele«; beide Aussagen sind berechtigt und erlaubt, wenngleich die zweite Version dem Ich eine gewisse Distanzierung zur Seele gewährt, sie offenbart eine gewisse Differenz zwischen Ichgrund und Seele, das heißt, beide müssen voneinander verschieden sein.

Wie sich nun das Ich von der Seele absetzen kann, so ist es ihm auch möglich, sich vom Leibe abzusetzen, das heißt, das Ich ist auch nicht auf der Verlängerungslinie des Leibes zu suchen. Mehr noch: »Ich habe einen Leib« drückt ein noch stärkeres Besitzverhältnis aus als »Ich habe eine Seele«. Jedenfalls kann sich trotz der Aussagemöglichkeit von »Ich bin Leib« und »Ich bin Seele« das Ich von Leib und Seele absetzen, es scheint mit keinem uneingeschränkt identisch zu sein. Anders gesagt: *Die Frage nach dem Ichgrund ist identisch mit der Frage nach der Person*, das heißt, alles, was ich fühle, denke, tue, leide, was mir widerfährt und an mir und in mir abläuft, das bin unverwechselbar und unaustauschbar ich, das vollzieht sich so nur an mir als diesem unteilbaren und einzigartigen Ich, das ich bin (jedoch nicht habe!). Dieses Ich zeigt also mehr an als nur Leib und als nur Seele, es ist letztlich Ausdruck der menschlichen Ganzheit, sich durchhaltend über alle Entwicklungsstadien, natürlich bei verschiedener Bewußtheit, vom Kindsein bis ins höchste Alter und bis in den Tod.

Jene *Ganzheit* aber, *die der bleibende und durchgängige Träger aller Handlungen und allen Erlebens ist, nenne ich* Person *als jene fundamentale Basisgröße, die* ist, *die nicht wird oder sich entfaltet oder ent-*

wickelt oder deren man verlustig gehen könnte. Ich kann sagen »Ich habe einen Leib« und »Ich habe eine Seele« oder einen mehr oder minder festen oder miserablen Charakter, die Aussage aber »Ich habe Person« hat keine Berechtigung, *ich bin Person.*

Somit ist Person so etwas wie Letztgrund; Personsein ist bereits gegeben mit dem Menschsein, es ist dem Menschen als geistbegabtem Wesen ursprünglich und daher eigentlich schon im embryonalen Zustand vorhanden. Auch der Säugling und das Kind und der Jugendliche sind Personen, nicht mehr und nicht weniger als jeder von uns, der Leser wie der Autor, und das Kind ist auch nicht anders Person als im hohen Alter. Der Ichgrund hält sich durch, oder anders gesagt: *Es gibt keine Veredelung des Personseins* – der eine Mensch ist nicht *mehr* Person als der andere!

Aus dieser dezidierten Aussage lassen sich vielerlei Schlüsse ziehen hinsichtlich der Rechtsgleichheit der Menschen verschiedenster Nationen, Rassen und Farben, hinsichtlich der Achtung menschlichen Lebens im vorgeburtlichen Stadium, bei Mißbildungen der Körpergestalt, bei Kasernierung in psychiatrischen Anstalten und im hohen, dem Leistungsstandard der heutigen, zum Erfolg verurteilten Gesellschaft nicht mehr entsprechenden Alter. Diese aus Menschsein und Personsein und deren Geistbegabtheit sich logisch ergebenden Konsequenzen ließen sich beliebig weiter verfolgen ins familiäre, soziale, nationale und internationale Umfeld, und wie selbstverständlich sollten sie einen jeden zu Toleranz jeglichem Du gegenüber befähigen.

Ein Nachdenken in dieser Richtung müßte auch einen Führenden in die Lage versetzen, die eventuellen »Härten« des sozialen und hierarchischen Oben und Unten auszugleichen und dem Mitarbeiter, dem Geführten als Mensch (inklusive emotionaler Ausdrucksfähigkeit[11]) zu begegnen und auf ihn zuzugehen, anstatt aus dem Elfenbeinturm eines »Über-Seins« heraus mit Kälte und bewußter Distanz zu führen.

Wir alle als Einzelpersonen erleben uns als ganzheitliche Wesen, und das heißt, daß Person mehr ist als die Addition von Leib und Seele – sie ist weder in das eine noch in das andere aufzuteilen. Daraus folgt, daß für die Taten oder Untaten des Menschen weder die Seele allein noch der Leib allein zur Rechenschaft gezogen werden kann, vielmehr trägt die Person die Verantwortung. Es ist also nicht die Hand, die sich fremdes Gut aneignet und schuldig wird, sondern ich bin es; nicht meine Seele kann ich zur Verantwortung ziehen, wenn die Not anderer mich nicht betroffen macht, wenn Haß mich blind agieren und Angst

mich resignieren läßt oder wenn Überheblichkeit und extremes Selbstbewußtsein mich dazu verführen, auf andere herabzuschauen, sie zu
ignorieren oder auf Distanz zu halten, sondern ich bin es, ich als diese
unaustauschbare Person, die allein die Verantwortung trägt – oder dies
unterläßt. *Die Person also ist der letzte Handlungsgrund und Hand-*
lungsträger, hinter *den nicht mehr zurückzugehen ist.*
Wenn dies so ist und wenn also Person letztes Fundament ist und letzte Ganzheit und letzter »Eigentümer« ihrer Handlungen und ihrer Natur, dann kann und darf sie weder der Möglichkeit noch der Wirklichkeit nach Teil eines anderen sein und werden, darf auch nicht Mittel für
ein anderes oder für einen anderen sein!
Es war vor allem Immanuel Kant, der die menschliche Person aus der
Verwendbarkeit als Mittel ausgenommen hat und der in ihrer *Selbst-*
zwecklichkeit die Achtung vor der *Würde der Person* begründete. Aus
dieser Achtung vor der Würde heraus ist es unsittlich, den Menschen
zu instrumentalisieren, ihn als Mittel zum Zweck zu ge- und zu
mißbrauchen, was oftmals im Berufsleben und nicht zuletzt auch von
dem großen Heer der sogenannten Motivationstrainer, die zum besseren und effizienteren Funktionieren anzuleiten trachten, außer acht
gelassen wird. Jedenfalls gilt dies von jeder Art von Manipulation, die
den Mitmenschen instrumentalisiert, ihn zum Mittel eigenen Nutzens
macht und degradiert und damit seiner Würde beraubt.[12]
Gerade um der Würde der Person willen muß man die absolute Unge-
genständlichkeit der Person festschreiben. Ich und Du, das sind keine
Gegenstände, keine Objekte, über die man wie über eine Sache verfügen kann. Eine verantwortungsbewußte Philosophie, eine Ethik welchen Namens auch immer, will und muß die menschliche Person aus
der Sachwelt, auch aus dem »Nur-ein-Stück-Natur-Sein« herausretten.

Das »Mängelwesen Mensch« –
die menschliche Persönlichkeit als der Mensch im Werden

Personsein haben wir nach den bisherigen Ausführungen als die generelle und fundamentale und für alle Menschen gleichwertige Basisgröße kennengelernt, und man konnte unschwer begreifen, daß *das*
reine Personsein das statische Element menschlicher Existenz darstellt.
Dieser Wurzelgrund geistbegabten Seins jedoch – mit all seinem Streben und Wollen und all seinen Entscheidungsmächtigkeiten – läßt Ent-

faltung und Entwicklung nicht nur in freier Wahl zu, sondern fordert sie geradezu ein, was nachfolgend begründet werden soll.

Ich halte dafür – und dies sei als These vorangestellt –, daß der Mensch nicht nur biologisch, sondern auch als Geistwesen ein *Mängelwesen* sei. Was damit gemeint ist, wird rasch klar.

Nach der Fötalisationstheorie ist der Mensch im Vergleich zum Tier, beispielsweise zum Pongiden, un- oder vielmehr unterentwickelt und bleibt nach der Geburt lange Zeit auf einem quasi fötalen Zustand stehen, während der Pongide sich bereits im Mutterleib zum voll entwickelten Wesen entfaltet – gleichsam eine Taschenbuchausgabe des Erwachsenenseins – und nach seiner Geburt alles, was zu seiner Existenzsicherung nötig ist, beherrscht. Das Menschenkind hingegen ist zum gleichen Zeitpunkt nur hilflos, es muß gepflegt und genährt werden und alle zur Existenzsicherung erforderlichen Tätigkeiten erst lernen.

Die Chance langer Kindheit und noch längerer Lernzeit als Weg zum Menschsein kompensiert das ursprüngliche Zurückgebliebensein im Wachstum, die biologische Unterwertigkeit und das Fehlen der Instinktsicherheit. Wenn der Anthropologe und Biologe Adolf Portmann[13] den Menschen als ein Mängelwesen und der Philosoph Max Scheler[14] ihn als eine biologische Sackgasse bezeichnet im Vergleich zum Tier, dann gehen beide zu Recht davon aus, daß der menschlichen Leibstruktur eine starke Indetermination (Unbestimmtheit) und Unspezialisierung eigen ist und daß der Mensch auch in seinen Sinnen – man denke nur an den Geruchsinn – den Tieren weit unterlegen ist, also generell gezwungen ist, diese Mängel durch verstärktes Handeln auszugleichen oder anderweitig zu kompensieren.

Der Mangel jedoch wird nicht auf biologischer Ebene, nicht auf der Ebene der Leibstruktur wettgemacht – der gewaltigen Löwenpranke stehen also nicht entsprechend schnellere Beine gegenüber –, sondern durch einen überwertigeren Faktor, und die *Umkehr von Mangel* (nur im Vergleich zum Tier) *in Gewinn* (auf seiten des Menschen) läßt sich leicht nachzeichnen am Beispiel der menschlichen Hand, die doch verschiedenste handwerkliche Tätigkeiten und gestische Zeichen und Kultur nicht nur im Architektonisch-Monumentalen, sondern auch im Malerisch-Bildnerischen und in der Welt der Musik hervorzubringen imstande war, ist und bleiben wird. Die tierische Hand indes, etwa die Greifhand des Affen, ist auf eindeutige Zwecke festgelegt, sie ist »eingezweckt«, von den Extremitäten anderer Tiere ganz zu schweigen. Die strukturierte Offenheit der menschlichen Hand läßt sie vielfältigst tätig sein. Der Mensch kann mit ihr nahezu alles machen und erwerben, was er will und braucht; sie ist für ihn Gewinn, Reichtum und Überlegenheit. So lassen sich diverse Mängel im biologischen Bereich zu Gewinn ummünzen, und zwar aufgrund des dem Tier »überwertigeren« Faktors, eines Prinzips, das wir »Geist« nennen.[15]

Es geht mir jedoch augenblicklich um noch mehr, als nur zu sagen, daß die dem Mängelwesen Mensch eignende biologische Unbestimmtheit und Begrenzung zu deuten ist als Offenheit zu einer ungeahnten Weite, als Angelegtsein und insbesondere als Gebraucht-werden-Können durch den Geist[16]; ich will gleichzeitig behaupten, daß der Mensch auch in seiner Strukturiertheit als Geistwesen, als Person, ein Mängelwesen ist insofern, als die Anlage, die er mitbekommen hat, lediglich das Material ist, die Rohmasse gewissermaßen, die zu gestalten und auszuformen er imstande und verpflichtet ist, um »human« leben zu können in freier Entscheidung und Verantwortlichkeit im Gegensatz zum Tier, das durch den Instinkt geprägt und mehr oder minder eindeutig festgelegt ist.

Die Anlage, das Material, die Rohmasse: dies alles liegt auf der oben beschriebenen Ebene des reinen Personseins als dem seinsmäßig Unwandelbaren und statisch Bleibenden – Person »wird« man nicht, man »ist« sie!

Jetzt, so glaube ich, mag man auch vorbereitet sein für die Behauptung: Was sich im und am Menschen ändert und wandelt, das ist die Persönlichkeit, die nicht nur von Person zu Person verschieden ist, sie kann und soll sich sogar im selben Menschen im Laufe seines Lebens ändern und wandeln und umformen und entwickeln, nicht nur peripher am Rande, sondern wesentlich bis in die Tiefenstrukturen seines Selbst hinein. Persönlichkeit wird man, sie ist das, was ein Mensch erst im Laufe seines Lebens bewußt gestaltet. *Persönlichkeit*, so könnte ich definieren, ist demnach *der Mensch im Werden*, sie ist *das dynamische Element der Person*.[17]

So gesehen ist die Bezeichnung Persönlichkeit eigentlich legitimerweise nur solchen Menschen vorbehalten, die durch eigene Leistung sich vervollkommnet haben und im Laufe ihres Lebens in täglicher Überwindung und Verwirklichung von Werten »ausgereift« sind. Ein Apfel wächst und reift ohne eigenes Zutun; ein Mensch, eine Person wird nur alt, und ein hinreichendes Alter und – sozial gesehen – auch eine Spitzenstelle im Hierarchiegefüge eines Unternehmens weisen noch lange nicht so quasi automatisch eine reife Persönlichkeit aus.

Gut, eine irgendwie geartete Persönlichkeit ist jedermann, insofern man *Persönlichkeit* faßt als *die besondere Gestalt der Person oder als die individuelle Art und Weise, Person zu sein.* Das ist wertneutral, fast nur ein unterscheidendes Kriterium. Ich will Persönlichkeit etwas kategorischer sehen und formuliere daher: *Persönlichkeit ist keine Vorgegebenheit, sondern eine* Aufgabe.

Wiewohl der menschliche *Charakter* – als eine der Person ursprünglich zukommende Anlage – gleichwohl von der Veranlagung/Vererbung, also genetisch, wie von der Erziehung, also sozial, geprägt wird, sollte man ein Drittes nicht vergessen, das auf ihn einwirkt, und dies – meiner Meinung nach – noch viel beachtenswerter und wesentlicher als die beiden vorgenannten Prägungsfaktoren: der Charakterinhaber selbst. Freilich sucht sich niemand seinen Charakter aus, auch nicht sein Erbe oder seine Umwelt, in der er zunächst aufwächst und geprägt wird, aber jeder vermag diesen seinen Charakter mitzugestalten – man denke an den Marmorblock und die daraus zu modellierende Skulptur. Erst das, was der Mensch in freier Entscheidung und eigener Verantwortung aus seinem Charakter herausgestaltet, die Richtung[18], in die er ihn eigenmächtig, also in eigener geistiger Mächtigkeit, weiterentwickelt, das erst bestimmt die Persönlichkeit, zu der dieser Mensch schließlich und endlich wird, die er verkörpert und die immer wieder neue Facetten, Änderungen und Vervollkommnungen zuläßt. So sehr also der Charakter als die Summe der angeborenen und erworbenen Eigenschaften eines Menschen zunächst vorgefundenes und vorgeprägtes Material ist, so sehr ist er gleichzeitig *die Gestaltungsbasis für die Persönlichkeitsbildung,* die mit zunehmender geistiger Reife und Mündigkeit einsetzen sollte und den Betreffenden über das hinaus, was ihm in die Wiege gelegt wurde und was ihm die Kinderstube zu bieten hatte, hinausführt in ein neues und gänzlich unvorhersehbares, weil eigenständiges Abenteuer des Menschseins.[19]

Quasi als Merksatz läßt sich so formulieren: *Person* ist *man, den Charakter* hat *man, und eine Persönlichkeit oder zu einer Persönlichkeit* wird *man,* und man nähert sich um so mehr jener Persönlichkeit, die man sein möchte, als man Einfluß zu nehmen imstande ist auf den Charakter, den man besitzt; oder anders ausgedrückt: Indem sich die Person, die einer ist, mit dem Charakter, den einer hat, auseinandersetzt, indem sie zu ihm Stellung nimmt, gestaltet sie ihn und sich immer wieder um und »wird« zur Persönlichkeit. Man könnte auch die Gleichung aufmachen: *die Freiheit vom Charakter = die Freiheit zur Persönlich-*

keit. Jedenfalls ist es doch so, daß Persönlichkeit »einen Prozeß (meint) und keine Momentaufnahme, die ich beliebig und mit immer demselben Ergebnis wiederholen kann«.[20]

Der Mensch als fakultatives Wesen

In meinem philosophisch-anthropologischen Verständnis vom Menschen – und dies ist in den bisherigen Ausführungen immer wieder einmal transparent geworden – besteht das Wesen menschlicher Existenz darin, daß es sich beim Menschen nicht um ein faktisches Sein handelt – von der Art etwa: So bin ich nun mal und so bleibe ich und werde niemals ein anderer! –, sondern um ein *fakultatives Sein.* Damit ist gemeint, daß der Mensch nicht etwas Unabänderliches ist im Sinne von Nun-einmal-so-und-nicht-anders-sein-Müssen, sondern *daß menschliches Sein wesentlich ein Immer-auch-anders-werden-Können ist.*

Dies gibt der menschlichen Existenz grundsätzlich und elementar einen dynamischen Charakter und die Möglichkeit (aber auch die Verpflichtung!) zur Veränderung und damit – bei entsprechender Richtungsangabe – zu Wachstum und Entwicklung und Reife; alt wird man von selbst, wie ein jeder weiß, reif nur, wenn man sich permanent darum bemüht.

Menschliches Wachstum im Sinne zunehmender Reife setzt die freie Entscheidungsmächtigkeit einerseits und ein Wertbewußtsein, eine Wertsichtigkeit und Wertorientierung andererseits voraus.[21] Es gilt also, nicht irgendwelchen oder gar jedwelchen Triebimpulsen und Fremdanweisungen blindlings zu folgen, sondern stets zu entscheiden, was man tut und verantworten kann: Es kann durchaus sein, daß einmal die eigenen Interessen durchgefochten werden müssen, daß jedoch ein andermal das persönliche Sich-Zurückstellen (Altruismus, Selbsttranszendenz, Altero-Orientierung!) um einer wichtigen Sache, um eines Menschen willen »angesagt« ist.

Damit will ich sagen, daß der Mensch immer wieder aufs neue aufgerufen ist, unter den Wahlmöglichkeiten, die er zu einem bestimmten Zeitpunkt hat, eine zu wählen, und zwar sie ganz bewußt zu wählen und nicht nur im Nachvollzug unbewußter charakterlicher Fixierungen und Bahnungen.[22]

Wie solches Reife-Wachstum sich vollzieht als ein stufenweises Fortschreiten von der reinen Perzeption – der Wahrnehmung seiner selbst – zur personalen Dezision – also der Entscheidung, wer man sein und werden will –, habe ich bereits im ersten Kapitel im Rahmen der Notwendigkeit der Persönlichkeitsbildung ausgeführt. Anhand zweier Doppelschritte habe ich dies in Kapitel 7 als Hinführung zur Toleranzfähigkeit als Wesenskomponente der sozialen Kompetenz zu verdeutlichen versucht: Zuerst nehme ich mich selbst wahr in meinem individuellen So-Sein (Selbsterkenntnis) und erkenne gleichzeitig bei kritischer Analyse und nüchterner Beurteilung meine Wandlungsfähigkeit (Selbstbesinnung) – nun bestimme ich, wer dieser Mensch ist, der ich sein oder auf den hin ich mich entwickeln möchte (Selbstbestimmung als meine wesentliche und mir individuell eigene Freiheit zum Anderswerden), und entwickle mich bewußt und als Eigenleistung – inklusive der damit verbundenen Imponderabilien aus Charakteranlage und/ oder sozialem Umfeld – auf diesen Menschen zu: Das ist die Entscheidung zum Anderswerden.

Daß eine Entscheidung freilich nicht der Entscheidung wegen getroffen werden soll, versteht sich von selbst, sie muß sinnvoll sein und sich auf Werte ausrichten, sie ist also involviert in ein Verantwortungsbewußtsein, das zur Reife der Persönlichkeit wesentlich gehört und eine konstruktive Gewissensbildung[23] voraussetzt als ethisches Riechorgan für sittlich verantwortetes Handeln. Dies gilt generell und auch speziell für alle, die im Führungsprozeß stehen.

Wahre Führungsfähigkeit ist zwingend an die sittliche Persönlichkeit gebunden, das heißt: Persönlichkeitsbildung liefert die Basis für Führungsfähigkeit, und diese hinwiederum setzt die Ethikfähigkeit des Führenden voraus. Jedenfalls trägt nichts so sehr zur Persönlichkeitsbildung bei wie die Hellhörigkeit in bezug auf ein autonomes personales Gewissen. Wir haben es kennengelernt als den Ort des Rufes: Es ruft uns zu etwas auf, es ist aber gleichzeitig der Ort des Vernehmens eines Rufes, des Vernehmens von etwas, zu dem wir aufgerufen sind. Ob eine Entscheidung mit dem Stigma der Sinnhaftigkeit belegt ist, das erfahre ich erst, wenn ich die Entscheidung mit Hilfe des Gewissens geprüft und getroffen habe, was bedeutet, daß ich mich als Entscheidender nicht nur meiner Entscheidungsfreiheit, sondern daß ich mir auch meiner Verantwortung für das zu Entscheidende bewußt gewesen sein muß.

Wert(e)akzeptanz, Tugend und Selbsttranszendenz

Ich nannte Persönlichkeit den »Menschen im Werden«, das dynamische Element der Person. Persönlichkeit meint also, wie bereits gesagt, einen Prozeß und keine Momentaufnahme. Wenn ich sage »Prozeß«, dann gehört dazu aber auch der Wille und die Fähigkeit zur Gestaltung der Lebensbeziehungen und Lebensinhalte, und das macht dann das Individuelle, die »personale Einmaligkeit« (Allport) der Persönlichkeit aus. Wenn sich darin auch das individuelle Sinnkonzept eines Menschen widerspiegelt – als einzelner und einzigartiger handelt er in einer einmalig-einzigartigen, sich nie wiederholenden Situation nur für sich allein sinnerfüllend, weil etwas für ihn wertig ist und damit Handlungsimpulse auslöst –, dann wird man sagen dürfen, daß sich in der Persönlichkeit eines Menschen das ausdrückt, was für diesen Menschen Sinn bedeutet und wofür er sich einsetzt.

Da sinnvoll für mich nur ist, was einen zu erstrebenden Wert darstellt, da Sinn und Wert also nur die je verschiedenen Seiten ein und derselben Medaille sind, kann ich behaupten, daß *Persönlichkeitsentwicklung* letztlich nichts anderes ist und sein kann als die *Entwicklung eines Wert(e)bewußtseins und der Wert(e)akzeptanz, insbesondere der Wertegestaltung.* Ich sehe den »Menschen als Möglichkeit«, und »entwickeln« heißt dann, herauszu»wickeln«, was in einem Menschen als Möglichkeit angelegt ist. Das ist der Sinn des mehrfach schon zitierten »Werde, der du bist«.

Der »Wandel in mir«, wie man Persönlichkeitsentwicklung auch benennen kann, hat fundamental in der Dynamik der menschlichen Existenz seinen Ermöglichungsgrund, und das Stehenbleiben auf der unteren Stufe der Perzeption – »So bin ich halt« – bremst jeglichen menschlichen Wachstums- und Reifeprozeß zu mehr Persönlichkeit. Schon Friedrich Hölderlin hat ermutigend gesagt: »Uns war gegeben, auf keiner Stufe zu ruhn!«

Wenn man persönlichkeitsbildnerische Eigeninitiativen in die Nähe von *Tugendlehre* bringt – und dies dürfte heute schon wegen des Wertewandlungsschubs von den allseits bekannten Pflicht- und Akzeptanzwerten hin zu den sogenannten Selbstentfaltungswerten durchaus legitim sein[24] –, dann ist man zu sagen berechtigt, daß der Mensch nicht nur handelt gemäß dem, was er nun mal seiner genetischen und psychosozialen Disposition nach ist, sondern – und das ist wesentlich – daß er auch »wird«, wie er handelt. Verdeutlicht heißt dies: Wird oft in derselben Art und Weise gehandelt, was voraussetzt, daß oft in derselben Art und Weise entschieden worden ist, dann entsteht eine bestimmte Haltung, ein Habitus, eine *Handlungsdisposition* bei einem Menschen, was eine Kurzformel auf den Punkt bringt: Ex actu fit habitus – aus Handlung wird Haltung.[25]

Haltung repräsentiert gleichsam die Fülle bereits getroffener Vorentscheidungen. Dem liegt ein Verständnis von Tugend zugrunde, die nach Aristoteles zunächst gefaßt wird als Fertigkeit oder Tauglichkeit zu werthaftem Verhalten, als eine Fähigkeit und ein Vermögen, das durch Übung den Menschen befähigt, eine bestimmte »Leistung«, etwa Gerechtigkeit, Wahrhaftigkeit, Zuverlässigkeit etc., zu vollbringen, eine »Leistung«, die als werthaltig gilt und in deren Verwirklichung die Wesenserfüllung des Menschen und die Vervollkommnung des handelnden Subjekts liegt.

Damit dergestaltes Handeln leicht von der Hand geht, bedarf Tugend der Gewöhnung, und sie verleiht unserer Persönlichkeit eine bestimmte (Handlungs-)Tendenz, auf die wir uns selbst und auf die auch andere sich verlassen können. Bei solcher durch Übung und Gewöhnung erworbenen Haltung (Habitus) geht es also darum, daß sie durch viele Einzelakte gleichsam zum persönlichen Handlungsstandard »gefroren« wurde, was jedoch nicht bedeuten muß, sie würde unflexibel und starr machen, fixieren, stabilisieren und determinieren, also das dynamische Element des Personseins wiederum negieren.

Eine Psychologie, die die »Trotzmacht des Geistes« zuläßt und den Menschen nicht als ein Wesen sieht, das wie eine Marionette an den Schicksalsfäden aus Umwelt und Erbgut zappelt[26], weiß: Obwohl aus Handlung Haltung wird, muß aus Haltung nicht (stereotyp und zwangsnotwendig) Handlung resultieren; dies heißt: Aus jeder Haltung/Gesinnung heraus ist nämlich eine neue Handlung möglich, oder anders formuliert: Aus dem Gewordensein eines Menschen sind stets neue Entscheidungen des Augenblicks möglich, insofern dieser Mensch beispielsweise hic et nunc, hier und jetzt, aufgrund einer situativen Wertpriorität glaubt, anders handeln zu sollen, als ihm zu handeln sonst eigen ist.

Ich habe im zweiten Kapitel dargelegt, daß nach meinem philosophisch-anthropologischen Verständnis menschliche Existenz schon vom Begriff her als Ausstand, Hinaustreten und Hinausgreifen wesentlich charakterisiert ist durch ein Aus-sich-selbst-hinaus-sein-Können, durch ein Über-sich-selbst-hinaus-sein-Können, durch die Fähigkeit zur *Selbst-Transzendenz* als Überschreitung des eigenen Ichs, näherhin der Grenzen des eigenen Ichs. Und gerade dies erscheint mir als das Wunder jeden (bewußten und gewollten) Wachstums, daß nämlich ein noch so fehlentwickelter und noch so festgefahrener und haltungsmäßig eingefrorener Mensch über das Treffen neuer Augenblicksentscheidungen zu einer neuen Stufe des Menschseins vordringen kann, daß er sich ändern kann – vorausgesetzt, er will dies und trifft Entscheidungen, die freilich immer ein Wofür, einen Grund, einen Sinn brauchen.

Wenn ich nunmehr zum Ende des Nachworts komme, bleibt zu wünschen, es möge mir niemand mangelnden Realismus vorwerfen, weil ich einen Menschen (in der Position eines Führenden) gezeichnet habe, den man wohl schnitzen muß – realiter gäbe es ihn nicht. Ich habe jedoch generell weder *den* Menschen noch *den* Normalmenschen, noch *die* exemplarische Persönlichkeit des Führenden zum Herzeigen gemeint – die gibt es gar nicht, wenn man die Individualität des Menschen, auch in seiner mehr oder minder intensiv prägenden Einbindung in seine genetischen und biographischen Voraussetzungen, ernst genug nimmt. Was ich ausführte, ist idealtypisch zu verstehen als Denk- und Handlungsanstoß.

Der Mensch als Homo viator ist ein Wesen, das als einmalig-einzigartiges Individuum unterwegs ist und seinem Weg absolut individuell und nur von ihm selbst verantwortet die Richtung gibt. In einer idealtypischen Sicht geht es mir um den Menschen, der aufgrund seiner geistigen Dimension und als fakultatives Wesen zu jeder Möglichkeit hin, also auch zu Veränderung und Entwicklung und Wachstum und Reife hin prinzipiell offen ist und das realisieren kann, was wesenhaft in ihm angelegt ist. Wenn Persönlichkeit der Mensch im Werden ist und damit das dynamische Element der Person, dann können und mögen diese Ausführungen zu der bescheidenen, jedoch nicht resignierenden, sondern ermutigenden Einsicht geführt haben, daß man in diesem Entwicklungsprozeß nie an ein Ende kommt, nie »fertig« ist.

Östliches Denken hat schon lange erkannt, daß ein »Meister« richtigen Lebens zu sein heißt, zu wissen, daß man niemals ein solcher Meister *sein* wird, Meister muß man immer *werden*, und stets wird dabei derjenige bereichert, der man schon ist.

»Meisterhaft« zu leben heißt jedenfalls nicht, angekommen zu sein, vielmehr gilt es, sich immer wieder auf den Weg des Wachsens zu begeben mit dem nüchternen Blick in die Dimension der eigenen Möglichkeiten. Hierzu bedarf es eines immensen Durchstehvermögens und der Geduld als der Kraft in höchster Potenz. Bereits im Zusammenhang mit dem richtigen und geduldigen Zuhören[27] wies ich mit Aristoteles die Geduld der Tugend der Tapferkeit zu, und nur sie erlaubt es, die Zielorientierung der Gestaltung einer an sittlichen Werten ausgerichteten und dem personalen Gewissen verantwortlichen Persönlichkeit nicht aus den Augen zu verlieren und der drohenden Erschlaffung im Vorwärtsschreiten stets ein »Dennoch!« entgegenzuhalten.

Den Menschen und aber auch jene Persönlichkeit, die zum Führen (als Menschenführung!) geeignet und sittlich hierfür tauglich ist, idealtypisch gezeichnet zu haben mit all den wesensnotwendigen Merkmalen und Kompetenzen, läßt mich nochmals auf das bereits in Kapitel 4 zitierte Bild von Viktor E. Frankl zurückkommen: »Angenommen, ich will nach Osten fliegen, während ein Seitenwind von Norden kommt, dann würde ich nach Südosten abgetrieben werden. Steuere ich hingegen die Maschine nach Nordosten, dann fliege ich tatsächlich nach Osten und lande dort, wo ich landen will.«[28] Mit dem Menschen, so meine ich, ergeht es uns doch ebenso: Wenn wir ihn einfach so nehmen, wie er ist, dann machen wir ihn schlechter, nehmen wir ihn hingegen so, wie er sein soll, dann machen wir ihn zu dem, der er werden kann.

Auf diesem lohnenden Wege befindet sich jeder von uns, und hierzu sollte dieses Buch ein Anstoß sein, die hier und da vielleicht neue Erkenntnis in den Führungsalltag, in das täglich-tätige Umgehen miteinander einzubringen; worauf es ankommt, das ist die »Umsetzung in die Gelebtheit und in die Gangbarkeit der kleinen Schritte«.[29]

Der Verpflichtung zur Selbstverwirklichung (nicht Ichverwirklichung als Befriedigung mannigfacher Bedürfnisse) im Sinne der Menschwerdung und Persönlichkeitsbildung liegt der schwere Weg der Selbsterkenntnis zuvor, und diese möge den Wunsch wecken nach Wandel und Veränderung. Sinngemäß schrieb Antoine de Saint-Exupéry: »Lehrt eure Schüler nicht Schiffe bauen, lehrt sie die Sehnsucht nach dem offenen Meer.« Dieser Satz mag auch darauf hinweisen, daß es nicht nur ein Know-how, sondern auch ein Know-why gibt und daß das Know-why dem Know-how sogar vorausgeht, denn ohne die Sehnsucht nach dem offenen Meer im Herzen müht sich eben kaum einer mit dem Schiffsbau ab, und ohne das Wissen um die eigene Unvollkommenheit einerseits und um das Idealbild menschlicher Persönlichkeit andererseits wird schwerlich einer sich auf den Weg machen, sich in lebenslangem Prozeß um Wachsen und Werden und Entfalten und Entwickeln seines Personseins zu bemühen. Grundsätzlich möglich ist dieser Wandel, und nichts ist beständiger als eben er (panta rhei, alles fließt).

Es könnte sein, daß gerade die Unvollkommenheit des Menschen sein eigener schöpferischer Spielraum ist, das heißt, daß gerade die Unzulänglichkeit seiner Existenz ihm die Chance auftut, schöpferisch zu werden und sich sozusagen Tag für Tag selbst neu zu erschaffen, indem er an sich arbeitet, sich ändert und seinen Fehlern trotzt.

Ein Edel-Mensch, gar ein Über-Mensch braucht ein Führender keineswegs zu sein, aber eben doch ein *ganzer* Mensch.

ANMERKUNGEN

Einleitung

1 Günter Ogger, Nieten in Nadelstreifen. Deutschlands Manager im Zwielicht, München 1972
2 H.-Georg Macioszek, in: TopBusiness 6, 1933, 150
3 In: Süddeutsche Zeitung vom 24.10.1992
4 Siehe auch dens., Sprechen vor Gruppen – Analytische Betrachtung zur freien Rede, Stuttgart 1980, hier bes. S. 25 ff. (»Die Persönlichkeit des Redners«)
5 Ich gehe in Kapitel 4 näher hierauf ein bei der Behandlung der Ethik als Tugendlehre (Tugend als ein Mittleres – »mesótes« – zwischen zwei Extremen).
6 W. Sohn, Der soziale Konflikt als ethisches Problem, 1971, S. 215
7 Zur Toleranzfähigkeit s. Kapitel 7
8 In: Personalführung 7, 1989, 680–685
9 Psychoanalyse und Ethik, Bausteine zu einer humanistischen Charakterologie, München ²1986, S. 84
10 Zu »Hören« und »Gehorsam« vgl. Baldur Kirchner, Benedikt für Manager. Die geistigen Grundlagen des Führens, Wiesbaden 1994, S. 45–53
11 Zur Emotionalität s. Kapitel 8
12 Zur Fachkompetenz s. Kapitel 6
13 Dialektik und Ethik. Besser Führen mit Fairneß und Vertrauen, Wiesbaden 1991, S. 75
14 Nach der berühmt gewordenen These des Psychotherapeuten Paul Watzlawik ist es nicht möglich, nicht zu kommunizieren.
15 Vittorio Hösle in einem Fernsehinterview des WDR am 23.5.1988
16 Zitiert nach Heinz-Horst Schrey, Einführung in die Ethik, Darmstadt ²1977, S. 163

Kapitel 1

1 In: Management Wissen 8, 1991, 49

2 So schon im Alten Testament bei Jesus Sirach 27, 6: »... ebenso läßt das Wort eines Menschen seine Gesinnung erkennen.«

3 Zitiert nach Innovatio 2, 1991, 37 ff.

4 Rein statusorientiertes Autoritätsverständnis und nur aus der hierarchischen Zugehörigkeit abgeleitete Führungsautorität erzeugen Angst und Mißtrauen – geführt wird hier aus der Distanz, und solche »Führungsdistanz ist oft ein Schutz vor Profilverlust« (Kirchner, Dialektik und Ethik, S. 207).

5 Siehe hierzu Josef Stelzer, Ein Stachel im System, in: Management Wissen 9, 1991, 82–84

6 So in »Die Welt« vom 4.1.1992 (Rubrik »Zur Sache«)

7 In: Personalführung 7, 1989, 678 (–679: Mikropolitik und Führungsethik)

8 Siehe hierzu (mit weiteren Literaturangaben) Ulrich Steinvorth, Klassische und moderne Ethik. Grundlinien einer materialen Moraltheorie, Reinbek/Hamburg 1990, S. 70–117

9 Steinvorth ebd. S. 73

10 Siehe hierzu auch Kapitel 8 zur interaktiven Kompetenz

11 Zur Fremdorientierung und zur Autonomie im Ich s. Kapitel 5 und 7

12 Zitiert nach Rupert Lay, Führen durch das Wort, München 1989, S. 36

13 Zur sittlichen Autorität s. Kapitel 4

14 Hierzu ausführlich im Nachwort. Vgl. auch Kuno Lenz, Einführung in die Anthropologie, Darmstadt 1990, hier bes. S. 50–80 (»Der Mensch zugleich Mängelwesen und Fähigkeitswesen«). – Zum Gefühl der Minderwertigkeit als frühkindlichem Erfahrungshorizont und zum Streben nach Macht und Überlegenheit s. Alfred Adler, Der Sinn des Lebens, Frankfurt/Main 1973; ders., Menschenkenntnis, Frankfurt 1966

15 Adler, Menschenkenntnis, S. 77

16 Ebd.

17 Zum »Angstsyndrom« s. Kapitel 7

18 Vgl. hierzu Walter Böckmann, Sinnorientierte Führung als Kunst der Motivation, Landsberg/Lech 1987, S. 66 f.

19 Interessant ist hierzu das 13. Kapitel des Römerbriefs des Apostels Paulus, in dem obrigkeitliche Machtbefugnis als Emanation göttli-

cher Macht gesehen und dadurch legitimiert wird (»es gibt keine Macht außer von Gott«, Röm. 13, 1).

20 In: Management Wissen 9, 1990, 70 (Persönlichkeitsentwicklung: Der schöne Schein der Macht, ebd. 66–71)

21 Diese Zurückhaltung begegnet auch bei Klaus Westermeier, Manager und Charisma, in: TopBusiness 5, 1994, 132–135 – es macht nachdenklich, wenn in diesem Resümee eines Diskurses zwischen drei Managern, einem Unternehmer, zwei Beratern und einem Corporate-Identity-Experten neben Alfred Herrhausen, Mark Wössner und Lee Iacocca auch Franz Schönhuber, Saddam Hussein, Goebbels und Hitler genannt werden.

22 In: Management Wissen 9, 1990, 70. – Vgl. auch Christoph Türcke, Charisma. Wo Charisma schwindet, ist die Perspektivelosigkeit besiegelt und aller Tage Abend, in: »Die Zeit« Nr. 23 vom 3.6.1994, S. 59

23 Ebd.

24 Dialektik und Ethik, S. 52

25 Ebd. S. 54

26 Was ich hier unter »Leisten« verstehe, erhellt aus Kapitel 6 zum Leistungs-Erfolgs-Karussell

27 Vgl. zum Folgenden Kirchner, Dialektik und Ethik, S. 55 f.

28 Ebd. S. 117

29 So nach Kirchner ebd. S. 103

30 Zur zentrierten Persönlichkeit s. ebd. S. 117 ff.; Rupert Lay, Manipulation durch die Sprache, Frankfurt/Main ⁵1990, S. 72 ff., 88 ff.; Balthasar Staehelin, Die Psychosomatische Basistheorie, Lausanne 1986

31 Vgl. hierzu auch Kirchner, Dialektik und Ethik, S. 56 ff.

Kapitel 2

1 In: Personalführung 1, 1990, 3 ff. und »Die Welt« vom 10.2.1990

2 Siehe hierzu Kapitel 3, wo u. a. dargelegt wird, daß diese Denkhaltung Schuld trägt an der Fremdheit des abendländischen Menschen gegenüber der Natur, woraus heute als Ultima ratio die globale Verpflichtung zu einer ökologischen Ethik notwendig wird. Vgl. Eugen Drewermann, Der tödliche Fortschritt. Von der Zerstörung der Erde und des Menschen im Erbe des Christentums, Regens-

burg [5]1981, S. 62–110. Zu einem anderen Verständnis von »Anthropozentrik« s. Kirchner, Dialektik und Ethik, S. 17 ff.

3 Die Sinnfrage in der Psychotherapie, München [3]1988, S. 54 Anm. 2. Viktor E. Frankl ist der Begründer der Logotherapie und Überlebender von vier Konzentrationslagern, was seinen Aussagen zur Sinnfrage des Menschen entsprechendes Gewicht verleiht.

4 Näheres hierzu in Kapitel 6 zur fachlichen Kompetenz des Führenden

5 Vgl. Martin Juritsch, Der Mensch – die ungelöste Frage? Friedberg 1968, S. 40 f.

6 Es ist nun mal ein Irrtum, zu behaupten, etwas, das auf etwas anderes zurückgeht, sei nichts anderes als dieses! Demnach gilt: Alles Leben ist Chemie, oder: der Mensch ist Tier; aber nicht gilt, alles Leben sei nichts anderes als Chemie, oder der Mensch sei nichts anderes als ein Tier.

7 Hierzu ausführlich in Kapitel 5

8 Vgl. oben Anm. 2 und zur planetarischen Ethik Kapitel 3

9 Vgl. Baldur Kirchner, Die Wende im Ich. Über die Beziehung zum Göttlichen in uns, Schlattingen 1985, S. 23 ff. (»Über die Zuwendung«), 41 ff. (»Über Mindergefühle«)

10 Siehe Kapitel 7 zur sozialen Kompetenz

11 Es handelt sich hier um eine fundamentale These der Logotherapie, die mustergültig dargelegt wird von Elisabeth Lukas, Von der Trotzmacht des Geistes. Menschenbild und Methoden der Logotherapie, Freiburg 1986; dies., Auch dein Leben hat Sinn. Logotherapeutische Wege zur Gesundung, Freiburg [3]1987

12 Vgl. hierzu Viktor E. Frankl, Ärztliche Seelsorge. Grundlagen der Logotherapie und Existenzanalyse, Frankfurt/Main [4]1987, S. 17, 49, 97–101, 105; s. auch Elisabeth Lukas, Auch dein Leiden hat Sinn. Logotherapeutischer Trost in der Krise, Freiburg [2]1986, S. 19 ff.; dies., Auch deine Familie braucht Sinn. Logotherapeutische Hilfe in der Erziehung, Freiburg 1981, S. 84 ff.

13 Siehe hierzu neben Frankl ebd. S. 46–50 u. ö. Alfried Längle (Hg.), Entscheidung zum Sein. Viktor E. Frankls Logotherapie in der Praxis, München 1988, S. 9 ff.; Lukas, Von der Trotzmacht des Geistes, S. 26 ff.

14 Nach Längle ebd. S. 14

15 Siehe hierzu Lukas, Von der Trotzmacht des Geistes, S. 54 ff.

16 Psychotherapie in der Praxis, Wien [3]1975, S. XIII

17 Aufschlußreich hierzu ist das Buch von Elisabeth Lukas, Von der Tiefen- zur Höhenpsychologie. Logotherapie in der Beratungspraxis, Freiburg 1983

18 Hier handelt es sich nicht um den theologischen Begriff der Transzendenz im Sinne einer die sinnlich erfahrbare, raumzeitliche Welt überschreitenden Wirklichkeit (göttlicher Bereich). – Zur Selbsttranszendenz, einem Schlüsselbegriff der Logotherapie, s. Viktor E. Frankl, Der Mensch vor der Frage nach dem Sinn, München ⁶1988, S. 52, 147, 183 f.; ders., Die Sinnfrage in der Psychotherapie, S. 37 f.; Alfried Längle (Hg.), Wege zum Sinn. Logotherapie als Orientierungshilfe, München 1985, S. 46 ff.

19 Siehe Kapitel 8 zur interaktiven Kompetenz

20 Entscheidung zum Sein, S. 97

21 Ärztliche Seelsorge, S. 96

22 Vgl. hierzu ebd. S. 91–97

Kapitel 3

1 Zu einem neuen Verständnis von »Leistung« s. Kapitel 6 zum Leistungs-Erfolgs-Karussell

2 Näheres hierzu in Kapitel 5, wo transparent wird, wie sehr personales Gewissen wesentliches Element der ethischen Kompetenz ist.

3 Ausführlich zum Problemkreis und zum Doppelcharakter der Verantwortung in Kapitel 5

4 Das Prinzip Verantwortung. Versuch einer Ethik für die technologische Zivilisation, Frankfurt/Main 1984

5 Ebd. S. 36

6 Der amerikanische Industrielle Howard Hughes soll einmal gesagt haben: »Es versteht sich von selbst, daß man nicht zugleich hohe Prinzipien und hohe Profite haben kann.« (In: Süddeutsche Zeitung vom 28.1.1990)

7 Vgl. hierzu auch Kapitel 6 zum Leistungs-Erfolgs-Karussell

8 Über ethische Kommunikationskultur s. auch Kirchner, Dialektik und Ethik, S. 11 f.

9 Ebd. S. 52

10 Vgl. auch ebd. S. 56 f.

11 Karl-Otto Apel, zit. nach Helmut Fleischer, Ethik ohne Imperativ. Zur Kritik des moralischen Bewußtseins, Frankfurt/Main 1987, S. 7

12 Vgl. hierzu Fleischer ebd. S. 170 ff. (»Das Ethos der modernen Zivilisation und eine Ethik für das Überleben der Menschheit«) und 200 ff. (»Um ein neues Verhältnis des Menschen zur Natur«)

13 I. Fetscher, Überlebensbedingungen der Menschheit. Zur Dialektik des Fortschritts, München 1980, S. 49

14 A.a.O. S. 36

15 Was hat Technik mit Moral zu tun? (Vortragstext), zit. bei Fleischer a.a.O. S. 174

16 Siehe zu diesem Problemkreis u. a. Robert Spaemann, Technische Eingriffe in die Natur als Problem der politischen Ethik, in: Funk-Kolleg Praktische Philosophie/Ethik, Reader 1, Frankfurt/Main 1980, S. 229–247; Herbert Gruhl, Glück durch »Wachstum«? Ethos der Industriegesellschaft und ökologische Krise, ebd. S. 447–454; Joel Feinberg, Die Rechte der Tiere und zukünftiger Generationen, in: Dieter Birnbacher (Hg.), Ökologie und Ethik, Stuttgart 1986, S. 140–179; O. Schatz (Hg.), Was bleibt den Enkeln?, Graz 1978

17 Fleischer a.a.O. S. 12

18 Ebd. S. 13

19 Siehe hierzu Kapitel 5

20 Ausführlich hierzu Friedo Ricken, Allgemeine Ethik, Stuttgart ²1989, S. 54–66 (»Die Bedeutung von ›gut‹«)

21 Dies tut Schrey a.a.O. passim

22 Siehe Kapitel 5

23 Schrey a.a.O. S. 116

24 Ebd.

25 Humanistische Ethik als angewandte Wissenschaft der Kunst des Lebens, in: Gesamtausgabe, Bd. 2, Stuttgart 1980, S. 13

26 Das Christentum und die Weltreligionen, München 1978, S. 86 f.

27 Kultur und Ethik, München 1972, S. 328

28 Ebd. S. 332

29 Ebd. S. 335

30 Annemarie Pieper, Ethik und Moral. Eine Einführung in die praktische Philosophie, München 1985, S. 10

31 Vgl. hierzu Wilhelm Korff, Wie kann der Mensch glücklich werden? Perspektiven der Ethik, München 1985, S. 13 ff.; s. auch den »Exkurs über Recht und Sittlichkeit« bei Schrey a.a.O. S. 139–141

32 Schrey ebd.S. 15

33 Ebd.

34 Man denke an Konfuzius und Laotse, an die Propheten in Israel, vor allem Jesaja, Jeremias und Amos, ferner an Sokrates, die Sophisten und Platon.

35 Siehe hierzu auch Robert Spaemann, Was ist philosophische Ethik?, in: ders. (Hg.), Ethik-Lesebuch. Von Platon bis heute, München ²1989, S. 9 f.

36 Vgl. Walter Schweidler, Was heißt Ethik?, ebd. S. 26 f.; s. vor allem Maximilian Forschner, Über das Glück des Menschen, Darmstadt 1993, S. 1–21 (»Glück als erfülltes Tätigsein. Zum Aristotelischen Konzept der Eudaimonia«)

37 Siehe hierzu Schrey a.a.O. S. 45–56 (»Die eudaimonistische Motivation«)

38 1. Kor. 13, 3

39 Gruhl a.a.O. S. 453

40 Sehr empfehlenswert zur »Stechfliege der Stadt« (Willy Hochkeppel) ist das Reclam-Bändchen Nr. 8823 von Ekkehard Martens, Die Sache des Sokrates, Stuttgart 1992

41 In Kapitel 5

42 Karl-Otto Apel, Zur geschichtlichen Entfaltung der ethischen Vernunft in der Philosophie, in: Funk-Kolleg Praktische Philosophie/Ethik, Dialoge 1, Frankfurt/Main 1986, S. 90–112, hier: S. 106

43 Vgl. die Ausführungen hierzu in Kapitel 2

44 In Fleischer a.a.O. S. 208

45 Die Konflikte unserer Zeit und das Erfordernis einer ethisch-politischen Grundorientierung, in: Funk-Kolleg, Reader 1, a.a.O. S. 267–292 (insbes. S. 271 ff.: »Das Bedürfnis nach einer Ethik solidarischer Verantwortung in der ökologischen Krise der technisch-wissenschaftlichen Zivilisation«); s. auch Carolyn Merchant, Entwurf einer ökologischen Ethik, in: Hans-Peter Dürr/Walter Ch. Zimmerli (Hg.), Geist und Natur. Über den Widerspruch zwischen naturwissenschaftlicher Erkenntnis und philosophischer Welterfahrung, München ³1990, S. 135–144; Frank Fraser-Darling, Die Verantwortung des Menschen für seine Umwelt, in: Birnbacher a.a.O. S. 9–19

Kapitel 4

1 »Der Idealfall bleibt als Aufgabe.« Alfred Herrhausen über die Persönlichkeit des Managers, in: Innovatio 12, 1990, 14–19, hier: S. 14

2   Siehe hierzu beispielsweise die Interpretation und graphische Auswertung der Anforderungsprofile der Führungskräfte bei Hermann Bartosch, Manager 1992, in: Management Wissen 1, 1992, 15–17

3   Der Mensch vor der Frage nach dem Sinn, S. 144

4   Ebd. S. 145

5   Siehe Brigitte Helfrecht, Wenn Manager über Leichen gehen, in: Innovatio 6, 1990, 76–77

6   Ebd. S. 76

7   In: Wirtschaftswoche Nr. 5 vom 26.1.1990, S. 40

8   Bruno Molitor, Wirtschaftsethik, München 1989, Vorwort; es bleibt die Frage, ob der Autor bei einem einschlägigen wirtschaftswissenschaftlichen Lehrbuch auch so »generös« auf die branchenspezifischen Ismen verzichten wollte/könnte/dürfte!

9   In Kapitel 2

10 Jürgen Sinn, Topmanager: Führen läßt sich lernen. Deutschstunde, in: Capital 11, 1988, 292–296

11 Hertie-Vorstand Artur Wollert in: Wirtschaftswoche v. 16.12.1988

12 So der Soziologe Talcot Parsons, zit. bei Schrey a.a.O. S. 153

13 Schrey ebd. S. 154

14 L. A. Coser, Theorie sozialer Konflikte, 1965, zit. bei Schrey ebd.

15 Schrey ebd. S. 155

16 Siehe weiter unten zur Biophilie

17 A.a.O. S. 155

18 Ebd. S. 161

19 Rupert Lay, Ethik für Manager, Düsseldorf 1989, S. 85

20 Ebd.

21 Korff a.a.O. S. 303

22 Ebd. S. 307

23 Ebd. S. 305

24 Sohn a.a.O. S. 215

25 Vgl. hierzu Lay, Ethik für Manager, S. 19 ff; zur deontologischen Motivation und zum Pflichtbegriff Kants s. Schrey a.a.O. S. 68–78

26 In Kapitel 3

27 Ethik für Manager, S. 21, 60 ff. u. ö.

28 Erich Fromm, Die Revolution der Hoffnung. Für eine Humanisierung der Technik, Frankfurt/Main 1985, S. 87

29 Vgl. Lay, Ethik für Manager, S. 21, 60, 63 u. ö.

30 Siehe ebd. S. 63

31 Siehe weiter unten zur »Ethik als Tugendlehre«

32 Ärztliche Seelsorge, S. 100 f., 312 f. u. ö.; ders., Der Wille zum Sinn, Bern ³1988

33 So Schrey a.a.O. S. 19 ff. und passim

34 Vgl. hierzu ebd. S. 56–68

35 Ethik für Manager, S. 105; s. hierzu ebd. S. 104–120 (»Ethik als Tugendlehre«)

36 Schrey a.a.O. S. 66

37 Ebd.

38 Vgl. hierzu Schweidler a.a.O. S. 25 ff. (zu Aristoteles, Nikomach. Ethik II 1–9)

39 Zit. ebd. S. 29

40 Siehe hierzu Lay, Ethik für Manager, S. 106

41 Näheres hierzu in Kapitel 5. – Auch faschistische oder sonstwie nekrophile Systeme oder Institutionen, denen nicht daran gelegen ist, sittliches Handeln zu evozieren, kultivieren Über-Ich-Tugendkataloge (zusätzlich zu den bereits genannten »Tugenden« auch noch Solidarität, Kameradschaft und Vaterlandsliebe, Opferbereitschaft und Treue) und erwarten deren Internalisierung: Fremdsteuerung und Manipulation werden hier optimal ermöglicht!

42 Siehe hierzu das illustrative »Kriegs«-Szenario aus Kapitel 1!

43 Vgl. Lay, Ethik für Manager, S. 16

44 SZ-Bericht von Peter Zürn, Dien-Mut und Demut statt Macht- und Herrschsucht (Symposium über Werte in Gesellschaft und Wirtschaft. Daß zur Wirtschaftsethik Ethik gehört und von Personalchefs Nächstenliebe erwartet werden kann, wird wieder entdeckt)

45 In: Capital 11, 1988, 295

Kapitel 5

1 Vgl. hierzu Karl Martin Bolte, Anmerkungen zum Stand der sozialwissenschaftlichen Wertewandeldiskussion. Was wandelt sich im Bereich unserer Kultur tatsächlich?, in: Kulturanthropologie. Beiträge zum Neubeginn einer Disziplin, hg. v. Werner von der Ohe, Berlin 1987, S. 105–123

2 In: Management Wissen 8, 1991, 48

3 Ebd.

4 Zürich 1991 (im Auftrag von RES PUBLICA – Vereinigung Unternehmerischer Verantwortung – erstellt; Verf. sind die Professoren P. Ulrich und U. Thielemann); s. hierzu Ingo Cornelßen, Das Kreuz mit der Moral, in: Management Wissen 8, 1991, 48–52; Stephan Vogler, Chefs wollen sich kritisieren lassen. Ethik im Unternehmen, in: Innovatio 4, 1991, 64–65

5 In: Management Wissen ebd. S. 51

6 Kirchner, Dialektik und Ethik, S. 92

7 Schrey a.a.O. S. 107

8 Ebd.

9 Siehe Platon, Apologie 31 C/D

10 Siehe hierzu weiter unten

11 Sein und Zeit, Tübingen ¹²1972, §§ 54–60

12 Philosophie, Berlin – Göttingen – Heidelberg ³1956, S. 524

13 Psychoanalyse und Ethik, S. 125

14 Rat in ratloser Zeit. Anwendungs- und Grenzgebiete der Logotherapie, Freiburg 1988, S. 175 (aus: »Wie werde ich eine Persönlichkeit«, ebd. S. 167–187)

15 Auch »Seelenfünklein« genannt – vornehmlich in der mystischen Literatur

16 Schrey a.a.O. S. 108

17 Vgl. Fromm, Psychoanalyse und Ethik, S. 112–135

18 Schrey a.a.O. S. 111

19 Ebd.; vgl. auch Heinz D. Kittsteiner, Die Entstehung des modernen Gewissens, Darmstadt 1991

20 Vgl. Sigmund Freud, Das Unbehagen in der Kultur, Frankfurt/Main 1930

21 Hierzu und zur konstruktiven Gewissensbildung s. Kirchner, Dialektik und Ethik, S. 94 ff.; ders., Benedikt für Manager, S. 188

22 Rupert Lay, Philosophie für Manager, Düsseldorf ³1989, S. 182

23 Kirchner, Dialektik und Ethik, S. 115

24 In Kapitel 4

25 Nach Schrey a.a.O. S. 107

26 Ethik für Manager, S. 71

27 Siehe hierzu Kirchner, Die Wende im Ich, S. 34–37; ders., Dialektik und Ethik, S. 128–130

28 Über die Emotionalität des Ichs s. Kapitel 8

29 In seinem exakt vor 200 Jahren verfaßten berühmten Aufsatz: »Beantwortung der Frage: Was ist Aufklärung?«

30 A.a.O. S. 34–37

31 Ebd. S. 35

32 Ebd. S. 36

33 Ebd.

34 Siehe Kapitel 8

35 Max Weber, Politik als Beruf, in: Ges. polit. Schriften, Tübingen 1921, S. 396–450

36 Lexikon der Ethik, hg. v. O. Höffe, München ³1986, S. 263 f.

37 Siehe hierzu Jonas a.a.O. S. 172 ff. (»Theorie der Verantwortung«); Manfred Riedel, Freiheit und Verantwortung. Zwei Grundbegriffe der kommunikativen Ethik, in: Funk-Kolleg, Reader 1, a.a.O. S. 104–122

38 Vgl. Riedel ebd. S. 121; s. auch Schrey a.a.O. S. 88–99 (»Die voluntative Motivation«)

39 L'Être et le Néant. Essai d'ontologie phénoménologique, Paris 1943, S. 565

40 Vgl. Jonas a.a.O. S. 172 f., 174 f. (»Verantwortung als kausale Zurechnung begangener Taten« und »Verantwortung für Zu-Tuendes: Die Pflicht der Macht«)

41 Jonas ebd. S. 175

42 Siehe ebd. S. 85 ff., 234–242

43 Schrey a.a.O. S. 107

44 Ebd. S. 115

45 Zit. bei Erhard Eppler, Politische Ethik und weltweite Verantwortung. Gesinnungsethik oder Verantwortungsethik?, in: Funk-Kolleg, Reader 1, a.a.O. S. 440–446, hier: S. 441

46 Weber, Politik als Beruf, zit. bei Schrey a.a.O. S. 115

47 Riedel a.a.O. S. 122

48 Psychoanalyse und Ethik, S. 84

49 Art. Verantwortung, Verantwortlichkeit, in: SM IV, 1969, Sp. 1152 ff.

50 Schrey a.a.O. S. 98

Kapitel 6

1 In Kapitel 4

2 Vgl. hierzu Lukas, Auch dein Leben hat Sinn, S. 21–28

3 Die Sinnfrage in der Psychotherapie, S. 68 f.; ders., Theorie und Therapie der Neurosen, München 1983, S. 187. – Das Franklsche

»Fadenkreuz« Sinnerfüllung – Verzweiflung und Mißerfolg – Erfolg will mit Nachdruck signalisieren, daß Erfolg nicht unbedingt gleichbedeutend sei mit Sinnerfüllung und Mißerfolg nicht mit Verzweiflung.

4 Siehe hierzu Gerd Marstedt, Unternehmenskultur: Der Workaholic als neues Leitbild?, in: Psychologie heute 2, 1992, 36–42
5 Ebd. S. 42
6 Ebd.
7 Ebd.
8 Vgl. hierzu Walter Böckmann, Logotherapie als Sinn-Theorie. Vom Sinn der Arbeit, in: Längle, Entscheidung zum Sein, S. 135–154; Georg Kovacs, Der Sinn der Arbeit, in: Längle, Wege zum Sinn, S. 91–100; Frankl, Ärztliche Seelsorge, S. 154 ff.
9 Kovacs a.a.O. S. 92
10 2. Thess. 3, 10 (Paulusbrief an die Gemeinde von Thessalonike)
11 Vgl. hierzu Böckmann, Logotherapie als Sinn-Theorie, S. 149 ff.
12 Kovacs a.a.O. S. 93
13 Ebd. S. 94
14 Ebd. S. 95
15 Siehe ebd.
16 Ebd. S. 99
17 Siehe das zur »Wertpyramide« Gesagte!
18 Friedemann W. Nerdinger, Karriere schon – aber nicht um jeden Preis. Wie junge Akademiker den Berufseinstieg erleben. Praxisschock und Verlust von Freiheit, in: Frankfurter Allgemeine Zeitung vom 18.11.1989
19 Ebd.
20 Hier lehne ich mich wesentlich an die aus der Logotheorie und der Existenzanalyse entwickelten Gedanken Walter Böckmanns an, dargelegt u. a. in: Sinn-orientierte Leistungsmotivation und Mitarbeiterführung. Ein Beitrag der Humanistischen Psychologie, insbes. der Logotherapie nach Viktor E. Frankl, zum Sinn-Problem der Arbeit, Stuttgart 1980; ders., Sinn-orientierte Führung als Kunst der Motivation, Landsberg/Lech 1987
21 In: Innovatio 6, 1990, 28
22 Vgl. hierzu auch Kirchner, Dialektik und Ethik, S. 62 ff.
23 Siehe hierzu Böckmann, Sinn-orientierte Führung, S. 42; ders., Sinn-orientierte Leistungsmotivation, S. 14
24 Böckmann, Logotherapie als Sinn-Theorie, S. 151

25 Böckmann, Sinn-orientierte Führung, S. 43

26 Ebd.

27 Vgl. ebd. S. 44

28 Sinn in Wirtschaft und Gesellschaft, in: Sinn-voll heilen. Viktor E. Frankls Logotherapie – Seelenkunde auf neuen Wegen, Freiburg 1984, S. 76–90, hier: S. 87

29 Vgl. Böckmann, Logotherapie als Sinn-Theorie, S. 151

30 Ebd.

31 Sinn-orientierte Führung, S. 51 f.

32 Ebd. S. 46

33 Ebd. S. 52

34 Böckmann, Logotherapie als Sinn-Theorie, S. 135

35 Siehe Kapitel 5 zur Gesinnungs- und Verantwortungsethik

36 Vgl. Reinhard Löw, Schön sein, reich sein, glücklich sein, in: Innovatio 6, 1990, 48–49, hier: S. 49

37 Böckmann, Sinn-orientierte Führung, S. 52

38 Vgl. ebd.

39 Zu den bereits aufgeführten s. noch: Das SINN-System – Psychotherapie des Erfolgsstrebens und der Mißerfolgsangst, Düsseldorf 1981; ders., Wer Leistung fordert, muß Sinn bieten. Moderne Führung in der Wirtschaft und Gesellschaft, Düsseldorf 1985

40 Siehe Böckmann, Sinn-orientierte Führung, S. 53

41 In: Innovatio 6, 1990, 37

42 Vgl. Hans Thomas, Der Ast, an dem die Leistung blüht, ebd. S. 45–46

43 Sinn-orientierte Führung, S. 55

44 Gustav Ichheiser, zit. bei Böckmann ebd. S. 57

45 Ebd. S. 58

46 Dialektik und Ethik, S. 63

47 Ebd.

48 Ebd. S. 64

49 Siehe hierzu Kapitel 8 zur interaktiven Kompetenz

50 Dialektik und Ethik, S. 64–74

51 Vgl. auch Eckhard Schiffer, Fettaugen als psychologisches Raster. Der »Zwang zur Leistung« aus psychotherapeutischer Sicht, in: Innovatio 3, 1991, 52–53; Detlef Träbert, Wenn Kinder zu Versagern gestempelt werden. Gibt es die humane und kindergerechte Leistungsschule?, in: Publik-Forum 10, 1994, 12–13

52 Die seelischen Grundlagen einer neuen Gesellschaft, München [16]1987

53 Psychoanalyse und Ethik, S. 62 ff.
54 Haben und Sein, S. 141 ff.

Kapitel 7

1 7, 1989, 680–685: Brauchen Manager eine neue Ethik?
2 Psychoanalyse und Ethik, S. 82 ff.
3 Siehe Kapitel 4 und 5
4 So auf einem Kolloquium am 23.3.1993 in Baden-Baden
5 Siehe Anm. 4
6 Ich lehne eine solche Verflachung eigentlich ebenso ab, wie ich es
   für eine Trivialisierung halte, wenn man im Rahmen einer empirischen Erhebung des Instituts für Management der FU Berlin (s.
   Management Zeitschrift 10/1991) die soziale Kompetenz wohl zur
   ersten aller Führungstugenden erklärt, sie jedoch als Eigenschaft
   wertet, die im Kontakt mit anderen *spielerisch* erprobt und gelernt
   werden könne, beispielsweise durch eine Art Abenteuerexkursion,
   das »Outward-Bound-Training« (s. Innovatio 12, 1991, 84).
7 Dialektik und Ethik, S. 75; zum Gesamtkomplex sozialer Kompetenz ebd. S. 74–89
8 Vgl. hierzu Rupert Lay, Kommunikation für Manager, Düsseldorf
   1989, S. 19–21
9 Ebd. S. 136 f.; ders., Philosophie für Manager, S. 18 f.
10 Schrey a.a.O. S. 126
11 Elemente des Zwischenmenschlichen, in: Das dialogische Prinzip,
   Darmstadt ⁵1984, S. 271–298 (»Die personale Vergegenwärtigung«,
   S. 282 ff.)
12 Siehe zur »Bereitschaft zur Selbsterkenntnis« als eine der Voraussetzungen für Dialektikfähigkeit Kirchner, Dialektik und Ethik,
   S. 105–107
13 Wie in Kapitel 5 gezeichnet
14 Denn wer über Dogmen verfügt, weiß, was gut und böse, was wahr
   und falsch ist, und zwingt andere Menschen, sich unter die gleichen
   Regeln von Wahrheit und Gutheit zu stellen wie er selbst. Wer aber
   dann mit re-aktiver Intoleranz antwortet, also den Selbstverständ-
   lichkeitsanspruch der Gültigkeit der vorgetragenen Vorstellungen
   in Frage stellt, wird – wie die Geschichte hinreichend deutlich
   macht – als Ketzer deklariert und verbrannt, geächtet, gefoltert,

vertrieben, exkommuniziert, mit Lehrverbot belegt oder anders-
wie sanktioniert.

15 Lay, Philosophie für Manager, S. 19
16 Vgl. auch Böckmann, Sinn-orientierte Führung, S. 190
17 Ebd.
18 Vgl. ebd. S. 191
19 Siehe hierzu weiter unten zum Selbstwertgefühl
20 So auch Lay, Ethik für Manager, S. 174
21 In Kapitel 8
22 Siehe auch Kirchner, Dialektik und Ethik, S. 87 ff.; ders., Angstbe-
    wältigung durch den Glauben. Eine Anleitung zur Selbstfindung
    für den Menschen der Gegenwart, Zürich 1984, S. 72 ff.
23 Wenn von Selbstwertgefühl die Rede ist, darf man nicht vergessen,
    daß es sich – in Abgrenzung von dem, was in der psychologischen
    Literatur und auch im allgemeinen Sprachgebrauch mit Selbstbe-
    wußtsein umschrieben und gemeint ist – um ein Gefühl handelt!
24 Dialektik und Ethik, S. 75 u. ö.; ders., Benedikt für Manager, S. 112
25 Siehe auch hierzu die Ausführungen im 1. Kapitel zum Charisma
    des Führenden
26 Siehe Kapitel 6
27 Vgl. Kirchner, Dialektik und Ethik, S. 76–89; ders., Die Wende im
    Ich, S. 23 ff., 42 ff.; aufschlußreich hinsichtlich Hautkontakt – Zärt-
    lichkeit – Selbstwert (nicht nur beim Kleinkind) ist das Buch von
    Didier Anzieu, Das Haut-Ich, Frankfurt/Main 1991
28 Siehe Kapitel 5
29 Vgl. hierzu u. a. Peter Lauster, Lebenskunst. Wege zur inneren Frei-
    heit, Reinbek 1987, S. 24 ff. (»Fremdbestimmung statt Selbstbe-
    stimmung«, »Das geschwächte Ego«); ders., Lassen Sie sich nichts
    gefallen. Die Kunst, sich durchzusetzen. Mut zum Ich, Düsseldorf
    ⁴1987; Kirchner, Dialektik und Ethik, S. 126–128; ders., Angstbe-
    wältigung, S. 25–29; Lay, Führen durch das Wort, S. 43–95 (»Pro-
    bleme von Fremd- und Eigensteuerung«)
30 Siehe hierzu Peter Lauster, Statussymbole. Wie jeder jeden beein-
    flussen will, Düsseldorf 1987
31 Siehe Kapitel 5
32 Vgl. oben Kapitel 5 und Lay, Philosophie für Manager, S. 171 und 182
33 Vgl. Balthasar Staehelin, Urvertrauen und zweite Wirklichkeit,
    Zürich 1973; Kirchner, Benedikt für Manager, S. 19 ff. (zur »Ur-
    Angst«); ders., Angstbewältigung, S. 51–61 (»Urvertrauen«)

34 Siehe hierzu Hans J. Bocknik, Angst kann warnen und dumm machen. Psychiatrische und politische Aspekte, in: Frankfurter Allgemeine Zeitung vom 12.5.1990, S. 10

35 München 1936

36 Der neurotische Mensch unserer Zeit, München 1964, S. 58. Siehe auch dies., Neue Wege in der Psychoanalyse, Stuttgart 1951, S. 196–209 (»Die Angst«)

37 Horney, Der neurotische Mensch, S. 48

38 Siehe unsere Ausführungen zur personalen Sittlichkeit, zu Gewissen, eigenem Wertgefüge, Selbstwert, Autonomie etc.

39 Der neurotische Mensch, S. 62 f.

40 Das ist so, auch wenn sie »gelernt« haben, ihre Ängste zu tarnen und zu kaschieren.

41 Vgl. hierzu Kirchner, Die Wende im Ich, S. 46 ff.

42 Dialektik und Ethik, S. 127

43 Ihr »Vorteil« liegt in einer wenigstens vorübergehenden Angstvermeidung respektive einer temporär-punktuellen Angstentlastung – die Angst bleibt jedoch erhalten und damit der Fluch, in der »Grundstimmung der Ungeborgenheit« (Kirchner, Benedikt für Manager, S. 20) auszuharren, es sei denn, man gewinnt ein Urvertrauen zurück und damit die Gewißheit, sich vom Leben getragen zu fühlen und sich und dem Leben aus einer Mitte heraus (Personkern!) vertrauen zu können.

44 Fast sarkastisch, aber trefflich beschrieben von Lauster, Lassen Sie sich nichts gefallen, S. 120 ff.

45 Siehe Hanna Rheinz, Therapien gegen die Angst, in: Psychologie heute 3, 1994, 10–13

46 Es nützt auch nichts, sich Mut zuzusprechen; sehr richtig sagt – zur Unterscheidung von Mut und Vertrauen gegenüber der fundamentalen Angst des Daseins M. Boss: »Mut ist nur, wo immer noch Angst mächtig ist. Allein wo Liebe, Geborgenheit und Vertrauen walten, kann alle Angst schwinden« (in: Lebensangst, Schuldgefühle und psychotherapeutische Befreiung, Bern – Stuttgart 1962, S. 40).

47 Die »Angst als Motivator« habe ich in Kapitel 1 behandelt

48 Angst im Kapitalismus, Lampertheim 1972

49 Vgl. Lay, Manipulation durch die Sprache, S. 145 ff.; Kirchner, Die Wende im Ich, S. 41 ff.; Peter Lauster, Selbstbewußtsein kann man lernen! Programm für Selbstsicherheit und Selbstvertrauen, München ⁶1988

50 Siehe auch Kapitel 6 zum Leistungs-Erfolgs-Karussell!
51 Vgl. Kirchner, Die Wende im Ich, S. 42
52 Siehe Kapitel 2 und Nachwort
53 Vgl. Kirchner, Dialektik und Ethik, S. 122. Siehe auch Kapitel 8 zur
    »Fähigkeit des Zuhörens«

Kapitel 8

1   Näheres hierzu s. Kapitel 5
2   Kommunikation für Manager, S. 69; s. auch dens., Manipulation
    durch die Sprache, passim
3   Vgl. hierzu den »Exkurs: Manipulation und Dialektik« in: Lay, Ma-
    nipulation durch die Sprache, S. 22–24, und Kirchner, Dialektik
    und Ethik, S. 99–111 (»Dialektik und Dialektikfähigkeit«)
4   Siehe hierzu auch die wichtige Unterscheidung zwischen Überzeu-
    gung und Überredung bei Kirchner ebd. S. 103, 116 f.
5   Mythos Motivation. Wege aus einer Sackgasse, Frankfurt/Main
    1991; s. auch seinen immer noch aufschlußreichen provokatori-
    schen Artikel: »Vom Glauben an die Motivation«, in: Management
    Wissen 1, 1989, 88–93, wo er einen trefflichen Bogen schlägt von
    Motivation – Manipulation – »Motipulation« (Rainer Balling) bis
    zu Sinnfindungskonzepten Franklscher Prägung. Vgl. auch P. G.
    Zimbardo, Psychologie, Berlin – Heidelberg – New York – Tokyo
    ⁴1983, S. 343–394 (»Motivation und Emotion«), S. 596 ff.
6   Wenn ein betriebswirtschaftlich orientierter Rezensent das Kirch-
    nersche »Ethik-Brevier« als ein »erbauliches Traktätchen für Alt-
    philologen, Herrenreiter und Klerophile« deklassiert, dann hat er
    nichts, aber auch absolut nichts von Wirklichkeit und Notwendig-
    keit der Ethik im gesellschaftlichen, wirtschaftlichen und unterneh-
    merischen Leben begriffen. Si tacuisses, philosophus mansisses!
7   Siehe die Ausführungen zur »Autonomie im Ich« in Kapitel 5
8   Einen guten Überblick bieten die beiden Kapitel »Was heißt
    Führung?« und »Was heißt Motivation?« in: Böckmann, Sinn-ori-
    entierte Führung, S. 24–41
9   Ethik für Manager, S. 154. Vgl. auch Paul Watzlawik u. a., Mensch-
    liche Kommunikation. Formen, Störungen, Paradoxien, Bern ⁷1985
10 Vornehmlich in Fachjournalen wird vollmundig auf die »Kommu-
    nikation als Schlüsselkompetenz« abgehoben; man läßt »Menschen-

führung überwiegend aus Kommunikation« bestehen, nennt Ängste den »Hauptfeind Nummer eins guter Kommunikation« und fordert zur Angstüberwindung das »Zulassen von Gefühlen, Entwickeln von Selbstbewußtsein, Bereitschaft zum Feedback, zur Selbsterfahrung und zur Machteinbuße«. Siehe hierzu beispielsweise die Titelstory »Kommunikation im Unternehmen« von Christian Deutsch, Wege zur neuen Offenheit, in: Management Wissen 4, 1991, 17–25 (mit Verweis auf den Zusammenhang zwischen Kommunikation und Motivation); Dieter Weber, Die Chancen des Leidensdrucks, ebd. S. 28–33. Ottmar C. Küsel, Vorstandsvorsitzender von Rosenthal, sagt denn auch dezidiert: »Kommunikation wird zur allerwichtigsten Führungseigenschaft und damit zur entscheidenden Karrierequalifikation werden.« (In: ebd. 12, 1991, 27)

11 Siehe Kapitel 7 zum Angstsyndrom; zum Zusammenhang »Angst und Aggression« vgl. Horney, Der neurotische Mensch, S. 59–77 (zur Angst: S. 40 ff.); dies., Neue Wege in der Psychoanalyse, S. 196–209

12 Siehe Anm. 10

13 Siehe weiter unten zur emotionalen Ausdrucksfähigkeit

14 Siehe oben Kapitel 7

15 Siehe weiter unten zur passiven Kritikfähigkeit

16 Siehe oben Kapitel 1 und 7

17 Siehe zur Autonomie im Ich und zur Fremdsteuerung Kapitel 5

18 Friedemann Schulz von Thun, Plädoyer gegen die Schmieröl-Taktik. Über die Kunst der Gesprächsführung, in: Innovatio 7, 1990, 48–49, hier: S. 49

19 Ebd. – Vgl. dens., Miteinander reden: Störungen und Klärungen. Psychologie der zwischenmenschlichen Kommunikation, Reinbek 1987; ders., Miteinander reden. Stile, Werte und Persönlichkeitsentwicklung. Differentielle Psychologie der Kommunikation, Reinbek 1989

20 Vgl. hierzu Kirchner, Dialektik und Ethik, S. 104, 109 ff.; Lay, Kommunikation für Manager, S. 25 ff., 127, 130; ders., Dialektik für Manager. Methoden des erfolgreichen Angriffs und der Abwehr, München [13]1987, S. 19 f.

21 In: Personalführung 7, 1989, 684

22 In Kapitel 7

23 So auch Kirchner, Dialektik und Ethik, S. 110

24 Man braucht hier nicht erst die Waffenkammer der Manipulationstechniken zu öffnen!

25 Die Welt des Schweigens, S. 9

26 Kirchner, Angstbewältigung, S. 65

27 A.a.O. S. 170

28 Ebd. S. 12

29 Ebd. S. 15

30 So auch Kirchner, Angstbewältigung, S. 66. Vgl. auch Lay, Führen
durch das Wort, S. 207–218; Sabine Weinberger, Klientenzentrier-
te Gesprächsführung. Eine Lern- und Praxisanleitung für helfende
Berufe, Weinheim ³1988, S. 49, 57 ff., 109; Lutz Schwäbisch/Martin
Siems, Anleitung zum sozialen Lernen für Paare, Gruppen und
Erzieher. Kommunikations- und Verhaltenstraining, Reinbek 1986,
S. 123 f.

31 Sehr schön ist diese Thematik abgehandelt in dem neuesten Buch
von Baldur Kirchner, Benedikt für Manager, S. 45–53 (»Das
Hören«), S. 108–113 (»Gelassenheit und Geduld«), S. 141 f. (»Demut und Geduld«); vgl. auch dens., Angstbewältigung, S. 65–72

32 Souveränität durch innere Unabhängigkeit und Kraft, Reinbek
1987

33 Siehe hierzu Kapitel 7

34 Lay, Führen durch das Wort, S. 213

35 Wichtig hierzu: Horney, Neue Wege in der Psychoanalyse, S. 86–99
(»Der Begriff des Narzißmus«)

36 Siehe Kapitel 7

37 Zur Unterscheidung zwischen »verliehener« und »gewachsener«
Autorität s. Kirchner, Benedikt für Manager, S. 181–206 (»Das
Hierarchische, 1. Autorität und Autonomie, 2. Über das Herr-
schen, 3. Hierarchie und Interaktion«)

38 Vgl. Eckhard Schiffer, Sich fühlen wie bei einer Schneeball-
schlacht. Wider angeschlagenes Selbstbewußtsein, in: Innovatio 5,
1991, 52–53

39 Vgl. Kirchner, Angstbewältigung, S. 80–87 – hier wird Kritikfähigkeit als bedeutender Bestandteil der Konfliktfähigkeit gesehen.

40 Siehe Lay, Führen durch das Wort, S. 200 ff.

41 Vgl. dagegen Petra Pfaller, Feedback im 360°-Radius, in: Management Wissen 10, 1993, 16–17, hier: S. 16: »Vorgesetzten-Beurtei-
lung hat immer noch einen Touch von Revolution.«

42 Siehe Kapitel 7

43 Kirchner, Angstbewältigung, S. 80
44 Siehe ebd. S. 76 ff.
45 Vgl. hierzu Lay, Kommunikation für Manager, S. 65, 127 ff.; ders., Ethik für Manager, S. 67, 169 ff.; Kirchner, Angstbewältigung, S. 76–80; ders., Dialektik und Ethik, S. 199 ff.; Gabriela Martens, Auch Eltern waren Kinder. Ursachen und Lösungen von Konflikten in der Familie, München 1989, insbes. S. 52–77, 95 ff.; Schwäbisch/Siems a.a.O. S. 131 ff.; Lukas, Von der Tiefen- zur Höhenpsychologie, S. 287–313 (»Der Konflikt, eine Frage von Wahlmöglichkeit und Werthierarchie«)
46 Oder: »Konfliktbearbeitung – eine Führungsaufgabe«
47 Siehe Kapitel 7
48 Vgl. Kirchner, Angstbewältigung, S. 77 ff.
49 Daß man nie voll akzeptiert wird und immer das Risiko trägt, auch abgelehnt zu werden, scheint ein Bestandteil der Condition humaine zu sein. Um damit fertig zu werden, empfehle ich das »Gestaltgebet« von Fritz Perls: »Ich lebe mein Leben, und du lebst dein Leben – ich bin nicht auf der Welt, um deine Erwartungen zu erfüllen – und du bist nicht hier, um dich nach mir zu richten. – Du bist du selbst, und ich bin ich. – Sollten wir einander begegnen, so ist es schön – wenn nicht, so kann man es nicht ändern.«
50 Kirchner, Angstbewältigung, S. 78
51 Vgl. hierzu Virginia Satir, Selbstwert und Kommunikation. Familientherapie für Berater und zur Selbsthilfe, München ³1978; Martens a.a.O. S. 83–93
52 Vgl. Kirchner, Dialektik und Ethik, S. 200–202; Wolfgang Schömbs, Wenn Lust schwindet, kommt Konflikt, in: Innovatio 6, 1990, 40–41
53 Zur Toleranzfähigkeit s. Kapitel 7
54 Kirchner, Dialektik und Ethik, S. 202
55 Vgl. ebd. S. 133–137 (s. auch S. 60, 87–89, 209 f.!); ders., Angstbewältigung, S. 72–75; Lay, Manipulation durch das Wort, S. 98 ff., 125 ff., 321 ff.; ders., Dialektik für Manager, S. 73 ff.
56 Kirchner, Die Wende im Ich, S. 30
57 Siehe hierzu Kapitel 7
58 Vgl. Lay, Manipulation durch die Sprache, S. 125 ff. (»Abspaltung der Emotionalität«)
59 Ebd. S. 98 (ff.: »Emotionale Ausdrucksschwäche«)
60 Siehe ebd. S. 101; ders., Kommunikation für Manager, S. 122; ders., Das Bild des Menschen, S. 60
61 Lay, Kommunikation für Manager, S. 122

62 Lassen Sie sich nichts gefallen, S. 80–82 u. ö.
63 Vgl. ebd. S. 202 ff.
64 Vgl. hierzu Kirchner, Dialektik und Ethik, S. 60, 87 ff.
65 Siehe ebd. S. 134
66 Ebd. S. 135
67 Vgl. die treffliche Glosse von Peter Zürn, Führung und Vertrauen, in: Management Wissen 10, 1991, 136
68 Siehe Schrey a.a.O. S. 125 f.
69 Die ethische Forderung, 1959, S. 17
70 Kirchner, Dialektik und Ethik, S. 88
71 Vgl. dens., Angstbewältigung, S. 73
72 Vgl. Lay, Das Bild des Menschen. S. 56 ff. (»Das Ich und die Emotionen«)
73 Ernst-D. Lautermann, Gefühl darf nicht zu intensiv sein. Über den Nutzen der Ängstlichkeit, in: Innovatio 7, 1991, 72
74 Siehe Kapitel 7

Nachwort und Ausklang

1 Siehe Kapitel 2
2 Vgl. zum Leistungsverständnis Kapitel 6
3 Vgl. Lukas, Psychologische Vorsorge, S. 65–78
4 Zu Verzicht und Verwöhnung s. Kirchner, Benedikt für Manager, S. 31, 172 ff.; ders., Dialektik und Ethik, S. 179 ff.; Lukas ebd. S. 88–102 (»Vom Sinn und Unsinn des Opferbringens«)
5 Siehe auch Johannes Torelló, »Jede Angst ist Angst vor dem Tod«. Entscheidung aus psychologischer Sicht, in: Innovatio 2, 1991, 24–25
6 Siehe ebd. S. 25
7 Ebd.
8 Siehe weiter oben
9 Vgl. hierzu Böckmann, Sinn-orientierte Führung, S. 82 f.
10 Nach Böckmann ebd. S. 82
11 Siehe hierzu insbesondere Kapitel 8
12 Zu Motivation – Manipulation – Kommunikation s. Vorbemerkung zu Kapitel 8
13 Vom Lebendigen. Versuche zu einer Wissenschaft vom Menschen, Frankfurt/Main 1973; ders., Biologische Fragmente zu einer Lehre vom Menschen, Basel ³1969

14 Die Stellung des Menschen im Kosmos (1927), in: Späte Schriften, hg. v. Manfred A. Frings, Bern 1976

15 Der Mensch – Träger des »Prinzip Geist« (Scheler). Vgl. auch Lenz, a.a.O. S. 50–80 (»Der Mensch zugleich Mängelwesen und Fähigkeitswesen«)

16 Vgl. Martin Juritsch, Sinn und Geist. Ein Beitrag zur Deutung der Sinne in der Einheit des Menschen, Freiburg/Schweiz 1961, S. 212 ff.

17 Vgl. hierzu auch Böckmann, Sinn-orientierte Führung, S. 60–64 (»Was ist ›Persönlichkeit‹?«); Lukas, Rat in ratloser Zeit, S. 167–187 (»Wie werde ich eine Persönlichkeit?«)

18 Kurz und bündig sagt Max Scheler einmal: »Der Mensch ist eine Richtung, kein Ding«, in: Schriften aus dem Nachlaß, hg. v. Manfred S. Frings, Bern 1979, S. 220

19 Vgl. Erich Fromm, Der Wille zur Veränderung des Charakters, in: Leben zwischen Haben und Sein, Freiburg 1993, S. 123–152; Lukas, Von der Trotzmacht des Geistes, S. 73–79 (»Die Dialektik von Charakter und Persönlichkeit«)

20 Böckmann, Sinn-orientierte Führung, S. 61

21 Siehe hierzu Kapitel 5; vgl. auch Alfried Längle, Das Seinserlebnis als Schlüssel zur Sinnerfahrung, in: Sinn-voll heilen, S. 47–63

22 Vgl. Lukas, Psychologische Vorsorge, S. 65–87 (»Der Mensch als ›entscheidendes Sein‹«, »Wer die Wahl hat, hat die Verantwortung«)

23 Siehe Kapitel 5

24 Siehe hierzu auch Kapitel 4 (»Ethik als Tugendlehre«)

25 Vgl. Lukas, Psychologische Vorsorge, S. 66 f.

26 Siehe hierzu Kapitel 2 zum ganzheitlichen Menschenbild

27 Siehe Kapitel 8 zur interaktiven Kompetenz

28 Peter Zürn, Ethik im Management, in: Management Wissen 4, 1991, 126; s. auch dens., Wir müssen werden, was wir sind, in: ebd. 3, 1991, 122

LITERATURVERZEICHNIS

Aristoteles, Die Nikomachische Ethik, übers. und hg. von Olof Gigon, München [2]1975

Birnbacher, Dieter (Hg.), Texte zur Ethik, München [7]1989

–, Ökologie und Ethik, Stuttgart 1986

Böckmann, Walter, Wer Leistung fordert, muß Sinn bieten. Moderne Führung in der Wirtschaft und Gesellschaft, Düsseldorf 1985

–, Das SINN-System – Psychotherapie des Erfolgsstrebens und der Mißerfolgsangst, Düsseldorf 1981

–, Sinn-orientierte Führung als Kunst der Motivation, Landsberg/Lech 1987

Buber, Martin, Das dialogische Prinzip, Darmstadt [5]1984

Drewermann, Eugen, Der tödliche Fortschritt. Von der Zerstörung der Erde und des Menschen im Erbe des Christentums, Regensburg [5]1989

Fleischer, Helmut, Ethik ohne Imperativ. Zur Kritik des moralischen Bewußtseins, Frankfurt/Main 1987

Frankl, Viktor E., Ärztliche Seelsorge. Grundlagen der Logotherapie und Existenzanalyse, Frankfurt/Main [4]1987

–, Die Sinnfrage in der Psychotherapie, München[3]1988

Fromm, Erich, Psychoanalyse und Ethik. Bausteine zu einer humanistischen Charakterologie, München [2]1986

Höffe, Otfried (Hg.), Lexikon der Ethik, München [3]1986

Horney, Karen, Der neurotische Mensch unserer Zeit, München 1964

Jonas, Hans, Das Prinzip Verantwortung. Versuch einer Ethik für die technologische Zivilisation, Frankfurt/Main 1988

Kirchner, Baldur, Angstbewältigung durch den Glauben. Eine Anleitung zur Selbstfindung für den Menschen der Gegenwart, Zürich 1984

–, Die Wende im Ich. Über die Beziehung zum Göttlichen in uns, Schlattingen 1985

–, Dialektik und Ethik. Besser Führen durch Fairneß und Vertrauen, Wiesbaden 1991

–, Benedikt für Manager. Die geistigen Grundlagen des Führens, Wiesbaden 1994

322

Korff, Wilhelm, Wie kann der Mensch glücklich werden? Perspektiven
der Ethik, München 1985
Lay, Rupert, Führen durch das Wort, München 1989
–, Ethik für Manager, Düsseldorf 1989
–, Philosophie für Manager, Düsseldorf ³1989
–, Kommunikation für Manager, Düsseldorf 1989
–, Manipulation durch die Sprache, Frankfurt/Main ⁵1990
Lenz, Kuno, Einführung in die Anthropologie, Darmstadt 1990
Lukas, Elisabeth, Von der Tiefen- zur Höhenpsychologie. Logothera-
pie in der Beratungspraxis, Freiburg 1983
–, Von der Trotzmacht des Geistes. Menschenbild der Logotherapie,
Freiburg 1986
–, Psychologische Vorsorge. Krisenprävention und Innenweltschutz
aus logotherapeutischer Sicht, Freiburg 1989
Pieper, Annemarie, Ethik und Moral. Eine Einführung in die prakti-
sche Philosophie, München 1985
Ricken, Friedo, Allgemeine Ethik, Stuttgart ²1989
Schrey, Heinz-Horst, Einführung in die Ethik, Darmstadt ²1977
Spaemann, Robert (Hg.), Ethik-Lesebuch. Von Platon bis heute, Mün-
chen ²1989
Sprenger, Reinhard K., Mythos Motivation. Wege aus einer Sackgasse,
Frankfurt/Main 1991
Steinvorth, Ulrich, Klassische und moderne Ethik. Grundlinien einer
materialen Moraltheorie, Reinbek 1990
Watzlawik, Paul (u. a.), Menschliche Kommunikation. Formen, Stö-
rungen, Paradoxien, Bern ⁷1985
Funk-Kolleg Praktische Philosophie/Ethik, Reader Band 1/2, hg. v.
Karl-Otto Apel (u. a.), Frankfurt/Main 1980/1981
Funk-Kolleg Praktische Philosophie/Ethik: Dialoge, hg. v. Karl-Otto
Apel (u. a.), Frankfurt/Main 1986

Personenregister

W

Watzlawick, Paul 248, 253, 300, 316
Weber, Dieter 317
Weber, Max 42, 102, 170, 176, 177, 310
Weinberger, Sabine 318
Weiß, Branco 189, 201
Weizsäcker, Carl Friedrich von 121
Wertheimer, Max 89
Westermeier, Klaus 302
Wittgenstein, Ludwig 111

Woessner, Mark 302
Wollert, Artur 307

X

Xenophon 108

Z

Zarathustra 63
Zimbardo, Philipp G. 316
Zimmerli, Walter Ch. 101, 306
Zimmermann, L. 201
Zürn, Peter 308, 320, 321

Sachregister

A

Abwehrhaltungen 160
-mechanismen 13, 24, 228, 235, 236, 238, 239, 240, 241, 244, 268, 270, 273
-techniken 239
Achsenzeit 108
Achtung 18, 145, 146, 168, 179, 209, 217, 218, 253, 262, 268, 288, 289
Ängste, Angst(gefühle) 14, 16, 17, 18, 19, 29, 30, 37, 38, 43, 48, 49, 56, 58, 60, 66, 68, 93, 97, 128, 158, 161, 170, 211, 233, 249, 251, 256, 257, 259, 266, 268, 275, 276, 277, 278, 288, 301, 315, 317
– angstfrei (atmen, vertrauen etc.) 144, 147, 153, 163, 164, 168, 175, 178, 214, 225, 234, 235, 249, 279
-abwehr 48, 235
-entlastung 315
-syndrom 229, 234–240
-überwindung 315
-vermeidung 315
Aggressionen, Aggressivität 16, 25, 55, 151, 197, 203, 236
Aktivismus, übersteigerter 229, 231, 236, 238, 239, 241, 243
Akzeptanz 209, 219, 220, 228, 230, 234, 237, 239, 240, 241, 264, 274; s. Toleranz
– der eigenen Fehlerhaftigkeit 169

Alexithymie 272, 273, 274, 275
Altero-Orientiertheit/-Zentriertheit 25, 30, 52, 170, 275, 293, 251–258
Anderssein 20, 25, 30, 216, 217, 218, 219, 260, 266, 269
-werden 52, 220, 294; s. Veränderung(sfähigkeit)
Anerkennungsentzug, Angst vor 235
Anpassungsbereitschaft 232; s. Persönlichkeit, angepaßte
-prozesse 144
Anthropozentrik 64, 118, 120, 303
Antwort 26, 179, 193; s. Verantwortung
– Antworten = Leben 89, 90, 178
Arbeit 86, 180, 193, 194, 208, 278
-sethik 183, 240
-sfreude 16
-ssucht s. Workaholism
– (Re-)Humanisierung der A. 186, 187, 194
– und Sinnerfüllung 183–188, 193, 195, 196
arbeiten für/mit 185 ff.
Arete s. Tugend
Aufforderungscharakter der Angst 235
– der Arbeit 186
– der Situation 89 f.
– des Vertrauens 275
-sangebot in den Dingen 175
Aufgaben der Ethik 115 ff.
-charakter der Arbeit 187
– des Lebens 90, 178

F

faktisches/fakultatives Sein
(= der Mensch) 20, 51, 83, 123,
157, 281, 293, 295, 297
Fatalismus 28
Feedback 30, 207, 221, 230, 249,
258–266, 317; s. Kritikfähigkeit, passive
Fighting spirit 16, 34, 35, 151, 213
Fötalisationstheorie 290; s. Mängelwesen Mensch
Freiheit 18, 20, 22, 23, 29, 48, 49,
52, 59, 62, 64, 67, 68, 78, 79, 82,
88, 106, 109, 121, 149, 165–168,
173, 178, 179, 188, 220, 247,
280, 284, 290–294
– und Mündigkeit 167 f.
– und Verantwortung 173 f.
Freiwilligkeit 193, 196, 271
Fremdakzeptanz 223, 225, 237,
243, 251, 257, 260; s. Anderssein, Toleranz
Fremdanerkennung(ssucht) 241,
242, 243, 244; s. Minder(wertigkeits)gefühle
Fremdbild 30, 207, 216, 221, 239,
250, 263, 264, 265, 268, 269;
s. Selbstbild
Fremdsteuerung 30, 56, 59,
148, 158, 160, 162, 163, 165,
168, 169, 170, 188, 196, 202,
206, 211, 221, 225, 228–234
(fremdgesteuerte Persönlichkeit), 237, 246, 247, 270, 277,
308
Freude 198 f.
Führen/Führung als Menschenführung 18, 28, 30, 48, 57, 59,
122, 147, 155, 179, 180, 243,
245, 248, 249, 251, 274, 298,
316 f.
Führen 48 f., 54, 59, 62, 98, 127,
246
–, bewußtes 56, 98
–, biophiles 225
–, ethisch verantwortetes 13, 20,
49, 121, 124, 126, 138, 140,
148 f., 179, 217, 226, 260, 271,
280
–, humanes 271, 280
–, subordinatives s. Subordination
–, unbewußtes 56, 57 f., 98;
s. Identifikation(sgestalt)
–, unsittliches 236, 245
– und Leiten 18, 48, 148
Führung und Macht s. Charisma
Führungsanspruch 258; s. Autorität
-aufgabe 138, 190
-dialektik 169, 251, 252, 271
-eigenschaften/-qualitäten 28, 40,
59, 144; s. Kompetenz
-fähigkeit 13, 15, 21, 29, 99, 228,
229, 236, 294
-heil 45
-konzepte 223
-kräfte 18, 20, 24, 38, 48, 52, 55,
92, 105, 127, 151, 190, 191, 223,
229, 237, 260
-kunst 258
-maxime 19
-persönlichkeitsprofil 30, 124,
207, 248, 283
-prinzip 92
-stil 18, 32, 59
-taktik(en) 58, 264

-techniken 16, 58
-tugenden 313
-verhalten 23, 38, 93, 121, 236, 264
-wille 19, 28
führungs-un-geeignet 232, 236, 243, 244, 256, 273

G

Geduld 252–255, 270, 283, 298
Gefühle 27, 31, 47, 58, 142, 212, 215, 222, 226–229, 263, 271, 274, 276–279, 314, 317; s. Emotionen
Gefühlsarmut 272, 276
-arten 278
-duselei 271, 278
-kultur 31, 278
-leben 239
-panzerung 226, 235, 273
-stumpfheit 143; s. Alexithymie
-welt 138
Gegenseitigkeit, Prinzip der 218 f.; s. Goldene Regel, Toleranz
Gehorsam 26 f., 29, 103, 115, 157, 162, 179, 271
Geist 61, 68, 73–75, 79–82, 86, 138, 321
-begabtheit 50, 287, 292
-person 173, 263
geistig-noetische Dimension 79–82, 281, 297
Geistigkeit des Menschen 69, 76, 84, 88, 291
Gelassenheit s. Geduld
Geltung 43, 231
-sbedürfnis 232, 255
-sdrang 78

-sstreben 42, 228, 236; s. Kompensation, Macht, Profilierung
Gesellschaftsethik 97
Gesetzesethik s. Legalismus
Gesinnung 27, 52, 141, 155, 164, 176–178 197, 245, 296
– und Gewissen 159, 165, 176
-sethik 27, 58, 107, 171, 176–178; s. Verantwortungsethik, Max Weber
Gesollte, das 26 f., 29, 41, 109, 179
Gespräch(sführung) 170, 246, 254, 277
Gewinn 16, 26; s. Erfolg
-maximierung 13, 18, 97, 148, 150, 213
Gewissen 28, 30, 58, 82, 101, 109, 115, 121, 154, 165, 171, 176, 238, 315; s. Gesinnung
– als Entscheidungsinstanz 103, 115 f.
– als (innere) Stimme 157–160
– als innerer Gerichtshof 156, 160
– als sittliches Steuerungsorgan 176
– als Wertinstanz 104
–, autonomes 294
–, autoritäres 160–164
–, böses 156
–, funktionales (Über-Ich) 144, 160–164, 171, 221
–, gutes/getröstetes 156
–, humanistisches 160, 162
–, infantiles 163, 170
–, konventionelles 160, 163
–, personales/sittliches 13, 29, 69, 115, 131, 132, 134, 152, 160, 163, 165, 166, 169, 170, 294, 304

K

Karriere 58, 166, 188, 203, 208 f.
– und Erfolg 183
Karrieredenken 119
-leiter 205
-orientierung 47
-sprünge 20, 207
-sucht 118
kategorischer Imperativ 100 f.,
126, 134, 137, 145
Kennen – erkennen – anerkennen 222; s. loben, Fähigkeit zu
loben und anzuerkennen
Kompensation, kompensieren
17, 30, 42 f., 47, 56, 208, 228 f.,
236, 242, 243, 244, 255, 290
-sarbeit 268
-smechanismen 242
-smuster 241
-stechniken 232
-stendenzen 237
-sverrenkungen 93
-swille 241
Kompromiß 24, 134, 270, 271,
283
-ethik 22, 24, 90, 122, 130–133
-fähigkeit 148
Kommunikation 14, 30, 47, 169,
215, 242, 245–258, 270, 272,
316 f.
–, ethisch fundierte 216, 244
–, ethisch verantwortete 248
–, maskenhafte 56, 260
–, sozialverträgliche 29, 244
Kommunikationsethik 97, 107,
116
-fähigkeit 30, 55, 93, 147, 183,
249, 250, 267

-feld 23, 95, 277
-formen, nonverbale 224
-geschehen, -prozeß 54, 146, 207,
249, 251, 252, 269
-kultur 14, 35, 39, 62, 147, 169,
180, 203, 210, 212, 214, 216,
244, 247, 252, 274
-medien 252
-mittel 252
-muster 54
-qualität 97
-schwäche 276
-störungen 20
-unkultur 16
-willigkeit 250
Kompetenz, ethische (sittliche)
15, 16, 20, 23, 26, 29, 48, 54,
122, 150, 159, 163, 168, 177,
178, 179, 183, 206, 213, 214,
216, 229, 236, 280, 304
–, fachliche 13, 15, 16, 18, 20, 25,
28, 29, 46, 48, 55, 57, 96, 122,
153, 179, 180, 183, 188, 190,
191, 205–211, 215, 222, 228,
229, 262, 273, 280, 285
–, interaktiv-kommunikative 15,
16, 20, 23, 30, 48, 122, 183, 191,
214–216, 244, 245–250, 254,
258, 266, 271, 276, 280
–, soziale 15, 16, 18, 20, 23, 29,
48, 122, 127, 161, 165, 169,
183, 184, 209, 213–216,
222–228, 236, 241, 244, 251,
257, 258, 270, 271, 273, 280,
294, 313
Konflikt 23 f., 129 f., 163, 215,
227, 231, 233, 266
-abwehr 270
-akzeptanz 268, 269 f.

Leistung als Herausforderung
194 f.
–, erfolglose 199
– und Erfolg 25, 30, 58, 180, 183,
188–191, 199 f., 204 f., 209 f.,
238
– und Konkurrenz/Wettbewerb
192 f., 208 f.
– und Sinn 194–196
Leistungsaktivismus 239, 243
-bedingungen 196
-bereitschaft 189, 194, 196, 222,
272
-denken 161, 194, 204
-druck 189, 193, 197
-ergebnisse 209
-gesellschaft 64, 193, 197
-kategorien 209
-konkurrenz 190
-kriterien 230
-löhne 193
-niveau 204
-normen 194
-orientiertheit 180, 209
-pensum 239
-prinzip 97, 196, 240
-situation 194
-standard 288
-streben 189, 193, 205
-sucht 243
-vermögen 189, 225, 237, 239
-verstärker 244
-zwang 189, 208
Leistungs-Erfolgs-Bilanz 239
– Kapazität 239
– Karussell 180, 188, 190, 208,
211, 212, 228, 237, 302
– Orientierung 96, 183, 188, 208,
209, 239

Liebe, lieben 73, 78, 79, 86, 88,
112, 127, 145, 161, 162, 209,
213, 236, 251, 256, 271, 315
Liebes-/Zuwendungsentzug 161,
231
– Angst vor 259
Lob, loben 18, 30, 38, 53, 62, 77,
209, 231, 233 f., 259, 264
– Fähigkeit zu l. und anzuerkennen 30, 216, 222–226
Logotherapie 80, 85, 182, 303,
304, 311

M

Machbarkeit(swahn) 153, 272
Machiavellismus 17, 24, 35–38,
42, 47, 60, 150, 249, 280
Macht 7, 16, 17, 18, 19, 20, 26,
36, 37, 39, 41–44, 47, 49, 54,
60, 119, 130, 147, 152, 170,
188, 200, 202, 214, 236, 254,
301
– und Charisma 41–48, 242
-ansprüche 276
-ausübung 17, 18
-befugnis 17, 301
-besessene 19
-einbuße 248, 301
-erhalt 19, 37, 38, 41, 136
-erwerb 37, 58
-gehabe 97, 236
-gier 156
-hunger 274
-kämpfe 36, 215, 266
-maximierung 24, 29, 37, 38, 41,
58, 97, 118, 136, 148, 213
-mißbrauch 47
-politik 18

-sucht 14, 151, 228, 255
-tendenzen 131, 276
-zuwachs 243
-zwänge 221
Profilverlust, Angst vor 238, 252, 255, 270
Profitprinzip 97
Projektion(en) s. Vorurteil(e)
Prokrustesbett von Leistung und Erfolg 188, 236
Psyche 65 f., 69, 77, 94, 287; s. Seele
psychische Dimension 80, 81
Psychosomatik 66

R

»Rahmenreformer« 152
Rationalisierung 235, 239, 270; s. Abwehrmechanismen
Rationalität 208, 272, 273, 274, 276
Reduktionismus 62, 64, 67, 76, 78, 243
Rigorismus 23, 110, 130, 132, 133, 134
Rivalität(skultur) 16, 32, 97
Rückmeldung s. Feedback

S

Sachzwänge 188, 233
Sackgasse, biologische 242, 290; s. Mängelwesen Mensch
Schauen 73, 74; s. Mensch und Tier
Scheinheiligkeit 22
Schuld 78, 79, 86, 97, 156, 172, 173, 174

-angst 162
-gefühle 161, 163, 164, 258, 278
– Mut zum Schuldigwerden 132 f.
Schweigen 252 f., 258
Seele 65, 66, 74, 79, 287 f.; s. Psyche
Selbst, ideales 220
– Begegnung mit dem S. 219 f.
– Wertigkeit des eigenen S. 234
Selbstakzeptanz 20, 30, 54, 216, 219, 220, 223, 224, 225, 231, 257, 260, 265, 268, 270, 277
-aufwertung 232
-behauptung s. Autarkie
-besinnung 51, 220, 265, 294
-bestätigung 203, 223
-bestimmung 52, 165, 195, 231, 294; s. Autonomie
-beurteilung 190, 206, 207, 210
-bewußtsein 227, 249, 289, 317
-bild (-ideal) 30, 207, 220, 221, 248, 264 f., 268, 269
-darstellung(szwänge) 75, 82
-disziplin 117
-einschätzung 206, 207, 223
-erfahrung 249
-erhaltung 257
-erkenntnis 20, 30, 51, 166, 216, 219, 220, 223, 249, 313
-findung(sprozesse) 93, 268
-korrektur 207
-profilierungseinbußen 224
-rechtfertigung 239
-reflexion 17, 48, 49, 166, 224, 234, 265
-sicherheit 234, 235; s. Autonomie
-transzendenz 24, 25, 86, 88, 117, 170, 257, 293, 295, 296, 304

Spiegelung s. Feedback, Kritikfähigkeit, passive
Statusdenken 231 f., 240
-verlust, Angst vor 249
Stoa, stoisch 99, 112, 254
Streß(theorien) 82, 83 f., 93, 150, 159, 193; s. Leistungsdruck
- Eustreß 84
Subordination 170, 249, 254, 258, 262, 265; s. Hierarchie, Macht
System, soziales 136–138, 144, 308; s. Institution(en)
-agenten 162–165, 232; s. Gewissen, funktionales (Über-Ich), systemagentenhaftes

T

Tadel 38, 225, 242, 244, 259, 264; s. Kritikfähigkeit
Tastsinn 73, 74; s. Mensch und Tier
Teamarbeit 96
-fähigkeit 244
Technikethik 22, 94
Toleranz(fähigkeit) 30, 129, 146, 171, 216–223, 251, 260, 265, 266, 267, 270, 279; s. Anderssein, So-Sein
transzendieren 186 f.
Triebdynamik 76
Trotzmacht des Geistes 75, 79, 82, 85, 90, 295; s. Geist
Tugend(en) 27, 37, 45, 52 f., 84, 99, 101, 107, 117, 127 f., 147, 148, 164, 183, 217, 254, 295 f.
-lehre, Ethik als 52, 58, 138–144, 180, 295, 300
Tyrann, tyrannisch 19, 243, 262

U

Über-Ich 154, 157, 160–165, 167, 171, 230, 231; s. Gewissen, Systemagent
- Diktate 167, 171, 230
- Gewissen 157, 163, 165, 221
- Tugendkataloge 308
Über-Mensch 63, 123, 299
Überredung 54, 55; s. Überzeugung
Über-sich-Hinauswachsen, das 193, 194, 197; s. Leistung, Selbsttranszendenz
Überzeugung, überzeugen 54, 55
-sfähigkeit 55, 56 f., 279
-skraft 47, 55, 238
-stechnik 55
-svorgang 55
Umweltethik 22, 94, 95, 118
Unentschiedenheit 282 f.; s. Entscheidung
Ungeduld 283; s. Geduld, Gelassenheit
Unmündigkeit s. Mündigkeit
Unterlegenheit(sgefühle) 242, 266; s. Minder(wertigkeits)-gefühle
Unternehmensethik 22, 23, 40, 94, 113, 125, 146
-kultur(en) 19, 31, 183, 278
Unterwertigkeit 241; s. Minder(wertigkeits)gefühle
Urvertrauen 161, 234, 236, 274, 315; s. Angst, Vertrauen
Utilitarismus 25, 113 f., 184

V

Veränderungsfähigkeit 265, 281, 282, 293–299; s. Persönlichkeit, Dynamik der
Verantwortung 23, 24, 26, 29, 59, 64, 67, 78, 89 f., 93, 94, 95, 100, 101, 103, 105, 109, 120, 127, 132, 138, 146, 151, 153, 154, 162, 167, 171–175, 178, 179, 190, 196, 197, 207, 283, 288 f., 294
– und Glück 114
– Doppelcharakter der 174 f., 304
-sbewußtsein 7, 20, 82, 119, 151, 294
-sethik 58, 102, 107, 118, 119 f., 131, 171, 176–178; s. Gesinnungsethik
-sgefühl 26, 63, 151, 154, 179, 213
-slos 114, 118
-sträger 15, 45, 95, 119, 150
Verantwortlichkeit 79, 175, 179, 291
– unverantwortlich 172; s. verantwortungslos
Verbindlichkeit, sittlich-normative 100, 105, 113; s. Normen
Verdrängung(en) 29, 77, 160, 211, 235, 238, 239, 270; s. Abwehrmechanismen
Verhaltensmuster 16, 92, 265
–, biophile 136
-psychologie 76; s. Behaviorismus
Verläßlichkeit 283; s. Vertrauen, Glaubwürdigkeit
Verpflichtung 109, 172, 175; s. Pflicht, Sollen

Versagensängste 30, 56, 226, 231, 234–241, 243, 260; s. Ängste
Verstärkung 77, 259, 265; s. Abwehrmechanismen
Vertrauen 18, 47, 55, 57, 58, 138, 144, 147, 168, 175, 178, 211, 212, 227, 240, 249, 260, 264, 271, 274–276, 278, 279, 315; s. Glaubwürdigkeit, Mißtrauen
-sbasis 246
-sbereitschaft 144
-sangebot 264
-sverlust 260
-svorschuß 31, 275
-swürdigkeit 149, 275, 283
Verwöhnung 320
Verzicht 210, 252, 256, 282, 285
Verzweiflung 182, 187, 276, 311; s. Wertpyramiden
virtus s. Tugend(en)
Vorurteil(e) 125, 140, 218, 219, 256, 264

W

Weltethik s. ethica mundana
Werte 21, 22, 52, 58, 69, 86, 98, 103, 110, 117, 129, 130, 138, 140, 141, 145, 153, 154, 160, 163, 164, 165, 194, 195, 210, 212, 221, 254, 280
– Akzeptanz-, Pflicht-, Selbstentfaltungswerte 117, 295
–, sittliche 14, 21, 98, 105, 106, 111, 139, 140, 163, 165, 251, 298
– Entwertung der 22, 140
– und Sinn 21, 79, 139, 295
-katalog 117
-schwund 117, 150

REGINALD FÖLDY
OTHMAR HILL

Das Mittel-
mäßigkeits-
Kartell
Die Ver-
schwörung der
Kleinkarierten

Wirtschaftsverlag Langen Müller/Herbig

*„Es lastet auf unserer
Zeit der Fluch der
Mittelmäßigkeit."*
Kurt Tucholsky

**Wirtschaftsverlag
Langen Müller/
Herbig**

Die Qualität und die Effizienz der Mitarbeiter eines Unternehmens wird nicht zuletzt durch die Seilschaften der Schwachen und Neidischen bestimmt. Überall sind Bremser am Werk, die den „Durchstartern" im Wege stehen. Reginald Földy und Othmar Hill zeigen auf, wie das Mittelmäßigkeitskartell gebrochen werden kann.

224 Seiten, Geb., DM 38,--

Eine neue Strategie gegen die allzu menschliche Wachstumsbremse in unseren Unternehmen.

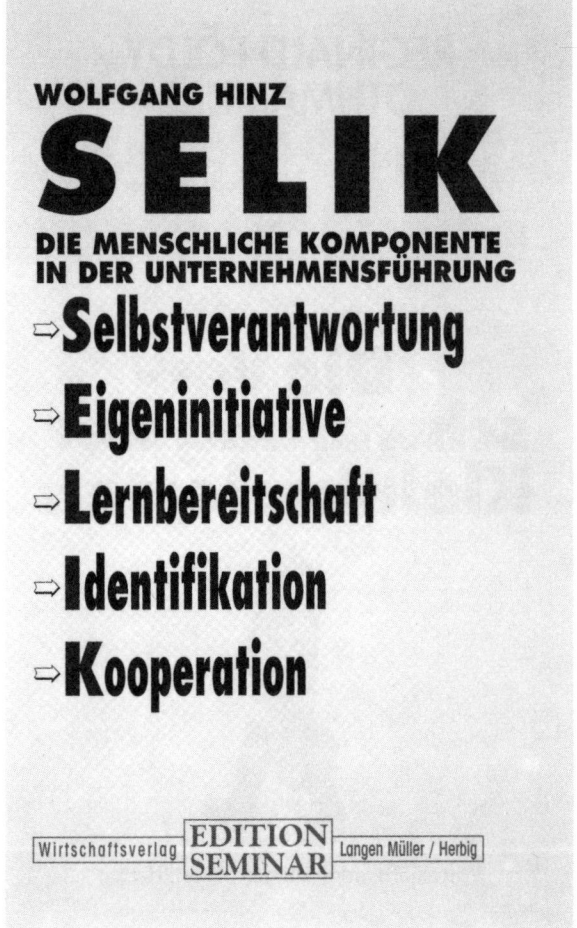

WOLFGANG HINZ

SELIK

DIE MENSCHLICHE KOMPONENTE IN DER UNTERNEHMENSFÜHRUNG

⇨ **Selbstverantwortung**

⇨ **Eigeninitiative**

⇨ **Lernbereitschaft**

⇨ **Identifikation**

⇨ **Kooperation**

Wirtschaftsverlag **EDITION SEMINAR** Langen Müller / Herbig

Wirtschaftsverlag Langen Müller/ Herbig

Die größte Schwachstelle unserer Unternehmen liegt weder in der Technik noch in der Organisation, sondern im Menschen, in der unterschiedlichen Sichtweise der Mitarbeiter und Führungskräfte. Die neue Strategie SELIK zeigt Wege, diese Barriere in der Kommunikation und Zusammenarbeit abzubauen.

224 Seiten, Geb., DM 48,--

Joachim Kath
Die Kosten knechte

Nieten ohne Innovation

Unternehmen zu Tode rationalisiert

Wirtschaftsverlag
Langen Müller / Herbig

Die Erbsenzähler ruinieren durch ihr zwanghaftes Zahlendenken unsere Wirtschaft.

Wirtschaftsverlag Langen Müller/ Herbig

Die Macher mit Ideen und Sachverstand waren die Väter des Erfolgs in der Wirtschaft. Die Generation der Nachfolger entpuppte sich als eine Garde von Verwaltern und Erbsenzählern. Gefragt sind heute die innovativen Eroberer neuer Märkte, die das kalkulierbare Wagnis nicht scheuen.

240 Seiten, Geb., DM 39,80